Der Darfur-Konflikt und seine Auswirkungen
auf die internationale Staatengemeinschaft

SCHRIFTEN
zum internationalen und zum öffentlichen
RECHT

Herausgegeben von Gilbert Gornig

Band 106

PL ACADEMIC RESEARCH

Friederike Maria Posor

Der Darfur-Konflikt und seine Auswirkungen auf die internationale Staatengemeinschaft

Vor dem Hintergrund neuer völkerrechtlicher Rechtsfortbildung

Möglichkeiten und Grenzen der internationalen Friedenskonsolidierung

PL ACADEMIC RESEARCH

Bibliografische Information der Deutschen Nationalbibliothek
Die Deutsche Nationalbibliothek verzeichnet diese Publikation in der Deutschen Nationalbibliografie; detaillierte bibliografische Daten sind im Internet über http://dnb.d-nb.de abrufbar.

Zugl.: Marburg, Univ., Diss., 2012

D 4
ISSN 0943-173X
ISBN 978-3-631-62781-5 (Print)
E-ISBN 978-3-653-02797-6 (E-Book)
DOI 10.3726/978-3-653-02797-6

PL Academic Research ist ein Imprint der Peter Lang GmbH.

Peter Lang – Frankfurt am Main · Bern · Bruxelles · New York · Oxford · Warszawa · Wien

www.peterlang.de

Vorwort

Der Darfur–Konflikt seit 2003, die daraus folgende Untätigkeit der Internationalen Staatengemeinschaft sowie potenzielle Handlungsmöglichkeiten und deren juristische Legitimation vor dem Hintergrund völkerrechtlicher Rechtsfortbildung bilden die Themenkomplexe für die vorliegende Arbeit. Diese wurde am 12. Dezember 2012 von der Rechtswissenschaftlichen Fakultät der Philipps-Universität Marburg als Dissertation angenommen. Die Arbeiten an diesem Manuskript fanden im März 2012 ihren Abschluss, so dass die zur Thematik erschienene Literatur sowie Ereignisse in der Region bis einschließlich Januar 2012 berücksichtigt wurden.

Mein Dank gilt meinem verehrten Doktorvater, Herrn Prof. Dr. Dr. h.c. mult. Gilbert Gornig, der mir bei der Bearbeitung des Themas alle Freiheiten ließ. Seine konstruktiven Kritiken und Denkanstöße sowie die Aufnahme in seine Schriftenreihe haben den Abschluss erst ermöglicht.

Ich danke Herrn Prof. Dr. Christoph Safferling für seine Bereitschaft zur Übernahme der Aufgabe als Zweitgutachter.

Mit Dankbarkeit und Respekt bin ich den Personen in meinem bisherigen Leben verbunden, die mich für den Bereich der Menschenrechte über eine schon sehr lange Zeit sensibilisiert haben und mir während der Abfassung der Arbeit immer wieder Mut gemacht haben. Zu nennen ist hier insbesondere mein Mann, Herr Dipl.-Kfm. Alexander Posor, der mir stets den nötigen Rückhalt gegeben hat. Mein Dank gilt meiner Freundin Nadine Kämper, die mich ebenfalls fortwährend motiviert und geduldig ertragen hat. Von Herzen danke ich meinen Eltern, deren stetige ideelle und finanzielle Unterstützung meine akademische Ausbildung erst ermöglicht hat.

Köln, im April 2013 Friederike Maria Posor

gewidmet

den Vergessenen

Inhaltsverzeichnis

Abkürzungsverzeichnis

AMIS	African Union Mission in Sudan
Art.	Artikel
AJIL	The American Journal of International Law
APuZ	Aus Politik und Zeitgeschichte
AU	Afrikanische Union
AVR	Archiv des Völkerrechts
BDGV	Berichte der Deutschen Gesellschaft für Völkerrecht
BldiP	Blätter für deutsche und internationale Politik
bzw.	beziehungsweise
ca.	circa
CPA	Comprehensive Peace Agreement
DLF	Darfur Liberation Front
Dok.	Dokument
DPA	Darfur Peace Agreement
EJIL	European Journal of International Law
E+Z	Zeitschrift Entwicklung und Zusammenarbeit
F.A.Z.	Frankfurter Allgemeine Zeitung
FS	Festschrift
ICC	International Criminal Court
ICCISS	International Commission on Intervention and State Sovereignty
ICJ	International Court of Justice
IGAD	Intergovernmental Authority on Development
IGH	Internationaler Gerichtshof
IStGH	Internationaler Strafgerichtshof
JA	Juristische Arbeitsblätter
JEM	Justice and Equality Movement
JURA	Juristische Ausbildung
JuS	Juristische Schulung
JZ	Juristen Zeitung
Kap.	Kapitel

lit.	litera (Buchstabe)
NATO	North Atlantic Treaty Organization
Nr.	Nummer
NRF	National Redemption Front
NJW	Neue Juristische Wochenschrift
ÖZP	Österreichische Zeitschrift für Politikwissenschaft
R2P	Responsibility to Protect
RAMSI	Regional Assistance Mission to the Solomon Islands
Res	Resolution
Rn.	Randnummer
S.	Seite
S+F	Zeitschrift Sicherheit und Frieden
SLM/A	Sudan Liberation Movement/Army
SPLA	Sudan Peoplie's Liberation Army
S/RES	Resolution des UN-Sicherheitsrates
SWP	Stiftung Wissenschaft und Politik
u. a.	und andere
UCK	Ushtria Çlirimtare e Kosovës
UN	United Nations
UNAMID	United Nations – African Union Mission in Darfur
UNPROFOR	UN-Friedenstruppe Protection Force
UNAMIS	United Nations Mission in Sudan
UNDP	United Nations Development Programme
Vgl.	Vergleiche
ZaöRV	Zeitschrift für ausländisches öffentliches Recht und Völkerrecht
Ziff.	Ziffer
zit.	zitiert
ZRP	Zeitschrift für Rechtspolitik

A. Einleitung

Mit dem Ende des Kalten Krieges und der damit einhergehenden Auflösung einer bipolaren Weltordnung ergeben sich für die internationale Staatengemeinschaft neue politische Herausforderungen und Handlungsmöglichkeiten. Damit verbunden ist auch eine räumliche Ausdehnung der von den westlichen Staaten vertretenen Werteplattform, zu der insbesondere die pluralistische Demokratie, die Rechtsstaatlichkeit sowie die Einhaltung fundamentaler Menschenrechte gehören. Speziell das Individuum wird zum wichtigsten Referenzpunkt des staatlichen Handelns. Favorisiert wird derweil eine weltweite Durchsetzung dieser Grundregeln für ein friedliches Miteinander der Staatengemeinschaft. Die Zunahme von innerstaatlichen Brandherden und neuen Mischformen aus inner- und zwischenstaatlichen Konflikten stellt die Vereinten Nationen sowie die internationale Staatengemeinschaft vor neue umfassende Aufgaben. Im Vordergrund dieser Ausarbeitung steht die andauernde Krisensituation in der Region Darfur, in der es militärische Auseinandersetzungen zwischen der sudanesischen Regierung und einzelnen Rebellengruppen gibt, die sich gegen eine zunehmende Marginalisierung bestimmter Volksgruppen zur Wehr setzen.[1] Die bereits präkolonial existierenden Probleme kulminieren seit 2003 in einem Bürgerkrieg. Dabei ist nicht allein auf ethnische Gründe einzugehen, doch ist gerade die Vielgestaltigkeit des Sudan in geographischer, kultureller und ethnologischer Hinsicht eines seiner größten Probleme.[2] Trotz größter Anstrengungen in kolonialer und postkolonialer Zeit scheint es nicht zu gelingen, unter Berücksichtigung dieser unterschiedlichen Faktoren einen funktionierenden Nationalstaat zu bilden, so dass die andauernde humanitäre und politische Sicherheitskrise die Zukunft des Landes bedroht. Der anfänglich nationale Konflikt hat sich in der Zwischenzeit internationalisiert und dahingehend verändert, dass er nun in ein Konfliktsystem eingebunden ist, dessen Lösung der internationalen Staatengemeinschaft zu obliegen hat.

---

1 Prunier, Der uneindeutige Genozid, S. 59; Streck, in: Vereinte Nationen 2/2005, S. 46 (46).

2 Öhm, in: IPG 2/2005, S. 150 (161); Streck, Sudan-Ansichten, S. 11.

I. Problemdefinition, Anlass der Untersuchung

Als die Ereignisse in der Region Darfur Ende 2003 erstmals publik werden, jährt sich mit dem zehnten Jahrestag des Völkermordes in Ruanda die wohl *größte moralische Niederlage der Vereinten Nationen*.[3] Die Aufmerksamkeit der Weltöffentlichkeit ruht zu diesem Zeitpunkt auf der durch den Tsunami ausgelösten humanitären Katastrophe in Südostasien sowie den Ereignissen im Irak. Auch in der Folgezeit bleibt der Darfur-Konflikt nahezu unbeachtet. Ein Grund hierfür ist sicherlich, dass die Konfliktursachen sehr vielfältig sind und sich dem Betrachter zunächst nicht logisch erschließen. So wird der Konflikt in der medialen Konflikterstattung überwiegend vereinfacht als Krieg zwischen „Arabern“ und „Afrikanern“ dargestellt. Ein Blick auf die Staatengeschichte zeigt jedoch deutlich, dass die friedenspolitische Konfliktbeantwortung bereits seit dem 20. Jahrhundert vom Zerfall der Staatlichkeit sowie gesellschaftlicher Fragmentierung bestimmt wird.[4] Die Staatengemeinschaft, insbesondere die Vereinten Nationen als Hauptverantwortliche für die Sicherung des Weltfriedens und der internationalen Sicherheit, haben bisher auf ein routiniertes Vorgehen beim Auffinden etwaiger Lösungswege warten lassen. Hierfür spricht sicherlich, dass Ansätze für eine Friedenskonsolidierung im Rahmen von völkerrechtlich problematischen Interventionen in verschiedenen Regionen der Welt zunehmend eine Gefahr für das normative Ordnungsgefüge darstellen. In diesem Zusammenhang spielt die völkerrechtliche Klärung des Verhältnisses von staatlicher Souveränität und internationalem Menschenrechtsschutz eine wichtige Rolle. Die andauernden Menschenrechtsverletzungen in der Region Darfur durch die sudanesische Regierung begründen somit auch die Frage nach einer Kodifikation der Rechtsfigur der humanitären Intervention im geltenden Völkerrecht, deren Implementierung in der UN-Charta sowie danach, welcher Institution die dafür legitime Autorität zukommen soll. Die Rolle der Afrikanischen Union als Regionalorganisation mit eigener Mission vor Ort ist hierbei ebenfalls eine relevante Forschungsfrage. Für eine diesbezügliche Illustration des Erkenntnisgewinns im Hinblick auf die Staatenpraxis der letzten Jahrzehnte bieten sich die Ereignisse in Darfur ebenfalls an. Die komplexen Zusammenhänge sowie die Genese des Konflikts sind dabei sehr wohl geeignet, um unterschiedliche theoretische Lösungsansätze zum Umgang mit humanitären Notlagen einer fremden Bevölkerung auffinden zu können. Folglich muss ein multikausaler Ansatz zur Klärung

---

[3] Tetzlaff, in: IP 12/2004, S. 87 (87).

[4] Schreiber, in: Rabehl/Schneider, Das Kriegsgeschehen 2000, S. 11 (12).

des Konflikts gefunden werden. Die Staatengemeinschaft sieht sich insbesondere im Hinblick auf den Darfur-Konflikt und dessen Lösung mit einer substanziellen Neuorientierung des Völkerrechts konfrontiert.

II. Fragestellung, Aufbau und Ziel der Untersuchung

Die Krise in Darfur ergibt sich sowohl als Folge der Fehlentwicklung eines postkolonialen Staates[5] als auch im „genetischen Kontext" eines Staatsbildungsprozesses. Die vorliegende Ausarbeitung beschäftigt sich aus diesem Grund prima facie mit den historischen Konfliktursachen. Auch der ethnische Antagonismus zwischen den „Afrikanern" und „Arabern" ist im Zusammenhang mit der Frage nach der Ethnizität des Konflikts von Bedeutung. Diese kann jedoch nicht ohne die Beachtung verschiedener anderer Aspekte beantwortet werden, zu denen die komplexe Geschichte, eine ethnisch-rassistische, eine religiöse, eine politische, eine ökonomische sowie eine ökologische Dimension gehören. Der Konflikt wird außerdem von der „Erdölproblematik"[6] angeheizt. Die Ressourcenverknappung sowie fehlende Distributionsmechanismen spielen ebenfalls eine große Rolle. Die Geschichte des Landes sowie die sich daraus ergebende Problematik werden dabei in dem Maße berücksichtigt, wie es für ein angemessenes Verständnis geboten ist.

Im Anschluss daran wird der Verlauf des Konflikts von 2003 bis zum gegenwärtigen Zeitpunkt skizziert. In einem zweiten Schritt geht es um den Sudan als Völkerrechtsubjekt, der zu einem weiteren Handlungsraum für die „neuen Kriege" geworden ist. In klassischen Bürgerkriegen erfolgte die Alimentierung der Rebellengruppen durch Zuwendungen der Supermächte, doch seit dem Ende der Blockkonfrontation muss der Ausfall dieser Unterstützung mithilfe krimineller Versorgungswege kompensiert werden. Auch die UNO wird zunehmend als signifikante Einkommensquelle missbraucht. Infolgedessen sind die Gewaltakteure nur noch selten dazu gezwungen, ihre Handlungen aufgrund der Ermangelung von Ressourcen einzustellen. Die typischen Merkmale der neuen Kriege und der daraus hervorgehende neue Kontext für die Befriedung innerstaatlicher Konflikte stellen einen weiteren Schwierigkeitsfaktor beim Auffinden von Maßnahmen zur Friedenskonsolidierung in Darfur dar. Die Problematik stellt sich insbesondere dadurch, dass aufgrund der Verschiebung der Konflikte in den innerstaatli-

5 Tetzlaff, in: IP 12/2004, S. 87 (89).
6 Baum, in: Vereinte Nationen 3/2002, S. 110 (115).

chen Bereich die Charta, die das oberste Ziel der Bewahrung des Weltfriedens und der internationalen Sicherheit hat, nun dazu dienen soll, die Durchführung von militärischen Zwangsmaßnahmen zu legitimieren. Dieser Zielkonflikt stellt die internationale Gemeinschaft vor neue Herausforderungen.

Während der Schwerpunkt der Arbeit im ersten Teil auf der Geschichte sowie dem Konfliktverlauf in der Region Darfur liegt, geht es im Folgenden um das bisherige Engagement universeller und regionaler Akteure. Neben den Vereinten Nationen haben sich Organisationen wie die Afrikanische Union, die Arabische Liga und weitere Zusammenschlüsse mit konkreten Lösungsvorschlägen für den Darfur-Konflikt beschäftigt. In diesem Zusammenhang geht es primär um die Effektivität ihres Handelns. Von besonderer Bedeutung für die Geschehnisse im Sudan ist an dieser Stelle auch der Einsatz der *United Nations African Union Mission in Sudan*, die als erste unter hybrider Leitung der Afrikanischen Union und der Vereinten Nationen stehende Mission völkerrechtliches Neuland begründet. Die Frage nach der völkerrechtlichen Legitimität sowie Gründe für das Ausbleiben von Erfolgen bei der Friedenskonsolidierung bestimmen den weiteren Verlauf der vorliegenden Arbeit.

Mit dem eher ernüchternden Zwischenergebnis, dass die internationale Staatengemeinschaft trotz der offensichtlichen Dringlichkeit bisher kaum regulierend in den Darfur-Konflikt eingreifen konnte, wird der Kontrast zwischen Anspruch und Wirklichkeit der Vereinten Nationen omnipräsent. Legitimations- und Durchsetzungsdefizite werfen die Frage auf, ob potenzielle Maßnahmen der Friedenskonsolidierung auf Grundlage der UN-Charta überhaupt zu finden sind. Dabei geht es insbesondere um die Einhegung der Potenziale einer gewaltsamen Rechtsdurchsetzung vor dem Hintergrund eines effektiv funktionierenden Staatsapparats im Rahmen der Vereinten Nationen sowie um die Beachtung fundamentaler Menschenrechte durch die einzelnen Mitgliedstaaten.

Am Beispiel des Darfur-Konflikts wird die bis in die Gegenwart umstrittene Rechtsfigur der humanitären Intervention im Hinblick auf den heutigen Zeitgeist hinreichend erörtert sowie die völkerrechtliche Rechtsfortbildung der letzten Jahre angemessen gewürdigt – auch im Hinblick auf etwaige militärische Einsätze durch die Vereinten Nationen. Infolgedessen findet eine moralische Gesamtbeurteilung der wichtigsten Interventionsentscheidungen statt, wobei die Haupt- und Nebenmotive der einzelnen Agierenden zu prüfen sind. Die Charta der Vereinten Nationen sucht vor diesem Hintergrund die Entscheidung über die Rechtmäßigkeit eines Einsatzes militärischer Mittel; es geht somit um das Beurteilungsmonopol[7] für die Legitimität und Legalität des Einsatzes militärischer Zwangsmaßnahmen bei den Beziehungen der Staaten untereinander. Es geht aber auch um die Suche nach möglichen rechtlichen Argumentationselementen, die einem Recht zur humanitären Intervention durch einzelne Akteure dienlich sein könnten. So kann am Beispiel des Darfur-Konflikts eine fortschreitende Relativierung des Souveränitätsgrundsatzes, die mit der durch den UN-Sicherheitsrat vertretenen expansiven Interpretation von Art. 39 UN-Charta[8] einhergeht, deutlich gemacht werden. In diesem Zusammenhang steht die Staatengemeinschaft vor dem Dilemma, dass fundamentale völkerrechtliche Normen wie das Gewalt- und Interventionsverbot auf der einen Seite und die Einhaltung und Gewährleistung fundamentaler Menschenrechte auf der anderen Seite einander widersprechen. Zur Beantwortung der Fragestellung werden die Bedeutung des Begriffs der humanitären Intervention sowie deren rechtliche Grundlage herausgearbeitet, die sich auch aus dem Kontext historischer Ereignisse und militärischer Einsätze der Vergangenheit ergibt. Die Fallbeispiele dienen der Illustration der mit dem militärischen Eingreifen in fremde Staaten einhergehenden Probleme. Im Vordergrund steht dabei die Konfliktsituation zwischen dem Gewaltverbot und dem Schutz der elementaren Menschenrechte, die die Frage nach einer teleologischen Reduktion respektive einer Relativierung des Gewaltverbots in Krisensituationen wie dem Darfur-Konflikt aufwirft.

Für potenzielle Interventionsmöglichkeiten der Vereinten Nationen spielt zudem die Charta der Afrikanischen Union, aber auch die Genozid-Konvention eine große Rolle. In diesem Zusammenhang wird untersucht, inwieweit die Norm im afrikanischen Kontext bereits institutionalisiert wurde und welche Probleme bei ihrer Umsetzung bestehen. Eine diskursive Auseinandersetzung mit Fragen nach den legitimen Durchführungsmöglichkeiten einer humanitären Intervention sowie den Möglichkeiten einer völkerrechtlichen Kodifikation vor dem Hintergrund der Gefahr der Ineffizienz, da es nur ein fallweises Vorgehen gibt, scheint hierbei angebracht. Dies wirft wiederum die Fragestellung nach der räumlichen und funktionalen Selektivität sowie nach der Prioritätensetzung auf.[9] Diese kann zudem vom medialen Interesse abhängig gemacht werden.

---

7 Oeter, in: Münkler/Malowitz, Humanitäre Intervention – Grundlagen und Diskussion, S. 29 (29).

8 Gareis/Varwick, Die Vereinten Nationen, S. 207.

9 Mair, in: IPG 3/2004, S. 82 (82).

Eine Politik des humanitären Interventionismus ist also in vielfacher Hinsicht eng mit den Reaktionen der Weltgemeinschaft auf den Darfur-Konflikt verknüpft. Bei der Diskussion um die Institutionalisierung und Anwendung der Rechtsfigur der humanitären Intervention im Fall Darfur erfährt der im Dezember 2001 von der ICISS vorgelegte Bericht der "Responsibility to Protect" eine enorme internationale Aufmerksamkeit. Der normative Gehalt dieser Schutzverantwortung ist noch unklar; es stellt sich die Frage, ob es sich um eine völkerrechtliche Verpflichtung handelt oder ob sich aus dem Konzept Interventionsrechte ableiten lassen. Festgehalten werden kann jedoch, dass die Responsibility to Protect für die Menschheit einen wichtigen Schritt auf dem Weg zu einem wirksamen elementaren Menschenrechtsschutz darstellt.[10] Hauptsächlich geht es dabei darum, dass die Aufgabe des Schutzes der Zivilbevölkerung vor Menschenrechtsverbrechen und anderen Gefahren auf die internationale Staatengemeinschaft übergeht, wenn der betroffene Staat nicht dafür sorgen kann.[11] Die konzeptionellen Grundlagen dieser Norm und ihr Anwendungs- sowie Geltungsbereich werden in der vorliegenden Arbeit ebenfalls behandelt. Das genannte Konzept könnte eine kohärente Handlungsweise der internationalen Staatengemeinschaft zumindest fördern.

Letztendlich geht es um die Reform der UNO und die damit einhergehende Suche nach einem Ausweg aus der Handlungsunfähigkeit des UN-Sicherheitsrats, die sich insbesondere im inhaltlich behandelten Fall des Darfur-Konflikts bemerkbar macht und sich aus der 1945 geschaffenen internationalen Friedensordnung eröffnet. Diese Krise ist von der Ermangelung einer Alternativregelung sowie der Unabdingbarkeit des Gewaltverbots aus Art. 2 Ziff. 4 UN-Charta mit dem hochrangigen Ziel des internationalen Menschenrechtsschutzes gekennzeichnet. Schlussendlich werden neue Lösungswege aufgezeigt, zu denen neben der Frage nach der Möglichkeit der Errichtung eines ad-hoc-Tribunals in der Region Darfur sowie dessen Vereinbarkeit mit dem geltenden Völkerrecht auch institutionelle Maßnahmen im Rahmen der Charta der Vereinten Nationen im Vordergrund stehen. Darüber hinaus stellt sich die Frage nach einer Ausweitung der Befugnisse der NATO zur konkreten Konfliktbeendigung im innerstaatlichen Bereich. Es müssen Grundsätze für den internationalen Menschenrechtsschutz durch militärische Zwangsmaßnahmen aufgefunden werden, die sich unter realistischen Bedingungen institutionell umsetzen lassen.

---

10 Hinsch/Janssen, Menschenrechte militärisch schützen, S. 10.
11 ICISS Report 2001, S. 17.

Die vorliegende Arbeit erhebt keinen Anspruch auf Vollständigkeit; so geht es vielmehr um eine angemessene Darstellung des Verhaltens der internationalen Staatengemeinschaft im Rahmen des Darfur-Konflikts sowie darum, dieses inhaltlich kritisch zu würdigen und im Anschluss etwaige Lösungsansätze zu präsentieren. Zur Intention der Arbeit gehört zudem die Auseinandersetzung mit den Gründen, die für das zögerliche internationale Engagement ausschlaggebend gewesen sind. Die Relevanz dieser Arbeit basiert auf der kritischen internationalen Wahrnehmung der Rolle der Vereinten Nationen im Umgang mit der humanitären Katastrophe in Darfur.

B. Der Konflikt in Darfur

Seitdem der Sudan am 12. November 1956 als Mitglied der Vereinten Nationen aufgenommen wurde, ist es zu unterschiedlichen innerstaatlichen Konflikten gekommen, die von einer vielfältigen Wechselbeziehung zur Lage der gesamten Region und zur Weltpolitik gekennzeichnet sind. Neben dem seit 1983 andauernden Bürgerkrieg zwischen dem muslimischen Norden und dem christlichen bzw. animistischen Süden entsteht 2003 ein weiterer Konflikt in der Region Darfur im Westsudan. Die Probleme in dieser Region kulminieren seit diesem Zeitpunkt in einem weiteren afrikanischen Bürgerkrieg. Von der sudanesischen Regierung zunächst als bloßer Stammeskonflikt um Wasser und Ressourcen bagatellisiert, werden bei näherer Betrachtung die Mängel des politischen Systems, anhaltende Ungerechtigkeiten sowie ethnische Konflikte deutlich. Das wohl größte Hindernis auf dem Weg zu einer Lösung des Darfur-Konflikts ist die Vielfältigkeit seiner Ursachen. Die ursprünglich lokalen Konflikte um Ressourcen in der Region Darfur sind inzwischen in ein größeres Konfliktsystem eingebunden und so schließlich nationalisiert worden. Es handelt sich hierbei um eine komplizierte Zusammensetzung aus lokalen, nationalen und internationalen Faktoren, die in enger Verbindung zur Geschichte des Landes stehen. Neben der historischen Aufbereitung wichtiger Ereignisse sowie einer Bewertung der vielfach zu findenden rassistischen Termini im Rahmen des Darfur-Konflikts werden die Konfliktparteien, deren Zielsetzungen, die Ereignisse seit 2003 bis zum Frühjahr 2011 sowie verschiedene Friedensverträge herausgearbeitet. Bei der anschließenden Betrachtung zeigt sich, dass es zu einer systemischen Vernetzung der Konfliktursachen gekommen ist. Nur auf regionaler und internationaler Ebene wird sich dieser Konflikt lösen lassen, der nach Aussagen der Vereinten

Nationen als die schwerste humanitäre Katastrophe unserer Zeit angesehen werden kann.[12]

I. Hintergrundinformationen

Der Strukturkonflikt, der von Öhm als Zeichen einer Krise des politischen Systems gewertet wird,[13] besteht zunächst aus mindestens drei Dimensionen: einer historischen, einer ethnisch-rassistischen und einer politischen. Weitere Faktoren wie der Klimawandel, geologische Gegebenheiten sowie Spannungen zum Nachbarland Tschad sind ebenfalls relevant. Die Knappheit von bebaubarem Ackerland einerseits und riesige Erdölvorkommen andererseits schaffen ein weiteres erhebliches Konfliktpotenzial. Zudem wird die wirtschaftliche und soziale Unterentwicklung der Region als Ursprung aller zukünftigen Konflikte angesehen.[14] Ziel dieser Abhandlung ist primär die Darstellung der Geschichte des Sudan, ohne dabei die ethnischen, kulturellen und religiösen Aspekte unzulässig zu vereinfachen. Der Zeitraum der Analyse erstreckt sich von der Entstehung des Landes bis hin zu aktuellen Ereignissen und obliegt dabei der persönlich und im Hinblick auf den Kontext gewählten Schwerpunktsetzung. Die historischen Ereignisse vor 1970 dienen der Vervollständigung und werden kurz skizziert. Fallrelevant sind überwiegend die Ereignisse in der Region Darfur ab 2003, die zu einer Zuspitzung der Situation geführt haben. Vor diesem Hintergrund hat sich eine Polarisierung der ethnischen Identitäten im Hinblick auf „Araber“ und „Afrikaner“ verfestigt. Dieser Antagonismus wird vielerorts als Konfliktursache bestimmt und dementsprechend besonders gewürdigt. Es wird jedoch zu sehen sein, dass sich der Darfur-Konflikt prima facie als ein politisches Erbe aus der Kolonialzeit präsentiert.

1. Der Sudan

Als Produkt einer willkürlichen kolonialen Grenzziehung[15] bestand das größte Land Afrikas bis zur Unabhängigkeit des Süd-Sudan am 9. Juli 2011 aus 26 Bundesstaaten, von denen sich zehn in der autonomen Region gleichen Namens befanden und den neu gegründeten Staat bildeten. Mit einer Fläche von

---

12 Thielke, Krieg im Lande des Mahdi, S. 160.
13 Öhm, in: Fischer Weltalmanach 2010, Sudan, S. 483.
14 El Ouazghari, Grund zur Hoffnung, S. 17.
15 Hinsch/Janssen, Menschenrechte militärisch schützen, S. 202.

2,5 Mio. km² war der Sudan bis dahin zugleich das zehntgrößte Land der Erde[16] und umfasste alle ökologischen Zonen Afrikas, von denen nur ein Drittel in den Regionen um den Blauen und Weißen Nil kulturfähig sind.[17] In den dortigen Regionen leben etwa 6 Millionen Menschen.[18] Die Landwirtschaft war bis zu dem Zeitpunkt der Erdölförderung ab 1999 mit einem Bevölkerungsanteil von zwei Dritteln, der in diesem Sektor tätig war, der wichtigste Wirtschaftszweig des Landes.[19] Obwohl das Land über viele Rohstoffvorkommen verfügt, gehört es nach Angaben des Human Development Index zu den vierzig ärmsten Ländern der Welt.[20] Der Großteil des Landes besteht aus Wüste, die sich infolge der großen Dürreperiode in den 60er Jahren ca. 100 km weiter nach Süden ausgedehnt hat. Dieses Ereignis führt ebenfalls zu einer Änderung des sozialen Gefüges, so dass Nomaden und Sesshafte gleichermaßen aus ihrer gewohnten Umgebung vertrieben werden. Von den damals ungefähr 39 Mio. Einwohnern lebten im Jahr 2010 etwa 70 bis 90 % unterhalb der Armutsgrenze mit einem Bruttonationaleinkommen von ungefähr 1100 US-$ pro Einwohner.[21] Mit ca. 36 Mio. Einwohnern hat sich die Einwohnerzahl im Vergleich zu den vergangenen 25 Jahren folglich verdoppelt.[22] Dabei ist die sudanesische Bevölkerung sehr jung: fast die Hälfte aller Einwohner ist unter 15 Jahre alt, die durchschnittliche Lebenserwartung liegt bei 55 Jahren.[23] Es gibt die weltweit höchste Müttersterblichkeitsrate.[24] Der Sudan wird trotz seiner Heterogenität in seiner kulturellen Gesamtheit als Teil der arabischen Welt betrachtet; ungefähr die Hälfte aller Bewohner sind Araber, der sunnitische muslimische Glaube überwiegt mit 70 % und ist außerdem Staatsreligion.[25] Seit 2005 gibt es eine Übergangsverfassung, im selben Jahr erlangte der Süd-Sudan zudem bereits eine Teilautonomie.

---

16 Öhm, in: IPG 2/2005, S. 150 (151); Streck, Sudan-Ansichten, S. 11.
17 Streck, in: Vereinte Nationen 3/2002, S. 104 (104).
18 Flint/de Waal, Darfur – A New History of a Long War, S. 4.
19 Kollmer, in: Sudan – Wegweiser zur Geschichte, S. 135 (186).
20 Siehe aktuelle Tabelle unter: http://hdr.undp.org/en/statistics/ [Stand: 10.03.2011].
21 Öhm, in: Fischer Weltalmanach 2011, Sudan, S. 460; Öhm, in: IPG 2/2005, S. 150 (151).
22 Öhm, in: Fischer Weltalmanach 2011, Sudan, S. 460; Fischer Weltalmanach, Afrika, S. 162.
23 Beck, in: Mabe, Das Afrika Lexikon, S. 608 (608); Fischer Weltalmanach, Afrika, S. 162.
24 Knaup, in: Der Spiegel 52/2010, S. 122 (123).
25 Öhm, in: Fischer Weltalmanach 2011, Sudan, S. 460.

a. Die Region Darfur

Im 18. Jahrhundert entsteht im Westen des Sudan das Sultanat Darfur, das zwar vom Stamm der Fur dominiert, aber auch von zahlreichen anderen Ethnien bevölkert wird. Das Gebiet mit der Ausdehnung Frankreichs liegt auf etwa 900 m Höhe über dem Meeresspiegel und bildet die geographische Grenze zwischen dem Nilbecken und dem Tschadsee.[26] Das „Land der Fur“ bezeichnet zusammenfassend drei der insgesamt 26 sudanesischen Bundesstaaten: Gharb Darfur (West-Darfur), Schamal Darfur (Nord-Darfur) und Dschanub Darfur (Süd-Darfur).[27] Die Provinz Darfur zerfällt in drei geographische Zonen, die sowohl tropisches Klima als auch Wüstenregionen beinhalten. Im Norden herrscht Wüstenklima, in Zentraldarfur trockenheißes Steppenklima und im südlichen Teil der Provinz wintertrockenes Savannenklima.[28] Das Hauptkratergebiet des Jebel Marra befindet sich im Herzen der Region und umfasst einen Süßwasser- sowie einen Salzwassersee, an deren Ufer unterschiedliche Früchte angebaut werden.[29] Die um das Gebirge befindlichen Gebiete gehören zu den reichsten landwirtschaftlichen Regionen des Landes. Der Jebel Marra selbst ist vulkanischen Ursprungs und bildet seit jeher ein Rückzugsgebiet, das als Barriere gegenüber dem kulturellen Einfluss des Niltals gilt.[30] Darüber hinaus gibt es die südliche Savannenregion, die Qoz, die dank der regelmäßigen Niederschläge ebenfalls bewohnbar und für die Viehzucht geeignet ist. Im Norden der Provinz befindet sich eine wasserlose Wüste, die etwa ein Drittel der Region Darfur ausmacht.[31] Die unterschiedlichen geographischen Zonen prägen naturgemäß die unterschiedlichen Lebensformen ihrer Bewohner: im Hochland gibt es eine sesshafte Bevölkerung, in der südlichen Savanne leben Viehnomaden und in den nördlichen Teilen der Region Kamelnomaden. Darüber hinaus spielen die gemeinsamen Grenzen der Region im Westen mit dem Tschad und im Norden mit Libyen eine große Rolle im Darfur-Konflikt sowie als Auslöser für verschiedene militärische Auseinandersetzungen der Vergangenheit. Politisch gesehen gehört Darfur zum Sudan, auch wenn es in geographischer Hinsicht viel stärker mit den

---

26 Prunier, Der uneindeutige Genozid, S. 14.

27 Siehe Anh. 1, S. 274.

28 Die Zeit – Das Lexikon, Band 14, S. 279; Strube-Edelmann, Der Darfur-Konflikt, S. 9.

29 Abdul-Jalil, in: Orientwissenschaftliche Hefte 26/2008, S. 1 (5); Mattes, in: inamo 58/2009, S. 19 (19).

30 Mattes, in: inamo 58/2009, S. 19 (19).

31 Mattes, in: inamo 58/2009, S. 19 (19).

Nachbarländern Tschad, Libyen und der Zentralafrikanischen Republik verbunden ist.[32]

b. Ethnisch-regionale Gruppierungen

Basierend auf den jeweiligen vielschichtigen sozio-ökonomischen Kriterien ist es im Rahmen der vorliegenden Arbeit nicht möglich, auf alle in Darfur beheimateten Ethnien einzugehen. Aus diesem Grund werden die dominanten Volksgruppen aufgeführt, die sich dank der bereits inhaltlich gewürdigten wirtschaftlichen Beschaffenheit der Region sowie der naturräumlichen Gegebenheiten herauskristallisieren lassen. In Darfur besteht die Bevölkerung aus über 80 Stämmen und Ethnien, deren komplexes Gefüge sich in zwei große Gruppen einteilen lässt: die schwarzafrikanischen und die arabischen Stämme. Zu den schwarzafrikanischen Stämmen gehören die Fur mit 800.000, die Massalit mit 190.000 und die Zaghawa mit 185.000 Angehörigen.[33] Die arabischen Stämme werden in der Regel unter der Bezeichnung Baggara zusammengefasst.[34] Untergruppierungen zu den Baggara stellen die Rizaiqat, Habbaniya, Ta'aisha und die Beni Helba dar.[35] Der größte Teil der arabischen Bevölkerung lebt im Norden und betreibt dort als Wandervolk die Kamel- und Rinderzucht.[36] In den nördlichen Wüstenregionen bis in die Gebiete des Tschads leben die Kamelnomaden, zu denen zumeist Ethnien wie die arabischen Rezaiqat sowie die nichtarabischen Zaghawa gehören. Im Westen leben bäuerliche Hirten wie die Fur und die Massalit, die dank der ausreichenden Niederschläge Hirse anbauen können.[37] Im Süden widmen sich die Baggara der Rinderzucht und dem Hirseanbau. Die Beziehung zwischen arabisierten Nomaden und afrikanischen Bauern ist seit Jahrzehnten von Auseinandersetzungen um Weideflächen und Wasser geprägt.[38] Neben den über 100 anderen Sprachen spricht über die Hälfte der sudanesischen Bevölkerung Arabisch als Mutter- oder Amtssprache.[39] Stämme wie die Fur,

---

32 Mattes, in: inamo 58/2009, S. 19 (19).

33 Ille, in: Sudan – Wegweiser zur Geschichte, S. 133 (135); Khalafalla, in: APuZ 4/2005, S. 40 (40).

34 Häufig auch als Begriff für „Sklavenhändler" genutzt; vgl. Ille, in: Sudan – Wegweiser zur Geschichte, S. 131 (139); Thielke, Krieg im Lande des Mahdi, S. 110.

35 Khalafalla, in: APuZ 4/2005, S. 40 (42).

36 Ille, in: Sudan – Wegweiser zur Geschichte, S. 131 (136).

37 Khalafalla, in: APuZ 4/2005, S. 40 (42); Thielke, in: Sudan – Wegweiser zur Geschichte, S. 65 (65).

38 Thielke, Krieg im Lande des Mahdi, S. 162.

39 Öhm, in: Fischer Weltalmanach 2011, Sudan, S. 460; Streck, in: Vereinte Nationen 3/2002, S. 104 (104).

Masalt oder Zaghawa sprechen darüber hinaus noch ihre eigenen Sprachen.[40] Gesicherte Zahlen in Bezug auf die Religionszugehörigkeit gibt es nicht, in Darfur leben jedoch überwiegend gläubige Muslime.[41] Es ist davon auszugehen, dass sich die seit 2003 am Konfliktgeschehen beteiligten Volksgruppen daher über rassistische Termini definieren.

2. Geschichtlicher Hintergrund

Für das Verständnis des Darfur-Konflikts bedarf es einer Auseinandersetzung mit unterschiedlichen historischen Ereignissen. Im Vordergrund stehen dabei der ägyptische Einfluss, dem der Sudan seit dem 17. Jahrhundert ausgesetzt ist sowie die nachhaltigen wirtschaftlichen Auswirkungen des britisch-ägyptischen Kondominiums bis zur Unabhängigkeit des Landes 1956.

a. Das Sultanat Darfur

Vorkolonial bildete der heutige Sudan keine Einheit, sondern setzte sich aus unterschiedlichen Herrschaftsbereichen zusammen. Die Region wird zwischen 1700 und 1550 v. Chr. im nördlichen Teil zunächst vom alten Königreich Nubien bestimmt und dient als Gold- und Sklavenreservoir. 1450 v. Chr. erfolgt die Unterwerfung durch den ägyptischen Pharao Thutmosis III. sowie die Eingliederung in die von 713 bis 663 v. Chr. herrschende sudanesische Dynastie von Kusch, „dem Gebiet der Schwarzen".[42] Die seit dem 6. Jahrhundert n. Chr. bestehenden christlichen nubischen Königreiche Nobatia, Makuria und Alodia schließen mit dem inzwischen von muslimischen Arabern eroberten Ägypten einen Friedensvertrag, der die Islamisierung der Region für die nächsten 600 Jahre unterbindet.[43] Im 13. Jahrhundert kommt es wiederholt zu Auseinandersetzungen der Nubier mit ägyptischen Beduinen, die im 16. Jahrhundert zum Untergang des Königreichs führen. Bis auf den weiterhin äthiopisch-christlich geprägten Süden des Landes werden alle übrigen Gebiete zum Islam konvertiert. Die zunehmende Islamisierung führt zu einer endgültigen Abspaltung von den südlichen Regionen des Landes. Das Gebiet des heutigen Sudan steht, abgesehen von Darfur, seit dem 17. Jahrhundert unter ägyptischem Einfluss und wird

---

40 Beck, in: Zeitschrift für Genozidforschung 2/2004, S. 52 (62).
41 Peter, in: Sudan – Wegweiser zur Geschichte, S. 151 (152).
42 Smidt, in: Sudan – Wegweiser zur Geschichte, S. 16 (17).
43 Fischer, in: inamo 11/1997, S. 4 (4).

zum größten Teil vom islamisch-osmanischen Reich geprägt.[44] Im 18. Jahrhundert entsteht das Fur-Sultanat als erstes muslimisches Staatsgefüge.[45]

b. Zeit der Fremdherrschaft

Auch die von 1820 bis 1955 dauernde Fremdherrschaft prägt in besonderem Maße die Entwicklung des Sudan. Der osmanische Vizekönig Mehmed Ali beginnt von Ägypten aus mit der Eroberung großer sudanesischer Landflächen, die überwiegend in die ägyptische Herrschaftszone eingegliedert werden.[46] 1821 wird das Reich der Fur von türkisch-ägyptischen Truppen erobert, die ihre territoriale Gewalt in den folgenden Jahrzehnten bis hin zum heutigen Süd-Sudan ausbauen können. Bis zum Ende des 19. Jahrhunderts bildet Darfur ein eigenständiges Sultanat, wird aber 1874 in das turko-ägyptische Reich eingegliedert und fortan als Sklavenreservoir Ägyptens genutzt.[47] Davon ist insbesondere die schwarzafrikanische Bevölkerung in den Nuba-Bergen betroffen.[48]

aa. Der Mahdi-Staat

Im heutigen Nord-Sudan entsteht 1881 eine politisch-religiös motivierte Gruppierung, die sich gegen die ägyptisch-osmanische Besatzung des Sudan richtet und vor allem von jungen Sudanesen unterstützt wird.[49] Ägypten steht seit 1882 unter britischer Herrschaft; nach dem kostspieligen Bau des Suezkanals, der zu einem Staatsbankrott und zu großen Unruhen bis in den Sudan führt, kommt es zur Machtübernahme der Briten, die mit dem Generalgouverneur Charles G. Gordon fortan im Sudan vertreten sind.[50] Der Widerstand gegen die Besatzer formiert sich unter der Führung von Muhammad Ahmed, einem Shaykh der

---

44 Beck, in: Mabe, Das Afrikalexikon, S. 608 (610); Prunier, Der uneindeutige Genozid, S. 29.

45 Flint/de Waal, Darfur – A New History of a Long War, S. 2; Smidt, in: Sudan – Wegweiser zur Geschichte, S. 16 (23).

46 Flint/de Waal, Darfur – A New History of a Long War, S. 277; Prunier, Der uneindeutige Genozid, S. 30.

47 Abdul-Jalil/Mohammed/Yousuf, in: de Waal, War in Darfur, S. 39 (40); Adelberger, Vom Sultanat zur Republik, S. 37; Hinsch/Janssen, Menschenrechte militärisch schützen, S. 204.

48 Pahl, in: Sudan – Wegweiser zur Geschichte, S. 26 (28); Thielke, Krieg im Landes des Mahdi, S. 109.

49 Fischer, in: inamo 11/1997, S. 4 (5); Prunier, Der uneindeutige Genozid, S. 32; Tetzlaff, in: IP 12/2004, S. 87 (90).

50 Flint/de Waal, Darfur – A New History of a Long War, S. 9.

Sammaniya-Bruderschaft aus Dongola, der sich 1881 zum Mahdi[51] erklärt.[52] Der Gruppierung gelingt es innerhalb kürzester Zeit, bedeutsame Gebiete unter ihre militärische Kontrolle zu bringen. So wird im Januar 1883 die Provinzhauptstadt El Obeid erobert, der ägyptische Gouverneur von Darfur kapituliert daraufhin. 1885 kann die Bewegung Khartum erobern. Die Aufständischen stellen daraufhin den Kopf des geschlagenen sudanesisch-britischen Gouverneurs Gordon als Trophäe aus. Der Aufstand gegen die imperiale Besatzung vergrößert die Mahdi-Anhängerschaft, die zudem an die göttliche Personifizierung des seit langem ersehnten Mahdis glauben will. Die nun entstehenden kontrollierten Gebiete im Nord-Sudan, die sogenannte *Mahdiyya*, begründen das Kalifat von Omdurman, das sich als erste nationale Regierung auf der Grundlage der Scharia[53] etabliert und ca. 13 Jahre besteht.[54]

bb. Das britisch-ägyptische Kondominium 1899 – 1956

Nachdem sich der Mahdi-Staat rund zwei Jahrzehnte etablieren konnte, wird der Sudan mithilfe der Anglo-Egyptian Nile Expeditionary Force zurückerobert.[55] Im arabisch dominierten Norden wird dank der Briten ein neues Herrschaftssystem eingeführt. Dem modernen Wirtschaftssystem soll die Demokratisierung der Region folgen.[56] Bei diesem in der Geschichte einzigartigen Konstrukt handelt es sich um den Sudan als Staat, der zwar rechtlich nicht zum Britischen Empire gehört, de facto aber in Folge der anhaltenden britischen Besatzung Ägyptens eine Kolonie darstellt.[57] Im Süden entsteht eine britische Kolonialverwaltung.[58]

---

51 Aus dem Arabischen: der von Gott Geleitete, der Erlöser, der „Rechtgeleitete". Diese Person steht unter einer besonderen göttlichen Führung. Ihr Erscheinen steht in der Verbindung mit dem Ende der Welt. Die in diesem Glauben enthaltenen volkstümlichen Elemente entstammen der christlichen Eschatologie. Nach dem Tod des Mahdi soll der Prophet Jesu, an-nabi Isa, erscheinen und den Antichrist, den Daddschal, bekämpfen. Dies führt zum Jüngsten Gericht; vgl. Prunier, Der uneindeutige Genozid, S. 32.

52 Prunier, Der uneindeutige Genozid, S. 32.

53 Übersetzung für „Der Weg zur Wasserstelle" und damit die Vorstellung eines in dieser Welt unerlässlichen Mittels zur Erhaltung des Lebens und die des Eintritts in das Gottesreich der kommenden Welt; vgl. Euler, in: Sudan – Wegweiser zur Geschichte, S. 161 (163).

54 Smidt, in: Sudan – Wegweiser zur Geschichte, S. 17 (25).

55 Nachdem den ehemaligen Besatzern die durchaus vorhandene wirtschaftliche Bedeutung der Region rund um die Küste des Roten Meeres erneut bewusst wird, werden 1884 britische Streitkräfte in dieses Gebiet entsendet, die die Anhänger des Mahdis sowie dessen Nachfolger Abdallah ibn Sajjid Mohammed in der Schlacht von Omdurman besiegen; vgl. Pahl, in: Sudan – Wegweiser zur Geschichte, S. 27 (32).

56 Pahl, in: Sudan – Wegweiser zur Geschichte, S. 27 (27).

57 Pahl, in: Sudan – Wegweiser zur Geschichte, S. 27 (33).

So wird unter den Briten und Ägyptern ein islamisches Gerichtswesen gegründet sowie Arabisch als Schulsprache eingeführt, um ein erneutes Erstarken der Anhänger von Muhammad Ahmed zu verhindern.[59] Die Briten belassen die regionale administrative Struktur, besetzen jedoch die hohen Ämter mit Landsmännern, es folgt eine als kulturelle Achtung ausgegebene Vernachlässigung.[60] Die gesamte Leitungshierarchie des Verwaltungspersonals besteht aus britischen Offizieren, die auch gegen den Willen vieler Sudanesen die öffentliche Ordnung aufrechterhalten können.[61] Einstige lokale Schlichtungskonferenzen zwischen den verschiedenen Völkern werden abgeschafft.[62] Nach der Unabhängigkeit Ägyptens 1922 und dem damit einhergehenden Ende des britischen Protektorats wird die Rolle des Landes bei der Verwaltung des Sudan 1924 von den Briten beendet, als nach erneuten Unruhen der britische Generalgouverneur von ägyptischen Studenten im Sudan erschossen wird. Aufgrund der geringen wirtschaftlichen und politischen Attraktivität sowie den aus der Entfernung folgenden schwierigen Kontrollmöglichkeiten wird die Region Darfur von den Besatzern weiterhin vernachlässigt.[63] Die nun folgende Herrschaftsunsicherheit nutzt Ali Dinar[64] und lässt das alte Sultanat Darfur wieder aufleben, in dem afrikanische und arabische Stämme friedlich koexistieren. Dies wird von Kairo und London infolge einer Loyalitätserklärung und aufgrund von vereinbarten Tributzahlungen zunächst geduldet.[65]

Im Zusammenhang mit den Ereignissen im Ersten Weltkrieg und der durchaus strategisch interessanten Lage der Region wird Darfur 1916 von der anglo-ägyptischen Regierung zurückerobert.[66] Die Provinz verliert daraufhin 1916 ihre

---

58 Mükusch, in: Sudan – Wegweiser zur Geschichte, S. 39 (39); Prunier, Der uneindeutige Genozid, S. 13.

59 Fischer, in: inamo 11/1997, S. 4 (5); Smidt, in: Sudan – Wegweiser zur Geschichte, S. 16 (24).

60 Böcker, Darfur – zur Genese eines Konflikts, S. 47.

61 Pahl, in: Sudan – Wegweiser zur Geschichte, S. 26 (34).

62 Köndgen, in: inamo 39/2004, S. 31 (31); Streck, Sudan-Ansichten, S. 71.

63 Prunier, Der uneindeutige Genozid, S. 36.

64 Ein Abkomme des letzten Keyra-Sultans, der Mitte des 17. Jahrhunderts das erste Fur-Sultanat gründete; vgl. Prunier, Der uneindeutige Genozid, S. 21 (35).

65 Flint/de Waal, Darfur – A New History of a Long War, S. 10; Prunier, Der uneindeutige Genozid, S. 36.

66 Darüber hinaus wurde Al Dinar die Kollaboration mit den Türken unterstellt. Er selbst und seine Söhne werden auf der Flucht erschossen; vgl. Beck, in: Zeitschrift für Genozidforschung 2/2004, S. 52 (67); Hinsch/Janssen, Menschenrechte militärisch schützen, S. 204.

Unabhängigkeit.[67] Das einst unabhängige Darfur wird in den zum britischen Empire gehörenden Sudan und somit in den gesamt-sudanesischen Kontext eingegliedert.[68] Mit dem Ende der Herrschaft von Ali Dinar sehen sich die kolonialen Besatzer mit der Verwaltung einer bisher nur wenig bekannten Region und ihrer Bewohner konfrontiert.

cc. *Auswirkungen auf die wirtschaftliche Entwicklung des Landes*

Die von den Briten ausgehenden unterschiedlichen Herrschaftssysteme initiieren ein bis heute nicht zu überwindendes wirtschaftliches Gefälle von Nord und Süd. So wird die wirtschaftliche Entwicklung des Landes in den 20er und 30er Jahren vorrangig im Norden gefördert, wo die herrschende Elite aus dem Niltal um die Region Khartum sesshaft geworden ist.[69] Dort werden eine Eisenbahn und ein Hafen gebaut sowie die Telegrafie und ein Schulwesen eingeführt, so dass sich dank der neu entstehenden Bildungsmöglichkeiten auch eine Bürger- und Beamtenschicht herausbilden kann.[70] Die Politik der indirekten Herrschaft als Form der Selbstverwaltung beruht auf der Kollaboration mit dieser einheimischen, zumeist arabischen Oberschicht.[71] Der Beginn der Modernisierung der Landwirtschaft in den nördlichen Regionen basiert auf dem Vorhaben, den Sudan zu einem für die britische Textilindustrie wichtigen Baumwollproduzenten zu machen. Im Süden hingegen fehlen ein flächendeckendes Schulsystem sowie eine daraus erwachsende wirtschaftliche Leistungsfähigkeit.[72] Problematisch ist außerdem, dass die drei Südprovinzen Obernil, Äquatoria und Gazellen-Fluss 1956 weder politisch noch gesellschaftlich oder wirtschaftlich auf die Unabhängigkeit vorbereitet sind. Daraus folgt eine zunehmende Marginalisierung der Bevölkerung. Die Region kann zudem von Khartum aus bis heute auf dem Landweg nur nach einer mehrtägigen Reise erreicht werden, auch sonst fehlt jegliche Infrastruktur.[73] Prima facie müssen die Süd-Sudanesen bereits zu dieser Zeit um ihre politischen, kulturellen und religiösen Mitbestimmungsrechte bei

---

67 Adelberger, Vom Sultanat zur Republik, S. 39; Flint/de Waal, Darfur – A New History of a Long War, S. 277; Pahl, in: Sudan – Wegweiser zur Geschichte, S. 26 (29).

68 Beck, in: Zeitschrift für Genozidforschung 2/2004, S. 52 (62).

69 In der Region Darfur wird hingegen eine Fläche von 500.000 Quadratkilometern von etwa einem Dutzend Beamten verwaltet; vgl. Prunier, Der uneindeutige Genozid, S. 42.

70 Mükusch, in: Sudan – Wegweiser zur Geschichte, S. 39 (39); Pahl, in: Sudan – Wegweiser zur Geschichte, S. 26 (35).

71 Pahl, in: Sudan – Wegweiser zur Geschichte, S. 27 (35).

72 Mükusch, in: Sudan – Wegweiser zur Geschichte, S. 39 (49).

73 Ibrahim, in: pogrom – bedrohte Völker, 6/2004, S. 16 (16).

der Staatsführung fürchten. Eine politische Stabilität soll zu Besatzungszeiten erreicht werden, indem die britische Bildungspolitik auf die Herausbildung einer kleinen Gruppe zielt, die in Zukunft die Intelligenz verkörpern und Aufgaben auf der unteren Verwaltungsebene wahrnehmen soll.[74] Nach der Unabhängigkeit wird der arabisch-muslimischen Führungsschicht die Herrschaft übertragen.[75] Damit wird der Grundstein für eine nachhaltige Bevormundung durch den Norden sowie für eine Vertiefung der bereits vorhandenen kulturellen, ethnischen und sprachlichen Unterschiede zwischen den Landesteilen gelegt. Es kommt zu einer tiefen kulturellen Spaltung des Landes.[76]

c. *Der Sudan seit dem Ende der Kolonialherrschaft*

Bis zum Jahre 1947 werden die beiden Landesteile Süd- und Nord-Sudan getrennt verwaltet, so dass es keinen einheitlichen Sudan gibt.[77] 1945 wird in Abwesenheit von Vertretern des Süd-Sudan die Zusammenlegung des Nord- und Süd-Sudan vom sogenannten *Sudanisierungskomitee* beschlossen.[78] Mit dem Ende des britisch-ägyptischen Kondominiums 1956 werden zwei Landesteile vereint, die entgegengesetzte kulturelle Einstellungen pflegen und wirtschaftlich stark unterschiedlich entwickelt sind.[79] Auch nach der Unabhängigkeit werden Darfur und seine Bevölkerung politisch und ökonomisch vernachlässigt.[80] Die Briten hatten zu Kolonialzeiten die Verwaltung des Sudans weitgehend den Stammesführern überlassen und nach der Unabhängigkeit wird weder von diesen noch auf Seiten der sudanesischen Regierung versucht, Darfur stärker an die Hauptstadt Khartum zu binden.[81] Auch zum Bau von Bildungs- und Gesundheitseinrichtungen kommt es nach der Unabhängigkeit in Darfur nicht.[82] Instabile und kurzfristig wechselnde Regierungsformen, vom Parlamentarismus bis hin zu Militärdiktaturen, sorgen für eine zusätzliche Unzufriedenheit in der Bevölkerung.[83] Die politische und ökonomische Machtverteilung obliegt weiterhin den Anhängern der arabischen Elite aus dem Niltal.[84] Trotz der Unabhängigkeit

---

74 Pahl, in: Sudan – Wegweiser zur Geschichte, S. 27 (34).
75 Delius, Rettet Darfur – Hintergrundinfos zu einem Völkermord, S. 9.
76 So Beck, in: Zeitschrift für Genozidforschung 2/2004, S. 52 (60).
77 Schmid, in: Biel, Sudan zwischen Krieg und Frieden, S. 11 (15).
78 Schmid, in: Biel, Sudan zwischen Krieg und Frieden, S. 11 (18).
79 Öhm, in: IPG 2/2005, S. 150 (151); Prunier, Der uneindeutige Genozid, S. 53.
80 Amnesty International: „Sudan – keine Zukunft ohne Menschenrechte“, S. 90.
81 Köndgen, in: inamo 39/2004, S. 31 (31); Strube-Edelmann, Der Darfur-Konflikt, S.12.
82 Prunier, Der uneindeutige Genozid, S. 48; Strube-Edelmann, Der Darfur-Konflikt, S. 12.
83 Beck, in: Mabe, Das Afrika Lexikon, S. 608 (610).
84 Beck, in: Zeitschrift für Genozidforschung 2/2004, S. 52 (59).

bleiben die Fragen nach einer Autonomie des Süd-Sudan und einer Beteiligung der Süd-Sudanesen an der Macht ungeklärt. Die seit 1954 regierende proägyptische Ashigga-Partei wird vier Jahre später durch einen Putsch von General Ibrahim Abboud abgelöst und die Macht widerstandslos an den neuen Militärrat übertragen.[85] Die Separationsbestrebungen des Südens werden von Abboud dahingehend unterbunden, dass die dortigen Ämter mit Nord-Sudanesischen Militärs besetzt werden und Arabisch als Landessprache eingeführt wird.[86] Dies soll der weiteren Verbreitung des Islam dienen, was letztendlich zu neuen Auseinandersetzungen der ungleichen Landesteile führt. Versuche, die Infrastruktur im Süden zu verbessern, scheitern und werden von den Süd-Sudanesen als weiterer Versuch der Zwangsislamisierung gewertet. Nachdem weitere Annäherungsversuche sowie die Sanierung des Staatshaushalts 1964 endgültig scheitern, kommt es erneut zu einer demokratischen Ordnung, deren Anführer Sirr al-Khatim al-Khalifah und Mohammed Ahmed Mahgoub weiterhin eine Islamisierung des Süden anstreben. [87]

aa. Machtergreifung durch al-Numeiri

Verschiedene Machtkämpfe innerhalb der regierenden Parteien führen am 25. Mai 1969 zu einem Militärputsch unter Oberst Jaafar Mohammed al-Numeiri, der sich selbst zum Präsidenten und den Sudan zum Einparteienstaat macht.[88] Mit seiner Partei, der Sudanese Socialist Union, will er den Staat sozialistisch begründen. Im Gegensatz zu seinen Vorgängern ist al-Numeiri an einer Einigung mit dem Süd-Sudan interessiert. In einer Deklaration sichert er den einzelnen Ethnien im Gesamtsudan ihre kulturellen und traditionellen Rechte zu und strebt eine regionale Autonomie an.[89] Darüber hinaus besetzt er Regierungsposten mit Personen aus nahezu allen ethnischen Volksgruppen.

---

85 Als Auslöser gelten der Verfall des Baumwollpreises in der Weltwirtschaft und die daraus resultierende ökonomische und politische Krise des Landes; vgl. Fischer, in: inamo 11/1997, S. 4 (5); Streck, in: Vereinte Nationen 3/2002, S. 104 (105); Thielke, Krieg im Lande des Mahdi, S. 187.

86 Prunier, Der uneindeutige Genozid, S. 55.

87 Mükusch, in: Sudan – Wegweiser zur Geschichte, S. 39 (43).

88 Streck, in: Vereinte Nationen 3/2002, S. 104 (105); Thielke, Krieg im Lande des Mahdi, S. 262; Weber, in: Sudan – Wegweiser zur Geschichte, S. 75 (75).

89 Mükusch, in: Sudan – Wegweiser zur Geschichte, S. 39 (45).

(1) Einführung neuer Verwaltungsstrukturen

In seiner Amtszeit sorgt al-Numeiri für eine Vielzahl an administrativen Veränderungen, die noch Jahre später im Darfur-Konflikt eine Rolle spielen werden. Er schafft 1970 das durch die Engländer begründete Landrecht ab, so dass das bis dahin geltende *dar*-System obsolet wird. Die Lokalverwaltung wird als koloniale Einrichtung ebenfalls abgeschafft. Die entstehenden Ressourcenkonflikte – vor allem die arabischen Stämme besitzen in der Regel kein eigenes Land und halten dementsprechend an der neuen Gesetzgebung fest[90] – können nicht mehr zentral durch lokale Schlichtungskonferenzen geregelt werden. Die bisher tätigen Beamten werden vielmehr durch arabischstämmige nord-sudanesische Verwalter ersetzt.[91] Der entstehende Konflikt mit den afrikanischen Stämmen wird in diesem Zusammenhang erstmals mit ethnischen und rassistischen Erklärungsansätzen popularisiert und als Grund für die aufkommenden Unruhen genannt.

(2) Einfluss von al-Turabi auf die nachkoloniale Regierungspolitik

Die politische Zielsetzung und die damit einhergehende Regierungstätigkeit von al-Numeiri ändern sich unter dem Einfluss des islamischen Religionsführers Hassan al-Turabi.[92] Dieser führt 1983 die Scharia als Gesetz für alle Sudanesen im Norden und Süden des Landes ein.[93] Dieses Vorgehen verstößt gegen das in Addis Abeba[94] im Frühjahr 1972 geschlossene Abkommen zwischen der Regierung und einzelnen Rebellengruppen im Süden. Das religiös legitimierte Gesetz des Islam sieht unter anderem ein striktes Alkoholverbot, das Abhacken der Hände als Strafe für Diebstahl sowie die Geschlechtertrennung im öffentlichen Leben vor.[95] Der Anreiz zur Rückkehr zu einer Arabisierung und Islamisierung als Ausdruck einer in sich geschlossenen sudanesischen Gesellschaft beruht auch auf den reichlichen Erdölvorkommen, die in der Zwischenzeit im Süden

---

90 Schmidinger, in: ÖZP 2/2006, S. 189 (198).

91 Böcker, Darfur – Zur Genese eines Konflikts, S. 55; Prunier, Der uneindeutige Genozid, S. 102; Streck, Sudan-Ansichten, S. 73.

92 Dieser bekommt in der Sudanese Socialist Union die Position des Generalstaatsanwalts; vgl. Fischer, in: inamo 11/1997, S. 4 (6).

93 Fischer, in: inamo 11/1997, S. 4 (5); Mahmoud, in: inamo 58/2009, S. 4 (4); Seesemann, in: inamo 17/1999, S. 42 (42); Thielke, Krieg im Lande des Mahdi, S. 277.

94 Das Abkommen von Addis Abeba sicherte den Rebellenvertretern u. a. einen Waffenstillstand, eine weitreichende Autonomie des Südens sowie ein eigenes Parlament zu. Der seit 17 Jahren dauernde Bürgerkrieg zwischen dem Norden und dem Süden konnte erstmalig beendet werden; vgl. Mükusch, in: Sudan – Wegweiser zur Geschichte, S. 39 (46).

95 Schmid, in: Biel, Sudan zwischen Krieg und Frieden, S. 11 (23).

des Landes entdeckt worden sind. Dieser schrittweisen Islamisierung des Landes[96] folgen im selben Jahr neue Unruhen zwischen den beiden Landesteilen. Als Stammesmilizen aus dem Süden Stützpunkte der Regierung angreifen, kommt es zum zweiten Bürgerkrieg, der in zweierlei Hinsicht fatale Auswirkungen für die sudanesische Gesellschaft hat: es kann weder eine funktionierende Staatlichkeit noch ein Zugehörigkeitsgefühl innerhalb der ethnischen Gruppen aufgrund der Flüchtlingsströme entstehen. Die in den 90er Jahren aufkommende Hungersnot, die insbesondere als Folge einer Verheimlichung der ausbleibenden Regenfälle und damit einhergehenden Einbußen der Ernteerträge durch al-Numeiri gegenüber den internationalen Spendengebern angesehen wird, kommt es zu einem Generalstreik der Bevölkerung.[97] Das daraufhin gegründete Aufständigenkomitee enthebt al-Numeiri am 5. April 1985 seines Amtes und führt erneut demokratische Zustände ein.[98]

bb. *Machtergreifung durch Omar Hassan al-Bashir*

Am 30. Juni 1989 wird der amtierende Ministerpräsident Sadiq al-Mahdi[99] vom arabischen Nationalisten Omar Hassan al-Bashir gestürzt. Unter al-Bashir und seinem Förderer al-Turabi erfolgt die nachhaltige Veränderung von einem sozialistisch orientierten panarabischen Staat hin zu einem fundamentalistisch-islamistischen System.[100] Er erschafft eine Volksverteidigungsarmee, die eine gemeinsame Ideologie unter den Milizen verbreiten soll und zudem für den Schutz des Regimes vor einem erneuten Putsch sorgt.[101] Al-Bashir selbst ernennt sich zum Oberbefehlshaber der Polizei und der Streitkräfte. Die Änderung der föderalen Strukturen des Landes, die der Stärkung der arabischen Stämme dienen soll, sorgt 1994 erneut für Unruhen, als die seit 1991 bestehenden Bundesstaaten weiter unterteilt werden.[102] So werden aus den neun bisherigen Teilstaaten 26 neue administrative Bereiche. Aus Darfur werden drei Teile: Nord-, West- und Süd-Darfur. Die Hauptstadt im Norden wird al-Fasher, im Westen Geneina und

---

[96] Mahmoud, in: inamo 58/2009, S. 4 (4).

[97] Delius, Rettet Darfur – Hintergrundinfos zu einem Völkermord, S. 8; Pabst, in: Vereinte Nationen 3/2008, S. 99 (99).

[98] Prunier, Der uneindeutige Genozid, S. 73; Thielke, Krieg im Lande des Mahdi, S. 265.

[99] Abkomme des al-Mahdi aus dem 19. Jahrhundert und 1986 nach allgemeinen Wahlen mit der UMMA-Partei an die Macht gekommen; vgl. Prunier, Der uneindeutige Genozid, S. 74.

[100] Weber, in: Sudan – Wegweiser zur Geschichte, S. 75 (77).

[101] Khalafalla, in: APuZ 4/2005, S. 40 (42).

[102] Hinsch/Janssen, Menschenrechte militärisch schützen, S. 207.

im Süden Nyala. Im Zentrum lebt mit den Fur die größte und bisher einflussreichste Volksgruppe, die sich nach der geographischen Trennung aufteilen muss und infolgedessen in jedem Teilstaat zu einer Minderheit wird.[103] Inwiefern sich der Regierungswechsel auf die Situation in Darfur ausgewirkt hat, wird an anderer Stelle im Rahmen des politischen Hintergrunds als eine der weiteren Konfliktursachen thematisiert.

d. Zwischenergebnis

Als archaisches Überbleibsel[104] aus vorkolonialer Zeit ergibt sich eine Zweiteilung des Landes in gesellschaftlicher und insbesondere ethnischer Hinsicht. Der Sudan ist somit das Ergebnis mangelnder Kontinuität der jeweiligen Staatsformen sowie eine Folgeerscheinung der britischen Kolonialpolitik, die bis heute negative Auswirkungen für das Land und insbesondere für die Region Darfur hat.

3. Ethnischer Hintergrund

Die in der Berichterstattung häufig präsente Unterscheidung zwischen „Schwarzen" und „Arabern" als Konfliktparteien ist zunächst schwer nachzuvollziehen. Das altbekannte Erklärungsmuster der sich bekämpfenden Christen im Süden und Muslimen im Norden lässt sich zumindest nicht analog auf die Geschehnisse in der Region Darfur anwenden. Immerhin sind alle Konfliktbeteiligten gläubige sunnitische Muslime, die arabisch sprechen.[105] Fest steht, dass es bereits vor den Ereignissen in al-Fasher 2003 zu zahlreichen Konflikten zwischen den einzelnen Stämmen gekommen ist. Dieser jüngste Konflikt ist jedoch mit einer rassistischen Rhetorik belegt.

Es müssen daher eine Reihe von Faktoren herausgearbeitet werden, die den Konflikt in ethnischer Weise maßgeblich beeinflusst haben und noch beeinflussen. Es stellt sich die Frage nach der Entstehung dieser Dichotomisierung von „Arabern" gegen „Afrikaner" und nach den Ursachen für ihre Verfestigung in der sudanesischen Gesellschaft. So haben Menschen, die demselben Glauben angehören und in denselben Regionen leben, ein unterschiedliches, teilweise rassistisch motiviertes und inzwischen verfestigtes Zugehörigkeitsgefühl ent-

---

[103] Flint/de Waal, Darfur – A New History of a Long War, S. 57; Thielke, Krieg im Lande des Mahdi, S. 318.

[104] Schmidinger, in: ÖZP 2/2006, S. 189 (195).

[105] El Ouazghari, Grund zur Hoffnung, S. 16; Streck, Sudan-Ansichten, S. 78.

wickeln können, das ein friedliches Zusammenleben der jeweiligen Völker unmöglich macht. Es geht zudem um die Frage, was genau unter der Bezeichnung der „arabischen" Sudanesen zu verstehen ist.[106] Bei genauerer Betrachtung wird sich zeigen, dass auch diese Konfliktursache maßgeblich von den geschichtlichen Ereignissen des Landes profitiert hat und zudem von individuellen geostrategischen und politischen Interessen beeinflusst wurde und wird.

a. Ethnizität als Konfliktursache

Ausgehend vom inzwischen häufig zu findenden Erklärungsmuster wird im Zusammenhang mit den Konfliktereignissen in der Region Darfur häufig der Begriff der Ethnizität zitiert. Die eindeutige ethnische Zuordnung gestaltet sich in der Praxis allerdings als sehr schwierig. Die jeweiligen Völker sind von vielfältigen und einem ständigen Wechsel unterworfenen Faktoren geprägt, die darüber entscheiden, zu welchem Stamm bzw. zu welcher Gruppe ein Individuum gehört. Es ist also unabdingbar, dass zwischen Ethnizität einerseits und „Rasse" andererseits unterschieden wird. Letztere bezieht sich zumeist auf äußerliche, physiologische Merkmale.[107] Unter Ethnizität werden dagegen Eigenschaften verstanden, die sich als Merkmale von angenommener Abstammung, Sprache und anderen kulturellen Besonderheiten offenbaren.[108] Im Hinblick auf die unterschiedlichen Ethnien in der Region Darfur und vor dem Hintergrund der bereits vorgestellten Volksgruppen[109] wird deutlich, dass klare Abgrenzungsmerkmale zunächst nicht festgestellt werden können. Weder die Hautfarbe noch die Sprache oder religiöse Ansichten können im Rahmen des Darfur-Konflikts als Unterscheidungskriterien dienlich sein.[110] Auch die nur schwer zu differenzierenden Lebensgewohnheiten stellen kein hinreichendes Unterscheidungskriterium dar, das die Ethnisierung des Konflikts zwischen „Afrikanern" und „Arabern" rechtfertigen würde. Vorab muss folglich davon ausgegangen werden, dass es sich um einen Konflikt zwischen islamischen Ethnien handelt.

---

106 Viele Sudanesen führen ihre Abstammung auf Arabien und den Propheten Mohammed zurück. Dass der Islam und die arabische Kultur nicht nur von „reinen" Arabern, sondern eher von arabisierten einheimischen Völkern verbreitet wurden, erklärt die Entstehung dieser „dunkleren" Araber.

107 Alber, in: Joas, Lehrbuch der Soziologie, S. 267 (276).

108 Ille, in: Sudan – Wegweiser zur Geschichte, S. 131 (131).

109 Siehe unter B. I. 1. b.

110 Thielke, Krieg im Lande des Mahdi, S. 247.

b. Historischer Anknüpfungspunkt

Der Darfur-Krise liegt seit jeher ein zwischen den viehzüchtenden Nomaden aus dem Norden und den in Darfur sesshaften schwarzafrikanischen Ackerbauern bestehender Konflikt zugrunde. Die vielerorts als afro-arabisches Erklärungsmuster bekannt gewordene angenommene Konfliktursache scheint aus mehreren Gründen unzutreffend. Korrelierend zu den bereits vorgestellten in Darfur lebenden unterschiedlichen ethnischen Gruppierungen kann nur eine gezielte Auseinandersetzung mit geschichtlichen Ereignissen Aufschluss darüber geben, wie es zu der rassistischen Intention in der Berichterstattung über das Konfliktgemenge kommen konnte. Die offensichtlich für Dritte weder optisch noch religiös auszumachenden Unterschiede machen deutlich, dass die Begriffe „schwarzafrikanisch" und „arabisch" kaum als ethnische Abgrenzungsmerkmale dienlich sind, sondern als sozial konstruierte Identitäten genutzt werden. Eine diskursive Auseinandersetzung über die Fragen nach den Gründen für diese rassistischen Termini bzw. nach ihrem semantischen Ursprung ist somit angebracht. Bei genauerer Betrachtung zeigt sich, dass wiederholt historische Ursachen und politische Interessen verschiedener Staatsoberhäupter den Grund für Polarisierung der Ethnien darstellen. Im Rahmen einer historischen Betrachtungsweise wird außerdem deutlich werden, dass die sudanesischen Beduinen erst vor zwanzig Jahren beginnen, sich mit der arabischen Welt zu identifizieren. Eine einheitliche arabische Identität ist vor diesem Hintergrund mehr als fraglich.

aa. Der arabische Überlegenheitsanspruch

Die gemachte Unterscheidung zwischen „Schwarzen" und „Arabern" kann nur im Zusammenhang mit der Entstehungsgeschichte des Sudan berücksichtigt werden. Die arabischen Stämme wandern im 9. Jahrhundert in den Sudan ein und können mehrere Gebiete einnehmen.[111] Dies führt in den kommenden Jahrhunderten zu einer mächtigen arabisch-islamischen Bewegung. Bei den als *arab* bezeichneten Volksgruppen herrscht gegenüber den schwarzafrikanischen Stämmen ein tief verwurzelter Rassismus, obwohl beide Ethnien gläubige Muslime sind. Die sogenannten *awlad al-bahar*[112] bezeichnen sich als Nachkommen der Eroberer und Einwanderer seit der islamischen Invasion und Missionierung, die im Niltal zwischen Khartum und Kosti leben und die städtische Kultur ent-

---

[111] In der Region Darfur selbst gelten diese Einwanderer als Minderheit, die – allerdings nicht für Ausländer – durch die Hautfarbe, Sprache und Gesichtszüge erkennbar ist; vgl. Ibrahim, in: pogrom – bedrohte Völker 6/2004, S. 16 (17).

[112] Übersetzt: „Die Leute vom Fluss".

wickelt haben.[113] Die *bilad al-sudan*[114] hingegen dienen vornehmlich als Sklaven.[115] Die Identifikation als „Araber“ geht seit dieser Zeit mit der Teilhabe an politischer Mitgestaltung, einem Überlegenheitsanspruch im Land und eben nicht mit einer tatsächlichen Abstammung einher.

(1) Britische Kolonialpolitik

Die britische Bildungspolitik konzentriert sich in der Kolonialzeit auf die Herausbildung einer kleineren Gruppe im Niltal[116], die die zukünftige Intelligenz verkörpern und eine politische Stabilität ermöglichen soll.[117] Auch wenn die Besatzer den Sklavenhandel unterbinden wollen, wird ein Großteil der Schwarzafrikaner von den Stämmen des Niltals versklavt, die mit diesem Geschäft wiederum zu Wohlstand und Einfluss kommen.[118] Nachdem die lokalen Friedenseinrichtungen von den britischen Besatzern abgeschafft werden und auch Misch-Eheschließungen im Sinne von friedensstiftenden Maßnahmen als eine Art „Stammesverschmelzung“[119] immer seltener werden, führen die Spannungen um Land und Wasser in den 60er Jahren zu einer Teilung der Bevölkerung in die *Al-Tajamaa al Arabi*[120] und die *Zurgha.*[121] Mit dem Ende der Besatzung werden frei gewordene Regierungspositionen im Übergang zu einem unabhängigen Sudan an die nördlichen muslimischen Eliten im Niltal übergeben.[122] Zwischen den nomadischen Arabern von Darfur und den sesshaften arabischen Eliten, die zukünftig den Staat kontrollieren sollen, entstehen große Unterschiede. Diese durch die Kolonialmächte initiierte Machtkonzentration gilt als Auslöser für das zu diesem Zeitpunkt einsetzende arabisch-muslimische Überlegenheitsverständnis.[123] So beanspruchen die arabischen Stämme seitdem den alleinigen Herrschaftsanspruch für sich. Die Unterscheidung zwischen „Afrikanern“ und „Ara-

---

113 Tetzlaff, in: IP 12/2004, S. 87 (90).
114 Übersetzt: „Land der Schwarzen“; vgl. Thielke, Krieg im Lande des Mahdi, S. 109.
115 Tetzlaff, in: IP 12/2004, S. 87 (90).
116 Dem entgegengesetzt gibt es 1935 in Darfur lediglich vier Grundschulen; vgl. Prunier, Der uneindeutige Genozid, S. 45.
117 Pahl, in: Sudan – Wegweiser zur Geschichte, S. 27 (34).
118 Baron, in: DIE WELT, S. 23, vom 30. März 2010; Ibrahim, in: pogrom – bedrohte Völker, 6/2004, S. 16 (16);
119 El Zain, in: Review of African Political Economy 1996, S. 523 (526).
120 Aus dem Arabischen für „Arabische Versammlung“.
121 Aus dem Arabischen für „Schwarzafrikaner”.
122 Beck, in: Orientwissenschaftliche Hefte 12/2003, S. 127 (137).
123 Prunier, Der uneindeutige Genozid, S. 104.

bern" ist also auch eine Folge ideologischer Konstruktionen der postkolonialen Elite seit der Mitte des 20. Jahrhunderts.[124]

(2) Einfluss Libyen/Gaddafi

Die Spannungen zu den Nachbarländern, kommunalpolitische Aspekte sowie die Unterstützung einzelner Volkgruppen durch den Tschad und Libyen sorgen für die weitere „Rassenbildung" innerhalb der sudanesischen Bevölkerung. Der Einfluss des libyschen Präsidenten Muammar al-Gaddafi beginnt während des libysch-tschadischen Konflikts im Jahr 1973, als sudanesische Beduinen zu Kämpfern ausgebildet werden. Diejenigen Afrikaner, die sich Gaddafi anschließen, gelten fortan als Personifizierung des von ihm erschaffenen arabischen Überlegenheitsanspruchs.[125] Dieser wird insbesondere unter der Bevölkerung von Darfur propagiert. Als strategischer Knotenpunkt auf dem Weg zu einem voll-arabischen Staat erweist sich die Region geographisch als überaus günstig.[126] Gaddafi strebt einen arabischen Nationalismus mit islamischer Religion an, der mit Sozialismus gepaart ist.[127] Seine weiteren Obsessionen gelten rassistischen Motiven, so hält er die Araber für die Verkörperung der revolutionären Reinheit.[128] Mithilfe der Region Darfur soll sich langfristig ein „arabischer Gürtel" in Afrika etablieren lassen.[129] Nachdem ein Teil des nördlichen Tschads von Gaddafi besetzt werden kann, können libysche Soldaten 1976 die sudanesische Hauptstadt Khartum einnehmen, bis sie vom damaligen Staatspräsident al-Numeiri, der von dem tschadischen Präsidenten Hissène Habré unterstützt wird, wieder vertrieben werden.[130] Letzterer stationiert daraufhin Truppen in Darfur und so wird die Region zum Hinterland eines grenzüberschreitenden zentralafrikanischen Krieges, in dem fortan kaum noch eine vernünftige Struktur zu erkennen sein wird.[131] Nachdem al-Numeiri 1985 gestürzt wird, sieht Gaddafi die Gelegenheit, seine Vorstellungen von einer panarabischen Welt in Afrika verwirklichen und die Region als „Sprungbrett in den Tschad" nutzen zu können. Al-Sadiq, der erneut als Ministerpräsident der Umma-Partei kandidiert, sichert sich die finanzielle Unterstützung Libyens zu und verspricht, al-Gaddafi

---

124 Prunier, Der uneindeutige Genozid, S. 18.
125 De Waal, „Wie die Fur zu Afrikanern wurden", Le Monde diplomatique, 10.09.2004.
126 Mattes, in: inamo 58/2009, S. 19 (19); Prunier, Der uneindeutige Genozid, S. 63.
127 Thielke, Krieg im Lande des Mahdi, S. 263.
128 Prunier, Der uneindeutige Genozid, S. 63.
129 Mattes, in: inamo 58/2009, S. 19 (19); Prunier, Der uneindeutige Genozid, S. 95.
130 Thielke, Krieg im Lande des Mahdi, S. 264.
131 So Thielke, Krieg im Lande des Mahdi, S. 265.

im Gegenzug die Region für einige Millionen Dollar abzutreten.[132] Der Bürgerkrieg mit dem Süden war zu einer kostspieligen Angelegenheit geworden, die nicht nur die Auslandsschulden auf 13 Mrd. US-Dollar ansteigen ließ, sondern auch zu einer Inflationsrate von 80 % geführt hatte.[133] Aus kommunalpolitischen Gesichtspunkten spielt für al-Sadiq insbesondere Darfur eine entscheidende Rolle: die Region besitzt die größte zusammenhängende Wählerschaft. Im Rahmen der Wahlwerbung appellieren die einzelnen Kandidaten an die Stimmen der vermeintlich unterschiedlichen Wählerschaft.[134] Die einzelnen Stämme müssen sich folglich entscheiden, ob sie zu den „Afrikanern" oder zu den „Arabern" gehören wollten. Al-Sadiq steht in erster Linie in Konkurrenz zu seinem Parteikollegen und Onkel Imam al-Hadi und muss um die interne Unterstützung bei der Machtverteilung fürchten. Zur Verbesserung der Anhängerzahlen schließt sich al-Sadiq dem Vorsitzenden der DDF, der Darfur Development Front[135], an. Die seit Mitte der 60er Jahre existierende Partei setzt sich unter Ahmed Ibrahim Diraige[136] gegen die politische und ökonomische Marginalisierung der Region Darfur zur Wehr.[137] Nach dem Zusammenschluss beider Parteien sorgen die darfurischen Interessen erstmals landesweit für Aufsehen.[138] Als geborener Fur kann al-Sadiq auf die kommunalpolitische Unterstützung dieser großen Volksgruppe bauen. Imam al-Hadi sucht daraufhin bei den arabischen Stämmen nach neuen Anhängern.[139] Den afrikanischen und arabischen Volksgruppen werden im Zuge des Wahlkampfes unterschiedliche rassische und kulturelle Merkmale zugeschrieben. Die Demagogie, die nun zu einem Teil der Politik wird, geht mit dem Vorwurf einher, dass die „arabischen Stämme" Schuld an der Vernachlässigung von Darfur hätten.[140] Dabei gerät in den Hintergrund, dass die soziale und kulturelle Marginalisierung von Darfur weder regional noch rassistisch oder kulturell bedingt ist, sondern die Region in ökonomischer Hinsicht seit jeher keine

---

[132] Prunier, Der uneindeutige Genozid, S. 74.

[133] Thielke, Krieg im Lande des Mahdi, S. 302.

[134] El Ouazghari, Grund zur Hoffnung, S. 20.

[135] Die DDF wird 1964 von hoch gebildeten Sudanesen in Darfur gegründet und soll der Verbreitung der Interessen der Region über die Landesgrenzen hinaus dienlich sein; vgl. Khalafalla, in: APuZ 4/2005, S. 40 (43).

[136] Diraige ist der erste aus Darfur stammende Gouverneur mit eigener regionaler Regierung; vgl. Beck, in: Zeitschrift für Genozidforschung 2/2004, S. 52 (64).

[137] Prunier, Der uneindeutige Genozid, S. 59.

[138] Böcker, Darfur – Zur Genese eines Konfliktes, S. 60; Flint/de Waal, Darfur – A New History of a long War, S. 49.

[139] Seine Mutter war eine Baggara aus Darfur, so dass er sich der Unterstützung der Araber sicher sein konnte.

[140] Prunier, Der uneindeutige Genozid, S. 59.

besonderen Anreize bieten konnte und kann. Der Diskurs ermöglicht den „Arabern", mit der Wahlentscheidung eine gewisse Zugehörigkeit zur herrschenden Gruppe in Khartum zu erlangen.[141] Die damit begonnene Ethnisierung wird sich bis heute auf das Konfliktgeschehen auswirken. Nachdem al-Sadiq die Wahlen für seine Partei entscheiden kann, besiegelt 1989 ein Integrationsvertrag mit Gaddafi den endgültigen Zusammenschluss beider Länder.[142] Bei der Annexion Darfurs werden insbesondere die schwarzafrikanischen Stämme – wie die Fur – unterdrückt, während die Machtübernahme durch die „arabischen" Stämme geschieht.[143] In der Folgezeit werden libysche Truppen in Darfur stationiert. Nachdem sich die Grenzen zwischen Darfur und Libyen geöffnet haben, kehren inzwischen arabisch radikalisierte Sudanesen an ihren vorherigen Wohnort zurück. Die mitgeführten Waffen sorgen für eine Verschärfung der bereits andauernden dürrebedingten Eskalation zwischen den „afrikanischen" Ackerbauern und den „arabischen" Nomaden.[144] Als der Zaghawa und Verbündete von Gaddafi, Idriss Déby, im Dezember 1990 Präsident des Tschads wird, verliert die Provinz Darfur ihre strategische Bedeutung.[145] Die Libyer ziehen sich zurück und hinterlassen ihre Waffen den arabischen Stämmen um Musa Hilal. Vorherige Kämpfe zwischen dem Tschad und Libyen um die Besetzung von Darfur hatten bis zu diesem Zeitpunkt bereits eintausend sudanesische Menschenleben gefordert.[146]

Vor diesem Hintergrund wird deutlich, dass die vorgenommene Unterscheidung zwischen den Volksgruppen der „Afrikaner" und der „Araber" maßgeblich durch die von Libyen aus propagierten panarabischen Utopien beeinflusst worden ist. Die von Gaddafi ausgehenden ideologischen Grundlagen für das bereits damals vorhandene rassistische Gedankengut werden bei der Motivation der arabischen Reitermilizen Janjaweed durch die sudanesische Regierung eine wichtige Rolle spielen. Fest steht, dass die Darfuris seit jeher Leidtragende im Krieg zwischen den Nachbarländern sind und die Region als Agitationsfeld der großarabischen Ideologie von Gaddafi genutzt wurde.[147]

---

141 Prunier, Der uneindeutige Genozid, S. 60.
142 Prunier, Der uneindeutige Genozid, S. 96.
143 Thielke, Krieg im Lande des Mahdi, S. 303.
144 Khalafalla, in: APuZ 4/2005, S. 40 (44).
145 Thielke, Krieg im Lande des Mahdi, S. 308.
146 Prunier, Der uneindeutige Genozid, S. 96.
147 Thielke, Krieg im Lande des Mahdi, S. 289.

(3) Diein-Massaker

Bei den geschichtlichen Ereignissen, denen ein maßgeblicher Einfluss auf die Verschärfung der rassistischen Rhetorik nachgesagt wird[148], spielt das sogenannte *Diein-Massaker* eine große Rolle. Infolge der Hungersnot und des seit 1983 andauernden Nord-Süd-Konflikts sind in der Zwischenzeit Hunderte von Dinka in die im südlichen Teil von Darfur liegende Handelsstadt El Diein geflohen. Die dortigen Einwohner gehören zum größten Teil zu den Rizeigat, auch als Baggara bezeichnet, die seit der fortschreitenden Islamisierung durch Libyen arabisch sprechen und sich auch ohne tatsächliche derartige Abstammung als Araber begreifen. Nachdem die Stadtverwaltung dem christlichen Volk der Dinka den Bau einer Kirche genehmigt hat, kommt es zu ersten Auseinandersetzungen und der Zerstörung von Stadtvierteln der Volksgruppe.[149] Die örtliche Polizei entscheidet sich daraufhin für den Transport der Flüchtlinge in die süddarfurische Provinzhauptstadt Nyala. Beim Abtransport kommt es am Bahnhof am 27. und 28. März 1987 zu einer Brandstiftung in einem der Waggons; nahezu eintausend Menschen, davon zum Großteil Frauen und Kinder, sterben.[150] Die vor dem Pogrom in die Polizeistation geflüchteten 500 Dinka werden ebenfalls ermordet.[151] Die ursprünglich an den ethnischen Trennlinien entstandenen Auseinandersetzungen um Wasser und Weideland sind infolge der zunehmenden Arabisierung ein weiterer Schritt in die Dichotomisierung des Konflikts. Neben den religiösen Unterschieden war der aus der Not stammende Anspruch auf lebensnotwendige Ressourcen ein weiterer Beweis für die Araber und Möchtegernaraber[152], dass die schwarzafrikanischen Dinka aus den südlichen Regionen in ihren Gebieten nichts zu suchen hätten.

bb. Instrumentalisierung durch die sudanesische Regierung

Die sudanesische Regierung ist bereits seit den 90er Jahren daran interessiert, den Rassenkonflikt zwischen den „Schwarzen“ und den „Arabern“ zu ihren Gunsten zu intensivieren. Aus diesen Gründen betreibt al-Bashir die sogenannte *Politik der Landentfremdung*.[153] In diesem Zusammenhang werden 30 Omudiat,

---

148 So u. a. Khalafalla, in: APuZ 4/2005, S. 40 (42); Thielke, Krieg im Lande des Mahdi, S. 290 ff.

149 Thielke, Krieg im Lande des Mahdi, S. 290.

150 Chiari, in: Sudan – Wegweiser zur Geschichte, S. 50 (59).

151 Thielke, Krieg im Lande des Mahdi, S. 291.

152 So bezeichnet von Thielke, Krieg im Lande des Mahdi, S. 291.

153 Ibrahim, in: pogrom – bedrohte Völker 6/2004, S. 16 (17).

also Verwaltungsbezirke, die ursprünglich den Masalit, Zaghawa oder den Fur gehören, an arabische Nomaden übertragen.[154] Widerstände werden mithilfe der sudanesischen Armee gewaltsam beendet. Bereits beim zweiten Ausbruch des Bürgerkriegs zwischen Norden und Süden hat sich die sudanesische Regierung die bestehenden Stammesstreitigkeiten um Land und Wasser zunutze gemacht und lokale Banden bewaffnet. Auch arabische Reitermilizen, die seit dem Darfur-Konflikt als Janjaweed bekannt sind, werden in diesem Zusammenhang von der sudanesischen Regierung mobilisiert und eingesetzt.[155] In den 80er und 90er Jahren werden arabische Milizen aus Darfur und dem benachbarten Kordofan in den von den Rebellengruppen kontrollierten Gebieten stationiert. Diese Politik der verbrannten Erde verfolgt al-Bashir bereits in den 80er Jahren, als er die Dinka aus Bahr El-Ghazal zum Zwecke der Erdölförderung vertreibt.[156] Im aktuellen Darfur-Konflikt entzieht al-Bashir mithilfe der Janjaweed den Rebellen durch dieses Vorgehen das Operationsgebiet und vertreibt die Unterstützung leistende Zivilbevölkerung.[157]

Diese neue Erscheinung von Apartheid weiß al-Bashir zu nutzen: im Hinblick auf mögliche politische Mitbestimmungsrechte kann die Bevölkerung nachhaltig manipuliert und mit ethnischen Vorwürfen aufgestachelt werden. Auch der seit 2003 bestehende Konflikt in Darfur ist mithilfe dieser Vorgehensweise verschärft und rassistisch motiviert worden.[158] Fest steht, dass einzelne Regierungsoberhäupter mithilfe der Kommunalpolitik zu einer Intensivierung der rassistischen Rhetorik zwischen den einzelnen Stämmen beigetragen haben. Die Identifizierung als „afrikanisch“ und „arabischstämmig“ wurde, wie bereits festgestellt, insbesondere von Sadiq al-Mahdi initiiert, ist aber auch vor dem Hintergrund einer Separation des westlichen Teils des Sudan von al-Bashir maßgeblich beeinflusst worden.

c. *Klimatische Veränderungen*

Für ein angemessenes Verständnis des Darfur-Konflikts spielen nicht nur historische oder ethnische Gründe eine große Rolle. Zu seiner Eskalation und zur

---

154 Ibrahim, in: pogrom – bedrohte Völker 6/2004, S. 16 (17).

155 Hinsch/Janssen, Menschenrechte militärisch schützen, S. 205.

156 Dörfer wurden durch Luftangriffe zerstört und schließlich von Arabern kolonisiert; vgl. Flint/de Waal, Darfur – A New History of a Long War, S. 23.

157 Köndgen, in: inamo 39/2004 S. 31 (33); Thielke, Krieg im Lande des Mahdi, S. 131.

158 Austin/Koppelman, Darfur and genocide, S. 20; Beck, in: Zeitschrift für Genozidforschung 2/2004, S. 52 (78).

Entstehung des Rassismus haben zudem verschiedene geologische Faktoren beigetragen. Die immer knapper werdenden Wasserressourcen und das Schwinden von Weide- und Ackerbauflächen führen in den 80er Jahren zu einer zunehmenden Verschlechterung der Beziehungen zwischen den einzelnen Volksgruppen. Ackerbau und Viehzucht stellen die Lebensgrundlage für über die Hälfte aller Sudanesen dar; der sich abzeichnende Klimawandel gefährdet folglich beide Bereiche. Der Norden wird vermehrt von Dürreperioden überschattet, während sich im Süden Überschwemmungen häufen.[159] Die Wüste vergrößert sich in südlicher Richtung, so dass auch die Nomaden aus dem Norden ihre Tiere in die Region der Ackerbauer führen müssen. Dieser „Zusammenprall" der Kulturen wird zur Überlebensfrage.[160] Die klimabedingte Bevölkerungswanderung führt dazu, dass arabische Siedler und Nomaden Anspruch auf das Land der afrikanischen Völker erheben.[161] Infolge der Hungersnot 1984/85 kommt es vermehrt zu gewaltsamen Auseinandersetzungen und einer zunehmenden Rivalisierung zwischen den Nomaden und den Sesshaften, bei denen ca. 95.000 Menschen sterben.[162] Dieser Aspekt ist vor dem Hintergrund, dass Araber vor 200 Jahren die Afrikaner versklavt haben, äußerst brisant. Die sesshaften afrikanischen Stämme müssen immer wieder arabische Hirten abwehren, die zum Überleben ebenfalls Anspruch auf Land und Wasser erheben. Der Klimawandel im Sudan und die damit einhergehende Verknappung von Land werden vielfach als Auslöser für die Stammeskonflikte angesehen.[163] Obwohl die Konfliktparteien in Darfur unterschiedlichen ethnischen Gruppen angehören, sind die verfolgten Interessen nicht ethnischer Natur, sondern es geht in erster Linie um den Zugang zu Land und Wasser.[164] Auch Abdul-Jalil zufolge steht das Ansteigen des Konfliktgeschehens in einem engen Zusammenhang mit den immer weniger werdenden Niederschlägen in der Region.[165] Diese Korrelation hat auch sozio-ökonomische Folgen. Der Afrika-Experte Alex de Waal ist sich sicher, dass die Hungersnot 1984/85 die Rassenunterscheidungen zwischen „Afrikanern" und „Arabern" in

---

159 Kurth, in: Sudan – Wegweiser zur Geschichte, S. 177 (181).

160 Beck, in: Zeitschrift für Genozidforschung 2/2004, S. 52 (75); Thielke, Krieg im Lande des Mahdi, S. 276.

161 El Ouazghari, Grund zur Hoffnung, S. 20; Öhm, in: IPG 2/2005, S. 150 (152); Tetzlaff, in: IP 12/2004, S. 87 (89).

162 Prunier, Der uneindeutige Genozid, S. 77; Schmidinger, in: BldiP 2/2005, S. 194 (196); Thielke, Krieg im Lande des Mahdi, S. 162.

163 Öhm, in: IPG 2/2005, S. 150 (159).

164 Fischer, in: inamo 11/1997 S. 4 (4); Thielke, in: Sudan – Wegweiser zur Geschichte, S. 65 (65).

165 Abdul-Jalil, in: Orientwissenschaftliche Hefte 26/2008, S. 1 (16).

Darfur verschärft hat.[166] So haben die klimatischen Änderungen dazu geführt, dass der Darfur-Konflikt, ein Kampf um Lebensraum, als erster Klimakrieg des 21. Jahrhunderts angesehen wird.[167]

d. Schlussfolgerung

Im Darfur-Konflikt erweist sich Ethnizität im Sinne der Blockbildung von „Afrikanern" und „Arabern" als Konsequenz aus den historischen und politischen Gegebenheiten und dient somit als wichtiges, aber nicht als ausschließliches Kriterium bei der Identifizierung der Konfliktursachen. Die Stereotypen lassen sich aus den historischen Ereignissen bedienen und sind im Laufe der Zeit zur Durchsetzung politischer Ziele von den unterschiedlichen Beteiligten, insbesondere von der sudanesischen Regierung, instrumentalisiert worden. So konnten die seit der Kolonialzeit bestehenden Rivalitäten zwischen den Volksgruppen auch aktuell nicht überbrückt werden. Fest steht, dass mit der rassistischen Rhetorik Merkmale einzelner Ethnien geschaffen werden konnten, die streng genommen nicht existieren. Und so ist das einheimische Klassifikationsmuster „Araber" gegen „Afrikaner" wohl letztendlich auch eine Folge des Zugehörigkeitsproblems der einzelnen Volksgruppen. Allein die Einordnung des Sudan in die umliegenden Kulturräume ist problematisch; ein Beispiel dafür sind die Jahreskonferenzen der Arabischen Liga sowie die der Afrikanischen Union, die im Jahr 2006 beide in der Hauptstadt Khartum stattgefunden haben.

4. Politischer Hintergrund

Es wurde bereits darauf hingewiesen, dass es seit der Unabhängigkeit des Sudan mehrere Phasen der politischen Entwicklung und Unterschiede in den daraus folgenden Freiheiten für die Bevölkerung gegeben hat. Formal gesehen hat der Sudan ein föderalistisches politisches System, obwohl in tatsächlicher Hinsicht zentralstaatliche Strukturen überwiegen. Gegenwärtig regiert ein islamisch-fundamentalistisches Regime unter Omar Hassan Ahmad al-Bashir und damit die erste islamistische Regierung auf afrikanischem Boden.[168] Wie bereits inhaltlich gewürdigt, ist dieser seit dem am 30. Juni 1989 erfolgreich verübten Militärputsch Präsident des Sudan. 2005 und 2011 wird er erneut für fünf Jahre im Amt bestätigt. Die wichtigsten Ministerien, zu denen das Innen-, Verteidigungs-,

---

[166] Flint/de Waal, Darfur – A New History of a Long War, S. 35.
[167] Welzer, Klimakriege – Wofür im 21. Jahrhundert getötet wird, S. 25.
[168] Tetzlaff, in: IP 12/2004, S. 87 (89).

Finanz- und das Energieministerium gehören, stehen unter der Leitung von al-Bashirs Nationaler Kongresspartei, der National Congress Party-NCP.[169] Neben dem Parteivize Riek Machar ist Ahmed Haroun Minister für humanitäre Angelegenheiten und Mitvorsitzender des Komitees zur Überprüfung der Beschwerden von Opfern von Menschenrechtsverletzungen aus Darfur, obwohl gegen ihn ein Haftbefehl des Internationalen Strafgerichtshofs vorliegt sowie Sanktionen der EU und der USA verhängt worden sind.[170] Der Staatsaufbau erfährt im Rahmen des Nord-Süd-Friedensvertrags von 2005 eine tiefgreifende Änderung und die zuvor für die Unabhängigkeit des Süd-Sudans kämpfende Rebellenarmee SPLA wird seit dem Comprehensive Peace Agreement (CPA) 2005 am sudanesischen Parlament in Khartum beteiligt.[171] Besonders die Kämpfe in der Region Darfur verhindern seit Jahren einen nachhaltigen Aufbau staatlicher Strukturen sowie eine einheitliche Sudanpolitik.[172]

a. Islamisierung von Politik und Gesellschaft

Für eine ungestörte Anwendung der Scharia muss die sudanesische Regierung insbesondere Einfluss auf die Zivilbevölkerung nehmen. Die ideologische Neuformung des Sudan unter al-Bashir und al-Turabi hat sowohl Auswirkungen für das Staatswesen als auch für die sudanesische Bevölkerung. Im Zuge des 1989 folgenden Umsturzes, auch „Revolution der Nationalen Rettung" genannt, werden alle politischen Parteien außer der von al-Turabi geführten National Islamic Front (NIF) verboten.[173] Infolge des Machtwechsels werden ca. 20.000 Staatsbedienstete entlassen und durch Anhänger der NIF ersetzt.[174] Wichtig ist, dass mit der Hilfe von al-Turabi eingeführten Scharia auch alle Vereinigungen verboten werden, die keine islamische Agenda haben.[175] Politische Parteien, Gewerkschaften, Berufsverbände und freie Organisationen werden per Erlass aufgelöst und verboten.[176] Auch die Wirtschaft wird privatisiert, so dass der öffentliche Sektor ebenfalls in die Hände der Parteigenossen übergeben werden kann. Zudem werden die staatliche Presse sowie parteifremde demokratische Zeitungen,

---

169 Pabst, in: Vereinte Nationen 3/2008, S. 99 (104).
170 Delius, Gerechtigkeit für Darfur, S. 6, 15.
171 Thielke, in: Sudan – Wegweiser zur Geschichte, S. 65 (72).
172 Schißau, in: Sudan – Wegweiser zur Geschichte, S. 105 (107).
173 Chiari, in: Sudan – Wegweiser zur Geschichte, S. 50 (52); Seesemann, in: inamo 17/1999, S. 42 (43).
174 Fischer, in: inamo 11/1997, S. 4 (6).
175 Seesemann, in: inamo 17/1999, S. 42 (45).
176 Haydar, in: inamo 11/1997, S. 8 (8).

Filme, Bücher oder Musiktitel verboten.[177] Der Islamismus wird somit omnipräsent. Innenpolitisch geht es der sudanesischen Regierung vor dem CPA[178] insbesondere um die Durchsetzung der Scharia im Süd-Sudan. Die sudanesische Regierung bekannte sich in der Vergangenheit zu den arabischen Al-Tajamaa al Arabi, so dass andere Volksgruppen zunehmend von der parlamentarischen Willensbildung ausgeschlossen werden. Auch die formal föderale Verfassung gibt den einzelnen Bundesstaaten nahezu keine Mitbestimmungsrechte, die für einen Ausgleich zwischen den Ethnien sorgen könnten.[179] Die Demokratie ist im Rahmen der Aufrechterhaltung der Scharia hinfällig geworden.

b. NIF-Diktatur

Die insbesondere von al-Turabi und al-Bashir beeinflusste Islamisierung der sudanesischen Bevölkerung im Sinne der NIF-Diktatur ist nicht nur für die Region Darfur mit negativen Folgen behaftet, sondern hat zum gesamten Konfliktgeschehen ab 2003 beigetragen. Diese „islamische Ordnung“ findet ihren Ursprung in der Ideologie der National Islamic Front von al-Turabi und hat von al-Bashirs Machtübernahme 1989 weitestgehend profitiert. Dieser Ideologie zufolge umfasst der Islam Religion, Gesellschaft und Staat. Der Pluralismus wird abgelehnt, Grundprinzipien einer Verfassung wie die der Gewaltenteilung finden ebenfalls keine Beachtung. Die sogenannte *fitna*[180] dient der Kennzeichnung des außerislamischen Westens und als Beschreibung der gesellschaftlichen Gegenwart. Die Verfassung selbst beruht auf dem Prinzip der *shura*[181]. Die Partei der NIF soll auf zwei Ebenen gleichzeitig regieren: einerseits durch die Bekleidung aller Ämter auf Staatsebene und zum anderen durch den Sitz in den Volkskomitees in den Stadtteilen. Die am 19. September 1981 erschienene „Allgemeine Erklärung der Menschenrechte im Islam“, mit deren Hilfe die universellen Menschenrechte auf Basis des Islam neu definiert wurden, wird am 28. März 1998

---

177 Haydar, in: inamo 11/1997, S. 8 (11).

178 Infolge des Inkrafttretens des CPA wurde die Scharia für den Südteil des Landes zumindest aufgehoben; gleichzeitig wurde in der Übergangsverfassung die freie Religionsausübung bzw. der Schutz der Religionsgemeinschaften zugesichert; vgl. Peter, in: Sudan – Wegweiser zur Geschichte, S. 151 (152).

179 Hofheinz, Informationen zur politischen Bildung, Afrika II, S. 50.

180 Übersetzt für Abspaltung, innere Spaltung, Abweg, früher der Begriff für den Bürgerkrieg um die Kalifennachfolge oder Spaltung, die innerhalb der Gemeinschaft zu Verwirrung und kollektiver Verunsicherung; vgl. Khallouk, Islamischer Fundamentalismus vor den Toren Europas, S. 217.

181 Ursprünglicher Begriff für das Wahlverfahren der Kalifen, heute genutzt als Bezeichnung anstelle der (westlichen) Demokratie; vgl. Haydar, in: inamo 11/1997, S. 8 (12).

zu einem Bestandteil der Verfassung und hat bis heute Gültigkeit.[182] Die Menschenrechte haben entgegen der UN-Konventionen keinen Stellenwert oberhalb der Scharia, sondern können, als von Gott stammend, nur im Sinne der religiösen Prinzipien ausgelegt werden und dementsprechend auch hinter anderen Gesetzen zurückstehen.

c. *Zusammenfassung*

Der von al-Bashir popularisierte Islamismus entpuppt sich als antidemokratische, antisäkulare und gegen die Menschenrechte gerichtete Ideologie. Die bereits erörterten rassistischen Termini stammen folglich nicht nur aus den historischen Ereignissen um Gaddafi, sondern werden aktuell durch die arabisch-islamische Politik der NIF gefördert.[183] Trotz diverser internationaler Anstöße kann bisher von einer Anpassung durch eine nachhaltige Reform des politischen und ökonomischen Systems im Sudan nicht gesprochen werden. Gegenüber den Konfliktparteien im Süd-Sudan zu einem Entgegenkommen gezwungen, lehnt al-Bashir jedwede weitere Umverteilung der Macht zugunsten der Rebellenfraktionen in der Region Darfur ab. Der Sudan wird mithilfe der um al-Bashir versammelten Militärjunta, also in Form einer rassistischen Militärdiktatur regiert, die seit über zwanzig Jahren Teile der Bevölkerung, so beispielsweise die christliche Bevölkerung im Süden des Landes oder die Menschen in Darfur, marginalisiert und dieses Vorgehen für eine systematische Vertreibung benutzt.[184]

Das politische System des Sudan ist zusammenfassend von Instabilität, Ausgrenzung von Teilen der Bevölkerung und Vernachlässigung bestimmter Regionen durch Khartum geprägt. Dieses „Zusammenspiel eines militärisch-autoritären Regierungssystems und der Ideologie des Islamismus“ hat das Land in beispielloses Leid und Elend gestürzt.[185] Eine Demokratisierung nach westlichen Maßstäben scheint somit aussichtslos. Einer genaueren Betrachtung kann das Leitbild eines reibungslos funktionierenden Staates nicht standhalten, so dass der Sudan vielmehr als Fassade eines modernen Staates betrachtet werden muss.[186]

---

182 Euler, in: Sudan – Wegweiser zur Geschichte, S. 161 (162).
183 Beck, in: Zeitschrift für Genozidforschung 2/2004, S. 52 (77).
184 Ibrahim, in: pogrom – bedrohte Völker, 6/2004, S. 16 (18); Tetzlaff, in: IP 12/2004, S. 87 (89).
185 So Mahmoud, in: inamo 58/2009, S. 4 (6).
186 Beck, in: Zeitschrift für Genozidforschung 2/2004, S. 52 (59).

5. *Weitere externe Faktoren des Darfur-Konflikts*

Im Hinblick auf die Ereignisse in al-Fasher 2003 müssen neben den bereits inhaltlich gewürdigten Faktoren der Nord-Süd-Konflikt sowie regionale geologische Veränderungen berücksichtigt werden. Diese Kriterien haben einen zusätzlichen Einfluss auf die Entwicklungen des Konflikts genommen, so dass eine genauere Betrachtung geboten ist.

a. Konflikt zwischen Nord- und Süd-Sudan

Sowohl der Vollständigkeit halber als auch aufgrund der nachhaltigen Auswirkungen auf das Konfliktgeschehen in Darfur 2003 erfolgt eine grobe Zusammenfassung des seit 1955 dauernden Bürgerkriegs zwischen dem Norden und dem Süden des Sudan. Der Konflikt in der Region Darfur beruht anders als der Bürgerkrieg zwischen Norden und Süden des Landes nicht auf religiösen Differenzen, sondern vielmehr auf ethnischen, politischen und wirtschaftlichen Hintergründen.[187] Beide Entwicklungen hängen jedoch ursächlich zusammen, so dass ein Einblick in den Nord-Süd-Konflikt geboten ist. Bereits vor der eigentlichen Unabhängigkeit des Sudan gibt es regionale Spannungen, die im Sommer 1955 zu schweren Unruhen im Süden des Landes führen. Als einer der Auslöser gilt die seit Jahrzehnten dauernde Ungleichbehandlung beider Landesteile, die sich anhand einer stetigen wirtschaftlichen und politischen Marginalisierung der südlichen Region ausmachen lässt.[188] Wie bereits inhaltlich gewürdigt, wird auch während der Kolonialzeit im Süden kein flächendeckendes Schulsystem und keine funktionierende Wirtschaft geschaffen. Mit der Unabhängigkeit stehen sich 1956 zwei Landesteile gegenüber, die infolge der unterschiedlichen Interessenlagen der Kolonialmacht völlig entgegengesetzt entwickelt sind.[189] Während der Norden muslimisch geprägt ist, leben im Süden vorwiegend christliche Afrikaner, die im Zuge einer zunehmenden Islamisierung nach einer Selbstverwaltung der Region streben. Die unterschiedlichen regionalen Voraussetzungen und Lebensbedingungen führen dazu, dass der Sudan im Gesamterscheinungsbild im Index für die *Ungleichheit für menschliche Entwicklung* des Entwicklungsprogramms der Vereinten Nationen (UNDP) 2010 den 154. Rang unter 169 Staaten belegt.[190] Das bei der Unabhängigkeit in Aussicht gestellte Versprechen,

---

187 Baum, in: Vereinte Nationen 2/2005, S. 46 (46).

188 Khalafalla, in: APuZ 4/2005, S. 40 (43).

189 Fischer, in: inamo 11/1997, S. 4 (5); Mükusch, in: Sudan – Wegweiser zur Geschichte, S. 39 (39); Tetzlaff, Staatswerdung im Sudan, S. 57 ff.

190 Bericht über die menschliche Entwicklung 2010, UNDP/DGVN, Berlin 2010, S. 189.

dass alle Landesteile ausreichend mit den vom Zentrum aus kontrollierten Ressourcen versorgt und auf einen Gleichstand gebracht werden, ist somit nicht eingelöst worden. Als nach den ersten Wahlen 1954 von 800 Posten nur acht an Männer aus den südlichen Regionen des Sudan vergeben werden, müssen die Sudanesen konsequenterweise um ihre politischen, religiösen und kulturellen Mitbestimmungsrechte bei der Staatsführung fürchten. Im Sommer 1955 kommt es daraufhin zu ersten Unruhen. Auslöser ist eine Meuterei süd-sudanesischer Soldaten in Torit, die gegen nord-sudanesische Truppen ausgetauscht werden sollen; bei den Demonstrationen kommen über 250 Nord-Sudanesen ums Leben.[191] Die anschließenden Repressalien der sudanesischen Regierung gegen Christen und Intellektuelle löst eine Flüchtlingsbewegung innerhalb des Süd-Sudan aus. Dieser Umstand sowie die Marginalisierung des Südens führen zum bisher größten Bürgerkrieg der Gegenwart in Afrika, der von 1955 bis 1972 und von 1983 bis 2005 andauert. Letzterer Kriegsabschnitt beginnt mit der Einführung der Scharia als gesetzlicher Grundlage und den daraus folgenden Bestrebungen der Süd-Sudanesen nach einer Autonomie des Süd-Sudan sowie einer Trennung von Staat und Kirche.[192] Bei den Kämpfen zwischen dem muslimischen Norden und dem christlich geprägten und von Khartum vernachlässigten Süden haben bisher ca. zwei Millionen Menschen ihr Leben verloren.[193] Seit der Unterzeichnung des Friedensabkommens in Naivasha 2005 ist zumindest offiziell eine Teilung von Nord und Süd veranlasst worden.[194] Im Frühjahr 2011 wird der Süd-Sudan nach einem Volksentscheid schlussendlich unabhängig.[195]

b. Regionale ökologische Faktoren

Neben den bereits beschriebenen Auswirkungen des Klimawandels auf das Konfliktpotenzial in der Region Darfur haben die riesigen Erdöl-, Gold-, Eisen-, Gips-, Marmor- und Granitvorkommen Einfluss auf die dortigen Ereignisse genommen.[196] Darüber hinaus verfügt das Land über eine der drei weltweit größten Lagerstätten reinen Urans und die viertgrößten Kupfervorkommen.[197] Insbeson-

---

191 Mükusch, in: Sudan – Wegweiser zur Geschichte, S. 39 (41).

192 Chiari, in: Sudan – Wegweiser zur Geschichte, S. 51 (51).

193 Beck, in: Mabe, Das Afrika Lexikon, S. 608 (610); Knaup, in: Der Spiegel 52/2010, S. 122 (122).

194 Im Süden amtiert Salva Kiir Mayadit als Präsident des Süd-Sudan; vgl. Weber, in: inamo 58/2009, S. 9 (10).

195 Pabst, in: Vereinte Nationen 1/2011, S. 8 (8).

196 Kollmer, in: Sudan – Wegweiser zur Geschichte, S. 183 (189).

197 Strube-Edelmann, Der Darfur-Konflikt, S. 24.

dere die Erdölvorkommen können nur mithilfe moderner Technik gefördert werden. Die Installation der jeweiligen Gerätschaften setzt wiederum eine gewisse politische Stabilität bzw. Befriedung der Lage voraus. Die Politik der verbrannten Erde hat ermöglicht, dass weite Flächen in Darfur unbewohnt und folglich im Sinne der sudanesischen Regierung nutzbar sind. Hinzu kommt, dass vor der Zerstörung weite Gebiete der Region sehr fruchtbar für den Anbau von Hirse und Erdnüssen gewesen sind. Im Zuge der militärischen Auseinandersetzungen seit den 50er Jahren sowie einer eher ineffizienten traditionell betriebenen Landwirtschaft können inzwischen nur noch wenige Gebiete ackerbaulich genutzt werden. Trotzdem sind ca. 80 % aller Sudanesen im landwirtschaftlichen Sektor beschäftigt.[198] Neben dieser misslichen Lage sorgen die in der Vergangenheit gefundenen reichen Erdölvorkommen für ein zusätzliches Konfliktpotenzial. Als im Sommer 1999 eine Erdölpipeline zwischen den Ölfeldern im Süden und dem Hafen in Port Sudan am Roten Meer in Betrieb genommen wird, ändert sich die volkswirtschaftliche Struktur des Landes schlagartig. Inzwischen erzielen die Erdölförderung und die mit ihr verbundenen Dienstleistungen ca. die Hälfte der Wirtschaftsleistung des Landes und mit 33 Mio. Tonnen Erdöl jährlich die dritthöchste Förderrate in ganz Afrika.[199] Nachdem auch im südlichen Darfur große Rohstoffvorkommen entdeckt worden sind, wird die Region für die sudanesische Regierung ebenfalls interessant. Zudem haben Russland, Rumänien, Bulgarien, Irland und Japan neben China schon seit Längerem ihr Interesse an einer Ausbeutung bekundet.[200] Anstatt eine Einigung mit den Einheimischen zu erzielen und die Stammeskonflikte zu befrieden, um so eine erfolgreiche Ölgewinnung ermöglichen zu können, werden die Verantwortlichen für die Regionen bestochen.[201] Die Förderfirmen erweisen sich somit als autark, so dass ein funktionierender Staat mit der damit verbundenen Ordnung einmal mehr obsolet wird.

c. *Waffenvorkommen*

Ein nicht zu unterschätzender Faktor ist weiterhin, dass es in der Region Darfur ein großes Waffenvorkommen gibt, ohne das die Geschehnisse ab 2003 vermutlich nicht in diesem Maße eskaliert wären. Diese Waffen sind aufgrund des

---

198 Dieser trägt trotzdem lediglich zu einem Drittel des Bruttoinlandsprodukts bei; vgl. Kollmer, in: Sudan – Wegweiser zur Geschichte, S. 183 (183).

199 Kollmer, in: Sudan – Wegweiser zur Geschichte, S. 183 (187).

200 Köndgen, in: inamo 39/2004. S. 31 (33); Streck, Sudan-Ansichten, S. 84.

201 Streck, Sudan-Ansichten, S. 85.

Konflikts zwischen Nord- und Süd-Sudan, der Aufrüstung der arabischen Reitermilizen Janjaweed durch die sudanesische Regierung und infolge des Krieges zwischen Libyen und dem Tschad vorhanden. Angaben der Vereinten Nationen zufolge gibt es einen internationalen Waffenhandel in Darfur, besonders mit China, Russland, Iran und Saudi-Arabien.[202]

6. *Zusammenfassung*

Die Ereignisse in Darfur sind letztendlich ein Zeichen für eine politische Systemkrise des ganzen Landes bzw. eine fragile Staatlichkeit aufgrund der politischen und ökonomischen Marginalisierung der sudanesischen Bevölkerung. Diese Vernachlässigung in sozio-kultureller Hinsicht ist jedoch zu einem großen Teil auch regional bedingt.[203] Problematisch ist, dass sich im Sudan mehrere Konflikte überlagern, für die von den Konfliktparteien und der sudanesischen Regierung jeweils individuelle Lösungswege erarbeitet werden müssen. Dies gestaltet sich besonders im Hinblick auf den lokalen Konflikt in Darfur als sehr kompliziert, der auch als altes strukturell bedingtes Krankheitsbild dargestellt wird.[204] Insgesamt zeigt sich, dass der Darfur-Konflikt, anders als in der internationalen Berichterstattung, nicht nur auf ethnisch-religiöse Stereotype reduziert werden darf. Auch gesellschaftliche, lokale und umweltbezogene Faktoren haben zu den Konfliktereignissen seit 2003 beigetragen. Die Unzufriedenheit der darfurischen Bevölkerung sowie der Ausbruch des Aufstands 2003 lassen sich insgesamt auf die nicht intakten wirtschaftlichen Strukturen zurückführen. Es bedarf daher grundlegender volkswirtschaftlicher Reformen.

III. Beteiligte Konfliktparteien im Darfur-Konflikt

Neben der Darstellung der Ursachen und Entwicklung des Darfur-Konflikts bedarf es einer Analyse der beteiligten parastaatlichen Akteure wie der Rebellengruppen SLM/A und JEM, der Reitermilizen Janjaweed auf Regierungsseite sowie deren Einbindung in das Konfliktgeschehen. Eine Vielzahl von Rebellengruppen ist hierbei beteiligt, so dass sich die folgende Darstellung auf die wichtigsten unter ihnen beschränkt.

---

202 Thielke, in: Sudan – Wegweiser zur Geschichte, S. 65 (69).
203 Böcker, Darfur – zur Genese ein Konfliktes, S. 60.
204 Ibrahim, in: pogrom – bedrohte Völker 6/2004, S. 16 (19).

1. Justice and Equality Movement

Eine seit Anfang 2004 in Darfur vertretene Rebellengruppe stellt die unter Dr. Khalil Ibrahim geführte Bewegung für Gerechtigkeit und Gleichheit, die Justice and Equality Movement (JEM), dar. Dr. Khalil Ibrahim selbst stammt aus der Familie des Sultans von Tiné an der Grenze zum Tschad und gehört den Zaghawa an.[205] Die Rebellenorganisation tritt als Zaghawa-Befreiungsarmee auf und gehört folglich zu den „afrikanischen" Stämmen.[206]

a. Zusammensetzung des Justice and Equality Movement

Im Jahr 1996 formiert sich eine Gruppe aus zumeist akademisch-islamistisch gebildeten jungen Männern aus Darfur und Kordofan, die in der damaligen Regierungspolitik keine effektiven Verbesserungsansätze für die politische Benachteiligung der Lage der darfurischen Bevölkerung erkennen können.[207] Zu den Angehörigen dieser Bewegung zählen überwiegend Zaghawa und Fur, die sich einer islamischen Agenda verpflichtet fühlen.[208] Viele Kämpfer gehören zudem den tschadischen Kobe an, die zur Ethnie der Zaghawa gehören und zum Großteil im Tschad leben.[209] Eine vom Nachbarland Tschad ausgehende Unterstützung der Rebellen ist somit naheliegend und hat in der Vergangenheit für ein erhöhtes Konfliktpotenzial zwischen den Nachbarländern gesorgt.[210] Aufgrund der religiösen und politischen Zielsetzung wird die Rebellengruppe auch ansonsten international weitreichend unterstützt.[211] Seit 2003 setzt sich die JEM gegen die politische Marginalisierung Darfurs mit militärischen Mitteln zur Wehr.[212] Die militärische Formierung selbst ist Khalil Ibrahim geschuldet, der der JEM die notwendige Disziplin vermittelt und zudem strategisches Talent besitzt. Unter seiner Führung wird im Januar 2005 ein 21 Mann starkes Executive Board

---

205 Der Mediziner zählt seit jeher zu den größten Regimekritikern und unterhielt in der Vergangenheit enge Beziehungen zu der NIF; vgl. Flint/de Waal, Darfur A New History of a Long War, S. 100.

206 Flint, in: de Waal, War in Darfur, S. 140 (151); Streck, Sudan-Ansichten, S. 77.

207 Flint/de Waal, Darfur – A New History of a Long War, S. 102.

208 Beck, in: Zeitschrift für Genozidforschung 2/2004, S. 52 (55); Tetzlaff, in: IP 12/2004, S. 87 (92).

209 Flint/de Waal, Darfur – A New History of a Long War, S. 100; Schneider, „Sudan: Unsere Truppen werden wieder angreifen", Die Presse, 14.05.2008.

210 Idriss Déby ist ebenfalls Zaghawa.

211 Insbesondere Ibrahim hat sich neben den Belangen der darfurischen Bevölkerung für den Zusammenhalt von Nord- und Süd-Sudan eingesetzt; vgl. Flint/de Waal, Darfur – A New History of a Long War, S. 101.

212 Strube-Edelmann, Der Darfur-Konflikt, S. 13.

gegründet, dessen Mitglieder aus allen Regionen des Landes stammen, ein 51 Mann starkes Legislative Comitee sowie ein General Congress, der auf vier Jahre gewählt wird.[213] Diese politische Struktur unterscheidet die JEM grundlegend von anderen Rebellengruppen.

b. Ideologische Grundlage

Die ideologische Grundlage der Gruppierung JEM bildet das sogenannte *Schwarze Buch* mit dem Titel "Imbalance of Power and Wealth in the Sudan", das Beweise dafür enthalten soll, dass die Regierung Khartums hauptsächlich aus der Nord-Sudanesischen Zentralelite besteht.[214] Das im Mai 2000 erschienene Werk enthält bis auf das Jahr 1996 zurückgehende Informationen über die regionalen Bezugspunkte sowie die Stammesherkunft einzelner Politiker. Ausgehend von diesen Untersuchungen wird die obere Schicht der Regierungsvertreter im Norden ausschließlich von Personen gestellt, die zu den arabischen Stämmen der Flussregion gehören.[215] Darüber hinaus wird aufgeführt, dass alle wichtigen Ämter im Militär, in der Rechtsprechung, in der Polizei oder im Bankwesen von Sudanesen aus dem Norden besetzt werden.[216] Eine zweite Argumentationskette stellt darauf ab, dass nicht nur der Süden, sondern auch alle anderen Teile des Sudan seit jeher von der sudanesischen Regierung vernachlässigt werden. Im August 2002 erscheint der zweite Teil des Schwarzen Buches, aus dem hervorgeht, dass sich die amtierende sudanesische Regierung unter al-Bashir nicht mit politischen oder sonstigen Mitteln beeinflussen lässt.[217] Zur politischen und militärischen Mobilisierung der Darfuris seit 2003 kann dem Schwarzen Buch somit ein nicht zu vernachlässigender Beitrag zugesprochen werden.[218]

c. Zielsetzung

Ausgehend von der soeben beschriebenen ideologischen Grundlage kämpft die JEM für einen politischen Wechsel, der mit der Berücksichtigung ihrer Interessen einhergeht. Ziel der JEM ist die Gründung eines „neuen Sudan" im Zuge einer Reform des politischen Systems, das den Bundesstaaten mehr politische

---

213 Flint/de Waal, Darfur – A New History of a Long War, S. 111.
214 Streck, in: Sudan-Ansichten, S. 81; Strube-Edelmann, Der Darfur-Konflikt, S. 15.
215 Ibrahim, in: pogrom – bedrohte Völker 4/2006, S. 16 (16).
216 Flint/de Waal, Darfur – A New History of a Long War, S. 17.
217 Flint/de Waal, Darfur – A New History of a Long War, S. 104.
218 Ibrahim, in: pogrom – bedrohte Völker 6/2004, S. 16 (16).

Mitspracherechte einräumt.[219] Damit verbunden ist der Sturz der Regierung in Khartum.[220] Die JEM sieht sich selbst als Vertreterin des Zentralsudans und strebt den Status einer politischen Partei an.[221] Bemerkenswert ist, dass gerade die JEM für Khartum eine Bedrohung aufgrund der Kontakte der Rebellengruppe zum Popular Congress (PC), der Partei Hassan al-Turabis, darstellt. Als Führer der Islamisten im Sudan gehört al-Turabi immerhin bis 1999 zu den einflussreichsten Persönlichkeiten des Landes und galt zeitweise als mächtigster Mann des Landes.[222] Wegen der ihm nachgesagten Verbindungen zur JEM – ein Großteil der JEM-Führung[223] besteht aus seinen loyalen Gefolgsleuten – wird er 1994 verhaftet und steht seitdem unter Hausarrest.[224] Die JEM gilt inzwischen als stärkster militärischer nicht-staatlicher Akteur im Konfliktgeschehen in Darfur.[225]

2. Sudan Liberation Army/Movement

Die Sudan Liberation Army/Movement stellt zu Beginn der Auseinandersetzungen in Darfur die zweitstärkste Rebellengruppe dar. Es geht ihr insbesondere um die Frage nach der ökonomischen Ausgrenzung.

a. Zusammensetzung der Sudan Liberation Army/Movement

Im Februar 2003 entsteht unter dem Namen Darfur Liberation Front (DLF) eine neue Rebellengruppierung. Ziel der Gruppe ist zunächst die Vertretung regionaler Interessen.[226] Ursprünglich besteht die DLF vorwiegend aus den afrikanischen Massalit und ist auf regionale Aspekte ausgerichtet.[227] Unter den Eindrücken der Ereignisse im Nord-Süd-Konflikt und um den gesamtsudanesischen

---

219 Köndgen, in: inamo 39/2004, S. 31 (32); Thielke, in: Sudan – Wegweiser zur Geschichte, S. 65 (72).

220 Flint, in: de Waal, War in Darfur, S. 140 (151).

221 Schmidinger, in: BldiP 2/2005, S. 194 (199).

222 Köndgen, in: inamo 39/2004, S. 31 (32).

223 Auch Khalil Ibrahim ist ein früheres Mitglieder der National Islamic Front unter al-Turabi; vgl. Weber, in: Sudan – Wegweiser zur Geschichte, S. 70 (81); Weber, in: inamo 58/2009, S. 9 (11).

224 Prunier, Der uneindeutige Genozid, S. 93; Weber, in: Sudan – Wegweiser zur Geschichte, S. 74 (77).

225 Khalafalla, in: APuZ 04/2005, S. 40 (44); Weber, in: inamo 58/2009, S. 9 (11).

226 Köndgen, in: inamo 39/2004, S. 313 (32); Strube-Edelmann, Der Darfur-Konflikt, S. 14.

227 Zuvor hatte die DLF die Stadt Golo am 26. Februar 2003 angegriffen und damit die militärische Austragung des Darfur-Konflikts eingeleitet; vgl. Schmidinger, in: ÖZP 2/2006, S. 189 (199); Tetzlaff, in: IP 12/2004, S. 87 (92).

Anspruch zu verdeutlichen, erfolgt im März 2003 die Umbenennung in Sudan Liberation Movement/Army (Sudanesische Befreiungsbewegung bzw. Befreiungsarmee).[228] Darüber hinaus soll mit der Umbenennung gezeigt werden, dass auch andere afrikanische Stämme wie die Massalit, die Zaghawa oder die Berti repräsentiert werden.[229] Vorsitzende sind Abdel Wahid al-Nur vom Volk der Fur sowie Minni Minawie, ein Zaghawa.[230] Damit entsteht eine weitere Front im sudanesischen Bürgerkrieg. Die SPLM/A lässt sich in eine militärische Fraktion (SLA) und eine politisch agierende Gruppe (SLM) unterteilen und basiert ursprünglich auf der Rebellenfraktion der von Oberst Dr. Garang für die Unabhängigkeitsbestrebungen des Süd-Sudan gegründeten Sudan People's Liberation Army (SPLA). 1963 formierte sich mit der Anya Nya[231] eine Widerstandsgruppe, die sich 1972 mit anderen Rebellengruppen zusammenschloss und fortan als Southern Sudan Liberation Movement für die Unabhängigkeit des Süd-Sudan kämpfen würde.[232] Die Ähnlichkeit der Bezeichnung ist dementsprechend nicht zufällig; so wird vermutet, dass die SPLA Soldaten der SLM/A ausbildet.[233]

b. Zielsetzung der Sudan Liberation Army/Movement

Die SLA/M ist überwiegend militärisch organisiert und vertritt insbesondere die Interessen der Bevölkerung in Darfur. Da die Region auch im Zuge des Friedensvertrags zwischen Norden und Süden nicht bedacht wird und eine Verbesserung der Lebensumstände nicht zu erwarten ist, beginnt die SLM/A 2003 mit bewaffneten Überfällen auf Stützpunkte der sudanesischen Regierung und ruft die sudanesischen Bürger zum Aufstand auf.[234] Der Bürgerkrieg zwischen Norden und Süden hat den Rebellengruppen schließlich verdeutlicht, dass die sudanesische Regierung unter al-Bashir bei bürgerkriegsähnlichen Zuständen aufgrund des internationalen Drucks durchaus Zugeständnisse machen kann.[235] Die 2003 beginnenden Überfälle der SLA/M sollen der Durchsetzung ihrer Ziele dienlich sein: ein demokratischer Gesamtsudan sowie die Beteiligung der Rebel-

---

[228] Beck, in: Zeitschrift für Genozidforschung 2/2004, S. 52 (54).
[229] Péninou, „Als die Reiter Gewehre erhielten", Le Monde diplomatique, 14.05.2004.
[230] Flint/de Waal, Darfur – A New History of a Long War, S. 90.
[231] Übersetzt: tödliches Gift der Gabunviper; Streck, in: Vereinte Nationen 3/2002, S. 104 (108).
[232] Streck, in: Vereinte Nationen 3/2002, S. 104 (108).
[233] Strube-Edelmann, Der Darfur-Konflikt, S. 14.
[234] Schmidinger, in: BldiP 2/2005, S. 194 (199).
[235] Jafari, in: Human Right Brief 12/2004, S. 8 (8).

len an der Regierung.[236] Zu Beginn der Auseinandersetzungen 2003 sehen sich die Anhänger der SLA/M und der JEM zunächst in einem gemeinsam gegen die sudanesische Regierung kämpfenden Bündnis.[237]

c. *Zersplitterung*

Ende 2003 kommt es zu einer ersten Spaltung der SPLM/A in zwei Fraktionen unter Abdelwahid al-Nur und Minni Arkou Minnawi.[238] Aus weiteren Zersplitterungen entstehen Gruppierungen wie die Group Nineteen (G 19), die Ende 2006 ein Bündnis mit der JEM eingeht und daraufhin zur stärksten Rebellenfraktion wird.[239] Der Trennung vorausgegangen waren Unstimmigkeiten bei den Friedensverhandlungen 2005 in Abuja, an denen Minni Minnawi als einziger Rebellenführer aktiv teilgenommen hatte.[240] Ihm selbst wurde nach Abschluss der Verhandlungen das Amt des Vizepräsidenten für den Gesamtsudan sowie das des Präsidenten für den Süd-Sudan zuteil.[241] In der Vergangenheit ist die SLMA unter Minnawi infolge zahlreicher Überfälle auf arabische Dörfer bekannt geworden; so werden Anfang Juli 2006 allein 72 Menschen getötet. Die Armee von Minnawi wird inzwischen auch als Janjaweed II bezeichnet.[242] Aufgrund der historischen sowie ethnischen Verbindung zu den Rebellengruppen in Darfur und ihrer Beteiligung an der sudanesischen Regierung im Zuge des DPA 2005 könnte die SLM/A objektiv gesehen eine effektivere Rolle im Friedensprozess spielen.[243]

3. *National Redemption Front*

Vor dem Hintergrund der Friedensverhandlungen in Abuja kommt es vermehrt zu Streitigkeiten zwischen den Rebellengruppen. Im Juni 2006 gründen die Verfechter des DPA die National Redemption Front (NRF).[244] Der Friedensvertrag wird dahingehend abgelehnt, dass er keine ausreichende Grundlage für eine gelungene Rückführung der Flüchtlinge oder eine angemessene Entschädigung enthalten würde.

---

[236] Schmidinger, in: BldiP 2/2005, S. 194 (199).
[237] Collins, in: Totten/Markusen, Genocide in Darfur, S. 3 (11).
[238] Schmidinger, in: BldiP 2/2005, S. 194 (199).
[239] Flint/de Waal, Darfur – A New History of a Long War, S. 243.
[240] Flint/de Waal, Darfur – A New History of a Long War, S. 223 f.
[241] Weber, in: Sudan – Wegweiser zur Geschichte, S. 75 (76).
[242] Flint/de Waal, Darfur – A New History of a Long War, S. 234.
[243] Pabst, in: Vereinte Nationen 6/2008, S. 243 (243).
[244] Kamal el-Din, in: de Waal, War in Darfur, S. 92 (112).

Als Splitterpartei der JEM zählen auch Teile der SLM/A, also insbesondere Massalit und Zaghawa, zu der neuen Rebellengruppe. Auch Anführer wie Ahmad Diraige, Khalil Ibrahim und der zweite Vorsitzende der SLM, Khamis Abakir, gehören zu den Mitgliedern.[245] Nach kurzer Bedenkzeit und in der Hoffnung, dass sich die JEM neu beleben lassen würde, schließt sich auch der Anführer der Fur, Abdel Wahid al Nur, der NRF an. Es wird außerdem angenommen, dass hinter der NRF Teile des Geheimdienstes aus Eritrea und dem Tschad stehen.[246]

Wie die JEM ist auch die NRF administrativ strukturiert, so gibt es einen Vorsitzendenrat mit abwechselnder Präsidentschaft und ein Generalsekretariat, das sich um die Ausführung täglicher Handlungen kümmert. Seit ihrer Gründung hat sich die Gruppierung gegen verschiedene Friedensabkommen ausgesprochen.[247] Beginnend mit den Verhandlungen in Abuja werden der Gruppierung zahlreiche Überfälle auf Hilfskonvois vorgeworfen. Die NRF ist auf den ersten Blick ein ernstzunehmender Gegner der sudanesischen Regierung, der aufgrund seiner differenzierten Struktur durchaus geeignet für Vertragsverhandlungen sein könnte.

4. Sudanesische Regierung

Eine große Rolle im Darfur-Konflikt spielen die sudanesische Regierung und die für ihre Zwecke eingesetzten arabischen Reitermilizen. Die sudanesische Regierung unter al-Bashir spricht sich seit 2003 gegen eine Sezession der mit reichlich Erdöl versehenen südlichen Region Darfurs aus. Als der aufkommende Konflikt im Darfur für eine Gefährdung der Friedensverhandlungen in Abuja sorgt und al-Bashir seine Interessen bedroht sieht, werden die bereits in den letzten Bürgerkriegen eingesetzten arabischen Reitermilizen erneut mit Waffen ausgestattet. Die Kriegsstrategie von al-Bashir basiert auf der Kooperation von Soldaten der sudanesischen Armee (Sudanese Forces) und privater paramilitärischer Verbände. Im Rahmen der Berichterstattung über den Darfur-Konflikt ist der Begriff der Janjaweed omnipräsent.

---

245 Flint/de Waal, Darfur – A New History of a Long War, S. 243.
246 Flint, in: de Waal, War in Darfur, S. 140 (163).
247 Prunier, Der uneindeutige Genozid, S. 233.

a. Die arabischen Reitermilizen Janjaweed

Seit 2003 kämpfen die Janjaweed parallel zum Militär auf Seiten der sudanesischen Regierung. Der Name der Reitermilizen ist eine Zusammensetzung aus *jan*, zu Deutsch *Geist* und *jaweed*, was von dem arabischen Ausdruck für *Pferd* stammt.[248] Neben der Beteiligung an den Übergriffen der sudanesischen Armee auf die darfurische Bevölkerung werden die Janjaweed infolge zahlreicher Überfälle auf internationale Hilfsorganisationen, durch welche die Unterstützung für die sudanesische Bevölkerung mit Nahrungsmitteln und Medikamenten verhindert werden soll, als ernstzunehmende Konfliktpartei angesehen.[249]

aa. Entstehung im politisch-historischen Kontext

Die berittene und bewaffnete arabische Reiterbande existiert bereits seit den 80er Jahren in „einer Grauzone zwischen Banditentum und regierungsnahen Schlägertruppen"[250]. Die heutigen Janjaweed setzen sich aus zwei Gruppen zusammen: ein Teil besteht aus kamelzüchtenden Nomaden, der sogenannten *Abala*-Gruppe, die bereits in den 70er Jahren aus dem Tschad in den Sudan migriert ist.[251] Dabei handelt es sich um arabische Stämme, die unter Idriss Déby vor den Zaghawa fliehen müssen und demzufolge eine Art Selbstverteidigungsmiliz gebildet haben.[252] Zum anderen Teil gehören „arabische" Baggara-Stämme aus Süd- und Zentraldarfur.[253] Dazu zählen insbesondere ehemalige Banditen, aus der regulären Armee entlassene Soldaten und Kriminelle, die unter der Bedingung aus dem Gefängnis entlassen worden sind, dass sie sich den Milizen anschließen.[254] Der zum Kreis von al-Bashir zählende Gouverneur General Osman Muhammad al-Kibir gilt als Vorsitzender der Janjaweed.[255] Kommandeur der Gruppierung selbst ist Musa Hilal, der wegen Mordes und bewaffneten Raubüberfalls mehrfach vorbestraft ist.[256] Als er für die Rekrutierung der arabischen

---

248 Péninou, „Als die Reiter Gewehre erhielten", Le Monde diplomatique, 14.05.2004.

249 Prunier, Der uneindeutige Genozid, S. 149.

250 El Ouazghari, Grund zur Hoffnung, S. 18; Prunier, Der uneindeutige Genozid, S. 129.

251 Human Right Watch, Darfur Documents Confirm Government Policy of Militia Support, A Human Rights Watch Briefing, Paper vom 19.07.2004, S. 2; Köndgen, in: inamo 39/ 2004, S. 31 (32).

252 Strube-Edelmann, Der Darfur-Konflikt, S. 16.

253 Khalafalla, in: APuZ 4/2005, S. 40 (40); Strube-Edelmann, Der Darfur-Konflikt, S. 16.

254 Ibrahim, in: pogrom – bedrohte Völker 6/2004, S. 16 (18); Prunier, Der uneindeutige Genozid, S. 130.

255 Haggar, in: de Waal, War in Darfur, S. 113 (126).

256 Delius, Gerechtigkeit für Darfur, S. 15; Streck, Sudan-Ansichten, S. 80; Thielke, Krieg im Lande des Mahdi, S. 13.

Reitermilizen benötigt wird, befindet er sich im Gefängnis und wird daraufhin freigelassen.[257] Hilal vertritt die Ideologie einer arabischen Vormachtstellung.[258] Bereits Ende der 80er Jahre werden Teile des Baggara Stammes vom damaligen sudanesischen Präsidenten Sadiq al-Mahdi im Kampf gegen die SPLA im Süden bewaffnet. Diese sogenannten *Murahaleen* werden erstmalig als Janjaweed bekannt.[259] Es zeigt sich, dass die Instrumentalisierung der Reitermilizen durch die sudanesische Regierung kein neues Problem ist, sondern ein endemisches.

bb. Beziehungen zur sudanesischen Regierung

Die sudanesische Regierung dementiert bis zum gegenwärtigen Zeitpunkt die ihr inzwischen nachgewiesene militärische Unterstützung der Janjaweed.[260] Es gibt eine Vielzahl von Berichten, die eine Eingliederung der Milizen in die Armee und ihre Ausrüstung mit Waffen bestätigen.[261] Verschiedene Luftangriffe der sudanesischen Armee, die das Vorgehen der Janjaweed zu Lande unterstützen, wurden vom Chef des Einsatzkommandos in Khartum befehligt. Dies belegen auch zahlreiche Tonbandaufnahmen.[262] Einige Soldaten der Janjaweed erhalten zudem in regelmäßigen Abständen Uniformen der sudanesischen Regierung, auf deren Brusttasche ein Abzeichen mit einem berittenen Gewehrträger zu sehen ist.[263] Verschiedenen Augenzeugenberichten zufolge ist Musa Hilal bei Überfällen auf Dörfer in sudanesischer Militäruniform beteiligt gewesen.[264] Der Anführer der Janjaweed wird 2008 außerdem zum Sonderberater von al-Bashir ernannt, obwohl gegen ihn ein Haftbefehl des Internationalen Strafgerichtshofs vorliegt.[265] Dazu kommt, dass auch der UN-Sicherheitsrat eine Entwaffnung der Janjaweed wiederholt angeordnet hat und dieser Appell expliziert an die sudanesische Regierung gerichtet wurde.[266] Die Verbindungen der sudanesischen

---

257 Flint/de Waal, Darfur – A New History of a Long War, S. 125; Prunier, Der uneindeutige Genozid, S. 129.
258 Flint/de Waal, Darfur – A New History of a Long War, S. 36 f.
259 Weber, in: Sudan – Wegweiser zur Geschichte, S. 70 (85); Weber, in: inamo 58/2009, S. 9 (12).
260 Austin/Koppelman, Darfur and Genocide, S. 3.
261 Haggar, in: de Waal, S. 113 (138); Köndgen, in: inamo 39/2004, S. 31 (33).
262 Flint/de Waal, Darfur – A New History of a Long War, S. 132.
263 Flint/de Waal, Darfur – A New History of a Long War, S. 36; Thielke, Krieg im Lande des Mahdi, S. 138.
264 Flint/de Waal, Darfur – A New History of a Long War, S. 36.
265 Delius, Gerechtigkeit für Darfur, S. 15.
266 Siehe beispielweise S/RES 1556 vom 30. Juli 2004, S. 3.

Regierung zu den arabischen Reitermilizen lassen sich dementsprechend kaum leugnen.

b. *Instrumentalisierung der Janjaweed durch die sudanesische Regierung*

Die Janjaweed sind kein spezifisch arabisches, sondern vielmehr ein nomadisches Problem, das sich aus der Krise des Nomadentums im Zuge der Klimaveränderung entwickelt hat.[267] Bereits in den 80er Jahren gibt es Spannungen zwischen den Fur und den Nomaden; arabische Banden ziehen durch die von den Fur bewohnten Regionen und plündern oder stehlen Vieh.[268] So ist nach Aussage des Afrika-Experten Abdul-Jalil für die Kooperation der Janjaweed mit der amtierenden sudanesischen Regierung ausschlaggebend, dass sie kein eigenes Land besitzen.[269] Dies wird ihnen im Zuge der Unterstützung der sudanesischen Armee zugesagt. Dieser Umstand ist für die aktuelle sudanesische Regierung unter al-Bashir gleich in zweifacher Hinsicht nutzbar. Als Entlohnung für die Unterstützung der sudanesischen Soldaten können die Janjaweed nicht nur Land erlangen, sondern durch die Besetzung und Zerstörung der Dörfer diejenige Zivilbevölkerung vertreiben, die die SLA/M bzw. die JEM logistisch und moralisch unterstützt.[270] Der bereits schwelende Konflikt zwischen den einzelnen Stämmen kann von al-Bashir somit für seine Zwecke zusätzlich aufgeheizt werden, die Janjaweed fungieren dabei als kostengünstiges Heer.[271] Nach Prunier bekommt al-Bashir mit den Janjaweed eine „Guerillabekämpfung zum Billigtarif“[272]. Die Zuverlässigkeit der Milizen wird durch finanzielle Anreize, aber auch durch die Möglichkeit zu Plünderungen nach Überfallen gesichert.[273] Darüber hinaus übergibt al-Bashir zunehmend Land an Anhänger der Baggara-Stämme, die sich daraufhin vermehrt in der Region Darfur niederlassen. Diese bereits inhaltlich gewürdigte „Politik der verbrannten Erde“ erweist sich für den Präsidenten erneut als effektives und nachhaltiges Mittel bei der Kriegsführung. So lassen sich stra-

---

[267] Flint/de Waal, in: inamo 58/2009, S. 20 (21).

[268] Chiari, in: Sudan – Wegweiser zur Geschichte, S. 51 (59); Khalafalla, in: APuZ 4/2005, S. 40 (42).

[269] Abdul-Jalil, in: Orientwissenschaftliche Hefte 26/2008, S. 1 (30).

[270] Köndgen, in: inamo 39/2004 S. 31 (32).

[271] Streck, Sudan-Ansichten, S. 79.

[272] Prunier, Der uneindeutige Genozid, S. 132.

[273] Dies ermöglichen im besonderen Maße finanzielle Anreize; so bekommen Infanteristen 79 Dollar im Monat und 117 Dollar, wenn sie ein Pferd oder Kamel besitzen. An Oberhäupter eines Stammes werden sogar 233 Dollar im Monat bezahlt; vgl. Prunier, Der uneindeutige Genozid, S. 130.

tegisch relevante Gebiete kurzfristig erobern und verwalten, und insbesondere die Ölfelder können effizienter bedient werden. Durch die Zunahme der angesiedelten Volksgruppen soll zudem das Bestreben afrikanischer Stämme nach einer Abspaltung der Region geschwächt bzw. von Anfang an verhindert werden.[274] Überfälle auf Regionen der schwarzafrikanischen Bevölkerung werden damit gerechtfertigt, dass das Land den „Arabern" gehöre.[275] Im Zuge der Ereignisse 2003 können sudanesische Soldaten auch nicht ohne Weiteres eingesetzt werden: viele stammen aus Darfur, und so gibt es berechtigte Zweifel an ihrer Loyalität. Zudem muss al-Bashir befürchten, dass ein „Hardliner-Vorgehen" mithilfe der eigenen Armee gegen die Zivilbevölkerung die eben erst verbesserten Beziehungen zu den westlichen Staaten schwächen würde; dass „Stammesfehden" in der Auseinandersetzung instrumentalisiert werden, ist somit durchaus vorteilhaft.[276] Ursprünglich als paramilitärischer Verband zur Konfliktbeendigung in Darfur 2003 eingesetzt, haben die Milizen um Hilal inzwischen eine Eigendynamik entwickelt. So ist aus der Niederschlagung des Aufstands infolge der Motivation durch die sudanesische Regierung unlängst ein rassistisch motivierter, teilweise auch mit genozidalen Tendenzen versehener Vernichtungsfeldzug geworden.[277] Die Kriegsführung der Janjaweed lässt sich letztendlich nur im Kontext eines ungehemmten Vernichtungsfeldzugs gegenüber denjenigen Ethnien begreifen, zu denen die Anhänger der einzelnen Rebellengruppen gehören.[278] Der ursprüngliche Ressourcenkonflikt sowie der Konflikt um die Landnutzung lassen sich unter Zuhilfenahme der Janjaweed von der sudanesischen Regierung effizient nutzen.[279] Die Janjaweed haben bisher an keinerlei Friedensverhandlungen teilgenommen.

5. *Zusammenfassung*

Die Anzahl der Konfliktparteien erschwert zusätzlich die Suche nach einer gemeinsamen Lösung des Darfur-Konflikts. Im Zuge der Friedensverhandlungen ist es außerdem zu einer weiteren Zersplitterung der einzelnen Rebellengruppen gekommen. Im Hinblick auf die Janjaweed als Konfliktpartei stellt sich insbesondere das Problem, dass die Gruppierung niemandem direkt untergeordnet zu

---

274 Prunier, Der uneindeutige Genozid, S. 211.
275 El Ouazghari, Grund zur Hoffnung, S. 19; Prunier, Der uneindeutige Genozid, S. 135.
276 Hinsch/Janssen, Menschenrechte militärisch schützen, S. 208.
277 Streck, Sudan-Ansichten, S. 81.
278 Beck, in: Wissenschaft & Frieden 4/2007, S. 35 (35).
279 Bernhard/Lingnau, in: Vereinte Nationen 5/2004, S. 167 (167).

sein scheint und die Friedensverhandlungen immer wieder von ihnen gestört werden.

IV. Konfliktverlauf seit 2003

Die Gewalt in Darfur beginnt bereits im Juni 2002, als Rebellen die westdarfurische Stadt Golo angreifen; die neue Rebellenbewegung im Westen des Landes ist der sudanesischen Regierung bereits zu diesem Zeitpunkt bekannt.[280] Als sich Anfang 2003 die Befriedung des langjährigen Nord-Süd-Konflikts abzeichnet, hat der Konflikt in Darfur seinen ersten öffentlichkeitswirksamen Auftritt: die Rebellen der SLA und der JEM überfallen 80 Polizeistationen, Kasernen und Regierungsgebäude und töten in diesem Verlauf mindestens 700 sudanesische Polizisten.[281] Am 18. April des Jahres wird der Flughafen der Hauptstadt al-Fasher in Nord-Darfur angegriffen: vier Flugzeuge werden zerstört und über 80 regierungstreue Soldaten getötet oder verschleppt.[282] Die Rebellen begründen ihr Vorgehen erneut mit der Vernachlässigung der Region Darfur und der Besorgnis, durch den anstehenden Friedensvertrag, das Machakos-Protokoll, weiterhin vom Ölreichtum des Sudans ausgeschlossen zu werden.[283] Kurz darauf wird die Hauptstadt von Dschanub Darfur, Nyala, angegriffen.[284] Zu diesem Zeitpunkt gibt es bereits eine auf finanziellen und logistischen Gesichtspunkten beruhende Allianz zwischen der SLM/A und der JEM, und so werden bei dieser koordinierten Aktion weitere Regierungssoldaten getötet, der Flugplatz besetzt sowie mehrere Bombenflugzeuge und Kampfhubschrauber zerstört. Ein General der sudanesischen Luftwaffe wird zudem als Geisel genommen, 200 weitere Soldaten, die sich bereits ergeben hatten, werden exekutiert.[285] Im Mai 2003 können die Aufständischen bis in das norddarfurische Kutum vordringen; bei diesem Vormarsch werden mindestens weitere 800 Regierungssoldaten getötet.

Nach dem Angriff wenden sich die Rebellen an die Regierung von al-Bashir und verlangen in ihrer Petition die Aufnahme politischer Verhandlungen, einen Waffenstillstand, die Freilassung der politischen Gefangenen in Darfur sowie humanitäre Hilfe vor dem Beginn der Regenzeit, doch die sudanesische Regierung

---

280 Flint/de Waal, Darfur – A New History of a Long War, S. 84.
281 Thielke, Krieg im Lande des Mahdi, S. 35.
282 Strube-Edelmann, Der Darfur-Konflikt, S. 15.
283 Öhm, in: IPG 2/2005, S. 150 (160); Thielke, Krieg im Lande des Mahdi, S.35.
284 Prunier, Der uneindeutige Genozid, S. 128.
285 Beck, in: Zeitschrift für Genozidforschung 2/2004, S. 52 (54); Prunier, Der uneindeutige Genozid, S. 127.

setzt auf eine militärische Lösung der Krise. Sie ruft den Ausnahmezustand aus und setzt einen Sonderausschuss für die Region ein, der aus Hardlinern der radikalislamischen Gruppen besteht.[286] Darüber hinaus werden einige Provinzgouverneure abgesetzt und gegen „tatkräftige Nachfolger“[287] ersetzt, während mehrere Intellektuelle verhaftet werden. Probleme bei der Vorbereitung des Vergeltungsschlags bereitet die Tatsache, dass die SLA/M überdurchschnittlich gut mit Waffen ausgestattet ist und sich im ca. 1760 m hoch am Marra-Massiv gelegenen Golo aufhält. Die sudanesische Armee, die größtenteils im Süden des Landes stationiert ist, wird im Zuge der Überfälle auf al-Fasher teilweise nach Darfur verlegt. Auch die loyalen arabischen Stämme der Region werden dazu aufgefordert, sich mit Waffengewalt gegen die Rebellenorganisation zur Wehr zu setzen.[288] Zu diesem Zweck werden arabische Reitermilizen mit Waffen ausgestattet.[289] Im Januar 2004 erfolgt eine Großoffensive der sudanesischen Luftwaffe, bei der zunächst Ortschaften mit MIG-Kampfflugzeugen und Anatov-Bombern angegriffen werden. Die zerstörten Gebiete werden anschließend von den Janjaweed überfallen und niedergebrannt.[290] Ganze Landstriche werden infolge der Massaker zerstört, Frauen und Mädchen vergewaltigt, Nahrungsmittel und Vieh gestohlen.[291] Ca. 300 Zivilisten sterben und 500 Dörfer werden infolge der Angriffe zerstört.[292] Dem Sudan-Experten Beck zufolge blüht die „Beuteökonomie in einem Klima vollkommener Straflosigkeit“[293]. Nach Beendigung der Angriffe verkündet al-Bashir, dass die normalen Umstände wiederhergestellt seien, doch Berichte von weiteren Übergriffen halten weiterhin an.[294]

Vor dem Hintergrund dieser Ereignisse stellt sich die Frage, welche Gründe zum Aufleben der Gewalt geführt haben; die seit Jahrzehnten schwelenden Konflikte zwischen den einzelnen Stämmen sind bis zu diesem Zeitpunkt von der Weltöffentlichkeit schließlich nicht beachtet worden.

---

286 Prunier, Der uneindeutige Genozid, S. 128.
287 Prunier, Der uneindeutige Genozid, S. 129.
288 Köndgen, in: inamo 39/2004, S. 31 (32); Streck, Sudan-Ansichten, S. 74.
289 Strube-Edelmann, Der Darfur-Konflikt, S. 16; Thielke, in: Sudan – Wegweiser zur Geschichte, S. 65 (65).
290 Beck, in: Zeitschrift für Genozidforschung 2/2004, S. 52 (56).
291 Prunier, Der uneindeutige Genozid, S. 133.
292 Austin/Koppelman, Darfur and Genocide, S. 25.
293 Vgl. Beck, in: Zeitschrift für Genozidforschung 2/2004, S. 52 (58).
294 Flint/de Waal, Darfur – A New History of a Long War, S. 142.

1. Gründe für das Aufleben der Gewalt

Dass sich der seit Jahren schwelende Konflikt in der westlichen Region des Sudan 2003 weltöffentlich präsentiert, hat unterschiedliche Gründe. Summarisch lassen sich zwei Entwicklungen für das Wiederaufleben der Gewalt vor dem Hintergrund des andauernden Zerfalls der staatlichen Ordnung ausmachen. Hierzu gehören a priori die Friedensverhandlungen in Kenia Ende 2002 sowie das Übergreifen des Bürgerkriegs im Tschad. Zur Genese des Konfliktverlaufs in Darfur haben folglich auch internationale Geschehnisse beigetragen.

a. Das Machakos-Abkommen

Es ist davon auszugehen, dass das Machakos-Abkommen Ende 2002 zu einer Konsolidierung der Unzufriedenheit der darfurischen Bevölkerung im Hinblick auf die seit der Kolonialzeit schwelende politische und wirtschaftliche Vernachlässigung der Region geführt hat. Dieses erste Rahmenabkommen, das Protokoll von Machakos, wird am 20. Juli 2002 von der sudanesischen Regierung und der SPLM/A unter dem stetigen Einfluss der amerikanischen Regierung unter George W. Bush geschlossen.[295] Dies führt zu einem Waffenstillstand, der am 17. Oktober 2002 in Kraft tritt und den Naivasha-Prozess in Gang setzt, dessen Name sich auf die in dieser kenianischen Stadt stattfindenden Friedensverhandlungen bezieht und der unter der Mitwirkung der IGAD stattfindet.[296] Verschiedene Rebellenanführer gehen im Zuge der Friedensverhandlungen in Kenia davon aus, dass ihre Anliegen für die sudanesische Regierung obsolet geworden sind; Darfur wird wiederum keine Beachtung zuteil, während dem Süden ein Selbstverwaltungsrecht eingeräumt wird.[297] Der damit seit Jahrzehnten andauernde Bürgerkrieg hat der vernachlässigten Region indes verdeutlicht, dass die Zentralregierung bei bewaffneten Auseinandersetzungen durchaus Zugeständnisse machen kann. Nach Ansicht der einzelnen Rebellengruppen ist durch die Verhandlungen der Eindruck erweckt worden, dass die Regierung um al-Bashir nur mit bewaffneten Gruppen und unter internationalem Druck verhandle.[298] Mit dem Überfall auf den Flughafen in al-Fasher lässt sich das Interesse der Weltöffentlichkeit erstmalig auf die Bedürfnisse der Bewohner von Darfur lenken.

---

[295] Breitwieser, in: Sudan – Wegweiser zur Geschichte, S. 87 (90); Pabst, in: Vereinte Nationen 3/2008, S. 99 (102); Prunier, Der uneindeutige Genozid, S. 119.

[296] Breitwieser, in: Sudan – Wegweiser zur Geschichte, S. 87 (87).

[297] Heinrich, in: BldiP 9/2002, S. 1051 (1053).

[298] Fischer Weltalmanach, Afrika, S. 182; Köndgen, in: inamo 39/2004, S. 31 (32).

b. Sonstige Faktoren

Auch die Ausdehnung des Bürgerkriegs im Tschad auf das sudanesische Grenzland hat Auswirkungen auf die Konfliktentwicklung. Die damit einhergehende Verlagerung der Kampfhandlungen trägt dazu bei, dass die Region zunehmend mit Waffen versorgt wird. Darfur wird zu einem Rückzugsgebiet der Tubu, einer von Libyen unterstützten Rebellengruppe.[299] Wie bereits erläutert, hat der Konflikt zwischen Libyen und dem Tschad, der für die Region Darfur in den 80er Jahren zu einem Stellvertreterkrieg geworden ist, zu einer zusätzlichen Beunruhigung der Region geführt.[300] Als destabilisierendes Grundelement[301] hat das Nachbarland somit auch 2003 zu einer Verschärfung des Konfliktpotenzials beigetragen. Letztendlich können die staatlich geförderte Proliferation der Milizen unter den darfurischen Nomaden sowie die seit den Wahlen in den 60er Jahren betriebene rassistische Blockbildung durch die sudanesische Regierung als Auslöser für die Ereignisse 2003 angesehen werden. Letztendlich haben sich mehrere regionale Kriege lokal eingenistet und eine regelrechte Eigendynamik entwickelt, die 2003 zum ersten Mal von der Weltöffentlichkeit wahrgenommen wird.[302]

2. Einzelne Friedensverträge

Seit den ersten bewaffneten Auseinandersetzungen Anfang 2003 hat es eine Vielzahl von Verhandlungen und Friedensabkommen gegeben, von denen die wichtigsten nachfolgend skizziert werden. Allen Versuchen, den Konflikt in Darfur mithilfe vertraglicher Konditionen zu lösen, ist gemeinsam, dass ein nachhaltiger Frieden bis zum gegenwärtigen Zeitpunkt nicht erreicht werden konnte.

a. Waffenstillstand von Abéché am 3. September 2003

Richtungsweisend ist der am 3. September 2003 im Tschad geschlossene kurzlebige Waffenstillstand von Abéché unter der Vermittlung des tschadischen Präsidenten Idris Déby, an dem die Rebellen und die sudanesische Regierung beteiligt sind. Schwächen bei der Beseitigung des Konfliktpotenzials, unbefriedigen-

---

299 Beck, in: Orientalwissenschaftliche Hefte 12/2003, S. 127 (143).
300 Hinsch/Janssen, Menschenrechte militärisch schützen, S. 205.
301 Prunier, Der uneindeutige Genozid, S. 61.
302 Beck, in: Zeitschrift für Genozidforschung 2/2004, S. 52 (69); Flint/de Waal, Darfur – A New History of a Long War, S. 90.

de Konditionen für die Rebellengruppen sowie fehlende Zugeständnisse durch die sudanesische Regierung lassen den Friedenvertrag nur 45 Tage überdauern. Anfang 2004 kommt es zu einer weiteren sudanesischen Großoffensive, bei der mehrere Dörfer in Darfur angegriffen und mit erneuter Hilfe der Janjaweed zerstört werden.[303]

b. *Humanitarian Ceasefire Agreement am 8. April 2004*

Ein weiteres Friedensabkommen, das Humanitarian Ceasefire Agreement, wird am 8. April 2004 in N'Djamena, der Hauptstadt des Tschad, zwischen der sudanesischen Regierung und den beiden Rebellengruppen JEM und SLM/A unter der Leitung der Afrikanischen Union und des tschadischen Präsidenten vereinbart.[304] Dieser Waffenstillstand wird bereits nach wenigen Stunden von den Beteiligten aufgrund anhaltender Gewaltaktionen zwischen den Konfliktparteien gebrochen; Gewalt und Menschenrechtsverletzungen bleiben ubiquitär. Inzwischen ist die internationale Staatengemeinschaft auf die schwierige Lage der Menschen in Darfur aufmerksam geworden. Im Zuge des Abkommens soll eine Beobachterkommission entsendet werden, die African Union Mission in Sudan. Zusätzlich sollen die Nettoeinnahmen durch die gezielte Erdölförderung zukünftig zwischen dem Norden und dem Süden unter Berücksichtigung der regionalen Interessen von Darfur geteilt werden.[305] Eine Besonderheit bei den Friedensverhandlungen besteht darin, dass die Friedensdokumente in zwei Versionen existieren: die SLM/A und die sudanesische Regierung unterzeichnen am 8. April, doch bei der Unterzeichnung im Tschad wird wenig später ein weiterer Satz hinzugefügt: "The Sudanese government shall commit itself to neutralize the armed militia".[306] Trotz der Unterzeichnung kommt es wiederum zu keiner Verbesserung der Lebensumstände für die Zivilbevölkerung in Darfur; die Überfälle werden sogar zahlreicher.[307] Bei schätzungsweise 30 neuen Überfällen auf Dörfer der Zaghawa kommen Anfang Juli 2004 500 Zivilisten ums Leben.[308]

---

303 Bernhard/Lingnau, in: Vereinte Nationen 5/2004, S. 167 (168).
304 Strube-Edelmann, Der Darfur-Konflikt, S. 4.
305 Tetzlaff, in: IP 12/2004, S. 87 (91).
306 Flint/de Waal, Darfur – A New History of a Long War, S. 175.
307 Prunier, in: Der Überblick 03/2006, S. 26 (26).
308 Flint/de Waal, Darfur – A New History of a Long War, S. 143.

c. *Vereinbarungen über die humanitäre Frage am 9. November 2004*

Neue Vereinbarungen über die humanitäre Frage und einen Waffenstillstand werden am 9. November 2004 in Abuja, der Hauptstadt Nigerias, zwischen den Konfliktparteien getroffen.[309] Zu den Anliegen der Verhandlungsführer gehören die Entwaffnung der Janjaweed-Milizen und die Einstellung militärischer Flüge über Darfur. Auch diese Vereinbarungen werden von allen Parteien permanent verletzt.

d. *Comprehensive Peace Agreement vom 9. Januar 2005*

Das am 9. Januar 2005 in Kenia geschlossene Comprehensive Peace Agreement umfasst alle bisher bestehenden und wenig durchsetzungsstarken Vereinbarungen und soll diese erneut in Kraft setzen. Wie bereits erläutert, sind die Friedensverträge im Vorfeld von keiner Konfliktpartei entsprechend beachtet worden. Im Zuge der erneuten Verhandlungen in Nairobi erhoffen sich die Beteiligten die endgültige Befriedung des seit der Unabhängigkeit des Sudan bestehenden Nord-Süd-Konflikts. Der Vertrag soll außerdem einen Gesamtsudan attraktiv machen.[310] Inhaltlich geht es im Wesentlichen um die Durchsetzung eines dauerhaften Waffenstillstands, den Abzug der sudanesischen Armee aus dem Süd-Sudan bis Mitte 2007 sowie eine auf den nördlichen Teil des Landes beschränkte Geltung der Scharia. Darüber hinaus wird das Amt des Vizepräsidenten des Sudan dem ehemaligen Anführer der süd-sudanesischen Rebellenarmee SPLA, Dr. John Garang, zuteil.[311] Im Hinblick auf eine gerechtere Ressourcenverteilung sollen sich der Norden und der Süden bis 2011 die Öleinnahmen zur Hälfte teilen.[312] Gesicherte und ordnungsgemäß durchgeführte Präsidenten- und Parlamentswahlen im Jahr 2009 und ein nach sechs Jahren durchgeführtes Referendum über den Verbleib des Süd-Sudan sind ebenfalls Teil des CPA.[313] Die Klärung des Status der sogenannten *Three Areas*[314], die entweder zum Nord- oder Süd-Sudan gehören sollen, ist ebenfalls ein wesentlicher Punkt des Abkommens, obwohl der Lösung dieses Problems, das ebenfalls mit massiven gewaltsamen Auseinandersetzungen verknüpft ist, bislang kaum Beachtung

---

309 S/RES 1574 vom 19. November 2004, S. 2; Papst, in: Vereinte Nationen 3/2008, S. 99 (99).

310 Peter, in: inamo 58/2009, S. 13 (14); Weber/Hansen, in: SWP-Aktuell 3/2010, S. 1 (1).

311 Nach dessen Tod im Juli 2005 folgt Salva Kiir Mayardit.

312 El Ouazghari, Grund zur Hoffnung, S. 27; Flint/de Waal, in: inamo 58/2009, S. 20 (21); Öhm, in: FES Analyse: Sudan 2006, S. 4.

313 Natsios, in: Totten/Markusen, Genocide in Darfur, S. 27.

314 Hierzu gehören die Nuba-Berge, das Gebiet Abyei sowie die Region Blue Nile.

geschenkt wurde.[315] Im Zuge der Fortschritte bei den Friedensverhandlungen gerät in Vergessenheit, dass die Regionen im Osten und insbesondere in Darfur vom Friedensvertrag kaum profitieren werden, und so kommt es erneut zu gewaltsamen Übergriffen der exkludierten Fur. Zu bedenken ist, dass es um einen Friedensvertrag zwischen zwei autoritären Machthabern geht, der SPLM im Süden und der sudanesischen Regierung. Vor diesem Hintergrund stellt sich die Frage, wie eine straff autoritär geführte Rebellengruppe in eine demokratische Partei umgewandelt werden soll, die bisher nur von einem militärischen Denken geprägt worden ist, während die sudanesische Regierung weiterhin die Durchsetzung des Islam favorisiert.[316] Alle anderen politischen Akteure, insbesondere in der Region Darfur, werden von den Verhandlungen ausgeschlossen. Korrelierend zu den seit Jahrzehnten andauernden Unruhen stellt sich außerdem die berechtigte Frage nach einer dauerhaften Rückführung der 400.000 Flüchtlinge.

e. Darfur Peace Agreement am 5. Mai 2006

Nach sechsmonatiger Verhandlungspause und anhaltenden militärischen Auseinandersetzungen in der Region Darfur werden im Juni 2005 die Abuja-Verhandlungen über eine politische Lösung unter Aufsicht der Afrikanischen Union erneut aufgenommen. Zu diesem Zeitpunkt ist ca. ein Drittel der Bevölkerung obdachlos oder lebt notdürftig in Flüchtlingscamps.[317] Mit der Idee dieses sogenannten *Allparteiendialogs* sollen auch zum ersten Mal die Rebellengruppen aus Darfur adäquat beteiligt werden. Unter dem steigenden Druck der Vereinigten Staaten und der Vereinten Nationen wird am 5. Mai 2006 ein weiteres Friedensabkommen zwischen der sudanesischen Regierung und der größten Rebellenorganisation SLA/M unterzeichnet.[318] Das Darfur Peace Agreement hat die Konfliktentwicklung maßgeblich beeinflusst.

aa. Inhalt des Darfur Peace Agreement

Das Abkommen umfasst zunächst einen vollständigen Waffenstillstand, die Entwaffnung der Janjaweed-Milizen, die Eingliederung von 5000 Rebellen in die sudanesischen Streitkräfte und lokalen Polizeieinheiten sowie die Einrichtung eines Wiederaufbau- und Entwicklungsfonds für die Region Darfur.[319] Im Übri-

---

[315] Stand der Ermittlung 2009; vgl. den Artikel von Deckert, in: inamo 58/2009, S. 16 (16).
[316] Peter, in: inamo 58/2009, S. 13 (14).
[317] Flint/de Waal, Darfur – A New History of a Long War, S. 236.
[318] Mohamed, in: de Waal, War in Darfur, S. 199 (199).
[319] Strube-Edelmann, Der Darfur-Konflikt, S. 19.

gen sollen 70 % der Sitze in den Legislativen der Bundesstaaten Darfurs den Rebellen zuteilwerden.[320] Insgesamt gesehen geht es um die Demobilisierung und Wiedereingliederung früherer Milizionäre in die bürgerliche Gesellschaft.[321] Auch die Verteilung der Rohstofferlöse wird erneut festgelegt; Darfur soll zukünftig an den Einnahmen der Erdölförderung beteiligt werden. Nach dem Friedensvertrag ist auch ein umfassender Versöhnungsprozess zwischen den Konfliktparteien, der Darfur-Darfur Dialogue and Consultation vorgesehen.[322]

bb. Umsetzung des Abkommens

Das DPA wird ausschließlich vom Anführer der SLM/A, Minni Arcua Minnawi, unterzeichnet. Die bei den Verhandlungen anwesende JEM um Abdel Wahid lehnt den Vertrag trotz massiven Drucks vollständig ab und fordert weiterhin die Abspaltung der Region vom sudanesischen Staatswesen. Für den Rebellenführer ist die Frage nach einer Rückführung der Flüchtlinge in ihre Dörfer nach wie vor unzureichend geklärt. Al-Bashir geht es bei den Verhandlungen insbesondere um die Stellung des Sudan in der internationalen Staatengemeinschaft sowie um den Ausgang der geplanten Wahl.[323] Gleichzeitig verspricht der sudanesische Vizepräsident Ali Osman Mohamed Taha der Europäischen Union, dass einer Mission der NATO oder anderer Bündnisse Zutritt in Darfur gewährt würde, um eine Stabilisierung der Region zu erreichen und die gescheiterte AMIS zu ersetzen.[324] In der Folgezeit wird für Darfur eine Übergangsbehörde errichtet, die Darfur Regional Interim Authority.[325] Bezeichnenderweise besteht die Behörde aus den sudanesischen Sonderbeauftragten al-Bashirs, dem Alleinunterzeichner Minni Minnawi sowie weiteren Mitgliedern seiner Partei.[326] Der im Rahmen des DPA ebenfalls geschaffene sogenannte *Darfur Reconstruction and Development Fund* soll für die Darfuris für einen Zeitraum von drei Jahren mit ca. 700 Mio. US-Dollar zur Verfügung stehen. Dass der Fond, der für den Wiederaufbau und die Entwicklung der Region gedacht ist, für eine Region mit der Größe Frankreichs und ca. sieben Mio. Einwohnern kaum ausreichend ist, scheint mehr als offensichtlich.[327] Auch der Fond für die Entschädigung der Opfer ist mit 30 Mio.

---

320 Mohamed, in: de Waal, War in Darfur, S. 199 (204).
321 Breitwieser, in: Sudan – Wegweiser zur Geschichte, S. 87 (93).
322 Fadul/Tanner, in: de Waal, War in Darfur, S. 284 (285).
323 Flint/de Waal, Darfur – A New History of a Long War, S. 225, 228.
324 Prunier, in: Der Überblick 03/2006, S. 26 (26).
325 Pabst, in: Vereinte Nationen 6/2008, S. 243 (245).
326 Prunier, in: Der Überblick 03/2006, S. 26 (26).
327 Prunier, in: Der Überblick 03/2006, S. 26 (26).

US-Dollar vor dem Hintergrund, dass die Bewohner in den Auseinandersetzungen jegliche Existenzgrundlage verloren haben, eher gering bemessen.[328] Zu einer Befriedung der Situation in Darfur kommt es infolgedessen nicht; das DPA bedeutet vielmehr eine Art Teilfrieden.

cc. *Auswirkungen auf das Konfliktgeschehen in Darfur*

In der Folgezeit kommt es aufgrund neuer ethnischer Konflikte zwischen den „Unterzeichnern" um Minnawi und den „Nicht-Unterzeichnern" zu einer Verschärfung des Konflikts. Die SLM/A gibt sogar die Suspendierung des Abkommens bekannt und distanziert sich von ihrem Anführer Minnawi.[329] Sie fordert die Einrichtung eines zweiten Vizepräsidentenpostens in Khartum für einen Vertreter aus Darfur sowie größere Entschädigungen für die Vertriebenen und Flüchtlinge. Anfang Juli überfällt die NRF Kordofan und greift mehrere Dörfer der arabischen Nomaden an. Dabei werden eine Polizeistation und ein Krankenhaus zerstört sowie 12 Menschen getötet.[330] Als Vergeltung mobilisiert al-Bashir erneut die sudanesische Armee, dieses Mal mit der Unterstützung der Truppen der SLA. Der Angriff konzentriert sich auf das Gebiet um das Marra-Gebirge. Dutzende Zivilisten verlieren dabei ihr Leben. Vor dem UN-Sicherheitsrat erklärt al-Bashir, dass die NRF als Nichtunterzeichner des DPA auch kein Recht hätte, einzelne Gebiete zu kontrollieren und dass ein gewaltsames Vorgehen gegen die Rebellen folgerichtig keinen Verstoß gegen den Friedensvertrag darstellen würde.[331] Seinen Vorgängern entsprechend hat das DPA ebenfalls keine nennenswerten Auswirkungen gehabt, die zu einem Ende der militärischen Auseinandersetzungen zwischen den Rebellen und der sudanesischen Regierung geführt hätten.

f. *Friedensverhandlungen in den Jahren 2006 – 2009*

Auch nach dem Darfur Peace Agreement ist es zu Friedensverhandlungen mit unterschiedlicher Beteiligungsquote gekommen. Bedeutend sind die Gespräche in Eritrea zwischen der sudanesischen Regierung und den Rebellen der sogenannten *Östlichen Front*. Das daraus hervorgehende Eastern Sudan Peace Agreement vom 14. Oktober 2006 in Asmara soll zu einer Verbesserung der finanziellen Lage im östlichen Darfur beitragen. Am 10. Januar 2007 einigt sich die

---

[328] Jeder Einwohner würde dementsprechend ungefähr 12 Dollar als Entschädigung erhalten.
[329] El Ouazghari, Grund zur Hoffnung, S. 28.
[330] Flint/de Waal, Darfur – A New History of a Long War, S. 244.
[331] Flint/de Waal, Darfur – A New History of a Long War, S. 245.

sudanesische Regierung mit den darfurischen Rebellengruppen erneut auf einen Waffenstillstand sowie auf die Mitwirkung an weiteren Friedensverhandlungen. Der Beginn des Waffenstillstands selbst soll durch die Afrikanische Union und die Vereinten Nationen bekannt gegeben werden und 60 Tage andauern.[332] Bereits kurz darauf dementiert die JEM eine Meldung, die auf eine Übereinkunft der Rebellen mit Khartum schließen lässt. Einen Monat später werden erste Versprechungen der Regierung eingelöst, als al-Bashir Mitglieder der Fraktion SLM/A, die dem Friedensabkommen beigetreten ist, in die zugestandenen politischen Ämter einsetzt.[333] Im August kommt eine Einigung von acht darfurischen Rebellengruppen zustande; die militärisch bedeutsame SLM/A bleibt den Verhandlungen jedoch erneut fern. Im Juni 2008 wird ein Handlungsplan für die Region Abyei ausgehandelt; dieser sieht erste Maßnahmen zur Sicherung der umkämpften Region vor, so dass die Flüchtlinge in ihre Heimatorte zurückkehren können. Als nächste Schritte sind die Einsetzung einer Interimsverwaltung und die Inanspruchnahme eines internationalen Schiedsgerichts vorgesehen, das zu einer Befriedung der Situation beitragen soll. Kurz darauf versucht die JEM erneut, Khartum einzunehmen; 200 Menschen sterben bei diesem gewaltsamen Überfall. Die sudanesische Regierung weigert sich seitdem, mit den Rebellen zu verhandeln. Ob der Handlungsplan Aussicht auf Erfolg haben wird, ist somit mehr als fragwürdig.

g. *Rahmenabkommen von Doha 2010*

Den Verhandlungen in Doha sind mehrere militärische Auseinandersetzungen vorausgegangen, insbesondere Überfälle auf die Hauptstadt, die die Wichtigkeit einer Einbindung der JEM in die Friedensverhandlungen erneut verdeutlichen sollten.[334] Nachdem die Besetzung der Stadt Um Sidir Ende August 2009 für ca. zwei Wochen den wohl größten Erfolg der Rebellenarmee seit al-Fasher 2003 symbolisiert[335] und Ende Oktober eine nahegelegene Armeestation in Kariari angegriffen und über 100 sudanesische Soldaten getötet werden[336], sieht sich die sudanesische Armee zum erneuten Handeln genötigt. Im März kommt es zu Verhandlungen zwischen al-Bashir und Khalil Ibrahim in Katar. Das am

---

332 FAZ Archiv: „Darfur – Waffenruhe möglich“ [abgerufen unter: http://www.seiten.faz-archiv.de/ faz/20070112/fd220070112933891.html, Stand: 08.09.2009].

333 Thielke, in: Sudan – Wegweiser zur Geschichte, S. 65 (72).

334 Weber, in: SWP-Aktuell 20/2010, S. 1 (14).

335 Flint/de Waal, Darfur – A New History of a Long War, S. 247.

336 Flint/de Waal, Darfur – A New History of a Long War, S. 247.

23. März 2010 beschlossene Rahmenabkommen von Doha beinhaltet nicht nur einen erneuten Waffenstillstand, sondern die Freilassung von ca. 100 zum Tode verurteilten JEM-Anhängern, die Integration der Rebellenfraktion in die sudanesische Polizei und Regierung sowie Entschädigungszahlungen für die Opfer in Darfur.[337] An der Vermittlung sind hierbei der Präsident des Tschad, Idriss Déby und der Emir von Katar, Scheich Hammad bin Khalifa, beteiligt. Nach der Unterzeichnung des Abkommens soll die JEM in eine politische Partei transformiert werden. Genaue Pläne in Bezug auf die Erfüllung dieser Versprechen fehlen jedoch ebenso wie die Einbindung der anderen starken Rebellenfraktion SLA, die unter Abdelwahid al-Nur die Verhandlungen ablehnt. Zudem ist unverkennbar, dass die Zustimmung al-Bashirs lediglich sein Image als Friedenstifter aufpolieren und den anstehenden Wahlen im April 2010 dienlich sein soll. Schließlich hat selten zuvor ein Regimeführer seine Politik in so kurzer Zeit dermaßen konterkariert.[338] Eine Woche später wird die Jebel-Mara-Region erneut von Kampfjets bombardiert und die Bevölkerung von sudanesischen Truppen angegriffen.[339] Im Hinblick auf die seit 2003 andauernden Friedensverhandlungen wird deutlich, dass die Konfliktparteien vordergründig um ein Ende des Nord-Süd-Konflikts bemüht gewesen sind, der Darfur-Konflikt hingegen bis zum gegenwärtigen Zeitpunkt nicht befriedet werden konnte. Allein das Darfur Peace Agreement 2006 hat internationale Aufmerksamkeit erregt, ist allerdings nur partiell umgesetzt worden. Dass auch hierbei mangelnde öffentliche und mediale Interesse hat zu dieser Entwicklung maßgeblich beigetragen.[340]

V. Wichtige Ereignisse ab 2010

Für den Darfur-Konflikt nur sekundär ausschlaggebend, bedarf es im Hinblick auf die Vollständigkeit der vorliegenden Ausarbeitung, aber auch als Indiz für das öffentliche Vorgehen von al-Bashir zuletzt einer genaueren Betrachtung der Wahlen 2010 sowie des 2011 im Süd-Sudan stattgefundenen Plebiszits über die Unabhängigkeit dieses Landesteils.

---

337 Engelhardt, Waffenstillstand in Darfur, in TAZ.net vom 25.02.2010 [abgerufen unter: http://www.taz.de/1/politik/afrika/artikel/1/waffenstillstand-in-darfur/, Stand:02.04.2010] und Knaup, in: Der Spiegel 10/2010, S. 102 (102).

338 Knaup, in: Der Spiegel 10/2010, S. 102 (102).

339 Deckert, in: inamo 64/2010, S. 50 (50); Engelhardt, Doch kein Frieden in Darfur, in TAZ.net vom 03.03.2010 [abgerufen unter: http://www.taz.de/1/politik/afrika/artikel/1/doch-kein-frieden-in-darfur/, Stand: 02.04.2010].

340 Hierbei handelt es sich u. a. um den sogenannten CNN-Effekt, siehe unter D. IV. 2. c.

1. Wahlen 2010

Sicherlich bedeutsam für die Entwicklung des Sudan im Konfliktkontext Darfur sind die Anfang 2010 durchgeführten Wahlen. Dabei handelt es sich um die ersten vergleichsweise freien Wahlen seit 24 Jahren, die zwei Jahre später stattfinden als ursprünglich im Rahmen des Comprehensive Peace Agreement beschlossen.[341] Die Wahl entscheidet nicht nur über die Zukunft der National Congress Party um al-Bashir, sondern wird als Zeichen für das 2011 geplante Referendum über die Unabhängigkeit des Süd-Sudan angesehen. Bei den Vorbereitungen für die Wahl gestalten sich die Rahmenbedingungen erwartungsgemäß prekär; das kontinentale Ausmaß des Landes stellt für die Logistik neben den etwa 68 zugelassenen Parteien eine zusätzliche Herausforderung bei der Planung dar.[342] Obendrein müssen neben der Stimme für eine Partei gleichzeitig der Präsident, die zukünftig Beteiligten an der Nationalversammlung, die Gouverneure und die jeweiligen Parlamente der Bundesstaaten gewählt werden.[343] Auch über die Posten der im autonomen Süden sitzenden Regionalregierung sowie das dazugehörige Parlament soll abgestimmt werden. Ein weiteres Problem ist das Fehlen der finanziellen Mittel für die kleineren Parteien. Ohne die notwendigen Ausgaben für Werbung lassen sich das Vertrauen der Bevölkerung respektive eine angemessene Popularität landesweit kaum herstellen.[344]

a. Einzelne Parteien

Die politische Macht im Sudan liegt seit den 60er Jahren originär in den Händen lokaler Clans, die neben einer erblich-religiösen Hierarchie kontinuierlich den arabischen Überlegenheitsanspruch definiert haben. Aufgrund der Tatsache, dass es im Sudan zwischenzeitlich über siebzig Parteien gibt, beschränkt sich die vorliegende Abhandlung auf die wohl wichtigsten Akteure bei den Wahlen 2010.

aa. National Congress Party

Wie bereits in den Hintergrundinformationen zum Darfur-Konflikt erwähnt, handelt es sich bei der NCP unter dem Vorsitz von Hir Ali Osman Taha um die

---

341 Bei den Wahlen 1853 war das erste, bis dato einzige gesamtsudanesische, vom Norden aus dominierte Parlament entstanden.
342 Deckert, in: inamo 58/2009, S. 16 (16).
343 Deckert, in: inamo 58/2009, S. 16 (17).
344 Deckert, in: inamo 58/2009, S. 16 (16).

größte Partei des Landes.[345] Die 1998 im Zusammenhang mit der Rückkehr zu einem pluralistischen System[346] von al-Bashir gegründete National Islamic Front spaltet sich 2004 in die National Congress Party unter al-Bashir und die Popular Congress Party, vertreten durch al-Turabi. Die NCP vertritt seit diesem Zeitpunkt eine liberale Wirtschaftspolitik. Seit den Terroranschlägen vom 11 September 2001 und der Unterstellung der US-amerikanischen Regierung, der Sudan diene den Terroristen um Bin Laden als *Zufluchtsort*[347], herrscht programmatisch ein wirtschaftsorientierter Autoritarismus und damit eine äußerliche Abkehr vom politischen Islam.[348] Als Partner des Darfur Peace Agreements dominiert die NCP primär die Zentralregierung im Nord-Sudan, wo sie die größte Wählerschaft verzeichnen kann. Gemeinsam mit der SPLM hat die CPA die Regierungsverantwortlichkeit im Süd-Sudan bis zu den Wahlen 2010.

bb. Politisch organisierte Gruppierung der Sudan People's Liberation Army

Im Zuge des Comprehensive Peace Agreement 2005 agiert die Gruppierung um Salva Kiir politisch nominell getrennt von den restlichen Anhängern der Rebellengruppe; sie gehört mit der sudanesischen Regierung zu den einzigen Unterzeichnern des Abkommens. Der dem christlichen Glauben anhängende Vorsitzende Kiir gehört dem Volk der Dinka an und wird am 11. August 2005 in seinem Amt als Vizepräsident des Sudan vereidigt. Er ersetzt Dr. John Garang, der als ehemaliger Vizepräsident und Präsident der Regierung des autonomen Südens am 30. Juli 2005 bei einem Flugzeugabsturz ums Leben kam.[349] Als Dinka repräsentiert Kiir die größte zusammenhängende Ethnie im Süden des Landes. Die ursprüngliche Rebellenarmee erhebt bei den Wahlen 2010 den Anspruch auf die Repräsentation des gesamten Süd-Sudan.[350] Politisch wird die Trennung zwischen Religion und Staat, eine gerechte Verteilung der Ressourcen sowie die Anerkennung der Süd-Sudanesen als gleichberechtigte Bürger propagiert.[351] Kurz vor Beginn der Wahlen zieht Yassir Aman, der ursprüngliche Kandidat der

345 Deckert, in: inamo 58/2009, S. 16 (17).
346 Deckert, in: inamo 58/2009, S. 16 (17).
347 Knaup, in: Der Spiegel 52/2010, S. 122 (122).
348 Weber, in: SPW-Aktuell 20/2010, S. 1 (12, 16).
349 Pabst, in: Vereinte Nationen 3/2008, S. 99 (103); Schmidinger, in: ÖZP 2/2006, S. 189 (197); Weber, in: Sudan – Wegweiser zur Geschichte, S. 75 (76).
350 Weber, in: SWP-Aktuell 20/2010, S. 1 (12).
351 Weber, in: SPW-Aktuell 20/2010, S. 1 (13).

SPLM, seine Kandidatur für das Amt des sudanesischen Präsidenten zurück.[352] Als Grund für den Rückzug des Kandidaten der SPLM werden die andauernden Unruhen in Darfur und Unregelmäßigkeiten bei der Planung und Ausführung der anstehenden Wahl genannt.[353]

cc. Popular Congress Party

Zur Wahl 2010 steht außerdem die von Scheich Dr. Hassan al-Turabi geführte Popular Congress Party, die eine islamistische Agenda verfolgt.[354] Im Zeichen des Wählerfangs im Hinblick auf den aktuellen Zeitgeist verurteilt al-Turabi insbesondere die Regierungspolitik in Darfur und ruft zu einem Umsturz auf.[355] Letztendlich steht dies im Widerspruch zu seinem politischen Programm, aus dem die Durchsetzung eines progressiven Islams erfolgen soll, der sich auf alle Bereiche des gesellschaftlichen Lebens erstreckt.[356] So verwundert es nicht, dass die Partei fast ausschließlich im Norden des Landes vertreten ist.

dd. Umma Party

Die Umma Party geht auf die Mahdisten-Bewegung aus dem 19. Jahrhundert zurück; ihr Vorsitzender, Sadiq al-Mahdi, ist ein Urenkel des Muhamad Ahmed al Mahdi.[357] Die islamische Sekte, auch als sufistischer Ansar-Orden[358] bekannt,

---

352 Angeblich deshalb, weil al-Bashir bei einem Bestehen der Kandidatur damit gedroht habe, das Referendum zu verhindern; vgl. Weber, in: SWP-Aktuell 20/2010, S. 1 (10).

353 Engelhard, Oppositionskandidat tritt nicht an, in TAZ.net, v. 01.04.2010 [abgerufen unter: http://www.taz.de/1/politik/afrika/artikel/1/oppositionskanditat-tritt-nicht-an/ Stand: 06.04.2010].

354 In diesem Zusammenhang wird al-Turabi im Januar 2011 erneut festgenommen [abgerufen unter: http://www.sueddeutsche.de/politik/politik-kompakt-mit-blick-auf-eu-recht-problematisch-1.1047774-3, Stand: 15.02.2011].

355 Weber, in: Sudan – Wegweiser zur Geschichte, S. 75 (77).

356 Dargatz, Allianzen statt Konfrontation: Politische Parteien im Sudan, 16.09.2008 [abgerufen unter: http://library.fes.de/pdf-files/iez/05727-20081222.pdf, Stand: 11.05.2010].

357 Dieser gilt als nationale Symbolfigur, da er Ende des 19. Jahrhunderts gegen die Ägypter und die Briten kämpfte. Zur politischen Vergangenheit Sadiq al-Mahdis unter dem Einfluss von al-Gaddafi siehe unter B. 3. a. aa. (2).

358 Die Sufi-Bruderschaft begründet sich auf einer islamisch-mystischen Auslegung des Islam, die von Ritualen geprägt ist und den Koran als Maßstab für den Grad der Frömmigkeit anlegt. Der Prophet erfährt sein Wissen unmittelbar von Gott. Die Einführung der Scharia als öffentliches Recht wird dennoch stark kritisiert, was 1983 zur Hinrichtung des Anführers Mahmud Mohammed Taha führt; vgl. Peter, in: Sudan – Wegweiser zur Geschichte, S. 151 (155).

beruht auf einem islamisch-arabischen Selbstverständnis.[359] Die Wähler werden durch ihre Familienzugehörigkeit rekrutiert und bestehen folglich aus den beiden großen Sufi-Familien des Sudan.[360] Die traditionelle religiöse Bewegungspartei leidet an programmatischen und organisatorischen Schwächen aufgrund des Parteiverbots.[361] Die 1940 gegründete und damit älteste Partei ist seit jeher in der Region Darfur sesshaft. Die Umma-Party wird im Zuge der Wahlen 2010 mehrfach boykottiert, die Vertreter werfen insbesondere der Nationalen Wahlkommission Parteilichkeit vor, so dass al-Mahdi seine Kandidatur zurückzieht.[362]

b. *Ausgang der Wahl*

Zwischen dem 11. und 15. April 2010 sind schätzungsweise 16 Millionen Sudanesen zur Teilnahme an den Wahlen aufgerufen. Die anhaltende Krisensituation in Darfur verhindert eine aktive Beteiligung der dort ansässigen Bevölkerung, was konsequenterweise die Frage nach der demokratischen Legitimation aufdrängt.[363] Nach Angaben der Wahlkommission wird al-Bashir im Norden in seinem Amt als Ministerpräsident bestätigt; er erhält 68 % aller Stimmen und wird demnach für weitere fünf Jahre wiedergewählt.[364] Im Süden gewinnt die Partei der Volksbefreiungsarmee von Salva Kiir.[365] Er bekommt 93 % aller abgegebenen Stimmen.[366] Zum ersten Mal kann 2010 von einer gewissen politischen Legitimation im Sudan ausgegangen werden. Ohne eine weitere Entwicklung demokratischer Prozesse und Strukturen wie Wahlen und Meinungsäußerungsfreiheit wird die Entstehung einer Zivilgesellschaft und demokratischen Kultur im Sudan weiterhin nicht möglich sein.

---

359 Peter, in: Sudan – Wegweiser zur Geschichte, S. 151 (155); Prunier, Der uneindeutige Genozid, S. 59; Weber, in: Sudan – Wegweiser zur Geschichte, S. 70 (78).

360 Weber, in: SWP-Aktuell 20/2010, S. 1 (15).

361 Weber, in: SWP-Aktuell 20/2010, S. 1 (14).

362 FAZ.net [abgerufen unter: http://www.faz.net/frankfurter-allgemeine-zeitung/politik/opposition-boykottiert-wahl-in-sudan-1966844.html, Stand: 18.02.1011].

363 Deckert, in: inamo 58/20091, S. 16 (16).

364 Ogunsade, „Sudans Präsident bleibt im Amt", Deutsche Welle vom 27.04.2010 [abgerufen unter: http://www.dw-world.de/dw/article/0,,5507370,00html, Stand: 12.05.2010].

365 Faigle, „Sudan braucht jetzt Unterstützung" in: FAZ vom 9. Juli 2010, Nr. 156, S. 8.

366 Weber, in: SWP-Aktuell 20/2010, S. 1 (5).

2. *Referendum über die Abspaltung des Süd-Sudan*

Im Zuge der Bestimmungen des Darfur Peace Agreement kommt es im Frühjahr 2011 zu einem Referendum der sudanesischen Bevölkerung über den Verbleib des Süd-Sudan im Gesamtstaat. Die Vorbereitungen verlaufen schleppend, während ethnische und politische Differenzen erneut den Ablauf bestimmen. Existierende Rahmenbedingungen für einen ungestörten Verlauf der Abstimmung können dementsprechend auch ein Jahr zuvor nicht festgestellt werden.[367] Darüber hinaus hat Khartum den Süden, anders als im Friedensabkommen von 2005 festgehalten, nicht von einer weiteren Etablierung der Scharia als gesetzliche Grundlage ausgenommen; auch die zugesagte Demokratisierung ist nicht erfolgt.[368] Zwischen dem 9. und 16. Januar 2011 findet der Volksentscheid statt, bei dem sich ca. 99 % der Süd-Sudanesen für eine Abspaltung ihres Landesteils und die Gründung eines eigenen Staates mit der Hauptstadt Juba aussprechen.[369] Nach der inzwischen sechs Jahre andauernden Übergangsfrist wird im südlichen Teil des Sudan am 9. Juli ein neuer Staat, der 193. Staat der Welt, gegründet.[370] Ab diesem Zeitpunkt heißt die Region offiziell *Republic of South Sudan*.[371] Al-Bashir verspricht im Vorfeld die Anerkennung. Bereits vor der Unabhängigkeit sieht sich die neue Regierung mit verschiedenen Problemen konfrontiert; an dieser Stelle seien nur die Aufteilung der Vermögenswerte, das Schulsystem, die Gültigkeit internationaler Verträge und die Verteilung der wirtschaftlichen Ressourcen, insbesondere im Hinblick auf den ölreichen Süd-Sudan genannt. Im Übrigen gibt es im Süden nur wenig Infrastruktur, es mangelt an Universitäten und Krankenhäusern.[372] Nicht zu vergessen sind die zwei Millionen Süd-Sudanesen, die seit dem Bürgerkrieg im Norden gelebt haben und nun in ihre alte Heimat zurückkehren möchten.[373]

Der neue Staat im Süd-Sudan wird diese komplexen Strukturschwächen in kürzester Zeit nach dem Referendum lösen müssen, wenn die Befriedung der Region sichergestellt werden soll.[374] Bereits kurz nach dem Volksentscheid gibt es

---

367 Weber/Hansen, in: SWP-Aktuell 3/2010, S. 1 (2).
368 Pabst, in: Vereinte Nationen 1/2011, S. 8 (8).
369 Pabst, in: Vereinte Nationen 1/2011, S. 8 (8).
370 Pabst, in: Vereinte Nationen 1/2011, S. 8 (8).
371 Öhm, in Fischer Weltalmanach 2011, Sudan, S. 460.
372 Knaup, in: Der Spiegel 52/2010, S. 122 (122).
373 Knaup, in: Der Spiegel 52/2010, S. 122 (123).
374 Zumindest werden im Zuge des Plebiszits zum ersten Mal in der Geschichte koloniale Grenzen Afrikas revidiert; vgl. Deckert, in: inamo 64/2010, S. 50 (50).

militärische Auseinandersetzungen in Abyei. Die Stadt wird zukünftig genau auf der Grenze der beiden Länder liegen und sorgt mit ihren reichen Erdölvorkommen bei unklarem Grenzverlauf für weiteres Konfliktpotenzial.[375] Die Fokussierung der nationalen und internationalen Konfliktakteure auf das Referendum könnte dazu führen, dass den konkreten Lösungsansätzen in Bezug auf den anhaltenden Konflikt in der Region Darfur nicht ausreichend Beachtung geschenkt wird.

VI. Auswirkungen auf den Tschad

Wie auch der Sudan selbst ist der Tschad vom Gegensatz zwischen arabisch-muslimischen und schwarzafrikanischen, teilweise christianisierten Bewohnern geprägt. Dies führt in der Vergangenheit dazu, dass sich der Konflikt in Darfur auf die Grenzgebiete dieses Nachbarlandes ausdehnt. An den östlichen Grenzgebieten zum Sudan leben seit 2003/04 ca. 260.000 Flüchtlinge[376] in entsprechenden Camps, die weiterhin den Überfallen der Janjaweed ausgesetzt sind.[377] Die sich häufenden Angriffe auf tschadische Lager führen Ende 2005 zu einem militärischen Gegenschlag tschadischer Soldaten auf Stützpunkte der Angreifer im Sudan. Als einer der Auslöser des Konflikts gilt, dass sich beide Länder die finanzielle und logistische Unterstützung der Rebellen auf der Gegenseite vorwerfen. Erst im Februar 2008 verüben darfurische Rebellen einen Putschversuch gegen die tschadische Regierung, der allerdings vereitelt werden kann.[378] Der als stärkste Rebellenbewegung in Darfur geltenden JEM werden direkte Verbindungen zu Tschads Regierungsclique um Idriss Déby unterstellt. Ihre Mitglieder gehören derselben Volksgruppe der Zaghawa an.[379] Eine Schwächung der JEM könnte al-Bashir folglich im Zusammenhang mit einem Sturz von Déby gelingen. Am 14. März 2008 wird im Senegal unter der Anwesenheit des UN-Generalsekretärs Ban Ki-Moon ein Friedensvertrag durch die Staatschefs des Sudan und Tschads unterzeichnet. Dies ist bereits der sechste Versuch der Nachbarstaaten, ihre Feindseligkeiten beizulegen. Die grenzüberschreitenden Auseinandersetzungen machen eine rein sudanesische Lösung des Darfur-Konflikts

---

375 Manea, in: inamo 62/2010, S. 52 (52).
376 Köndgen, in: inamo 39/2004, S. 31 (33); Öhm, in: Fischer Weltalmanach 2011, Sudan, S. 462; Prunier, Der uneindeutige Genozid, S. 170.
377 Beck, in: Wissenschaft & Frieden 4/2007, S. 35 (38).
378 Prunier, „Patt im Tschad“, Le Monde diplomatique, 14.03.2008.
379 Fischer Weltalmanach, Afrika, S. 182; Strube-Edelmann, Der Darfur-Konflikt, S. 4.

immer unwahrscheinlicher.[380] Es zeigt sich, dass nicht nur wie in der Vergangenheit der Tschad für Darfur, sondern auch Darfur selbst für das Nachbarland einen destabilisierenden Faktor darstellt, dessen Behebung unabdingbar mit einer Befriedung der Lage in der westlichen Region des Sudan verknüpft zu sein scheint. Sollte dies nicht gelingen, so können zukünftige Kriegshandlungen zwischen den beiden Ländern nicht mehr ausgeschlossen werden.[381]

VII. Bisherige Opferzahlen des Darfur-Konflikts

Dem seit Februar 2003 andauernden Darfur-Konflikt sind nach Schätzungen der Vereinten Nationen bislang zwischen 200.000 und 400.0000 Menschen durch Krieg, Hungersnot und Krankheiten zum Opfer gefallen.[382] Nahezu die Hälfte aller darfurischen Dörfer ist bei den Kampfhandlungen zerstört worden.[383] Dabei sind ca. 2,45 Millionen Menschen vertrieben worden.[384] Die Zahl der Flüchtlinge wird auf mehrere Hunderttausende geschätzt, so dass der Vorgang als größte Flüchtlingskatastrophe der letzten zehn Jahre bezeichnet wird.[385]

VIII. Ergebnis

Vor dem Hintergrund der historischen, ethnischen, geographischen und geologischen Besonderheiten des Darfur-Konflikts konnten die komplexen Vorgänge der Vergangenheit im Hinblick auf die sich anschließenden Lösungsansätze herausgearbeitet werden. Die Auseinandersetzungen sind seit 2003 virulent und werden von externen Akteuren wie dem Tschad weiter aufgeheizt. Insgesamt gesehen lässt sich eine grundlegende Veränderung des Konflikts seit seinem Ausbruch 2003 feststellen: neben den inzwischen zersplitterten Rebellengruppen, die zu einer größeren Komplexität bei den jeweiligen Lösungsansätzen beitragen und der rassistischen Blockbildung durch die sudanesische Regierung hat sich die Entstehung paralleler Machtstrukturen negativ auf die weitere Entwicklung des Landes ausgewirkt. Jahrzehntelange Fehden zwischen den unterschiedlichen Stämmen haben das weitere Konfliktpotenzial additiv verdichtet. Bisher

---

380 Öhm, in: Fischer Weltalmanach 2010, Sudan, S. 485.

381 So zumindest Öhm, in: Fischer Weltalmanach 2010, Sudan, S. 485.

382 El Ouazghari, Grund zur Hoffnung, S. 18; Thielke, in: Sudan – Wegweiser zur Geschichte, S. 65 (66).

383 Cohen/O'Neill, Bulletin of the Atomic Scientists 2006, S. 51 (54); siehe Anh. 2, S. 275.

384 Fischer Weltalmanach, Afrika, S. 182; Strube-Edelmann, Der Darfur-Konflikt, S. 4.

385 Bernhard/Lingnau, in: Vereinte Nationen 5/2004, S. 167 (167).

sind zumindest keine Voraussetzungen geschaffen worden, die aus den brüchigen Friedensverträgen eine stabile Friedensordnung für den Gesamtsudan schaffen konnten. Bei der Implementierung der Friedensverträge können im Hinblick auf die durch das CPA geplanten und dann stattgefundenen Wahlen 2010 oder das Referendum 2011 durchaus Erfolge verzeichnet werden. Dennoch sorgen politische Differenzen und militärische Auseinandersetzungen zwischen den Rebellen und der sudanesischen Armee bzw. den Janjaweed weiterhin für große Spannungen. Die Rebellen in Darfur verfolgen letztendlich keine Separation, sie wollen an der Macht partizipieren und solange dies nicht von der sudanesischen Regierung erfolgreich in Aussicht gestellt werden kann, werden die Auseinandersetzungen im Westen des Landes anhalten. Die weitere Entwicklung hängt folglich von der Formierung eines neuen, international getragenen Konsenses sowie von einer langfristigen Durchsetzung demokratischer und säkularer Grundsätze ab. Es bleibt abzuwarten, ob sich die Hoffnung auf eine Modernisierung, Säkularisierung und Demokratisierung des Sudan ohne ein robustes Eingreifen der internationalen Staatengemeinschaft erfüllen wird. Im Verlauf der bereits inhaltlich gewürdigten Ereignisse in der Region Darfur seit 2003 scheint es zunehmend ausgeschlossen, dass es reelle Aussichten auf eine Befriedung des Konflikts ohne ein massives Eingreifen von außen gibt; die Chancen darauf schwinden vor dem Hintergrund des anhaltenden ethnischen Antagonismus, der sich ständig verschlechternden Beziehungen zum Nachbarland Tschad und der Perspektivlosigkeit der sudanesischen Bevölkerung.

Al-Bashir führt nun zum dritten Mal einen Krieg gegen die eigene Bevölkerung. Nach dem Konflikt im Süd-Sudan von 1955 bis 1972 und von 1983 bis 2005, als ca. 2,5 Millionen Menschen sterben und dem Aufstand in den Nuba-Bergen von 1987 bis 2003 mit ca. 500.000 Toten, ist Darfur seit 2003 Mittelpunkt von Gräueltaten durch die sudanesische Armee und die Janjaweed.[386] Der rezente Konflikt in Darfur hat zu einer der größten humanitären Katastrophen und menschlichen Krisen weltweit geführt.[387] In Ermangelung einer sich abzeichnenden Postkonfliktphase, zu der die Rückkehr der Flüchtlinge sowie der Wiederaufbau ökonomischer Strukturen zählen, lassen der Erfolg der Verhandlungen und internationalen Bemühungen und das damit einhergehende Ende des Darfur-Konflikts weiterhin auf sich warten.

---

386 Delius, Völkermord in Darfur, S. 4.

387 Deutscher Bundestag, Drucksache 16/5436 vom 23.05.2007 [abgerufen unter: http://dipbt.bundestag.de/dip21/btd/16/056/1605655.pdf, Stand: 11.08.2011].

C. Die Rolle des Sudan in der Staatengemeinschaft

Das Ende des Kalten Krieges bedeutet für Afrika keinesfalls eine „Friedensdividende“, sondern vielmehr eine Zunahme politischer Auflösungserscheinungen.[388] Dies zeigt sich erneut an der Ansammlung von regionalen Konflikten im Sudan. Im Hinblick auf die andauernden Unruhen sowie die zunehmende Destabilisierung der Region, die von der Abspaltung des Süd-Sudan im Juli 2011 zusätzlich begünstigt wird, ist fraglich, ob der Sudan generell als Völkerrechtssubjekt im herkömmlichen Sinne angesehen werden kann. Die Untersuchung des Konflikttypus in völkerrechtlicher Hinsicht kann Aufschluss darüber geben, warum der Friedensprozess in Darfur so langsam voranschreitet und immer wieder Rückschläge erleidet. Es stellt sich zudem die Frage, wie sich die jeweilige Form des Krieges auf den Friedensprozess allgemein auswirkt. Stehen sich während des Ost-West-Konflikts typischerweise wenige Gewaltakteure mit einem hohem Maß an interner Kohärenz gegenüber, so werden die gegenwärtigen Konfliktschauplätze von unterschiedlichen Akteuren bestimmt, die teilweise privatisiert sind.[389] Diese verfolgen dementsprechend eigene Ziele und agieren vermehrt unabhängig von jeglicher staatlichen Führung, so dass eine Einigung von vielfältigen Faktoren abhängig ist.

Solche auch als „neue Kriege“ bezeichneten Konflikte sind insbesondere davon geprägt, dass ihre Befriedigung sehr komplex und zeitintensiv ist. Die internationale Staatengemeinschaft sieht sich besonders im Hinblick auf den Darfur-Konflikt mit neuen Aufgaben bei der Friedenskonsolidierung konfrontiert.

I. Der Sudan als Völkerrechtssubjekt

Als Träger öffentlicher Rechte und Pflichten muss der Sudan als Völkerrechtssubjekt bestehen. Damit dies gewährleistet ist, müssen langfristig die Voraussetzungen für eine stabile und dauerhafte Staatlichkeit erfüllt werden. Im Hinblick auf die auf Jellinek zurückgehende Drei-Elemente-Lehre muss sich der Sudan als Zurechnungseinheit aus einem geographischen Raum als Staatsgebiet, dem Staatsvolk als personellem Substrat sowie der Staatsgewalt zusammensetzen.[390] Andernfalls ist der Sudan als "failed state" anzusehen.

---

[388] So zumindest Tetzlaff, in: IP 7/2000, S. 8 (8).

[389] Heupel, in: S+F 1/2006, S. 1 (3).

[390] Buergenthal/Doehring/Kokott/Maier, Grundzüge Völkerrecht, Rn. 33; Hobe, Einführung in das Völkerrecht, S. 86.

1. Bedeutung und Kriterien des "failed state"

Der Begriff failed state dient der Kennzeichnung historischer und zeitgenössischer Staatsgebilde, deren politisch tragendes Macht- und Ordnungsgefüge zusammengebrochen ist.[391] Das staatliche Gewaltmonopol und damit einhergehend die Gewährleistung der Sicherheit für die Staatsbürger ist zumindest stark beeinträchtigt.[392] Zu den failing states zählen insbesondere diejenigen Staaten, in denen der postkoloniale Prozess des state building aus unterschiedlichen Gründen abgebrochen wurde oder zum Stillstand gekommen ist.[393] Ursachen hierfür sind kolonialgeschichtliche Erblasten und ein politisches Versagen der postkolonialen Staatsverantwortlichen.[394] Daraus folgt dann der Verlust der politischen Steuerungsfähigkeit eines Staates. Gescheiterte Staaten liegen majorativ in Krisenregionen.[395] Korrelierend zu den bereits erwähnten Anzeichen für einen failed state kann mit Stefan Mair angenommen werden, dass ein Staatsversagen an den Funktionen der Gewährleistung individueller und kollektiver Sicherheit, dem Grad der Rechtsstaatlichkeit und der Funktionsfähigkeit des politischen Systems, an der Effektivität der Verwaltung sowie am Angebot von Wohlfahrt und Regulierung gemessen werden kann.[396]

2. Der Sudan in der Rolle als "failed state"?

Nach Schmidinger ist der Sudan ein Beispiel für den drohenden Staatszerfall als Folge eines langfristig gescheiterten Versuchs der Errichtung einer autoritären bis totalitären zentralistischen Staatsform.[397] Auch Baum berichtet bereits 2005 über eine zunehmende Destabilisierung des Sudan.[398] Es gibt jedoch unterschiedliche Anknüpfungspunkte, um das Vorliegen eines zerfallenen Staates positiv feststellen zu können. Im Hinblick auf den Sudan als Völkerrechtssubjekt kann grundsätzlich davon ausgegangen werden, dass das Land über ein Staatsgebiet, ein Staatsvolk und eine von Khartum ausgehende Staatsgewalt verfügt. Angesichts der ethnisierten ökonomischen und sozialen Differenzen zwischen den unterschiedlichen Regionen des Landes droht dem Sudan allerdings das

---

391 Schweisfurth, Völkerrecht, Kap. 1, Rn. 72.
392 Schmidinger, in: ÖZP 2/2006, S. 189 (190).
393 Tetzlaff, in: IP 7/2000, S. 8 (9).
394 Tetzlaff, in: IP 7/2000, S. 8 (13).
395 Ignatieff, in: Holzgrefe/Keohane, Humanitarian Intervention, S. 299 (303).
396 Mair, in: IPG 3/2004, S. 82 (84).
397 Schmidinger, in: ÖZP 2/2006, S. 189 (189).
398 Baum, in: Vereinte Nationen 2/2005, S. 46 (46).

Schicksal des failed state. Die anhaltende Notsituation der Zivilbevölkerung im Sudan insbesondere in Darfur kann folglich als Zeichen für den zunehmenden Staatszerfall gewertet werden. Ein Indiz dafür sind schließlich schwere bewaffnete innerstaatliche Auseinandersetzungen, die zu einer massiven Verletzung fundamentaler Menschenrechte und zum Auftreten humanitärer Notsituationen führen.[399] Dies ist zweifelsfrei gegeben. Charakteristisch für einen zerfallenen Staat ist außerdem, dass eine zentral gesteuerte Staatsverwaltung nicht mehr gegeben oder irrelevant geworden ist und verschiedene Gruppen, zumeist Warlords oder ethno-religiöse Gruppen, um die politische Mitbestimmung und Ressourcen kämpfen.[400] Vorliegend wehren sich die bereits vorgestellten parastaatlichen Akteure gegen die von der Regierung um al-Bashir ausgehende Marginalisierung und kämpfen um eine gleichmäßige Verteilung der Rohstofferlöse im Rahmen der Erdölförderung. Dazu kommt, dass der sudanesische Staat in einigen Regionen, wie im Westen, kaum mehr das Gewaltmonopol besitzt, da er dort wenig präsent ist, die Rede ist hier von gewaltfreien bzw. offenen Räumen.[401] Obgleich nicht davon auszugehen ist, dass al-Bashir mithilfe der NCP eine flächendeckende Sicherstellung staatlicher Kernfunktionen gelingen wird, unterbinden Militär und Sicherheitskräfte weiterhin die Heranbildung anderer lokaler Regierungsformen.[402] Dort, wo staatliche Strukturen zerfallen, gibt es keine Möglichkeit für eine transnationale moralische Politik[403], die wiederum als Indiz für einen funktionierenden Staatsapparat gewertet wird. Es ist ohnehin fraglich, ob die Legitimitätskrise der sudanesischen Regierung seit dem Putsch 1989 und den daraus folgenden föderalen Strukturveränderungen im gesamtsudanesischen Kontext inzwischen wirklich behoben ist. Selbst dort, wo gewählt worden ist, können nur in Ausnahmesituationen marginalisierte Bevölkerungsgruppen aktiv in das politische System eingegliedert werden.[404] Im Übrigen ist festzustellen, dass der Sudan zwischen 2008 und 2011 auf der jährlich veröffentlichten Liste über failed states der Organisation "Fund for Peace" vom zweiten auf den dritten Platz gefallen ist.[405] Anders als in der Vergangenheit gehört das Land somit zwar weiterhin zu den gefährdeten Staaten, befindet sich jedoch auf

399 Herdegen, Völkerrecht, § 9, Rn. 35.
400 Hippler, in: APuZ 46/2009, S. 3 (3).
401 Öhm, in: FES-Analsye: Sudan 2006, S. 5; ders. in: IPG 2/2005, S. 150 (151).
402 Weber, in: Sudan – Wegweiser zur Geschichte, S. 75 (75).
403 Tetzlaff, in: IP 7/2000, S. 8 (11).
404 Schmidinger, in: ÖZP 2/2006, S. 189 (203).
405 Studie 2011 [abgerufen unter: http://www.fundforpeace.org/global/?q=fsi-grid2011, Stand: 20.01.2011].

einem guten Weg. Inwiefern die Abspaltung des Süd-Sudan darauf Einfluss nehmen wird, bleibt aktuell fraglich. Vor der Abspaltung hatte sich der staatliche Zerfall zumindest in dieser Region bereits vollzogen.[406] Die anhaltenden militärischen Auseinandersetzungen in Darfur lassen sich als sicheres Anzeichen dafür werten, dass sich der Sudan partiell auf dem Weg zu einem failed state befindet. Dafür spricht zum einen die humanitäre Notsituation der Menschen in Darfur und zum anderen, dass der Staat nur noch von den Banden und Warlords regiert zu sein scheint.[407] Im Hinblick auf die anhaltenden militärischen Auseinandersetzungen zwischen der Regierung und den Rebellengruppen ist daher anzunehmen, dass die Regierung die Kontrolle über die in Darfur wütenden Milizen verloren hat.[408] In diesem Zusammenhang ist davon auszugehen, dass der sudanesische Staat in den Regionen so wenig präsent ist, dass er kaum ein Gewaltmonopol herstellen kann. Fest steht, dass der drohende Staatszerfall im Sudan keine Folge einer von außen eindringenden Destabilisierung ist[409], sondern insbesondere das Ergebnis eines kolonialen Gebildes, das im Zuge der historischen Entwicklung ausschließlich von einem repressiven, der Zivilbevölkerung gegenüber feindlich eingestellten Vorgehen bestimmt wird.

3. Mögliche Folgen für den Sudan als Völkerrechtssubjekt

Die Rolle des Sudan als zumindest partieller failed state hat möglicherweise Auswirkungen für dessen Mitgliedschaft in der völkerrechtlichen Gemeinschaft. Hierbei stellt sich die Frage nach etwaigen Reaktionsmöglichkeiten der internationalen Staatengemeinschaft, allen voran der Vereinten Nationen. Damit die Staatengemeinschaft das Erlöschen eines Staates annimmt, muss jede Aussicht auf Wiedererlangung einer mehr oder weniger effektiven Staatsgewalt ausgeschlossen werden können.[410] Beim Wegfall der effektiven Staatsgewalt kommen dem UN-Sicherheitsrat daraufhin vermehrt treuhänderische Funktionen für den funktionsunfähigen Staat zu. Im Vordergrund seiner Aufgaben steht in diesem Fall der erneute Aufbau einer staatsinternen Verwaltungs- und Infrastruktur. Etwaige Interventionen in den failed states scheitern in der Regel nicht an völkerrechtlichen Überlegungen, sondern am politischen Willen der potenziellen

406 Mair, in: Ferdowski, Afrika – ein verlorener Kontinent, S. 110 (116).
407 Schmidinger, in: BldiP 2/2005, S. 194 (200).
408 Streck, Sudan-Ansichten S. 83; Thielke, Krieg im Lande des Mahdi, S. 133.
409 So auch Schmidinger, in: ÖZP 2/2006, S. 189 (204).
410 Herdegen, Völkerrecht, § 8, Rn. 35; Schweisfurth, Völkerrecht, Kap. 1, Rn. 73.

Intervenienten sowie aufgrund der unzureichend bereitgestellten Mittel.[411] Dessen ungeachtet werden im Einklang mit der völkerrechtlichen Gesetzeslage nicht mehr handlungsfähige Staaten im Sinne der Erhaltung des Staatsgebiets sowie der Zugehörigkeit des Staatsvolkes als fortbestehende Mitglieder der Staatengemeinschaft betrachtet.[412]

Im Hinblick auf die konkreten Versuche der Friedensschließung ist trotz der jüngsten Abspaltung des Süd-Sudan davon auszugehen, dass Ministerpräsident al-Bashir die Staatsgewalt zumindest in wichtigen Regionen weiterhin erhalten kann. Selbst wenn der Sudan als failed state anzusehen wäre, würde er lediglich im juristischen Sinne erlöschen und im soziologischen Sinne bzw. nach der allgemeinen Staatslehre fortbestehen.

Es lässt sich somit feststellen, dass im Sudan bereits eine fragile Staatlichkeit omnipräsent ist, das Land aber unter Ministerpräsident al-Bashir weiterhin als vollwertiges Völkerrechtssubjekt auftritt. Diesbezüglich ergibt sich für die internationale Staatengemeinschaft kein Durchgriffsrecht bzw. keine gesonderte Handlungsmöglichkeit. Etwaige Folgewirkungen für das Konfliktgeschehen in Darfur sind somit nicht ersichtlich, der drohende Staatszerfall verdeutlicht jedoch erneut die Komplexität jeder möglichen erfolgreichen Konfliktbeendigung.

II. Das Wesen des Konflikts

Im Zuge einer weiteren rechtlichen Würdigung des Sachverhalts sowie aufgrund der soeben benannten Vielschichtigkeit ist es zudem von Bedeutung, wie sich der Darfur-Konflikt in völkerrechtlicher Hinsicht darstellt. Abhängig vom Wesen des Konflikts ergibt sich für die Staatengemeinschaft eine unterschiedliche Herangehensweise bei der Konfliktbewältigung. Zwischenstaatliche Kriege berühren grundsätzlich den Zuständigkeitsbereich der gesamten Staatengemeinschaft, während innerstaatliche Kriege zu dem sogenannten *domaine réservé* des betroffenen Staates zählen[413], wodurch sich die Einmischung von außen verbietet. Eine zu weite Definition des innerstaatlichen Konflikts würde demgemäß einen Eingriff in die Souveränität des jeweiligen Staates darstellen.[414] Der internationalen Staatengemeinschaft muss jedoch konzediert werden, dass sie auch auf diese Art der Konflikte von außen Einfluss nehmen kann.

---

411 Mair, in: IPG 3/2004, S. 82 (88).
412 Herdegen, Völkerrecht, § 8, Rn. 36.
413 Lehmler, Die Strafbarkeit im nicht-internationalen Krieg, S. 19.
414 Kühne/Esser/Gerding, Völkerstrafrecht, S. 96.

1. Der Darfur-Konflikt als innerstaatlicher Konflikt

Konflikte wie in Georgien, im ehemaligen Jugoslawien oder vor allem im Sudan belegen, dass die neuen Ursachen für eine Bedrohung des Weltfriedens und der internationalen Sicherheit weitgehend im innerstaatlichen Bereich zu suchen sind. Die ursprüngliche strikte Trennung zwischen Bürgerkrieg und Staatenkrieg kann somit aufgegeben werden; beide Formen vermischen sich immer häufiger, wie aktuell im Sudan. Die Rede ist hierbei auch von einem sogenannten *transnationalen Krieg*.[415] Transnationale, nationale und lokale Konfliktkonstellationen überlagern sich zudem häufig.[416] Bei transnationalen Kriegen handelt es sich zumeist um unkonventionelle Bürgerkriege und Aufstände. Innerstaatliche Konflikte selbst weisen einen internationalen Charakter auf, wenn sie sich gegen ein rassistisches Regime oder gegen koloniale Unterdrückung richten.[417] Der jeweilige innerstaatliche Konflikt muss sich zudem zwischen staatlichen Behörden und organisierten bewaffneten Gruppen oder zwischen derartigen Gruppen abspielen.[418] In diesem Zusammenhang ist wichtig, dass beide Seiten einen gewissen Organisationsgrad aufweisen und dass der Konflikt von nicht unerheblicher Intensität ist.[419] Sobald die Motive für die gewaltsame Auseinandersetzung so schwer wiegen, dass die Interessen der Völkergemeinschaft tangiert werden, wird eine Verletzung der Souveränität des betroffenen Staates durch ein Eingreifen von außen verneint.[420] Jeder innerstaatliche Konflikt hat zudem eine äußere Dimension. Hierbei handelt es sich in der Regel um Drittstaaten, die sich in den Konflikt einmischen. Dies geschieht zumeist nicht aus altruistischen Gründen, sondern vielmehr aufgrund von opportunistischen und strategischen Motiven. Die externe Einflussnahme findet jedoch ihre Grenzen in den geltenden Bestimmungen der Charta der Vereinten Nationen. Die inneren Unruhen zwischen den parastaatlichen Akteuren und der sudanesischen Regierung kulminieren seit 2003 in einem Bürgerkrieg mit großer Opferzahl. Trotz der partiellen Ausweitung der Konfliktgeschehnisse auf das Nachbarland Tschad wird der Konflikt nicht zwischen Staaten, sondern innerhalb der sudanesischen Staatsgrenzen ausgetragen. Die geforderte Intensität ist im Hinblick auf die Massenvertreibungen

---

415 So Münkler, in: APuZ 16/2007, S. 3 (4), der zwar erkennt, dass der Begriff zunächst widersprüchlich erscheint, aber als Hinweis auf einen Krieg, der weder zwischen Staaten stattfindet noch einen typischen Bürgerkrieg darstellt, sehr wohl geeignet sein kann.

416 Schäfer, in: APuZ 46/2009, S. 21 (21).

417 Kühne/Esser/Gerding, Völkerstrafrecht, S. 97; Werle, Völkerstrafrecht, Rn. 970.

418 Kühne/Esser/Gerding, Völkerstrafrecht, S. 96.

419 Ambos, in: Kirsch, Internationale Strafgerichtshöfe, S. 196.

420 Werle, Völkerstrafrecht, Rn. 925.

sowie das Flüchtlingsaufkommen unstreitig gegeben. Der Darfur-Konflikt stellt sich somit als innerstaatliches Geschehnis dar, das zumindest grundsätzlich dem Souveränitätsbereich des Sudan untersteht. Der internationale Charakter folgt aus den bereits festgestellten territorialen Überschreitungen sowie den Kämpfen der ausgegrenzten Ethnien gegen die sudanesische Regierung.

2. Der Darfur-Konflikt als „neuer Krieg“

Als innerstaatlicher Krieg, der aufgrund seiner Intensität die Belange der internationalen Staatengemeinschaft berührt, könnte der Darfur-Konflikt als Beispiel für einen sogenannten *neuen Krieg* bezeichnet werden. Seit dem Ende des Kalten Krieges dominieren neue Kriege den Diskurs über die Friedenskonsolidierung.[421] Politikwissenschaftler wie Mary Kaldor und Herfried Münkler konstatieren den daraus hervorgehenden Gestaltwandel des Krieges und haben hierfür den Topos *new wars* geprägt. Die „Theorie der neuen Kriege“ folgt aus wichtigen Veränderungen wie dem Ende des jeweiligen Überlegenheitsanspruchs der Vereinigten Staaten und der Sowjetunion und auch den besseren Finanzierungsmöglichkeiten als Folge der global polarisierenden Kriegsführung.[422] Die neuen Kriege sind zudem von einem leichteren Zugang zu Waffen geprägt und dienen immer seltener einer Entscheidung über den Ausgang des jeweiligen Konflikts; es wird immer schwieriger zu siegen.[423] Im Hinblick auf den Darfur-Konflikt gewinnt die Identifizierung als neuer Krieg in dem Maße Bedeutung, dass es in diesem Zusammenhang aufgrund der gestiegenen internationalen Aufmerksamkeit häufig nicht zu militärischen Entscheidungen kommen kann.[424] So ist auch eine Befriedung der Lage in Darfur derzeit nicht in Sicht.

a. Allgemeine Merkmale und Formen der „neuen Kriege“ im Hinblick auf den Darfur-Konflikt

Nach Münkler gibt es drei neue Formen der neuen Kriege. Die wohl häufigste Erscheinung bildet der Ressourcenkrieg, der der Kapitalisierung von leicht auszubeutenden Gebieten dient, in denen Rohstoffe vorkommen.[425] Dies geht überwiegend mit der Vertreibung der Zivilbevölkerung einher.[426] Eine weitere Art

---

[421] Brzoska, in: APuZ 46/2009, S. 15 (15).
[422] Brozska, in: APuZ 46/2009, S. 15 (15).
[423] Brzoska, in: APuZ 46/2009, S. 15 (17).
[424] Brzoska, in: APuZ 46/2009, S. 15 (15).
[425] Albrecht, in: IPG 2/2007, S. 153 (155).
[426] Münkler, in: Der Bürger im Staat 4/2004, S. 179 (183).

der neuen Kriege stellt der Pazifizierungskrieg dar, bei dem sich insbesondere Mächte der westlichen Welt in einen bereits vorhandenen Ressourcenkrieg aus geostrategischen, politischen und wirtschaftlichen Gründen einmischen.[427] Letztendlich gibt es den Partisanenkrieg, bei dem Gebiete infolge der kriegerischen Auseinandersetzungen zerfallen sind und im Zuge dessen von Rebellen mit terroristischer Absicht gegen den Einfluss westlicher Nationen verteidigt werden.[428] Insbesondere die Entstaatlichung eines Krieges ist ein Zeichen für den neuen Krieg; an die Stelle von Ländern, deren Armeen sich gegenseitig bekämpfen, treten viele unterschiedliche Gewaltakteure.[429] Während bei früheren Bürgerkriegen typischerweise ideologische und identitätsbezogene Gewaltmotive eine Rolle gespielt haben[430], geht es im Zusammenhang mit den neuen Kriegen insbesondere um ökonomische Beweggründe.

Im Hinblick auf den Darfur-Konflikt verbinden sich die erste und zweite Form dieses Kriegstypus: aufgrund der umfangreichen Erdölvorkommen im Sudan wird die Bevölkerung durch die sudanesische Regierung bzw. die Janjaweed weitläufig aus ihren angestammten Regionen vertrieben. Insbesondere die Führung von Ressourcenkriegen aufgrund der Verknüpfung mit der Weltwirtschaft[431] macht ein Ende der kriegerischen Handlungen unwahrscheinlich. Waffenlieferungen aus China[432] sowie die von dieser Seite aus getätigte finanzielle Unterstützung beim Bau von Erdölpipelines für verbesserte Fördermöglichkeiten weisen zudem auf einen Pazifizierungskrieg hin. Als Anzeichen für einen neuen Krieg dient zudem die Beteiligung des Nachbarlands Tschad als Waffenlieferant und Zufluchtsort, die das Kriterium der Transnationalisierung erfüllt. Die zahlreichen und seit dem DPA zusätzlich zersplitterten und am Konflikt beteiligten Rebellengruppen fördern die für einen neuen Krieg typische Entstaatlichung der Gewalt. Die Beweggründe sind zudem ökonomischer Art und basieren auf der jahrzehntelangen Marginalisierung einzelner Bevölkerungsgruppen; so verlangen die Rebellen unter anderem eine Beteiligung an den Einkünften aus der Erdölförderung. Zum Charakter der neuen Kriege gehört auch, dass große

---

427 Münkler, in: Der Bürger im Staat 4/2004, S. 179 (179).
428 Münkler, in: Der Bürger im Staat 4/2004, S. 179 (184).
429 Matthies, in: Der Bürger im Staat 4/2004, S. 185 (186); Münkler, in: Der Bürger im Staat 4/2004, S. 179 (180).
430 Heupel, in: S+F 1/2006, S. 1 (4).
431 Münkler, in: Der Bürger im Staat 4/2004, S. 179 (183).
432 Pabst, in: Vereinte Nationen 3/2008, S. 99 (101); Thielke, in: Sudan – Wegweiser zur Geschichte, S. 65 (69).

Flüchtlingsströme hervorgerufen werden.[433] Zudem kommt es zu einer Verminderung der Intensität der militärischen Auseinandersetzungen in zeitlicher Hinsicht.[434] Die Berichte im Zusammenhang mit dem Darfur-Konflikt belegen, dass die seit 2003 andauernden Auseinandersetzungen von stärkeren und schwächeren Kämpfen gekennzeichnet sind. Der Kriegsverlauf selbst ist ebenfalls signifikant für einen neuen Krieg und von regelmäßigen Versuchen einer gütlichen Einigung geprägt. Der Darfur-Konflikt ist unter Berücksichtigung der soeben festgestellten Kriterien durchaus als neuer Krieg im Sinne der von Kaldor und Münkler eingeführten Bezeichnung anzusehen.

b. Einflussmöglichkeiten der Staatengemeinschaft bei der Friedenskonsolidierung

Als wichtiges Charakteristikum der neuen Kriege gelten die sich bei der Befriedung der kriegerischen Zustände stellenden Schwierigkeiten. Es zeigt sich, dass mit der zunehmenden Etablierung dieser neuen Kriegsformen auch die Anforderungen an eine erfolgreiche Nachkriegskonsolidierung komplexer werden.[435] Die Möglichkeiten der Konfliktlösung müssen in diesem Hinblick entsprechend angepasst werden. Schließlich bauen die Kriege darauf auf und profitieren davon, dass ihre Ressourcen nicht zu Ende gehen. Diese Problematik stellt sich zunächst im Zusammenhang mit dem typischen Zeichen der innerstaatlichen Konflikte: dem Fehlen von internen Stoppmechanismen. Ohne die Präsenz eines übermächtigen Dritten erscheint ein Ende der militärischen Auseinandersetzungen somit kaum möglich.[436] Dabei ist die Befriedung der Lage in diesen Situationen besonders aus den Gründen erschwert, dass allein die Fortdauer der Auseinandersetzungen den Konfliktparteien die weitere Versorgung mit den gewünschten Gütern durch Plünderungen und Schmuggel natürlicher Ressourcen sichert. Zudem erzeugen eingesetzte militärische Mittel und Gewalt ein taktisches Überlegenheitsgefühl und dienen zumeist nicht einer strategischen Entscheidung; anstatt der gewünschten Beendigung des Konflikts wird der Staatengemeinschaft vielfach die Aussichtslosigkeit der Friedensbemühungen demonstriert.[437]

---

433 Küpeli; in: Küpeli, Europas Neue Kriege, S. 7 (15).
434 Münkler, in: APuZ 16/2007, S. 3 (4).
435 Brozska, in: APuZ 46/2009, S. 15 (15).
436 Münkler, in: Münkler/Malowitz, Humanitäre Intervention – Grundlagen und Diskussion, S. 89 (106).
437 Hippler, in: APuZ 46/2009, S. 3 (7).

In den neuen Kriegen fehlen zudem Konventionen und Normen, die die Beteiligten zu einem Verzicht auf Gräueltaten verpflichten könnten. Die ursprünglich abzugebenden Kriegserklärungen werden inzwischen von einem sich steigernden Gewaltprozess abgelöst, der in kriegerischen Auseinandersetzungen endet. Der Konflikt in Darfur macht deutlich, dass sich die Form der Kriegsführung inzwischen verändert hat. Wo in der Vergangenheit Regierungen die Kontrolle über das Geschehen innehatten, spielen sich die Streitigkeiten wie im Sudan innerstaatlich ab. Dieser kriegerische Zustand, der von wirtschaftlich interessierten Staaten wie China oder Russland finanziert und von den einzelnen Rebellengruppen als nichtstaatlichen Akteuren immer wieder neuen Antrieb bekommt, kann mit den herkömmlichen Theorien, die es in Bezug auf Kriege gibt, nicht mehr begriffen werden. Wurden in der Vergangenheit noch oftmals die ethischen Normen der Kriegsführung befolgt, so richten sich in den neuen Kriegen, wie im Darfur-Konflikt, die Gewalthandlungen im Zuge der Kriegsführung wie Vergewaltigung bis hin zum Völkermord insbesondere gegen die Zivilbevölkerung.[438] Die wohl wichtigste Errungenschaft des Kriegsvölkerrechts, die Differenzierung zwischen Kombattanten und Nichtkombattanten, ist somit hinfällig geworden.[439] Die Zivilbevölkerung wird insbesondere aus Gründen der Überlebenssicherung involviert: durch Plünderungen wird das weitere Vorgehen der Milizen gesichert. Das gleiche Schicksal ereilt viele Hilfsgüter, die von den humanitären Organisationen in die Krisengebiete gebracht werden. Das etwaige Ausbleiben von Ressourcen und ein damit einhergehendes Ende der kriegerischen Auseinandersetzungen wie in früheren Konflikten sind dank der Einmischung internationaler Akteure kaum noch vorstellbar. Ohne das Versiegen dieser Quellen ist eine Beendigung des Darfur-Konflikts sehr unwahrscheinlich. Neue Kriege stellen zudem aufgrund der äußeren Dimension eine besondere Herausforderung für die Gestaltung von Friedenskonsolidierungsmaßnahmen dar. Die bereits festgestellte Transnationalisierung mit der Ausdehnung der militärischen Auseinandersetzungen auf den Tschad und die dort befindlichen Flüchtlingslager erschwert offensichtlich die Friedensverhandlungen. Je größer die Anzahl der beteiligten Parteien, desto schwieriger gestaltet sich die Konfliktlösung im Hinblick auf eine Einbindung aller Konfliktparteien. Abkommen wie das Darfur Peace Agreement 2006 belegen, dass es im Darfur-Konflikt zu einer

---

438 Hintergrund hierfür ist, dass die Unterstützung der jeweiligen Rebellengruppen erst mit der Tötung der hilfeleistenden Bevölkerung beendet und so ein militärischer Sieg möglich wird; vgl. Hippler, in: APuZ 46/2009, S. 3 (4).

439 Münkler, in: Der Bürger im Staat 4/2004, S. 179 (180).

weiteren Zersplitterung der Rebellengruppen anstatt einer Annäherung gekommen ist. Es wird inzwischen angenommen, dass diese Konflikte, in denen sich eine Vielzahl von Gewaltakteuren gegenübersteht, zu ihrer Lösung auf umfangreiche und tiefgehende Interventionen von außen angewiesen sind, die einen Konsolidierungsprozess erst ermöglichen können.[440]

III. Zusammenfassung

Die Staatengemeinschaft sieht sich im Hinblick auf den Darfur-Konflikt im zumindest partiellen failed state Sudan mit unterschiedlichen Aufgaben konfrontiert. In diesem internationalisierten Konflikt, der somit den Zuständigkeitsbereich der internationalen Staatengemeinschaft berührt, sind angemessene Mittel zu ergreifen, damit es zu einer dauerhaften Befriedung der Region kommt. Ein derartiger Friedensprozess ist in einem solchen neuen Krieg von sehr vielen Faktoren abhängig und stellt die Weltgemeinschaft vor völlig neue Herausforderungen.

Letztendlich werden derartige innergesellschaftliche Konflikte durch eine „Reintegration fragmentierter gesellschaftlicher Strukturen“[441] zu erreichen sein, auf deren Basis die Anwendung von militärischer Gewalt auf der Grundlage eines funktionierenden Staatsapparats als weitere Lösungsmöglichkeit durchaus in Betracht zu ziehen ist, sofern andernfalls ein Andauern der Auseinandersetzungen die Opferzahlen erhöht.[442] Diese Ausweitung der Instrumente zur Friedenssicherung bleibt als einzige Möglichkeit, um konkret und nachhaltig auf die neuartigen Konflikte eingehen zu können. Die Erfahrungen der internationalen Staatengemeinschaft in Somalia, Kongo und anderen Ländern haben jedoch dazu beigetragen, dass sich bei den Industriestaaten eine Art dezidierte Interventionslust breit gemacht hat, die sich aufgrund der enormen Kosten und häufig ausbleibenden Erfolgen herausbilden konnte.[443] Ein idealtypisches Ende des klassischen Krieges wird es im Darfur-Konflikt vorerst folglich nicht geben. Vor diesem Hintergrund stellt sich die Frage nach den Handlungsmöglichkeiten der internationalen Staatengemeinschaft.

---

440 Heupel, in: S+F 1/2006, S. 1 (4).
441 Hippler, in: APuZ 46/2009, S. 3 (8).
442 Hippler, in: APuZ 46/2009, S. 3 (8).
443 Münkler, in: APuZ 16/2007, S. 3 (6).

D. Status quo – Bisheriges Engagement der internationalen Staatengemeinschaft im Bereich der Friedenskonsolidierung im Darfur-Konflikt

Mit der Situation in Darfur hat sich seit 2003 eine Vielzahl von internationalen und regionalen Organisationen auseinandergesetzt. Von Bedeutung ist daher, welche genauen Maßnahmen die internationale Staatengemeinschaft in diesem Zusammenhang ergriffen hat, die den Verlauf des Darfur-Konflikts maßgeblich beeinflusst haben und inwiefern sich diese im Rahmen der Friedenskonsolidierung positiv auswirken konnten. So sind insbesondere die Vereinten Nationen, denen nach Art. 1 UN-Charta die Verantwortung für die Wahrung des Weltfriedens und der Internationalen Sicherheit zukommt, sowie ihre Unterorganisationen mehrfach tätig geworden. Auch weitere internationale Organisationen wie die Afrikanische Union oder die Arabische Liga haben verschiedene Maßnahmen der Friedenskonsolidierung entwickeln können und somit Einfluss auf die Entwicklung der Geschehnisse in der Region genommen. Regionalorganisationen wie die Intergovernmental Authority on Development sind ebenfalls seit 2005 umfassend in die Friedensbemühungen eingebunden. Insbesondere die Mission der Vereinten Nationen, die United Nations Mission in Darfur, die 2007 die bis dahin tätige African Mission in Darfur abgelöst hat, verdient auch in völkerrechtlicher Hinsicht spezielle Aufmerksamkeit. Es stellt sich in diesem Zusammenhang die Frage, ob sich der vorliegende Konflikt in Darfur mithilfe dieser Peacekeeping-Mission langfristig begrenzen lässt.

I. Internationale Organisationen

Die zwischenstaatlichen Organisationen, auf die sich der Begriff der internationalen Organisationen in der Regel bezieht, werden im völkerrechtlichen Sinne allgemein als dauerhafter Zusammenschluss von mindestens zwei Staaten oder anderen Völkerrechtssubjekten bezeichnet.[444] Zudem müssen zwei konstituierende Elemente gegeben sein: der völkerrechtliche Gründungsvertrag und die Schaffung von mindestens einem Organ, durch das überstaatliche Aufgaben nach außen hin wahrgenommen werden.[445] Internationale Organisationen, die im Rahmen des Darfur-Konflikts tätig geworden sind, sind insbesondere die Ver-

---

444 Klein, in: Vitzthum, Völkerrecht, 4. Abschnitt, Rn. 12.

445 Herdegen, Völkerrecht, § 10, Rn. 3; Stein/von Buttlar, Völkerrecht, § 1, Rn. 368.

einten Nationen mit ihren Unterorganisationen wie dem Sicherheitsrat und dem Internationalen Strafgerichtshof sowie die Afrikanische Union.

1. Vereinte Nationen

Dem zwischenstaatlichen Zusammenschluss von 193 Staaten[446] zu den Vereinten Nationen (UNO) obliegt die Sicherung des Weltfriedens und der internationalen Sicherheit, der Schutz der Menschenrechte, die Förderung der nationalen Zusammenarbeit sowie die Achtung des Völkerrechts auf Grundlage der Charta der Vereinten Nationen.[447]

Als anerkanntes Völkerrechtssubjekt und global wichtigste internationale Organisation der Staatengemeinschaft[448] haben die Vereinten Nationen vielfach Friedensmaßnahmen für den Darfur-Konflikt initiiert. Der Sudan selbst ist seit 1956 Mitglied der Vereinten Nationen.[449] Die UNO hatte von 2005 bis Mitte 2011 bereits ein Mandat zur Friedenssicherung für den Süden des Landes.

a. UN-Sicherheitsrat

Der UN-Sicherheitsrat ist als sogenanntes *Weltdirektorium* im Sinne von Art. 7 UN-Charta eines der Hauptorgane der Vereinten Nationen, das nach Art. 24 UN-Charta die Hauptverantwortung für die Wahrung und die Wiederherstellung des Weltfriedens und der internationalen Sicherheit trägt. Anders als die anderen Organe der Vereinten Nationen kann der UN-Sicherheitsrat Entscheidungen mit Bindungswirkungen auf der Grundlage von Kapitel VII der UN-Charta treffen. Von den 15 Mitgliedern gehören China, Russland, Frankreich, das Vereinigte Königreich und die Vereinigten Staaten zu den ständigen Mitgliedern, denen nach Art. 27 UN-Charta ein Vetorecht zusteht. Etwaige Resolutionen, die im Fall einer konkreten Bedrohung für den Weltfrieden oder der internationalen Sicherheit erlassen werden können[450], werden durch den Gebrauch eines solchen Vetos verhindert. Im Übrigen bedürfen die Beschlüsse einer Mehrheit von neun Mitgliedern.[451] Eine Enthaltung der Stimme hat dabei keinen Einfluss. Insbesondere die Inanspruchnahme des Vetorechts durch China und Russland hat maß-

---

446 Stand 2011.
447 Herdegen, Völkerrecht, § 40, Rn. 3; Kempen/Hillgruber, Völkerrecht, § 28, Rn. 25.
448 So zumindest Streck, in: Vereinte Nationen 3/2002, S. 104 (104).
449 Streck, in: Vereinte Nationen 3/2002, S. 104 (104).
450 Herdegen, Völkerrecht, § 41, Rn. 24; Knapp, in: Nohlen/Grotz, Kleines Lexikon der Politik, S. 589 (590).
451 Kempen/Hillgruber, Völkerrecht, 5. Kapitel, Rn. 36.

geblich auf die Entwicklung der Friedensbemühungen der Vereinten Nationen in Darfur Einfluss genommen.

aa. Rolle des UN-Sicherheitsrates im Darfur-Konflikt

Der UNO und insbesondere dem UN-Sicherheitsrat werden im Rahmen der Interessenlenkung der Weltöffentlichkeit hinsichtlich der Ereignisse in Darfur seit 2003 schwere Vorwürfe gemacht.[452] Obwohl seit 2003 schwerste Menschenrechtsverletzungen in dieser Region stattgefunden haben, kommt es erst im Juni 2004 zu einer Beschäftigung mit der humanitären Misere.[453] Am 11. Juni 2004 wird auf Grundlage von Resolution 1547 eine politische Beobachtermission, die United Nations Advance Mission in Sudan (UNAMIS), in die betroffene Region entsendet, deren Hauptaufgabe die Friedensvorbereitung sowie die Vermittlung zwischen den Konfliktparteien ist.[454] Die in der Folgezeit entstehenden Berichte über die örtlichen Gegebenheiten initiieren zahlreiche Resolutionen durch den UN-Sicherheitsrat.

(1) Errichtung der African Union Mission in Sudan

Nachdem die UNAMIS den UN-Sicherheitsrat über die prekäre humanitäre Lage in der Region Darfur aufgeklärt hat, wird am 30. Juli 2004 die Resolution 1556 verabschiedet, die die Entsendung einer Friedens- bzw. Schutztruppe unter der Leitung der Afrikanischen Union vorsieht.[455] Die damit ins Leben gerufene African Union Mission in Sudan (UNAMIS) soll sich der Aufrechterhaltung der Sicherheit vor Ort, der humanitären Hilfe sowie der Rückführung der zahlreichen Flüchtlinge widmen.[456] Die Mission dient gleichzeitig der Überwachung des zuvor im April geschlossenen Friedensvertrags von N'Djamena.[457] Aufgrund der ausbleibenden Verbesserung der Lebensbedingungen für die Menschen in Darfur verabschiedet der UN-Sicherheitsrat am 30. Juli 2004 die Resolution 1556, in der er die andauernden Menschenrechtsverletzungen kritisiert[458] und das Mandat der UNAMIS erweitert. Dies dient der Unterstützung der im Zuge

---

[452] Feinstein, Special Report 22/2007, S. 3; Prunier, Der uneindeutige Genozid, S. 183 ff.; Breitwieser, in: Sudan – Wegweiser zur Geschichte, S. 87 (102).
[453] S/RES 1547 vom 11. Juni 2004.
[454] S/RES 1547 vom 11. Juni 2004, S. 2; Breitwieser, in: Sudan – Wegweiser zur Geschichte, S. 87 (89).
[455] S/RES 1556 vom 30. Juli 2004. S. 3.
[456] S/RES 1556 vom 30. Juli 2004. S. 3.
[457] Siehe unter B. IV. 2. b.
[458] Thielke, Krieg im Lande des Mahdi, S. 158.

der Resolution beschlossenen Mission der AU, die das Mandat der UNAMIS gleichzeitig ablösen soll. Im Rahmen der Mission sollen etwa 450 Soldaten aus zehn afrikanischen Ländern als Militärbeobachter in die Region geschickt werden.[459] Die Vereinigten Staaten und die NATO werden mit der Aufgabe der logistischen Unterstützung betraut.[460] Vorangegangen sind der Resolution mehrfache Ermahnungen sowie unterschiedliche Sanktionsandrohungen gegenüber der sudanesischen Regierung. Diese war mehrfach dazu angehalten worden, die humanitäre Hilfe vor Ort und die Rückführung der zahlreichen Flüchtlinge zu erleichtern sowie rechtliche Schritte gegen diejenigen Personen einzuleiten, die sich der Begehung von Menschenrechtsverletzungen strafbar gemacht haben.[461] Der UN-Sicherheitsrat kritisiert zudem die bis dato ausgebliebene vollständige Entwaffnung der Janjaweed durch die sudanesische Regierung und verhängt ein Waffenembargo gegen alle nichtstaatlichen Konfliktakteure.[462] Bei einer weiteren Nichtbefolgung werden Sanktionen im Rahmen von Art. 41 UN-Charta angedroht.[463] Aufgrund von Unstimmigkeiten innerhalb der fünf ständigen Mitglieder des UN-Sicherheitsrates kommt es in der Folgezeit jedoch zu keiner Durchsetzung etwaiger Zwangsmaßnahmen, sondern vielmehr zu einer engeren Zusammenarbeit mit der sudanesischen Regierung im Hinblick auf die Aufklärung von Verstößen gegen das humanitäre Völkerrecht und gegen die Menschenrechte.

(2) Erweiterung des Mandats: Begründung der AMIS II

Die Truppe der AMIS, die in ihrer Tätigkeit vorerst darauf beschränkt ist, die Friedensmaßnahmen sowie die Militärbeobachter zu sichern, erweist sich alsbald als unzureichend im Kampf gegen die fortschreitenden Menschenrechtsverletzungen; China und Russland verhindern zudem weiterhin ein entschiedenes Vorgehen der Vereinten Nationen mithilfe eines robusteren Einsatzes auf der Grundlage von Kap. VII UN-Charta. Der UN-Sicherheitsrat stellt wiederholt fest, dass die Situation in der Region Darfur eine Gefahr für den Weltfrieden und die internationale Sicherheit im Sinne von Art. 39 UN-Charta bedeutet. Darüber hinaus rügt er das Nichtbefolgen der Resolutionen durch die sudanesische Regierung und die Rebellengruppen in Anbetracht der zuvor ergangenen Sank-

---

459 Breitwieser, in: Sudan – Wegweiser zur Geschichte, S. 87 (99).

460 Hinsch/Janssen, Menschenrechte militärisch schützen, S. 210.

461 Beck, in: Zeitschrift für Genozidforschung 2/2004, S. 52 (57).

462 S/RES 1556 vom 30. Juli 2004, S. 3; Beck, in: Zeitschrift für Genozidforschung 2/2004, S. 52 (57).

463 S/RES 1556 vom 30. Juli 2004, S. 3.

tionen. In diesem Zusammenhang wird im Zuge der Resolution 1574 vom Friedens- und Sicherheitsrat der AU, dem sogenannten *Peace and Security Council*, am 20. Oktober 2004 die personelle Erweiterung der Truppe beschlossen.[464] Die daraus hervorgehende AMIS II wird damit zu einer vollständigen Peacekeeping-Mission, die die AMIS I bis Ende 2006 ablösen soll.[465]

Im Vorfeld war deutlich geworden, dass das Mandat der AMIS I zu schwach ausgestattet war und die Beteiligten keinen ausreichenden Schutz für ihre eigene Sicherheit herstellen konnten.[466] Das neue Mandat sieht im Wesentlichen die Unterstützung der Umsetzung des CPA, die Begünstigung der jeweiligen Faktoren im Rahmen der Rückführung der Flüchtlinge, die Unterstützung bei der Beseitigung von Waffen und anderen Kampfmitteln sowie die Sicherstellung und Verbreitung der Menschenrechte im Sudan mithilfe der anderen UN-Organisationen vor.[467] Mithilfe des Einsatzes sollen zudem vorbereitende Maßnahmen für die Einrichtung einer UN-Friedensmission getroffen werden.

(3) Androhung neuer Sanktionen

Ein halbes Jahr später haben sich weder die Lebensverhältnisse der sudanesischen Bevölkerung in Darfur positiv verändert, noch hat die Entwaffnung der einzelnen Rebellengruppen sowie der Janjaweed stattgefunden. Der UN-Sicherheitsrat erlässt daraufhin am 29. März 2005 die Resolution 1591, die zur Errichtung eines Untersuchungskomitees als Sanktionsausschuss führt, mit deren Hilfe einzelne Personen bei Verstößen gegen das Waffenstillstandsabkommen ermittelt und bestraft werden sollen.[468] Weitere Sanktionen werden auf Berufung von Art. 41 UN-Charta angekündigt.[469] Im Rahmen von Resolution 1591 wird ebenfalls das Waffenembargo ausgeweitet, das von diesem Zeitpunkt an auch für die sudanesische Regierung gelten soll.

(4) Erweiterung der AMIS II: Gründung der UNAMID

Im August 2006 erfordert die anhaltende humanitäre Notsituation in Darfur, dass sich der Sicherheitsrat auf der Grundlage von Resolution 1706 zur Entsendung einer weiteren UN-Friedenstruppe in den Sudan entschließt. China und

---

464 Breitwieser, in: Sudan – Wegweiser zur Geschichte, S. 87 (99).
465 S/RES 1574 vom 19. November 2004, S. 3.
466 Maximilian, in: iinfo 2006, S. 4 (5).
467 Breitwieser, in: Sudan – Wegweiser zur Geschichte, S. 87 (91).
468 S/RES 1591 vom 29. März 2005, S, 3.
469 S/RES 1591 vom 29. März 2005, S. 6.

Russland enthalten sich ihrer Stimme. Die vor allem im Süd-Sudan tätige UNMIS soll mithilfe der neuen personellen und logistischen Unterstützung vermehrt zum Schutz der Zivilbevölkerung sowie der Einhaltung des Waffenembargos beitragen und ihr Operationsgebiet auf die Region Darfur ausweiten.[470] Der erweiterte Stationierungsbefehl der UNMIS beinhaltet insbesondere die Beobachtung, Überwachung und Untersuchung von möglichen Völkerrechtsverstößen im Zusammenhang mit den kriegerischen Ereignissen vor Ort.[471] Trotz der Widerstände der sudanesischen Regierung[472] wird im Zuge von Resolution 1706 beschlossen, dass die AMIS ab dem 1. Oktober 2006 unter dem Kommando der Vereinten Nationen stehen und sich die neue Friedenstruppe aus ca. 20.000 Soldaten und Polizisten zusammensetzen soll.[473]

Aufgrund des Engagements von Russland und China wird die Entsendung der Mission von der Zustimmung der sudanesischen Regierung abhängig gemacht. Dass diese ausbleibt, hat unterschiedliche Gründe: zum einen bestehen von Anfang an Uneinigkeiten im Hinblick auf die Kompetenzverteilung und die Kommandostrukturen einer etwaigen UN-Mission zwischen dem Sudan und den Vereinten Nationen.[474] Darüber hinaus muss al-Bashir um die Wahrung der sudanesischen Souveränität bangen; im Hinblick auf den Einsatz würden diejenigen Personen, denen Verstöße gegen das Völkerrecht angelastet werden, leichter zur Rechenschaft gezogen werden. Die Ablehnung dieser Mission beschäftigt die internationale Staatengemeinschaft noch ein weiteres Jahr. Ende Juli 2007 folgt schließlich der Vorschlag einer gemischten Truppe, bestehend aus Soldaten der Afrikanischen Union und der Vereinten Nationen. Die Vereinigten Staaten hatten im Vorfeld damit begonnen, al-Bashir unter Druck zu setzen.[475] Im Zuge der Resolution 1769 vom 31. Juli 2007 erfolgt die Autorisierung dieser bisher in der Staatenpraxis einzigartigen sogenannten *hybriden* Truppe.[476] Die im Süd-Sudan stationierte UN-Mission der UNAMIS soll in die AMIS eingegliedert und

---

470 S/RES 1706 vom 31. August 2006, S. 3; Prunier, Der uneindeutige Genozid, S. 220.

471 S/RES 1706 vom 31. August 2006, S. 4.

472 So sagt al-Bashir 2008 in einem Zeitungsinterview, dass er im Falle eines UN-Einsatzes ohne seine Genehmigung Darfur zu einem „Friedhof für Blauhelme machen werde"; vgl. El Ouazghari, Grund zur Hoffnung, S. 26; Rößler, F.A.Z., „Ein gewiefter Taktiker", 15.07.2008, Nr. 163, S. 5.

473 Das Mandat der AMIS endet im September 2006 fristgemäß.

474 Prunier, Der uneindeutige Genozid, S. 222.

475 So werden al-Bashir mehrfach Handelsembargos sowie das Einfrieren diverser Konten von Seiten der US-Regierung angedroht; vgl. Seymour, in: SWP-Comments 10/2007, S. 1.

476 S/RES 1769 vom 31. Juli 2007, S. 3.

fortan als United Nations African Union Mission in Darfur (UNAMID) die Durchsetzung des DPA begünstigen sowie eine regionale Sicherheit für die Zivilbevölkerung und für die Durchführung von Hilfstransporten schaffen. Die Mission soll insbesondere militärische Auseinandersetzungen eindämmen und damit die Voraussetzung für eine gewaltfreie politische Lösung des Konflikts schaffen. Vorgegeben ist ein enger Zeitplan, der zunächst die Einsatzbereitschaft der Hauptquartiere sowie die Errichtung einer Kommandostruktur bis zum 31. Dezember 2007 vorsieht.[477] Die Mission selbst soll aus ungefähr 20.000 Soldaten und ca. 6.500 Polizisten bestehen.[478]

Schwierigkeiten ergeben sich bei der Durchführung der Maßnahmen aufgrund des Einflusses der sudanesischen Regierung sowie von China und Russland; diese verhindern, dass die UNAMID illegale Waffen beschlagnahmen oder Kriegsverbrecher verhaften darf. Auf der Grundlage von Kap. VII UN-Charta werden die Soldaten lediglich dazu befugt, zum Schutz von Zivilisten und zur Selbstverteidigung Waffengewalt anzuwenden.[479] Der 2007 als Kommandeur fungierende General Martin Agwai[480] steht somit vor einer schwierigen Aufgabe. Die UNAMID-Hybridmission ist die erste Zusammenarbeit der Vereinten Nationen mit der Afrikanischen Union und gilt als größte Friedensmission der Welt.[481]

(5) Weitere Maßnahmen des UN-Sicherheitsrats

Die Lebensumstände in Darfur ändern sich auch in der Folgezeit nicht. Die Einsatzkräfte der UNAMID können der Zivilbevölkerung kaum Schutz bieten. Zur Gewalt auf die Flüchtlingscamps und Dörfer kommen zudem Übergriffe auf humanitäre Helfer.[482] Durch weitere Resolutionen versucht der UN-Sicherheitsrat, das inzwischen zwei Jahre alte DPA durchzusetzen und die Lage zu befrieden.[483] So ergeht Ende Juli 2008 mit der Resolution 1828 eine weitere Ermahnung an die Konfliktbeteiligten, in der die Situation in Darfur wiederholt als Bedrohung für den Weltfrieden und die internationale Sicherheit bezeichnet

477 Breitwieser, in: Sudan – Wegweiser zur Geschichte, S. 87 (102).

478 S/RES1769 vom 31. Juli 2007, S. 3; Breitwieser, in: Sudan – Wegweiser zur Geschichte, S. 87 (101).

479 S/RES1769 vom 31. Juli 2007, S. 5.

480 Thielke, in: Sudan – Wegweiser zur Geschichte, S. 65 (71).

481 Schißau, in: Sudan – Wegweiser zur Geschichte, S. 87 (111).

482 Jensch, in: Sudan – Wegweiser zur Geschichte, 113 (114).

483 Allein bis 2008 steigt die Anzahl der Resolutionen von 14 auf 28; Höne, in: Vereinte Nationen 6/2009, S. 269 (269).

wird.[484] Neben dem Appell zur Bereitstellung der noch fehlenden Truppen wird in diesem Zusammenhang auch das Mandat der UNAMID bis zum 31. Juli 2009 verlängert,[485] doch die Gewalt in der Region setzt sich unvermindert fort. Es folgen zahlreiche Resolutionen des UN-Sicherheitsrats, in denen die Zustände in Darfur nach wie vor als Bedrohung für den Weltfrieden und die internationale Sicherheit bezeichnet werden.[486] Der Einsatz der hybriden UNAMID wird Mitte 2010 bis Juli 2011 verlängert.[487] Das Mandat der im Rahmen der Resolution 1591 eingesetzten Sachverständigengruppe für den Sudan wird sechsmal verlängert, diese soll nunmehr bis zum 15. Oktober 2010 vor Ort tätig sein und ermitteln.[488]

In ihren Resolutionen bekräftigen die Mitglieder des UN-Sicherheitsrats wiederholt, dass es keine militärische Lösung für den Darfur-Konflikt geben werde und allein die getroffenen Beschlüsse sowie der Einsatz der Hybridmission langfristig zu einem Ende des Darfur-Konflikts führen werden.[489]

bb. Nachhaltigkeit der Maßnahmen des UN-Sicherheitsrats

Im Rahmen einer ersten Gesamtbetrachtung des Engagements des UN-Sicherheitsrats als einem der Hauptorgane der Vereinten Nationen wird deutlich, dass die zahlreichen Resolutionen von den Konfliktparteien nur phlegmatisch befolgt worden sind und die Beschäftigung mit der humanitären Notlage in Darfur von Beginn an von einer Auseinandersetzung um die Einordnung des Konflikts und den daraus folgenden partikularen Interessen der ständigen Mitglieder geprägt gewesen ist. Sowohl auf die Bereitstellung der Truppen durch die internationale Staatengemeinschaft als auch auf die Befolgung des Darfur Peace Agreements von 2004 musste von Seiten des UN-Sicherheitsrats mehrfach hingewiesen werden. Dabei folgt aus Art. 25 UN-Charta, dass die jeweiligen Resolutionen von den jeweiligen Adressaten unmittelbar „anzunehmen und durchzuführen“ [490] sind. Bei Verstößen gegen das humanitäre Völkerrecht wie im Zusammenhang

---

484 S/RES 1828 vom 31. Juli 2008, S. 2.

485 S/RES 1828 vom 31. Juli 2008, S. 2.

486 S/RES 1870 vom 30. April 2009, S. 2; S/RES 1891 vom 13. Oktober 2009, S. 2; S/RES 1919 vom 29. April 2010 S. 2; S/RES 1935 vom 30. Juli 2010, S. 2; S/RES 1978 vom 27. April 2011, S. 1.

487 S/RES 1935 vom 30. Juli 2010, S. 2.

488 S/RES 1891 vom 13. Oktober 2009, S. 2.

489 S/RES 1828 vom 31. Juli 2008, S. 3; S/RES 1935 vom 30. Juli 2010, S. 4.

490 Bruha, in: Wolfrum, Handbuch Vereinte Nationen, Kap. 103, Rn. 4; Schmitz, Durchgriffswirkung der UN, S. 99.

mit den Ereignissen in Darfur bedarf es zudem auch bei partiellen failed states keines weiteren Umsetzungsaktes durch die nationale Rechtssetzung, so dass die Resolutionen von allen Mitgliedstaaten unmittelbar befolgt werden müssen.[491] Der UN-Sicherheitsrat hat im Rahmen seiner zahlreichen Kontroversen im Hinblick auf die Situation in Darfur darauf hingewiesen, dass die angedrohten Sanktionen unzureichend seien und der Anspruch auf humanitäre Hilfsmaßnahmen nicht ausreichend erfüllt werde. Neben der im Juli 2004 eingesetzten Sachverständigengruppe ist zwar eine schrittweise Stationierung der UNAMID erfolgt, die angeforderten Soldaten werden durch ihr beschränktes Mandat jedoch daran gehindert, effektiv einzugreifen, um so die Friedensbemühungen vor Ort voranzutreiben. Der UN-Sicherheitsrat ist somit seiner Aufgabe der Wahrung und Sicherung des Weltfriedens und der internationalen Sicherheit kaum gerecht geworden.

b. UN-Generalversammlung

Als weiteres wichtiges Hauptorgan der Vereinten Nationen hat sich zudem die Generalversammlung mit der Situation in Darfur beschäftigt. Grundsätzlich kann diese als Repräsentativorgan der Mitgliedstaaten chartarelevante Sachverhalte erörtern und, für die Staatengemeinschaft jedoch unverbindliche, Empfehlungen abgeben.[492] Im Hinblick auf den Darfur-Konflikt wird eine zuvor vom UN-Sicherheitsrat geforderte Untersuchungskommission entsendet, die unmittelbar über das Vorliegen oder Nichtvorliegen von Völkermord und sonstigen völkerstrafrechtlichen Vorkommnissen in der Region Bericht erstatten soll.[493]

c. UN-Menschenrechtsrat

Der seit 2006 die UN-Menschenrechtskommission auf Grundlage von Resolution 60/251 ersetzende und somit reformierte UN-Menschenrechtsrat ist ein Nebenorgan der UN-Generalversammlung und besteht aus 47 Mitgliedern.[494] Er löst damit die UN-Menschenrechtskommission ab, der eine mangelnde Effektivität für die Durchsetzung und den Schutz der völkerrechtlich bindenden Menschenrechte vorgeworfen wird. Seine Aufgaben bestehen im Wesentlichen aus

---

[491] S/RES 814 vom 26. März 1993 (Somalia), S. 3; Herdegen, in: BDGV 34/1995, S. 49 (68).

[492] Herdegen, § 40, Rn. 11; Klein, in: Vitzthum, 4. Abschnitt, Rn. 128.

[493] Zurückgehend auf S/RES 1564 vom 18. September 2004, S. 3.

[494] Theissen, in: Vereinte Nationen 4/2006, S. 138 (138); Weiß, in: MRM 1/2006, S. 80 (80).

der universellen und individuellen Überprüfung menschenrechtlicher Situationen in den Mitgliedstaaten.[495] In diesem Zusammenhang kann die Entsendung von Sachverständigen zur Ermittlung der örtlichen Gegebenheiten erfolgen.[496] Im Bewusstsein, dass die UN-Menschenrechtskommission grundsätzlich der Förderung und dem Schutz der völkerrechtlich bindenden Menschenrechte zu dienen hat, erregt das vor allem zu Beginn gegebene restriktive Verhalten der Kommission Aufmerksamkeit. Dabei kann das Nebenorgan insbesondere durch die Lenkung des Interesses der Weltöffentlichkeit maßgeblich agieren, auch wenn festgestellte Menschenrechtsverletzungen nur gerügt und nicht exekutiv verurteilt werden dürfen.[497] Es gibt mehrere Anhaltspunkte, die Aufschluss darüber geben, warum sich die Kommission erst 2006 mit der Situation in der westlichen Region des Sudan befasst. Neben der erneuten Aufnahme des Sudan in die damalige UN-Menschenrechtskommission[498] und der daraus folgenden Solidarisierung der arabischen und afrikanischen Staaten spielt auch die mangelnde Öffentlichkeitsarbeit eine Rolle. Im Juli 2006 äußert der Menschenrechtsrat lediglich seine *Besorgnis* über die Menschenrechtsverletzungen und das Schicksal der Zivilbevölkerung in Darfur.[499] Neben der Entsendung einer Untersuchungskommission, der zunächst von der sudanesischen Regierung der Zutritt untersagt wird, erfolgen keine weiteren Maßnahmen. Eine nach außen erkennbare Verurteilung der anhaltenden Menschenrechtsverletzungen unterbleibt. Erst Anfang 2007 wird der sudanesischen Regierung in einem öffentlichen Bericht die Verantwortung an den Völkerrechtsverletzungen in Darfur vorgeworfen.[500] Um die Staatengemeinschaft hinreichend über die weiteren Ereignisse informieren zu können, wird das Amt eines Sonderberichterstatters für die Lage der Menschenrechte im Sudan eingerichtet.[501] Auch drei Jahre nach den

---

495 UN-Dok. A/RES/60/251 vom 15. März 2006, Präambel [abgerufen unter: http://www2.ohchr.org/english/bodies/hrcouncil/docs/a.res.60.251_en.pdf, Stand: 26.07.2011].

496 Weiß, in: MRM 1/2006, S. 80 (83).

497 Heilbronner, in: Vitzthum, Völkerrecht, 3. Abschnitt, Rn. 223.

498 Bernhard/Lingnau, in: Vereinte Nationen 5/2004, S. 167 (168); Weiß, in: MRM 3/2006, S. 138 (138).

499 Pabst, in: Vereinte Nationen 6/2008, S. 243 (246). Deutsche Welle: „Sudan entgeht erneut einer Verurteilung im UN-Menschenrechtsrat" 13.12.2006 [abgerufen unter: http://www.dw-world.de/dw/article/0,2144,2271745,00.html, Stand: 22.09.2008].

500 Report of the High-level Mission on the Situation of Human Rights in Darfur pursuant to Human Rights Council Decision S-4/101, in: UN Doc. A/HRC/4/80 vom 07.03.2007 [abgerufen unter: http://www.securitycouncilreport.org/atf/cf/%7B65BFCF9B6D274E9C-8CD3-CF6E4FF96FF9%7D/Sudan%20AHRC480.pdf, Stand: 22.09.2011].

501 UN Doc. E/CN.4/RES/1993/60 vom 10.03.1993 [abgerufen unter: http://ap.ohchr.org/documents/alldocs.aspx?doc_id=4138, Stand: 19.09.2011].

Vorfällen in der Region kann jedoch keine Mehrheit der Mitglieder für eine außerordentliche Sitzung gefunden werden.[502] Zusammenfassend lässt sich zu den in Darfur getroffenen Maßnahmen durch den UN-Menschenrechtsrat feststellen, dass das neue Organ zwar theoretisch eine grundlegende Verbesserung bei der Umsetzung und Achtung der Menschenrechte darstellt, doch praktisch wie ihr Vorgänger vielfach der Kritik ausgesetzt ist, nicht effektiv für deren Schutz einzustehen.[503] Ein entschiedenes Vorgehen im Darfur-Konflikt lässt bisher auf sich warten.

2. Regionale Abmachungen und Errichtungen der Vereinten Nationen

Bei der Betrachtung des Engagements der internationalen Gemeinschaft im Hinblick auf den Darfur-Konflikt gibt es unterschiedliche Bemühungen der Afrikanische Union sowie der Arabischen Liga. Der Rechtscharakter dieser grundsätzlich international agierenden Organisationen folgt zunächst aus dem VIII. Kapitel der Charta der Vereinten Nationen. Die dort in Art. 52 Abs. 1 UN-Charta benannten „Regionalen Abmachungen und Errichtungen" dienen grundsätzlich der Wahrung des Weltfriedens und der internationalen Sicherheit in einem bestimmten geographischen Raum, in dem Konflikte zwischen Mitgliedstaaten zu lösen sind.[504] Die Staatenverbindungen müssen auf einem Kollektivvertrag basieren und mit den Zielen und Grundsätzen der Vereinten Nationen übereinstimmen. An dieser Stelle wird abstrakt auf die Vereinbarkeit der Ziele und Ausführungshandlungen regionaler Abmachungen mit Art. 1 und Art. 2 der UN-Charta abgestellt.[505]

a. Afrikanische Union

Als erster Schritt in die Richtung eines effizienteren Krisenmanagements in Afrika gilt die Gründung der Afrikanischen Union mit Sitz in Addis Abeba 2002.[506] Die Gemeinschaft der afrikanischen Staaten wurde zwischenzeitlich als regionale Abmachung und Einrichtung im Einklang mit der Charta der Vereinten Nationen konstitutiv anerkannt.[507]

---

502 Weiß, in: MRM 3/2006, S. 318 (318).
503 Weiß, in: MRM 3/2006, S. 318 (318).
504 Herdegen, Völkerrecht, § 43, Rn. 1; Schweisfurth, Völkerrecht, Kap. 10, Rn. 12.
505 Hummer/Schweitzer, in: Simma, Charta der Vereinten Nationen, Art. 52, Rn. 54.
506 Von Baratta, in: Fischer Weltalmanach 2011, Internationale Organisationen, S. 611.
507 Schweisfurth, Völkerrecht, Kap. 11, Rn. 137.

Mit Bezug auf die Gründungsakte von Lomé obliegen dem Staatenverbund insbesondere die Förderung der Einheit und der Solidarität der afrikanischen Staaten, die Herstellung einer einheitlichen Friedensordnung auf dem afrikanischen Kontinent sowie die Bekämpfung von Hunger und Armut in den Mitgliedstaaten.[508] Der Vorgänger, die Organisation für Afrikanische Einheit (OAU), konnte den aus der Geschichte des Kontinents folgenden sicherheitspolitischen Anforderungen nur unzureichend gerecht werden. Während die Charta der OAU vor allem die Souveränität der einzelnen Staaten propagierte, geht das Mandat der AU darüber hinaus.[509] So verfügt die AU über die Möglichkeit, Kriegsverbrechen, Völkermord und sonstige Verbrechen gegen die Menschlichkeit mithilfe einer unilateralen Intervention in einem Mitgliedstaat zu ahnden.[510] Dies beinhaltet gemäß Art. 4 lit. h) der AU-Charta auch ein militärisches Vorgehen.[511] Über etwaige Maßnahmen entscheidet der AU-Friedens- und Sicherheitsrat, der aus 15 Mitgliedern besteht.[512] Diese Regelung steht in einem Spannungsverhältnis zum Gewaltmonopol des UN-Sicherheitsrats und kann von der Afrikanischen Union daher nicht vorbehaltlos gewährt werden.[513]

aa. Rolle der Afrikanischen Union im Darfur-Konflikt

Die Afrikanische Union hat seit der Eskalation in Darfur 2003 mit den Vereinten Nationen kooperiert und in diesem Zusammenhang das Mandat der ersten Friedensmission übernommen. So wird durch einen Beschluss des UN-Sicherheitsrats die AMIS in die Krisenregion geschickt und damit zum ersten Mal von der aus der AU-Charta folgenden Möglichkeit einer Intervention Gebrauch gemacht.[514] Konaré, der erste Präsident der Organisation, schickt 120 Militärbeobachter sowie 350 Soldaten zu deren Schutz in die Region, die das Waffenstillstandsabkommen vom N'Djamena[515] überwachen sollen.[516] Die Verschärfung der Konfliktsituation vor Ort erfordert 2004 eine Erweiterung des Mandats, so

---

508 Matthies, in: Vereinte Nationen 2/2002, S. 51 (51); Herdegen, Völkerrecht, § 44, Rn. 10.

509 Janda, in: E+Z 09/2008, S. 315 (315).

510 Flint/de Waal, Darfur – A New History of a Long War, S. 173; Hinsch/Janssen, Menschenrechte militärisch schützen, S. 218 u. ebd. S. 263; Meyns, in: IP 11/2001, S. 45 (45).

511 Hobe, Einführung in das Völkerrecht, S. 150.

512 Von Baratta, in: Fischer Weltalmanach 2011, Internationale Organisationen, S. 611.

513 Hobe, Einführung in das Völkerrecht, S. 150; siehe unter E. II. 2.

514 S/RES 1556 vom 30. Juli 2004, S. 3; Flint/de Waal, Darfur – A New History of a Long War, S. 174; Strube-Edelmann, Der Darfur- Konflikt, S. 22.

515 Siehe unter B. IV. 2. b.

516 Flint/de Waal, Darfur – A New History of a Long War, S. 174.

dass seit 2006 zunächst ca. 6.000 Soldaten und 1.450 Polizisten unter der Befehlsgewalt der AU vor Ort tätig sind.[517] Finanzielle und logistische Unterstützung erhält die Mission von den westlichen Staaten, insbesondere von den Vereinigten Staaten und der Europäischen Union.[518] Diese bezuschusst den Einsatz mit ca. 440 Mio. €.[519] Insbesondere die Bundesrepublik Deutschland unterstützt die Tätigkeit der Mission vor Ort durch die Entsendung von Polizeiexperten im Rahmen eines EU-Unterstützungskontingents, durch die Finanzierung von Flügen sowie durch internationale Bemühungen im Rahmen der EU-Präsidentschaft Anfang 2007 für die Bereitstellung von finanziellen Mitteln zur Fortführung der AMIS und deren Übergang in die UNAMID in Höhe von 25 Mio. €.[520] Ausbleibende Erfolge der Mission bei der Überwachung des Waffenstillstands, die Ermangelung benötigter Ressourcen sowie die Zuspitzung der Sicherheitslage für die Truppen selbst lassen das Mandat der AMIS Anfang 2007 scheitern. Das AU-Personal ist zwischenzeitlich selbst zu einem Ziel für Übergriffe geworden.[521] Auch eine Verbesserung der Lebensumstände der darfurischen Zivilbevölkerung vor Ort sowie eine Stabilisierung der Sicherheitslage kann im Laufe der Einsatzzeit nicht erreicht werden. In Ermangelung einer effektiven Verbesserung der Situation und in Anbetracht der wachsenden Bedrohung für die Sicherheit der Mission wird das Mandat im Juli 2007 in die hybride und als effektiv eingestufte UNAMID-Mission überführt.

bb. Nachhaltigkeit der Maßnahmen der Afrikanischen Union

Die sich inhaltlich auf den Einsatz der AMIS beziehenden Vorwürfe fallen keinesfalls gering aus: der Afrikanischen Union wird weltweit die Unfähigkeit im Rahmen von Maßnahmen der Friedenskonsolidierung im Hinblick auf den Darfur-Konflikt unterstellt.[522] Offenkundig hat sich die Afrikanische Union für eine „afrikanische Lösung für afrikanische Probleme" entschieden, als sie die Truppen für die Beobachtungsmission stellt.[523] Auch wenn eine tentative Verbesserung der humanitären Lage für die darfurische Bevölkerung erreicht wer-

---

517 Thielke, in: Sudan – Wegweiser zur Geschichte, S. 65 (70).

518 Breitwieser, in: Sudan – Wegweiser zur Geschichte, S. 87 (102); Schißau, in: Sudan – Wegweiser zur Geschichte, S. 105 (111).

519 Breitwieser, in: Sudan – Wegweiser zur Geschichte, S. 87 (100).

520 Schißau, in: Sudan – Wegweiser zur Geschichte, S. 105 (111).

521 El Ouazghari, Grund zur Hoffnung, S. 23.

522 Onoja, in: conflict trends magazine 3/2008, S. 39 (40); Prunier, Der uneindeutige Genozid, S. 220 f.; Wadle, in: SWP-Aktuell 39/2006, S. 1.

523 El Ouazghari, Grund zur Hoffnung, S. 22.

den konnte, scheitert die Mission letztendlich an der Ermangelung der benötigten Ressourcen.[524] So ist der Einsatz der AMIS von Beginn an trotz diverser Versprechen der Vereinten Nationen und der Europäischen Union chronisch unterfinanziert.[525] Insbesondere das zu schwache Mandat der Mission hat sich im Laufe des Einsatzes offenbart: den Soldaten fehlt ein präzises militärisches Einsatzregelwerk mit einer Erlaubnis zur Anwendung von Waffengewalt zum Schutz der Zivilbevölkerung.[526] So kommt es zu Demonstrationen der darfurischen Zivilbevölkerung gegen den Einsatz der AMIS.[527] Im Zuge der Verhandlungen des DPA werden in einem Flüchtlingscamp über sechzig Scheichs[528] verhaftet, die ihren Unmut geäußert und die bisherigen Hilfsmaßnahmen kritisch hinterfragt hatten.[529] Die Soldaten der Mission sind zudem bereits mehrfach zum Ziel von Angriffen durch die Rebellengruppen geworden.[530] Die JEM greift im September 2007 einen Stützpunkt in Haskanita an, tötet nigerianische UN-Soldaten, stiehlt Waffen und zerstört eine Radiostation.[531] Die Soldaten selbst können sich nicht verteidigen: es fehlt an Munition, und die Kampfhubschrauber sind für den nächtlichen Einsatz nicht geeignet.[532] Eine erste Evaluation des Einsatzes ergibt, dass das Mandat der AMIS eine adäquate und langfristige Bekämpfung der humanitären Notlage in Darfur nicht erreichen konnte; infolge des schwach ausgeprägten Mandats sind die Soldaten lediglich dazu angehalten, zu beobachten und Regelverstöße zu dokumentieren.[533] Etwaige Handlungen werden zudem an das Einverständnis der sudanesischen Regierung geknüpft. Mit der Begrenzung der Befugnisse der AMIS hat Khartum der internationalen Staatengemeinschaft einen Lösungsweg aufgedrängt, der den status quo der Region über Jahre einfrieren sollte.[534]

---

524 El Ouazghari, Grund zur Hoffnung, S. 31; Prunier, Der uneindeutige Genozid, S. 220; Wadle, in: SWP-Aktuell 39/2006, S. 2.

525 Fischer Weltalmanach, Afrika, S. 182; Prunier, Der uneindeutige Genozid, S. 208.

526 Wadle, in: SWP-Aktuell 39/2006, S. 3.

527 Flint/de Waal, Darfur – A New History of a Long War, S. 264.

528 Die sogenannten Scheichs genießen in den Camps den Ruf eines Stammesführers und sorgen für eine innere Ordnung im Rahmen der Konfliktlösung und anderen Bereichen.

529 Flint/de Waal, Darfur – A New History of a Long War, S. 239.

530 El Ouazghari, Grund zur Hoffnung, S. 23.

531 Flint/de Waal, Darfur – A New History of a Long War, S. 265.

532 Scholz, in: E+Z 5/2008, S. 212 (212).

533 Breitwieser, in: Sudan – Wegweiser zur Geschichte, S. 87 (99); Maximilian, in: aiinfo 2006, S. 4 (5).

534 Pabst, in: Vereinte Nationen 6/2008, S. 243 (246).

Den Maßnahmen der AU können im Endeffekt zumindest keine wegweisenden und den Konflikt auf positive Weise beeinflussenden Folgen abgerungen werden. Die AMIS musste 2007 vielmehr in die UNAMID überführt werden, damit effektive Hilfsmaßnahmen wahrscheinlicher werden konnten.

b. Arabische Liga

Die seit 1945 existierende Arabische Liga hat sich bis zum gegenwärtigen Zeitpunkt nicht kritisch über die Ereignisse in Darfur geäußert. Der Verbund besteht aus 21 afrikanischen und asiatischen Staaten der arabischen Welt sowie Palästina[535] und wird von den Vereinten Nationen anerkannt.[536] Die Regionalorganisation dient auf der Grundlage der Charta grundsätzlich der Wahrung des Weltfriedens und der internationalen Sicherheit.[537] Der Ligarat, das Hauptorgan der Organisation, soll die Beziehungen der Mitgliedstaaten untereinander intensivieren und die Politik der einzelnen Mitgliedstaaten aufeinander abstimmen.[538] Infolge der international aufkommenden Kritik an der Arbeit der Arabischen Liga wird Anfang 2004 eine Untersuchungskommission in die Region Darfur geschickt. Obwohl in diesem Zusammenhang schwerste Menschenrechtsverletzungen festgestellt werden, unterbleibt eine öffentliche Verurteilung der sudanesischen Regierung beim nächsten Gipfeltreffen; der Bericht wird auf Druck des Sudan, der zu diesem Zeitpunkt den Vorsitz hat, nicht publiziert.[539] Jegliche Form der öffentlich geforderten Sanktionen wird abgelehnt, was teilweise darauf zurückgeführt wird, dass es interne Konflikte zwischen den Mitgliedstaaten gibt und Schwierigkeiten der arabischen Staaten mit eigenen Minderheiten in der internationalen Berichterstattung keine Aufmerksamkeit erregen sollen. Darüber hinaus unterhält die sudanesische Regierung enge Beziehungen zu den anderen Mitgliedstaaten. Die Tätigkeit der Arabischen Liga ist angesichts des Darfur-Konflikts von ideologischer Starrheit geprägt.[540] Regionalorganisationen wie die Afrikanische Union und die Arabische Liga haben infolge von partikulären Interessen und Solidaritätsbekundungen demnach zu keiner nachhaltigen Lösung beitragen können. Die Arbeit der Arabischen Liga im Bereich des Menschen-

---

535 Somleit/Mattes, in: GIGA Focus 2/2006, S. 1 (2).

536 Klein, in: Vitzthum, Völkerrecht, 6. Abschnitt, Rn. 9.

537 Siehe Art. 25 UN-Charta.

538 Herdegen, Völkerrecht, § 44, Rn. 12; Hobe, Einführung in das Völkerrecht, S. 149.

539 Von der Osten-Sacken, in: Context 7/2004 [abgerufen unter: http://www.contextxxi.at/context/content/view/35/64/index.html, Stand: 21.08.2010].

540 Von der Osten-Sacken, in: Context 7/2004 [abgerufen unter: http://www.contextxxi.at/context/content/view/35/64/index.html, Stand: 21.08.2010].

rechtsschutzes ist vielmehr von der Grundspannung zwischen den Mitgliedern geprägt und wird immer häufiger zum politischen Schlagabtausch instrumentalisiert.[541]

3. Internationaler Strafgerichtshof

Der Internationale Strafgerichtshof wird angesichts der Entwicklungen in Darfur Anfang 2005 mit einer völkerstrafrechtlichen Befassung mit der Sachlage betraut. Die internationale Organisation soll als sogenannter *Weltgerichtshof* das Völkerrecht auf der Grundlage des Römischen Statuts[542] universell etablieren und durchsetzen.[543] Dies beinhaltet insbesondere die Zuständigkeit bei Völkermord, Kriegsverbrechen und Verbrechen gegen die Menschlichkeit.[544]

Die Ereignisse in Darfur werden vom UN-Sicherheitsrat erstmals im Rahmen der Resolution 1593 vom 19. März 2005 inhaltlich gewürdigt und der Verdacht geäußert, dass es sich um eine den internationalen Frieden gefährdende Auseinandersetzung handeln könne.[545] Dem vorausgegangen ist der Bericht der UN-Beobachtermission, die sich auf der Grundlage der UN-Resolution 1564 mit den örtlichen Gegebenheiten beschäftigt und zu einer Befassung der Umstände durch den IStGH geraten hatte.[546] Zudem werden einzelne sudanesische Regierungsmitglieder für die Begehung der Straftaten verantwortlich gemacht und eine Liste aller Tatverdächtigen an den UN-Generalsekretär Kofi Annan ausgehändigt.[547] Auch der Deutsche Bundestag hatte den UN-Sicherheitsrat um einen Verweis an den IStGH gebeten.[548] Der Sachverhalt in der Region Darfur wird daraufhin gemäß Art. 13 b) IStGH-Statut zur Klärung an den Internationalen Strafgerichtshof in Den Haag weitergeleitet.[549] Die Inanspruchnahme des IStGH

---

541 Gareis, in: APuZ 46/2008, S. 15 (16).

542 Das Römische Statut wurde auf der Staatenkonferenz am 17. Juli 2008 durch die Diplomatische Bevollmächtigtenkonferenz der Vereinten Nationen zur Errichtung eines Internationalen Strafgerichtshofs verabschiedet; vgl. Safferling, Internationales Strafrecht, § 4, Rn. 60.

543 Kugler, in: Kühne/Esser/Gerding, Völkerstrafrecht, S. 56.

544 Safferling, Internationales Strafrecht, § 4, Rn. 61.

545 Die Resolution wird mit vier Enthaltungen, aber keiner Gegenstimme verabschiedet, S/RES 1593 vom 19. März 2005, S. 1.

546 Commission Report, 25. Januar 2005, S. 145; Prunier, Der uneindeutige Genozid, S. 185.

547 Commission-Report, 25. Januar 2005, S. 162.

548 Deutscher Bundestag, 08.03.2007[abgerufen unter: http://dip21.bundestag.de/dip21/btd/16/046/1604616.pdf, Stand: 03.10.2008].

549 S/RES 1593 vom 19. März 2005, S. 1; Breitwieser, in: Sudan – Wegweiser zur Geschichte, S. 87 (89).

im Fall Darfur erfolgt erstmalig ohne die entsprechende Einwilligung des betroffenen Landes.[550]

a. *Zuständigkeit des IStGH*

Infolge der fehlenden Einwilligung ist es wiederholt zu einer Ablehnung der Zuständigkeit sowie der grundsätzlichen Anerkennung des IStGH durch die sudanesische Regierung gekommen. Es ist daher fraglich, ob eine Strafverfolgung durch diese Stelle per se möglich ist. Im rechtstheoretischen Rahmen löst die SR-Resolution 1593 zwar die Probleme der Zuständigkeit des Internationalen Strafgerichtshofs im Fall Darfur. Doch hat der Sudan das IStGH-Statut nicht ratifiziert.[551] Abhilfe verschafft an dieser Stelle der sogenannte *trigger mechanism* aus Art. 13 IStGH-Statut, durch dessen Auslösen ein Verfahren vor Gericht gebracht werden kann.[552] Demgemäß kann der UN-Sicherheitsrat unter Kap. VII UN-Charta zu subsumierende Sachverhalte „friedensbedrohender" Art an den Internationalen Strafgerichtshof verweisen, sobald Verbrechen im Sinne des Statuts evident sind. Der Internationale Strafgerichtshof, der ohnehin durch eine Sondervereinbarung mit den Vereinten Nationen verbunden ist[553], kann demzufolge auch gegen Staaten ermitteln, die das Statut nicht ratifiziert haben. Die Zuständigkeit des IStGH gilt dann ohne Einschränkungen.[554] Für ein Tätigwerden des IStGH spricht zudem, dass der Sudan keine eigenen Bestrebungen unternommen hat, die zu einer Klärung der stattgefundenen Ereignisse beitragen oder diese an ein nationales Gericht verweisen würden.[555] Es gibt keine Hinweise darauf, dass sudanesische Regierungsbeamte, Milizenführer oder andere Personen, denen die Verantwortung für in Darfur begangene schwere Vergehen zugeschrieben wird, vom ursprünglich national zuständigen Justizsystem repressiv verfolgt oder angemessen bei den Ermittlungen berücksichtigt werden.[556] Letztendlich hat der UN-Sicherheitsrat den Sudan zu einer Zusammenarbeit mit dem IStGH verpflichtet.[557] Von einer Zuständigkeit des IStGH im Fall Darfur kann somit ausgegangen werden.

---

550 Prunier, Der uneindeutige Genozid, S. 203.
551 Rößler, F.A.Z., „Ein gewiefter Taktiker", 15.07.2008, Nr. 163, S. 5.
552 Safferling, Internationales Strafrecht, § 7, Rn. 20.
553 Ambos, Internationales Strafrecht, § 6, Rn. 44.
554 Ambos, Internationales Strafrecht, § 8, Rn. 11.
555 Weber/Tull, in: SWP-Aktuell 65/2008, S. 1 (1).
556 Bericht der Human Rights Watch, Die Krise in Darfur, vom 25. April 2008 [abgerufen unter: http://www.hrw.org/de/news/2008/04/25/die-krise-darfur, Stand: 13.04.2011].
557 S/RES 1593 vom 19. März 2005, S. 2.

b. *Aufnahme der Ermittlungen durch die Staatsanwaltschaft und Haftbefehl*

Die Untersuchung der individuellen völkerstrafrechtlichen Verantwortlichkeit erfolgt durch den Chefankläger der im Rahmen des Internationalen Strafgerichtshofs unabhängig agierenden Anklagebehörde.[558] Dieses Amt des Prosecutor wird vom Argentinier Luis Moreno-Ocampo bekleidet, der im Juni 2005 die Ermittlungen hinsichtlich der Ereignisse in Darfur aufnimmt. Die erste Vorverfahrenskammer eröffnet am 27. April 2007 das Verfahren gegen den früheren Innenminister Ahmed Mohammed Harun sowie gegen den Janjaweed-Führer und ehemaligen Staatsminister für humanitäre Angelegenheiten, Ali Mohammed al Abd al-Rahman.[559] Es werden Haftbefehle wegen Verbrechen gegen die Menschlichkeit und anderer völkerstrafrechtlicher Handlungen erlassen.[560] Ahmed Harun ist zum Zeitpunkt der vorgeworfenen Taten Innenminister und inzwischen Minister für humanitäre Angelegenheiten.[561] Die Anklagebehörde in Den Haag gibt bekannt, es bestehe Grund zur Annahme, dass beide Personen für Verbrechen gegen die Menschlichkeit und Kriegsverbrechen in Darfur in den Jahren 2003 und 2004 verantwortlich seien.[562] Es folgt ein öffentlichkeitswirksames Ermittlungsverfahren gegen den amtierenden Regierungspräsidenten al-Bashir. Dieser hat nach Auffassung der Staatsanwaltschaft den Staatsapparat als Regierungschef für die Gräueltaten an der sudanesischen Bevölkerung in Darfur genutzt und ist somit direkt völkerstrafrechtlich in Erscheinung getreten. Beweise soll Moreno-Ocampo für die kriminelle Verantwortung von al-Bashir in zehn Fällen von Völkermord, Verbrechen gegen die Menschlichkeit und Kriegsverbrechen haben.[563] Infolge der Ermittlungen gegen al-Bashir beantragt die Staatsanwaltschaft des Internationalen Strafgerichtshofs im Juli 2008 einen Haftbefehl.[564] Diesem wird nach der Prüfung der ersten Vorgerichtskammer und nach mehrfacher Aufforderung durch Moreno-Ocampo am 4. März 2009 statt-

---

558 Bruer-Schäfer, Der Internationale Strafgerichtshof, S. 209.

559 Breitwieser, in: Sudan – Wegweiser zur Geschichte, S. 87 (90); Flint/de Waal, Darfur – A New History of a Long War, S. 123.

560 Weber/Tull, in: inamo 58/2009, S. 26 (26).

561 Flint/de Waal, Darfur – A New History of a Long War, S. 123; Punier, Der uneindeutige Genozid, S. 187.

562 Allein Haroun werden im Rahmen seiner Tätigkeit als Innenminister 42 Fälle von Verbrechen gegen die Menschlichkeit vorgeworfen; vgl. Flint/de Waal, Darfur – A New History of a Long War, S. 123.

563 Die Zeit: „Sudans Präsident soll vor Gericht" vom 15.07.2008 [abgerufen unter http://www.zeit.de/online/2008/29/darfur-haftbefehl?page=2, Stand: 02.10.2008]

564 Safferling, Internationales Strafrecht, § 5, Rn 62.

gegeben.[565] Die Anklagepunkte Verbrechen gegen die Menschlichkeit und Kriegsverbrechen werden am 10. Juli 2010 um die Anklage wegen Völkermord erweitert; in Übereinstimmung mit der Berufungskammer des Internationalen Strafgerichtshofs geht die Staatsanwaltschaft davon aus, dass al-Bashir zwischen 2003 und 2005 ca. 35.000 Sudanesen, vorwiegend Fur, Massalit und Zaghawa, ermorden ließ.[566] Die drei Anklagepunkte lauten auf Tötung, Verursachung von seelischem und körperlichem Leid sowie das bewusste Herbeiführen von Zuständen, die körperliche Zerstörung einkalkulieren.[567] Der Haftbefehl gegen al-Bashir ist der erste, der durch den Internationalen Strafgerichtshof gegen einen amtierenden Staatschef ausgestellt worden ist.[568]

aa. Völkerstrafrechtliche Verantwortlichkeit al-Bashirs

Ministerpräsident al-Bashir sowie Innenminister Haroun müssen als amtierende Regierungsmitglieder zunächst zu den Adressaten des Völkerstrafrechts gehören, so dass sich die Möglichkeit einer individuellen strafrechtlichen Verfolgbarkeit ergibt. Als Völkerrechtssubjekt sind sowohl al-Bashir als auch Haroun Adressaten völkerstrafrechtlicher Normen.[569] Die völkerstrafrechtliche Verantwortlichkeit für Individuen bei Kriegsverbrechen ist bereits seit dem Ende des Zweiten Weltkrieges anerkannt.[570] Es ist jedoch fraglich, ob die ihnen grundsätzlich zugestandene Immunität einer Strafbarkeit entgegensteht: im Rahmen der Immunität müssen sich Regierungsmitglieder nicht der Zwangsgewalt anderer Staaten unterwerfen.[571] Das in einer fremden Rechtsordnung begangene Unrecht unterliegt infolgedessen nicht der Gerichtsbarkeit anderer Staaten oder ermächtigt diese zur Festsetzung von staatlicher Zwangsgewalt.[572]

---

565 Sieben der zehn Anklagepunkte zu Verbrechen gegen die Menschlichkeit und Kriegsverbrechen werden akzeptiert; vgl. Rotmann, in: Fischer Weltalmanach 2010, Internationale Organisationen, S. 637. Für die Aufforderung zum Erlass eines Haftbefehls siehe: ICC vom 22.09.2008 [abgerufen unter: http://www.icc-cpi.int/home.html&l=en, Stand: 03.10. 2008].

566 Die Zeit: „Sudans Präsident soll vor Gericht" vom 15.07.2008 [abgerufen unter: http:// www.zeit.de/online/2008/29/darfur-haftbefehl?page=2, Stand: 02.10.2010].

567 ICC-02/05-01/09, S. 5 [abgerufen unter: http://www.icc-cpi.int/iccdocs/doc/doc639078. pdf, Stand: 23.08.2010].

568 Rotmann, in: Fischer Weltalmanach 2010, Vereinte Nationen, S. 637; Rößler, F.A.Z., „Ein gewiefter Taktiker", 15.07.2008, Nr. 163, S. 5.

569 Bruer-Schäfer, Der Internationale Strafgerichtshof, S. 103.

570 Becker, Verbrechen gegen die Menschlichkeit, S. 93.

571 Gornig, in: FS für D. Rauschning, 2001, S. 457 (457).

572 *Par in parem non habet iurisdictionem*, aus: Hailbronner, in: Vitzthum, 3. Abschnitt, Rn. 50.

Im Rahmen der völkerrechtlichen Immunität werden sowohl Hoheitshandlungen, die sogenannten *acta iure imperii*, als auch private Handlungen, die *acta iure gestionis*, umfasst.[573] Hoheitliche Handlungen werden – unabhängig von der Amtszeit – grundsätzlich dem Staat zugerechnet und unterliegen ausschließlich seiner Gerichtsbarkeit.[574]

Limitiert wird die Immunität jedoch im Bereich von Handlungen, die gegen *ius cogens* verstoßen und somit einen besonders schwerwiegenden Verstoß gegen die Völkerrechtsordnung darstellen.[575] Al-Bashir werden Verbrechen gegen die Menschlichkeit, Kriegsverbrechen und Völkermord vorgeworfen, die unstreitig zu Verstößen gegen zwingend zu beachtende Normen des Völkerrechts gehören. Auch völkergewohnheitsrechtlich wird angenommen, dass die Immunität eines Staatsoberhaupts der Ahndung von Völkerrechtsverbrechen durch den Internationalen Strafgerichtshof nicht entgegensteht.[576] Gleiches ergibt sich zudem aus Art. 27 Abs. I und Abs. II IStGH-Statut, der die Immunität von Staatsoberhäuptern bei völkerrechtlichen Kernverbrechen materiell beschränkt.[577]

Dass al-Bashir sowohl die sudanesische Armee als auch die Janjaweed für seine Ziele instrumentalisiert und diese mit der Ausführung der Taten beauftragt hat, steht einer Strafbarkeit nicht entgegen; die Strafbarkeit der Anordnung von Verbrechen ist völkergewohnheitsrechtlich anerkannt.[578] Die Entstehung dieser sogenannten *Haftungsfigur der Vorgesetztenverantwortlichkeit* geht zudem auf das Völkerstrafrecht zurück.[579] Auch dass es sich im vorliegenden Fall in erster Linie um einen nationalen Konflikt handelt, steht einem Tätigwerden des Internationalen Strafgerichtshofs nicht entgegen. Mit dem Verstoß gegen die zwingenden Normen des Menschenrechtsschutzes im Zusammenhang mit den Ereig-

---

573 Kempen/Hillgruber, Völkerrecht, 6. Kap., Rn. 30.

574 Safferling, Internationales Strafrecht, § 5, Rn. 60.

575 In diesem Zusammenhang begangene Maßnahmen gelten sodann nicht mehr als hoheitlich, vgl. Gornig, in: FS für D. Rauschning, 2001, S. 457 (481, 485); Tangermann, Die völkerrechtliche Immunität von Staatsoberhäuptern, S. 213.

576 Eine entsprechende die Immunität einschränkende Völkerrechtspraxis hat sich in den letzten Jahren mit dem Pinochet-Verfahren vor dem House of Lords und bereits früheren Verfahren der Internationalen Militärtribunale von Nürnberg und Tokio herausgebildet; Gornig, in: FS für D. Rauschning, 2001, S. 457 (481); Werle, Völkerstrafrecht, Rn. 613.

577 Safferling, Internationales Strafrecht, § 5, Rn. 60.

578 Ambos, Internationales Strafrecht, § 7, Rn. 57.

579 Geregelt in Art. 28 IStGH-Statut; Ambos, Internationales Strafrecht, § 7, Rn. 57.

nissen in Darfur hat al-Bashir seinen Immunitätsanspruch folglich verwirkt.[580] Al-Bashir sowie andere amtierende Regierungsmitglieder, gegen die ein Haftbefehl vorliegt, sind somit prinzipiell völkerstrafrechtlich vom Internationalen Strafgerichtshof zur Verantwortung zu ziehen.

bb. Auswirkungen auf die Friedenskonsolidierung

Nicht nur die jeweiligen vorgeworfenen Völkerstrafrechtstatbestände im Rahmen des Darfur-Konflikts, sondern insbesondere die Zuständigkeit des Internationalen Strafgerichtshofs sowie die Folgen seiner strafrechtlichen Ermittlungen sind für den Darfur-Friedensprozess nicht ohne Konsequenzen geblieben. Anfänglich wird vermutet, dass etwaige Ermittlungsverfahren und Haftbefehle ernste Konsequenzen für die Kriminellen nach sich ziehen würden und sich die Lage so leichter befrieden ließe.[581] Rückblickend wird zunehmend vertreten, dass der im Juli 2008 erlassene Haftbefehl durch den Internationalen Strafgerichtshof nachteilige Auswirkungen für die UN-Mission sowie die weiteren Maßnahmen der Friedenskonsolidierung gehabt hat.[582] Positiv zu vermerken ist allerdings, dass seit dem Beginn der Ermittlungen und dem erlassenen Haftbefehl eine Zunahme der Gesprächsaktivitäten mit der sudanesischen Regierung zu verzeichnen ist und die Konfliktparteien die Notwendigkeit einer politischen Lösung und damit einhergehenden Befriedung der Situation eingeräumt haben.[583] Für das Mandat der UNAMID bedeutet der Haftbefehl eine erneute Zustimmungsverweigerung sowie weitere Hindernisse für den Einsatz vor Ort; die sudanesische Regierung muss die Mission vermehrt als verlängerten Arm des Internationalen Strafgerichtshofs fürchten, der insbesondere gegen Regierungsmitglieder ermittelt.[584] Die Afrikanische Union fordert kurz nach Verkündung des Ermittlungstandes von Moreno-Ocampo den Gerichtshof dazu auf, das Verfahren sofort einzustellen.[585] Arabische und afrikanische Staaten zeigen sich wieder einmal solidarisch in der Ablehnung vermeintlicher imperialistischer

---

580 Wichtig ist, dass sich Art. 27 IStGH-Statut auf die Strafverfolgung durch den Internationalen Strafgerichtshof bezieht. Gegenüber den nationalen Gerichten gilt die persönliche Immunität fort; Safferling, Internationales Strafrecht, § 5, Rn. 61.

581 Prunier, Der uneindeutige Genozid, S. 202.

582 Onoja, in: conflict trends magazine 3/2008, S. 39 (42); de Waal, in: inamo 58/2009, S. 29 (29).

583 Weber/Tull, in: inamo 58/2009, S. 26 (26); Weber/Tull, in: SWP-Aktuell 65/2008, S. 1 (4).

584 Wadle, in: SWP-Aktuell 39/2006, S. 1.

585 Weber/Tull, in: SWP-Aktuell 65/2008, S. 1 (2).

Bestrebungen des Westens. Die Arabische Liga hat den Haftbefehl mehrfach als Verletzung der staatlichen Souveränität des Sudan verurteilt und als Gefahr für die Stabilität der Region sowie deren Nachbarstaaten eingestuft.[586] Es wird zudem gefordert, den Haftbefehl gemäß Art. 17 IStGH-Statut wieder aufzuheben: danach wird ein Verfahren vor dem Internationalen Strafgerichtshof eingestellt, wenn die Vorwürfe gegen den Angeklagten nicht schwerwiegend genug sind.[587] Der UN-Sicherheitsrat ist in diesem Zusammenhang jedoch die einzige Institution, die nach Art. 16 IStGH-Statut eine Verschiebung der Anklage für 12 Monate erreichen kann.[588] Verschiedene Gouverneure aus dem Sudan haben der internationalen Staatengemeinschaft sogar den „Heiligen Krieg“ erklärt.[589] Es werden Konsequenzen für die Sicherheit der in Darfur stationierten Friedenstruppen sowie zunehmende Angriffe der Janjaweed auf die Flüchtlingscamps befürchtet.[590] Zudem stellt sich in der Realität das Problem der Auslieferung und somit die Frage nach einer Effektivität des Haftbefehls. Theoretisch sind alle Vertragsstaaten des Römischen Statuts, alle Nicht-Vertragsstaaten[591] und alle Mitglieder des Sicherheitsrats zu einer Auslieferung von al-Bashir verpflichtet. Die Kooperationspflicht besteht selbst für den Sudan, der infolge der Resolution 1593 des UN-Sicherheitsrats und der damit einhergehenden Bindungswirkung gemäß Art. 25 UN-Charta zu einer Zusammenarbeit mit dem Internationalen Strafgerichtshof verpflichtet ist.[592] Anzumerken ist, dass auch der im Jahr 2007 angeklagte ehemalige Innenminister und Sicherheitschef für Darfur Ahmad Haroun bis heute nicht vor Gericht gestellt bzw. ausgeliefert wurde. Bereits zu diesem Zeitpunkt hat die sudanesische Regierung jede Zusammenarbeit mit dem Internationalen Strafgerichtshof abgelehnt.[593] Anfänglich wird angenommen, dass sich die außenpolitische Aktivität des sudanesischen Präsidenten infolge des Haftbefehls zumindest einschränken lasse und er so zu einem Einlenken

586 Rotmann, in: Fischer Weltalmanach, Internationale Organisationen, S. 606 (632).

587 Weber, in: SWP-Aktuell 20/2010, S. 1 (10).

588 De Waal, in: inamo 58/2009, S. 29 (29).

589 Rößler, F.A.Z., „Ein gewiefter Taktiker“, 15.07.2008, Nr. 163, S. 5.

590 Weber/Tull, in: SWP-Aktuell 65/2008, S. 1 (2).

591 Auch für Nicht-Vertragsstaaten besteht die Verpflichtung zur Kooperation mit dem Internationalen Strafgerichtshof, sofern dies durch den UN-Sicherheitsrat unter Berufung auf Maßnahmen aus Kap. VII UN-Charta und im Hinblick auf die Übertragung der Gerichtsbarkeit in einer konkreten Situation veranlasst worden ist. Diese Voraussetzung ist vorliegend erfüllt; S/RES 1593 vom 31. März 2005.

592 S/RES 1593 vom 31. März 2005, S. 1.

593 Weber/Tull, in: SWP-Aktuell 65/2008, S. 1 (2).

motiviert werden könne.[594] Die Immunität von al-Bashir scheint jedoch sakrosankt zu sein.[595] Trotz mehrfacher Auslandsaufenthalte ist der Präsident bisher nicht festgenommen worden; so reist er unmittelbar nach dem Erlass des Haftbefehls nach Eritrea und Anfang 2009 zum Gipfeltreffen der Arabischen Liga. Während die Völkerrechtsgemeinschaft auf die langersehnte Durchsetzung des Haftbefehls und damit auf ein Ende der Menschenrechtsverletzungen im Sudan zu hoffen wagt, zeigt die Realität eine zunehmende Verschlechterung der humanitären Lage vor Ort. Aufgrund des Haftbefehls hat die sudanesische Regierung dreizehn internationale Hilfsorganisationen des Landes verwiesen, da ihnen die Zusammenarbeit mit dem Internationalen Strafgerichtshof vorgeworfen wird.[596] Die Befriedung des Darfur-Konflikts erscheint weiterhin eine politische und keine juristische Herausforderung. Es bleibt zu hoffen, dass sich der Haftbefehl als hilfreiches Druckmittel auf die Friedensverhandlungen auswirken wird und sich die Weltgemeinschaft, insbesondere die afrikanischen Staaten, kooperativ verhält. Im Zuge der Resolution 1593 ist der Internationale Strafgerichtshof zumindest mit der Befassung mit den Ereignissen im westlichen Sudan beauftragt worden. Dieser Aufgabe ist die Staatsanwaltschaft nachgegangen, auch wenn etwaige große Erfolge, die sich positiv auf die Friedensverhandlungen auswirken würden, noch auf sich warten lassen.

4. *Zusammenfassung*

Stellvertretend für die Weltgemeinschaft sind die Vereinten Nationen vermehrt der Kritik ausgesetzt gewesen, sie hätten die humanitäre Notlage der darfurischen Bevölkerung nicht ausreichend bekämpft. Auch die Tatsache, dass sich der UN-Sicherheitsrat erst 2005 mit den regionalen Ereignissen beschäftigt, ist vor dem Hintergrund zu werten, dass China und Russland ein effektives Tätigwerden der Vereinten Nationen von Beginn an von einem positiven Votum der sudanesischen Regierung abhängig gemacht haben.[597] Dass der UN-Sicherheitsrat dennoch 2005 den Internationalen Strafgerichtshof angerufen sowie mit der Resolution 1706 die Grundlage für den Einsatz der UNAMID geschaffen hat, ist als ein erster Erfolg zu werten. Regionalorganisationen wie die Arabische Liga oder die Afrikanische Union sind in ihrer Arbeit durch Solidaritätsbekundungen arabischer Nachbarländer, die den Haftbefehl gegen al-Bashir ablehnen, mit

---

594 Deckert, in: inamo 62/2010, S. 50 (51).
595 Weber, in: inamo 58/2009, S. 9 (9).
596 Öhm, in: Fischer Weltalmanach 2010, Sudan, S. 485.
597 Wadle, in: SWP-Aktuell 39/2006, S. 1.

dem Sudan oder infolge logistischer Unzulänglichkeiten behindert worden. Neben dem Haftbefehl, der sicherlich auch negative Auswirkungen hat und dessen Nachhaltigkeit fraglich ist, kann eine klare Haltung der Weltgemeinschaft im Kampf gegen die Menschenrechtsverletzungen in Darfur weiterhin nicht verzeichnet werden. Die durch den UN-Sicherhcitsrat angedrohten Sanktionen wurden nicht durchgesetzt, und die aktuelle Mission der UNAMID ist in ihren Befugnissen derart eingeschränkt, dass sich die Frage nach ihrer Effektivität von selbst beantwortet. Trotz des Einsatzes vereinzelter Persönlichkeiten wie dem UN-Menschenrechtskoordinator für den Sudan, Mukesh Kapila[598], oder dem damaligen UN-Generalsekretär Kofi Annan[599], die vermehrt auf die Krise in Darfur aufmerksam gemacht haben, ist das Engagement der Vereinten Nationen nach wie vor zögerlich. Die Arbeit des UN-Sicherheitsrats als Garant für den Weltfrieden und die internationale Sicherheit ist im Rahmen des Darfur-Konflikts von mühsamen Konsensbestrebungen gekennzeichnet. Im Ergebnis haben die Vereinten Nationen nebst ihrer Organe, die Afrikanische Union sowie der Internationale Strafgerichtshof zwar im Ansatz Maßnahmen für eine Verbesserung der Situation in Darfur ergreifen können, doch konnte keine dieser Maßnahmen gewährleisten, dass die Zivilisten in Darfur nicht mehr Opfer von Menschenrechtsverletzungen werden.

II. Regionale Organisationen

Neben dem Staatenverbund der Vereinten Nationen sowie deren Haupt- und Nebenorganen haben regionale Organisationen wie insbesondere die Intergovernmental Authority on Development und die NATO vermittelnd und logistisch an den Friedensbemühungen der internationalen Staatengemeinschaft teilgenommen. Anders als internationale Organisationen werden die Aufgaben dieser Zusammenschlüsse in einer bestimmten Region wahrgenommen, die ihrerseits die geographischen Voraussetzungen für eine Mitgliedschaft eines Staates veranlasst.[600] Das Nebeneinanderbestehen von regionalen und universellen

598 Dieser bezeichnet den Darfur-Konflikt im März 2004 als weltweit größte Krise und zieht Parallelen zum Völkermord in Ruanda; vgl. Prunier, Der uneindeutige Genozid, S. 166.

599 Der ehemalige UN-Generalsekretär fordert im April 2004 die internationale Gemeinschaft zum Handeln auf; vgl. Hinsch/Janssen, Menschenrechte militärisch schützen, S. 210.

600 Hobe, Einführung in das Völkerrecht, S. 142.

Organisationen ist möglich, erfordert jedoch eine genaue Abgrenzung der jeweiligen Aufgabenbereiche.[601]

1. Intergovernmental Authority on Development

An den Friedensbemühungen im Sudan ist die 1996 mit Sitz in Dschibuti gegründete Intergovernmental Authority on Development (IGAD) beteiligt. Die regionale Organisation von Staaten aus Nordafrika besteht aus sieben Mitgliedern, zu denen auch der Sudan gehört.[602] Das ursprünglich ökonomisch und politisch initiierte Kooperationsgebilde ist zwischenzeitlich zu einer Sicherheitsgemeinschaft geworden, die sich vorrangig mit einer lokal ausgerichteten kooperativen und kollektiven Konfliktbewältigung beschäftigt.[603] Dies wird durch Mediation oder mithilfe der Bereitstellung von Dialogforen ermöglicht.[604] Im sudanesischen Kontext fungiert die IGAD insbesondere bei den Verhandlungen zum Comprehensive Peace Agreement mit dem Süd-Sudan 2005 und im Rahmen des Darfur-Konflikts als aktiver Vermittler beim Machakos-Protokoll.[605] Die Regionalorganisation wird teilweise als der wichtigste Mediator bei den Friedensverhandlungen bezeichnet.[606] Auch der UN-Sicherheitsrat spricht von einer durch die IGAD gegebenen effektiven Möglichkeit im Rahmen der Konfliktbeendigung im Gesamtsudan.[607] Es bleibt abzuwarten, wie sich die enge Zusammenarbeit mit den Vereinten Nationen und der Afrikanischen Union zukünftig gestalten und nachhaltig auf die Friedensbemühungen der internationalen Gemeinschaft auswirken wird.

2. North Atlantic Treaty Organization

Auch die NATO ist an der Befriedung des Darfur-Konflikts seit 2005 beteiligt. Das ursprünglich klassische Verteidigungsbündnis hat als regionales System der Friedenssicherung[608] derzeit 28 Mitglieder, zu denen der Sudan nicht gehört.[609]

---

601 Hobe, Einführung in das Völkerrecht, S. 142.
602 Breitwieser, in: Sudan – Wegweiser zur Geschichte, S. 87 (88).
603 Matthies, in: Vereinte Nationen 2/2002, S. 51 (55).
604 Breitwieser, in: Sudan – Wegweiser zur Geschichte, S. 87 (87).
605 Flint/de Waal, Darfur – A New History of a Long War, S. 30; Öhm, in: IPG 2/2005, S. 150 (153); Tull, in: SWP-Comments 3/2005, S. 1.
606 Tull, in: SWP-Comments 3/2005, S. 6.
607 S/RES 1574 vom 19. November 2004, S. 1.
608 Herdegen, Völkerrecht, § 46, Rn. 1; Hobe, Einführung in das Völkerrecht, S. 144.
609 Rotmann, in: Fischer Weltalmanach 2010, Internationale Organisationen, S. 638.

Anfang 2005 bittet die Afrikanische Union die NATO um logistische Hilfeleistung; vordergründig geht es um den Truppentransport mit Flugzeugen. Die NATO's Assistance to the African Union for Darfur ist eine „Partnerschaft für den Frieden", die mit der integrierten Militärstruktur zudem für die Bereitstellung von Fachberatern im Bereich Logistik und Kommunikation sorgt.[610] Eigene Truppen sind in Darfur nicht stationiert. Seit 2007 gibt es Bestrebungen, die auf eine Intensivierung der Zusammenarbeit von UN und NATO hinauslaufen.[611] Die im Rahmen der Friedensverhandlungen in Darfur erlassenen Maßnahmen durch regionale Organisationen können ebenfalls keine nachhaltigen Erfolge verzeichnen.

III. Friedenskonsolidierende Maßnahmen im engeren Sinne: Einsatz der UNAMID

Im Hinblick auf das Engagement der international und regional beteiligten Organisationen in Darfur spielt der hybride Einsatz der UNAMID sowohl in völkerrechtlicher Hinsicht als auch im Hinblick auf das Gesamtgeschehen vor Ort eine übergeordnete Rolle. Seine Rechtsnatur im Kontext der Peacekeeping-Einsätze der Staatengemeinschaft, die notwendige völkerrechtliche Legitimation als auch die Auswirkungen der Mission auf das Konfliktgeschehen vor Ort haben maßgeblich zu den Friedenskonsolidierungsmaßnahmen der internationalen Gemeinschaft beigetragen. Das Peacekeeping hat sich insbesondere im afrikanischen Raum verändert[612], so dass fehlende personelle und logistische Kontingente eine neue Form der Zusammenarbeit notwendig machen. Als das neue Mandat der UNAMID in Darfur zum Thema der UN-Sicherheitsratssitzungen wird, gibt es zu diesem Zeitpunkt bereits 18 Friedensmissionen mit ca. 90.000 beteiligten Einsatzkräften.[613]

Das klassische Peacekeeping der AMIS wird auf der Grundlage von Resolution 1769 im Jahr 2007 in die UNAMID umfunktioniert, die als erste „hybride Mission" ihrerseits die Legitimation der Staatengemeinschaft für sich beansprucht. Dabei hängen die Erfolgsaussichten der Mission vor allem von einer Vereinbarkeit mit den geltenden völkerrechtlichen Grundsätzen ab; ein Verstoß gegen das

---

610 Oertel/Varwick, in: Vereinte Nationen 4/2008, S. 160 (162); Varwick, Die NATO, S. 150.
611 Oertel/Varwick, in: Vereinte Nationen 4/2008, S. 160 (166).
612 Onoja, in: conflict trends magazine 3/2008, S. 39 (41).
613 Wadle, in: SWP-Aktuell 39/2006, S. 2.

in der Charta statuierte Gewalt- und Interventionsverbot kann zumindest nicht ausgeschlossen werden, denn das Mandat beinhaltet nicht nur die Anwendung von Waffengewalt zum Schutz der Zivilbevölkerung, sondern ist von der sudanesischen Regierung wiederholt abgelehnt worden.

1. Wesen der Peacekeeping Forces in der Völkerrechtsgemeinschaft

Im Kontext der Erarbeitung geht es zunächst um den prinzipiellen Charakter einer Blauhelmmission. Mit dem Ende des Kalten Krieges werden neue Vorgehensweisen bei der Konfliktbeendigung im Hinblick auf externe Sicherheitsdienstleistungen benötigt, die vom Konsens der gesamten Staatengemeinschaft getragen und den veränderten globalen Sicherheitsbedingungen gerecht werden. Das traditionelle System der UN-Friedenssicherung beruht bis zu diesem Zeitpunkt auf der friedlichen Streitbeilegung nach Kap. VI der UN-Charta, der Friedenserhaltung im Rahmen von Peacekeeping-Einsätzen und den Zwangsmaßnahmen nach Kap. VII der UN-Charta.[614] Im Zuge der Anfang der 90er Jahre veröffentlichten UN-Grundsatzdokumente werden Formen und Methoden der Lösung von Konflikten bekannt, die weniger auf Zwang als auf dem Konsens und der Kooperation der Konfliktparteien beruhen.[615] Die Blauhelmmissionen bewegen sich dabei qualitativ im Bereich zwischen Kapitel VI und VII der UN-Charta. Die Legitimation der Blauhelmmissionen selbst folgt nicht unmittelbar aus der Charta der Vereinten Nationen; es wird angenommen, dass die Gesamtheit der enthaltenen Regelungen, die der Wahrung des Weltfriedens und der internationalen Sicherheit dienen, als Rechtsgrundlage herangezogen werden kann.[616] Art. 41 UN-Charta begründet zudem ein auf die Charta zurückgehendes suprastaatliches Gewaltmonopol, das mithilfe von Art 40 S. 3 und Art. 47 UN-Charta umgesetzt werden kann.[617] Anstelle dieses Zwangsmittels dient das Peacekeeping als militärisches Instrument der Friedenssicherung sowie zur Verhütung von Konflikten.[618] Als regulärer Bestandteil der Friedenskonsolidierung werden die Einsätze durch internationale Akteure finanziert und implementiert.[619] Die „friedenserhaltenden Maßnahmen" basieren traditionell auf drei

---

614 Klein, in: Vitzthum, Völkerrecht, 4. Abschnitt, Rn. 202.

615 Brzoska, in: APuZ 46/2009, S. 15 (15); Doehring, Völkerrecht, § 20, Rn. 1008.

616 Hobe, Einführung in das Völkerrecht, S. 359.

617 Dabei geht es insbesondere um die Schaffung eines Generalstabsausschusses sowie um die Bereitstellung von Truppen.

618 Payandeh, in: Humanitäres Völkerrecht – Informationsschriften 4/2005, S. 253 (254).

619 Brzoska, in: APuZ 46/2009, S. 15 (17).

Prinzipien: dem Einverständnis der Konfliktparteien, der politischen Neutralität der Mission sowie der ausschließlichen Anwendung von Gewalt zur Selbstverteidigung.[620] Diese sogenannten *Kardinalprinzipien* bestimmen den Charakter einer herkömmlichen Blauhelmmission, die bei innerstaatlichen Konflikten insbesondere einen pazifizierenden Charakter hat.[621] In Ermangelung einer rechtsverbindlichen Definition der Peacekeeping-Einsätze fungieren die Einsatzkräfte primär als Pufferzone und sichern so die auf ein Friedensabkommen folgende Waffenruhe zwischen den Konfliktbeteiligten.[622] Die Anwendungen von kollektivem Zwang sowie von Waffengewalt, aber auch der Schutz der Zivilbevölkerung in einem Krisengebiet gehören dabei nicht zu den klassischen Aufgaben.[623] Es gilt der Grundsatz der strikten Neutralität.[624]

Trotz der fehlenden ausdrücklichen Erwähnung in der Charta ist allgemein anerkannt, dass nach der Lehre der "implied powers" den Vereinten Nationen die Aufstellung der Truppen obliegt.[625] Nach der implied-powers-Theorie muss eine Organisation über diejenigen Rechte und Befugnisse verfügen, die für eine Erfüllung ihrer Aufgaben unerlässlich sind.[626] Obwohl der Internationale Gerichtshof der UN-Generalversammlung die Kompetenz für die Bereitstellung und das Kommando der jeweiligen Truppen zuerkannt hat[627], behält der UN-Sicherheitsrat eine dominierende Stellung.[628] Die Organkompetenz bei der Entsendung der Friedenssicherungstruppen folgt hierbei aus Art. 12 UN-Charta.[629] Gleichzeitig steht den truppenstellenden Ländern ein Mitspracherecht in Bezug auf die Zusammensetzung der Truppen zu.[630] Neben den in Kap. VII UN-Charta ausdrücklich erwähnten Möglichkeiten der Friedenssicherung durch den UN-Sicherheitsrat ist das Peacekeeping zu einem bedeutsamen Mittel der Friedenskonsoli-

---

620 Dies wurde 2008 auch in der sogenannten Capstone-Doktrin bestätigt, in der es um die Inhalte von Friedensmissionen geht; vgl. UN-DPKO/DFS, United Nations Peacekeeping Operations. Principles an Guidelines, S. 93 [abgerufen unter: http://www.peacekeeping bestpractices.unlb.org/pbps/library/capstone_doctrine_eng.pdf, Stand: 22.04.2011].

621 So Tull, in: SWP-Aktuell 1/2010, S. 1 (16).

622 Debiel, UN-Friedensoperationen in Afrika, S. 219; Hinsch/Janssen, Menschenrechte militärisch schützen, S. 33.

623 Hinsch/Janssen, Menschenrechte militärisch schützen, S, 33.

624 Kempen/Hillgruber, § 33, Rn. 66.

625 IGH, ICJ Reports 1962, S. 150 (172).

626 Klein, in: Vitzthum, Völkerrecht, 4. Abschnitt, Rn. 191.

627 Hobe, Einführung in das Völkerrecht, S. 359.

628 Hobe, Einführung in das Völkerrecht, S. 359.

629 Kempen/Hillgruber, Völkerrecht, § 33, Rn. 69.

630 Kempen/Hillgruber, Völkerrecht, § 33, Rn. 66.

dierung im internationalen und nationalen Konfliktmanagement geworden. Peacekeeping-Operationen zählen derzeit zu den wichtigsten Elementen der Friedenssicherung innerhalb der Vereinten Nationen.[631]

2. *Legitimation der UNAMID*

Mit den Veränderungen der friedenskonsolidierenden Maßnahmen erfolgt gleichzeitig ein Wechsel bei der Bereitstellung der benötigten Truppenkontingente. Der Fall Darfur macht deutlich, dass das Engagement der regionalen Organisationen stärker gefördert wird und neue Bündnisse bei der Durchführung der Friedenseinsätze notwendig werden. Insbesondere der hybride Einsatz der UNAMID ist eine neue Form dieser Zusammenarbeit zwischen international und regional tätigen Akteuren.[632] Im Rahmen der United Nations African Mission in Darfur ist erstmalig eine hybride Mission von den Vereinten Nationen beschlossen worden.[633] Das dazugehörige Mandat und ihr Rechtscharakter sowie die notwendige Vereinbarkeit mit den völkerrechtlichen Grundsätzen sind Gegenstand der folgenden Ausführungen.

a. Völkerrechtlicher Charakter und Grundlage der Hybrid-Mission

Der völkerrechtliche Charakter der UNAMID ist zunächst unklar. Bei den hybriden Missionen führen die Vereinten Nationen mit der Hilfe von Regionalorganisationen eine gemeinsame Mission unter einem Kommando durch.[634] Dies soll insbesondere einer optimiert segmentierten und bestimmbaren Zusammenarbeit mit den Regionalorganisationen dienlich sein.[635] Zu bedenken ist, dass die regionalen Kapazitäten der UN aufgrund der bereits bestehenden zahlreichen Einsätze stark begrenzt sind. Nachdem die AMIS II ursprünglich in eine UN-Mission überführt werden soll und dies zu einer Mission von ca. 40.000 Soldaten und

---

631 Die Tendenz ist zudem steigend: im Frühjahr 2010 gibt es 16 UN-Friedensmissionen mit ca. 124.000 Personen, die sich aus 88.000 Blauhelmsoldaten, 13.000 UN-Polizisten sowie ca. 22.000 internationalen lokalen Zivilkräften und Freiwilligen zusammensetzen; vgl. Benner/Rotmann, in: Vereinte Nationen 3/2010, S. 115 (115).

632 Rotmann, in: Fischer Weltalmanach 2010, Vereinte Nationen, S. 615.

633 Breitwieser, in: Sudan – Wegweiser zur Geschichte, S. 87 (101); Öhm, in: Fischer Weltalmanach 2010, Sudan, S. 456.

634 Tull, in: SWP-Aktuell 1/2010, S. 1 (23).

635 United Nation Security Council, Report of the Secretary-General of the Relationship between the Unided Nations and Regional Organizations, in Particular the African Union, in the Maintenance of the International Peace and Security, S/2008/186, New York, 07.04.2008, S. 2.

Polizisten unter dem Mandat der Vereinten Nationen führen würde, lehnt die sudanesische Regierung eine weitere Beteiligung der UNO bei der Befriedung der Situation im Gesamtsudan ab. Um das Einverständnis von al-Bashir und den Fortgang der humanitären Maßnahmen vor Ort sichern zu können, wird der Einsatz einer hybriden Truppe vorgeschlagen. Im Rahmen der UNAMID soll die afrikanische und westliche Zusammenarbeit in einem bis dahin unbekannten Ausmaß miteinander hinreichend verknüpft werden; die bisher stationierten 7.000 AMIS-Soldaten sollen in die neue Truppe integriert werden. Infolgedessen wird die UNAMID als 12-monatige Hybridmission in Darfur zur Durchsetzung des DPAs vom UN-Sicherheitsrat autorisiert.[636] Der Rat verfolgt in diesem Zusammenhang einen „rigorosen, strategischen Ansatz für Friedenssicherungseinsätze, um die Wirksamkeit der Friedenssicherungsmissionen zu steigern".[637] Die Truppen bestehen gemäß der Addis Abeba Conclusion vom 16. November 2006 aus Personal der AMIS, der UN Light and Heavy Packages sowie aus Soldaten und sollen von afrikanischen Ländern gestellt werden.[638] Die Truppen werden insbesondere von Nigeria gestellt, während die westlichen Staaten logistische Unterstützung leisten.[639] Die Mission untersteht sowohl dem UN-Hauptquartier und dem UN-Sicherheitsrat als auch der AU-Kommission.[640] Die Umsetzung erfolgt in drei Schritten, wovon die beiden ersten Unterstützungspakete in Form von UN-Personal und logistischer Unterstützung enthalten, auf die dann die Einrichtung der eigentlichen Hybridmission folgen soll.[641] Vor dem Hintergrund, dass die Vorgängermission AMIS als beobachtende Mission mit Befugnissen zur Friedenssicherung nach Kap. VI UN-Charta ausgestattet ist, werden der UNAMID auch Befugnisse nach dem VII. Kapitel UN-Charta zugestanden, so dass diese *alle notwendigen Mittel* zum Schutz von Mitgliedern der Hilfswerke und Zivilisten anwenden darf. Damit ist das Mandat der UNAMID weiter gefasst als das der AMIS. Völkerrechtlich gesehen stellt sich die UNAMID folglich als erste Mission mit geteilter Kommandostruktur dar, die von einer UN/AU-Doppelspitze auf der Grundlage von Resolution 1796 geführt wird.

---

636 S/RES 1935 vom 30. Juli 2010, S. 2.
637 S/RES 1935 vom 30. Juli 2010, S. 2.
638 Deckert, in: inamo 58/2009, S. 16 (18).
639 Onoja, in: Conflict trends magazine 3/2008, S. 39 (41); Prunier, Der uneindeutige Genozid, S. 187.
640 Rotmann, in: Fischer Weltalmanach 2010, Vereinte Nationen, S. 615.
641 Breitwieser, in: Sudan – Wegweiser zur Geschichte, S. 87 (101).

b. Völkerrechtliche Legitimation der Hybridmission

Die auf die Resolution 1769 zurückgehende Mission der UNAMID ist nach Kap. VII der UN-Charta zur Einsetzung von Waffengewalt zum eigenen Schutz und zu dem der Zivilbevölkerung befugt.[642] Im Rahmen des Einsatzes dringen zudem internationale Truppen in den Hoheitsbereich des Sudan ein. Das Mandat der UNAMID könnte dementsprechend sowohl gegen das in Art. 2 Ziff. 4 UN-Charta geregelte Gewaltverbot als auch gegen das subsidiär greifende Interventionsverbot aus Art. 2 Ziff. 7 UN-Charta verstoßen.

aa. Verstoß gegen das Gewaltverbot

Im Rahmen der Anwendung von Waffengewalt könnte insbesondere ein Verstoß gegen das in Art. 2 Ziff. 4 UN-Charta völkerrechtlich kodifizierte Gewaltverbot vorliegen. Der auch völkergewohnheitsrechtlich und allgemein als *ius cogens* anerkannte Grundsatz[643] verbietet die gegen die territoriale Unversehrtheit oder die politische Unabhängigkeit eines Staates gerichtete Androhung und Anwendung von Gewalt in den internationalen Beziehungen der Staaten untereinander. Um das Merkmal der Gewalt zu erfüllen, ist militärischer Zwang erforderlich, der eine niedrig angesetzte Schwelle an Intensität überschreitet.[644] Die normative Spannweite der Norm wird jedoch erst bei einer Betrachtung der möglichen Ausnahmen wie dem kollektiven Interventionsrecht oder dem Recht zur Selbstverteidigung deutlich.[645] Prinzipiell bedeutet die auf Kap. VII UN-Charta zurückgehende Tätigkeit der UNAMID im westlichen Teil des Sudan einen Verstoß gegen das Gewaltverbot aus Art. 2 Ziff. 4 UN-Charta.

bb. Verstoß gegen das Interventionsverbot

Die Tätigkeit der UNAMID in Darfur als von der internationalen Staatengemeinschaft entsandte Mission könnte zudem einen Verstoß gegen das zwischenstaatliche Interventionsverbot bedeuten, dessen Konkretisierung gewohnheitsrechtlich aus der souveränen Gleichheit der Staaten gemäß Art. 2 Ziff. 1 UN-Charta folgt. Souveränität und Gleichheit gelten als zwei für das Verständnis des Völkerrechts wesentliche und aufeinander bezogene Rechtsbegriffe, die als

---

642 S/RES 1796 vom 31. Juli 2007, S. 5.

643 Hobe, Einführung in das Völkerrecht, S. 329; Fischer, in: Ipsen, Völkerrecht, § 59, Rn. 27.

644 Bothe, in: Vitzthum, Völkerrecht, 8. Abschnitt, Rn. 10.

645 Hobe, Einführung in das Völkerrecht, S. 330.

Grundkonstituenten anerkannt sind.[646] Das Prinzip impliziert zudem, dass sich kein Staat in die inneren Angelegenheiten, den sogenannten *domaine réservé*, eines anderen Staates einmischen darf.[647] Das Verbot folgt zudem aus dem dritten Grundsatz der Friendly Relations Declaration.[648] Auch dass der Sudan als partieller failed state gilt, hat keine Auswirkungen auf die Achtung seiner Souveränität; es bedarf auch in diesem Fall einer Rechtfertigung eines Eingriffs von außen.[649] Zu erwähnen ist, dass ein Verstoß gegen das Gewaltverbot grundsätzlich eine verbotene Intervention impliziert.[650] Auf die der einzelstaatlichen Entscheidung des Sudan vorbehaltenen Bereiche ist infolge des Einsatzes der UNAMID unzulässig eingewirkt worden. Ein Verstoß gegen das Interventionsverbot liegt mithin vor.

c. Rechtfertigung des Einsatzes

Das in diesem Zusammenhang auftretende rechtfertigende Element kann zum einen durch die Einwilligung desjenigen Staates gegeben sein, der dem Gewaltverstoß als auch der Intervention ausgesetzt ist, als auch durch eine hinreichende gesetzliche Legitimation, die aus der Satzung der Vereinten Nationen folgt. Als Rechtfertigung für die Vorgehensweise des Sicherheitsrates ergibt sich zum einen die Möglichkeit einer Einwilligung des Einsatzes durch die sudanesische Regierung und zum anderen die Rechtfertigung des Einsatzes unter den Normen der Satzung der Vereinten Nationen.

aa. Einwilligung durch die sudanesische Regierung

Ein Verstoß gegen das Gewalt- bzw. Interventionsverbot impliziert grundsätzlich das fehlende Einverständnis des betroffenen Staates mit den getroffenen Maßnahmen. Im Fall Darfur verkündet al-Bashir im Juli 2007 nach langwierigen Verhandlungen, dass er dem geplanten Einsatz der UNAMID unter bestimmten Auflagen zustimmen werde.[651] Die Zustimmung zum Einsatz selbst wird davon

---

646 Hobe, Einführung in das Völkerrecht, S. 365.

647 Kempen/Hillgruber, Völkerrecht, § 29, Rn. 7.

648 Hobe, Einführung in das Völkerrecht, S. 367; Randelzhofer, in: Simma, Charta der Vereinten Nationen, Art. 2 Ziff. 4, Rn. 25.

649 Payandeh, in: Humanitäres Völkerrecht – Informationsschriften 4/2005, S. 253 (159).

650 Fischer, in: Ipsen, Völkerrecht, § 59, Rn. 58.

651 France Diplomatie: „Die Darfur-Krise: Sudan stimmt einer Verstärkung der UN-Truppe zu“ [abgerufen unter: http://www.diplomatie.gouv.fr/de/themen_6/krisen-und-konflikte_325/die-darfurkrise_1295/sudan-stimmt-einer-verstarkung-der-un-truppen-zu-17.4.2007_3559.html, Stand: 09.10.2008].

abhängig gemacht, dass die Friedenstruppe rein afrikanisch bleibt.[652] Somit könnte zunächst anzunehmen sein, dass die Einwilligung Khartums den Verstoß gegen das Gewalt- und Interventionsverbot tatbestandlich rechtfertigt. Zu beachten ist außerdem, dass gerade im besonderen Fall des failed state ungeklärt ist, welches Organ zur Zustimmung legitimiert ist.[653] Ob eine Zustimmung der sudanesischen Regierung vorliegt, ist zudem unerheblich, wenn das Mandat der UNAMID im Einklang mit der Charta der Vereinten Nationen steht.

bb. Legitimation des Einsatzes nach Kap. VII UN-Charta

Im Hinblick auf die Konstruktion der Charta der Vereinten Nationen als rechtsorientiertes und insbesondere von der Staatengemeinschaft getragenes Bündnis sollte der UNAMID-Einsatz auf Normen der Satzung zurückgehen. Eine Ermächtigung durch den UN-Sicherheitsrat unter entsprechender Würdigung der Normen wäre dem Einverständnis der sudanesischen Regierung somit vorzuziehen. Der Friedenssicherungsmechanismus der Vereinten Nationen kann auf der Grundlage von Kap. VII UN-Charta nur im Kontext einer gegebenen Bedrohung oder eines Bruchs des Friedens zur Anwendung kommen.[654] Die jeweilige Würdigung der Situation obliegt im Hinblick auf Art. 24 UN-Charta dem UN-Sicherheitsrat.

Bei der eingehenden Betrachtung der Ereignisse in Darfur wird deutlich, dass der UN-Sicherheitsrat der sudanesischen Regierung über einen längeren Zeitraum Maßnahmen nach Kap. VI UN-Charta und sonstige Sanktionen angedroht hat, die die Implementierung diverser Friedensverträge sowie eine Verbesserung der humanitären Umstände vor Ort für die Zivilbevölkerung zur Folge haben sollten.[655] Von den Maßnahmen aus Kap. VII UN-Charta und der in diesem Zusammenhang beschlossenen Mission der UNAMID ist erst ab 2007 Gebrauch gemacht worden. Damit die Mission im Einklang mit der Völkerrechtsordnung mandatiert worden ist und der daraus folgende Verstoß gegen das Gewalt- bzw. Interventionsverbots gerechtfertigt sein kann, sollten die Voraussetzungen aus Kap. VII UN-Charta positiv gegeben sein. Der dortige Maßnahmenkatalog umfasst in Art. 39 UN-Charta mehrere Tatbestandsvarianten, deren Vorliegen dem UN-Sicherheitsrat ein gewisses Eingreifen konzediert. In concreto bedarf es im Fall Darfur einer „Friedensbedrohung“ im Sinne von Art. 39 UN-Charta, deren

---

652 Scholz, in: E+Z 5/2008, S. 212 (212).
653 Payendeh, in: Humanitäres Völkerrecht – Informationsschriften 4/2005, S. 253 (259).
654 Hobe, Einführung in das Völkerrecht, S. 345.
655 Siehe bspw. S/RES 1935 vom 30. Juli 2010, S. 2.

positive Feststellung für ein Eingreifen auf der Grundlage von Kap. VII UN-Charta konstitutiv[656] ist.

(1) Begriff der Friedensbedrohung

Die Situation der „Friedensbedrohung“ ist ein unscharfer und sehr weiter, wenngleich zentraler Begriff im Rahmen des Art. 39 UN-Charta; die offene Ermächtigungsnorm wird von einer Unbestimmtheit der tatbestandlichen Voraussetzungen dominiert.[657] Der Begriff selbst ist an keiner Stelle der Charta legal definiert. Ihm wird unzweifelhaft eine negative Komponente zugestanden, so dass Frieden zumindest die Abwesenheit von militärischer Gewalt zwischen Staaten voraussetzt.[658] Anders als der Begriff des Friedensbruchs setzt die Friedensbedrohung in ihrem herkömmlichen Verständnis einen mit Waffengewalt ausgetragenen Konflikt zwischen zwei Staaten voraus.[659] Er stellt eine Art Vorstufe zum Friedensbruch dar. Unter den Begriff des Friedens ist auch das Vorhandensein einer gewissen gerechten Ordnung zu subsumieren, die sich insbesondere in der Beachtung von Menschenrechten manifestiert.[660] Zu den sogenannten *erga-omnes*-Pflichten, die ein Staat gegenüber der gesamten Staatengemeinschaft hat, gehört insbesondere die Beachtung der fundamentalen Menschenrechte. Beim Friedensbegriff aus Art. 39 UN-Charta handelt es sich folglich um einen „erweiterten Friedensbegriff“, der neben der Abwesenheit zwischenstaatlicher Gewalt auch die Achtung von fundamentalen Menschenrechten umfasst.[661] Grundsätzlich kann davon ausgegangen werden, dass die Achtung der fundamentalen Menschenrechte durch die sudanesische Regierung nicht gegeben zu sein scheint; systematische Vertreibungen und massive Menschenrechtsverletzungen bestimmen das Konfliktgeschehen.[662] Die durch den Internationalen Strafgerichtshof erlassenen Haftbefehle gegenüber führenden Regierungsvertretern sowie dem sudanesischen Regierungspräsidenten wegen Verbrechen gegen die Menschlichkeit, Kriegsverbrechen und Völkermord sprechen dafür, dass die Beachtung der Menschenrechte in der Region Darfur nicht gewährleistet zu sein scheint. Die Situation in Darfur ist somit eine Bedrohung für den Frieden im Sinne des Art. 39 UN-Charta.

---

656 Herdegen, Völkerrecht, § 41, Rn. 8; Kempen/Hillgruber, Völkerrecht, § 33, Rn. 13.
657 Herdegen, Völkerrecht, § 41, Rn. 9; Hobe, Einführung in das Völkerrecht, S. 346.
658 Frowein, in: Simma, Charta der Vereinten Nationen, Art. 39, Rn. 19.
659 Hobe, Einführung in das Völkerrecht, S. 446.
660 Herdegen, Völkerrecht, § 41, Rn. 12.
661 Frowein, in: Simma, Charta der Vereinten Nationen, Kap. VII, Rn. 8.
662 Bernhard/Lingnau, in: Vereinte Nationen 5/2004, S. 167 (169).

(2) Tatbestandliche Erweiterung bei innerstaatlichen Konflikten

Problematisch ist, dass der in Darfur gegebenen konkreten Friedensbedrohung im Sinne von Art. 39 UN-Charta, die zu einer Rechtfertigung des Einsatzes der UNAMID führen würde, der internationale Charakter fehlt. Dieser ist für die Anwendung der Charta der Vereinten Nationen essenziell.[663] Ein derivatives Verständnis der Friedensbedrohung steht allerdings dogmatisch im Einklang mit der Charta.[664] So werden auch interne Zustände in einem Staat, insbesondere dann, wenn eine Verletzung der Menschenrechte vorliegt, unter den Friedensbegriff aus Art. 39 UN-Charta subsumiert.[665] So ist anerkannt, dass eine Bedrohung des Weltfriedens und der internationalen Sicherheit auch dann vorliegen kann, wenn der Konflikt zwar selbst auf einen Staat oder einen Teil eines Staates beschränkt ist, die durch diese Feindseligkeiten ausgelösten Flüchtlingsströme indessen geeignet sind, eine ganze Region zu destabilisieren.[666] Anders als die Auseinandersetzungen zwischen Staaten steht dabei die Achtung fundamentaler Menschenrechte im Vordergrund der Untersuchung.[667] Zu dieser Ausdehnung hat zudem der UN-Sicherheitsrat mit diversen Resolutionen beigetragen, in denen er wiederholt Notsituationen einer Bevölkerung und die damit einhergehenden Flüchtlingsströme als schwerwiegende Verletzungen des humanitären Völkerrechts und eine Bedrohung für den Frieden und die internationale Sicherheit eingestuft hat.[668] Im Fall Darfur ist dieses Tatbestandsmerkmal aus Art. 39 UN-Charta durch den UN-Sicherheitsrat ebenfalls festgestellt worden.[669] Im Zuge einer Analyse der Tatbestandsvoraussetzungen sowie einer normativen Gesamtbetrachtung der Situation in der westlichen Region des Sudan konnte der Sicherheitsrat die Mission der UNAMID folglich als von der Völkerrechtsordnung gebilligte Maßnahme anordnen. Obwohl sich der Darfur-Konflikt als innerstaatlicher Konflikt präsentiert, kann eine Friedensbedrohung im Sinne von Art. 39 UN-Charta festgestellt werden. Im Ergebnis verstößt das Mandat der UNAMID zwar grundsätzlich gegen das Gewalt- und Interventionsverbot, steht aber aufgrund der Einwilligung der sudanesischen Regierung sowie der gesetzlichen Legitimierung aus dem VII. Kapitel der UN-Charta im Einklang mit dem geltenden

---

663 Siehe unter C. II.

664 Hobe, Einführung in das Völkerrecht, S. 347.

665 Frowein, in: Simma, Charta der Vereinten Nationen, Kap. VII, Rn. 8.

666 S/RES 688 vom 5. April 1991 (Irak); Herdegen, Völkerrecht, § 41, Rn. 12.

667 Doehring, Völkerrecht, § 20, Rn. 1010.

668 Beispiele hierfür sind: S/RES 794 vom 3. Dezember 1992 (Somalia); S/RES 1203 vom 24. Oktober 1998 (Kosovo).

669 S/RES 1556 vom 30. Juli 2004, S. 2; S/RES 1593 vom 31. März 2005, S. 1.

Völkerrecht. Als Peacekeeping- Mission dürfen die Soldaten auf der Grundlage von Resolution 1769 militärischen Zwang zum Schutz der Zivilbevölkerung und zur Selbstverteidigung einsetzen.

3. Erfolgsaussichten des Einsatzes

Der UNAMID werden aufgrund des Scheiterns ihrer Vorgängermission AMIS keine allzu großen Chancen eingeräumt.[670] Die Vereinten Nationen haben sich insbesondere durch die Mandatierung einer Blauhelmmission mit UN/AU-Doppelspitze den Wünschen der sudanesischen Regierung gebeugt und in diesem Zusammenhang den Handlungsspielraum der Mission in hohem Maße eingeengt. Bei genauerer Betrachtung der Erfolgsaussichten der UNAMID sowie in der Vergangenheit erreichter Ergebnisse wird deutlich, dass die Mission nicht nur mit einem zu schwachen Mandat konfrontiert wird, sondern zusätzlich an der mangelnden Bereitstellung der noch fehlenden Truppen und sonstigen Ressourcen kränkelt. Mit der Resolution 1769 sind ursprünglich 20.000 Militärs, 6.000 Polizisten und 5.000 Zivilisten befehligt worden.[671] Mitte 2009 sind hiervon erst 9.500 stationiert.[672] Im Frühjahr 2010 sind ca. 18.810 Soldaten der UNAMID vor Ort, mandatiert sind jedoch ca. 26.000 militärische Einsatzkräfte.[673] Erst Mitte 2010 äußert sich der UN-Sicherheitsrat positiv dazu, dass die hybride Einsatztruppe nun nahezu die volle Einsatzstärke erreicht habe.[674] Dabei ist nicht zu vernachlässigen, dass die meisten afrikanischen Truppen bereits in anderen UN-Missionen aktiv sind und die verbleibenden Soldaten zumeist über keine ausreichende Ausbildung sowie die dazugehörigen logistischen Mittel verfügen.[675] Es hat zudem den Anschein, dass die UNAMID wie auch ihre Vorgängermission, die AMIS I und II, a priori mit der Verteidigung der eigenen Einsatzkräfte beschäftigt ist; im Januar 2008 wird ein UNAMID-Konvoi von sudanesischen Soldaten angegriffen, der Fahrer wird verletzt und der Tanklaster zerstört.[676] Es fehlt folglich auch an der Anerkennung durch die Konfliktbeteiligten, für die der Einsatz der Blauhelmtruppe als wahrgenommene Vertreter der west-

---

670 Flint/de Waal, Darfur – A New History of a Long War, S. 195.
671 Deckert, in: inamo 58/2009, S. 16 (18).
672 Onoja, in: conflict trends magazine 3/2008, S. 39 (41); Weber/Tull, in: inamo 58/2009, S. 26 (26).
673 Onoja, in: Conflict trends magazine 3/2008, S. 39 (40); Tull, in: SWP-Aktuell 1/2010, S. 1 (8).
674 S/RES 1935 vom 30. Juli 2010, S. 3.
675 Scholz, in: E+Z 5/2008, S. 212 (213).
676 Flint/de Waal, Darfur – A New History of a Long War, S. 271.

lichen Welt zu einer Zielscheibe für gewaltsame Übergriffe geworden ist.[677] Im Ergebnis wird deutlich, dass die UNAMID mit denselben strukturellen und personellen Problemen wie die AMIS zu kämpfen hat.[678] Das Mandat der UNAMID ist vage formuliert und belässt nur wenig Handlungsspielraum für die Stationierten. Es beschränkt sich ebenfalls auf die Überwachung und Beobachtung, während die Durchsetzung des Waffenembargos, die Entwaffnung der Milizen sowie das Verbot offensiver militärischer Flüge im Mandat nicht ausreichend gewürdigt worden sind.[679] Es bleibt abzuwarten, ob die internationale Staatengemeinschaft effektiv gegen eine weitere Vertreibung und die fortschreitende Verletzung von Menschenrechten im Sudan vorgehen kann, wenn der Sicherheitsrat Maßnahmen unter Anwendung von Waffengewalt gegenüber den Janjaweed und anderen Konfliktparteien, die wiederholt gegen das Waffenembargo verstoßen, ausschließt. Seit 2007 ist das Mandat auch infolge der ausbleibenden Erfolge mehrmals verlängert worden. Die Mission in Darfur, die UNAMID, ist bisher das einzige Beispiel für eine Hybridmission und allein wegen der organisatorischen und logistischen Schwierigkeiten bleibt abzuwarten, ob dies ein zukunftsweisendes Modell sein wird.[680] Es ist zu hoffen, dass die UNAMID langfristig den Zweck der Friedensmission erfüllen kann. Nach ersten Schätzungen dürfte der Friedenseinsatz im Sudan mit Kosten in Höhe von 2,6 Mrd. US-$ die teuerste Mission in der Geschichte der Vereinten Nationen sein,[681] und der UN-Mission fehlen trotzdem noch immer die Mittel.[682]

IV. Gründe für das Ausbleiben nachhaltiger Erfolge

Im Rahmen einer Gesamtbetrachtung wird deutlich, dass das Engagement der internationalen und regionalen Organisationen in Darfur zu keiner nachhaltigen Verbesserung der humanitären Situation für die Zivilbevölkerung vor Ort beitragen oder Voraussetzungen für einen dauerhaften Frieden schaffen konnte. Dafür können unterschiedliche Faktoren wie die unterschiedlichen nationalen Interessen der Mitglieder des UN-Sicherheitsrats, das Scheitern der UN/AU-

---

677 Flint/de Waal, Darfur – A New History of a Long War, S. 198.

678 Murithi, in: IPG 1/2009, S. 90 (101).

679 Pabst, in: Vereinte Nationen 06/2008, S. 243 (248).

680 Tull, in: SWP-Aktuell 1/2010, S. 1 (23).

681 Bericht der Bundesregierung zur Zusammenarbeit zwischen der BRD und den Vereinten Nationen [...], S. 20 [abgeruf. unter: https://www.auswaertigesamt.de/cae/servlet/content blob/382782/publicationFile/3717/VNBericht0607.pdf, Stand: 30.08.2010].

682 Benner/Rotmann, in: Vereinte Nationen 4/2009, S. 147 (151).

Missionen vor Ort oder die Fokussierung der medialen Weltöffentlichkeit auf die Geschehnisse im Rahmen des Nord-Süd-Friedensgesprächs verantwortlich gemacht werden.

1. Individuelle Interessenverfolgung der Mitglieder des UN-Sicherheitsrats

Dass es im Rahmen des Darfur-Konflikts zu keiner Verbesserung der humanitären Situation vor Ort gekommen ist, könnte insbesondere an der Rolle des Sicherheitsrats in Darfur liegen. Im Hinblick auf die Geschehnisse in Darfur bleibt wieder einmal fraglich, warum der Sicherheitsrat bisher keine Maßnahmen getroffen hat, die ein schnelles und effektives Vorgehen gegen die Menschenrechtsverletzungen in Darfur bewirkt hätten. Dies lässt sich vornehmlich mit den unterschiedlichen nationalen Interessen der Mitglieder des Sicherheitsrats im Sudan erklären. Aber auch das System der kollektiven Friedenssicherung, wie es die UN-Charta vorsieht, scheint den aktuellen Anforderungen an etwaige Friedenskonsolidierungsmaßnahmen wie im Fall Darfur nicht mehr gewachsen zu sein. Dass die einzelnen Mitglieder sich dem aus der Charta ergebenden Abstimmungsrecht bei Resolutionen ihrer Verantwortung entziehen, da sie vielfach von individuellen partikulären Interessen geleitet werden, ist vielfach kritisiert worden.[683] Der UN-Sicherheitsrat nimmt zwar partiell Ordnungsfunktionen wahr, doch wird ein einheitliches Vorgehen durch geostrategische und wirtschaftliche Interessen verhindert. Das zögerliche Engagement der ständigen UN-Sicherheitsratsmitglieder China und Russland wird vor allem darauf zurückgeführt, dass beide Staaten das Prinzip der Nichteinmischung in innere Angelegenheiten in hohem Maße fokussieren, um nicht selbst zum Ziel von Interventionen durch die Weltgemeinschaft zu werden.[684] Auf der globalen Agenda der beiden Staaten steht in erster Linie der Zugang zu Rohstoffen und zum Weltmarkt und die damit einhergehende Versorgung der eigenen Wirtschaft. Ein Handlungsmotiv der Mitglieder folgt demnach unmittelbar aus den wirtschaftlichen Interessen, die vor allem auf die großen Erdölvorkommen im Sudan zurückzuführen sind. Insbesondere China ist im Zuge der staatseigenen National Petroleum Corporation und in Ermangelung von eigenen Erdölvorkommen mit-

---

683 Hinsch/Janssen, Menschenrechte militärisch schützen, S. 219 ff.; Tetzlaff, in: Sudan – Wegweiser zur Geschichte, S. 121 (122).

684 Beide Staaten vertreten eine strikte Ablehnung bei der Einmischung in innere Angelegenheiten anderer Staaten wie auch im Fall der NATO-Intervention im Kosovo; Bernhard/Lingnau, in: Vereinte Nationen 5/2004, S. 167 (171).

hilfe der sudanesischen Regierung zum größten Erdölimporteur des Landes geworden.[685] In diesem Zusammenhang wird 2005 eine 1.600 km lange und ca. 8 Mrd. US-$ teure chinesische Pipeline gebaut.[686] Inzwischen stammen etwa 7 % des in China benötigten Rohstoffs aus dem Sudan.[687] Das Land hat sich zudem die Erdöllizenzen im Nachbarland Tschad gesichert; geplant ist eine Erdölpipeline vom Tschad durch Darfur in die sudanesische Hafenstadt Port Sudan am Roten Meer.[688] Auch im Hinblick auf eine entsprechende Würdigung des Sachverhalts durch Feichinger wird deutlich, dass für China insbesondere ökonomische und geologische Motive eine Rolle spielen, während für die Europäische Union und die Vereinigten Staaten das Thema Sicherheitspolitik überwiegt.[689] Auch Russland hat Interesse an den gefundenen Rohstoffen, ist jedoch in erster Linie als Waffenlieferant tätig.[690] So wurden in der Vergangenheit diverse MiG-Kampfflugzeuge und Hubschrauber an die sudanesische Regierung verkauft, die teilweise an den Luftangriffen auf Dörfer im Krisengebiet Darfur beteiligt gewesen sind.[691] An dem regen Waffenhandel ist inzwischen auch China beteiligt.[692] Für die Vereinigten Staaten gibt es insbesondere sicherheitspolitische Motive, die ein Einschreiten im Sudan interessant machen; so soll al-Bashir zukünftig als Anti-Terror-Verbündeter agieren.[693] Bereits 1996 hatte die sudanesische Führungsspitze die Auslieferung von Osama Bin Laden angeboten, der sich zu diesem Zeitpunkt innerhalb ihrer Staatsgrenzen aufhielt.[694] Auch nichtständige Mitglieder des UN-Sicherheitsrats wie Pakistan oder Algerien haben mehrfach dazu beigetragen, dass etwaige gegen den Sudan gerichtete Resolutionen in abgeschwächter Form beschlossen wurden.[695] Im Ergebnis wird deutlich, dass insbesondere China und Russland als ständige Mitglieder des UN-Sicherheitsrats systemisch zu einem Fortschreiten der humanitären Katastrophe für die Zivilbevölkerung beigetragen haben, indem sie Resolutionen durch ein Veto blockiert

---

685 Thielke, in: Sudan – Wegweiser zur Geschichte, S. 65 (69).
686 Pabst, in: Vereinte Nationen 3/2008, S. 99 (101); Thielke, in: Sudan – Wegweiser zur Geschichte, S. 65 (69).
687 Knaup, in: Der Spiegel 52/2010, S. 122 (122).
688 Delius, Völkermord in Darfur, S. 9; Large, in: inamo 58/2009, S. 36 (38).
689 Feichtinger, in: Feichtinger/Hainzl, Krisenmanagement in Afrika, S. 9 (22).
690 Tetzlaff, in: Sudan – Wegweiser zur Geschichte, S. 121 (122).
691 Pabst, in: Vereinte Nationen 3/2008, S. 99 (101).
692 Pabst, in: Vereinte Nationen 3/2008, S. 99 (101); Thielke, in: Sudan – Wegweiser zur Geschichte, S. 65 (69).
693 Mamdani, Saviors and Survivors, S. 21.
694 Prunier, Der uneindeutige Genozid, S. 118.
695 Bernhard/Lingnau, in: Vereinte Nationen 5/2004, S. 167 (171).

haben. Insbesondere diese uneingeschränkte Nutzung des Vetorechts stellt ein unüberwindbares Hindernis dar, so dass eine Reform des Sicherheitsrats angebracht scheint. Es bleibt fraglich, ob es sich die Mitglieder weiterhin leisten können, dass sie selbst auf schwerste Menschenrechtsverletzungen wie in Darfur unparteiisch reagieren. Eine rein humanitäre Absicht der jeweiligen Mitglieder lässt sich bei ihrem Vorgehen derzeit zumindest nicht nachweisen. Die Vereinten Nationen stehen somit weiterhin vor einer großen Herausforderung und müssen sich längerfristig wahrscheinlich auch mit dem Verlust von Anerkennung abfinden.

2. Sonstige Faktoren

Zwar haben in erster Linie die partikulär verfolgten Interessen einzelner Sicherheitsratsmitglieder dazu beigetragen, dass Resolutionen gegen den Willen der sudanesischen Regierung ausgeblieben sind, doch gibt es auch weitere Faktoren wie das 2005 die Weltöffentlichkeit bestimmende Interesse am Comprehensive Peace Agreement. In erster Linie konnten durch das Scheitern der Vorgängermission AMIS kaum die Voraussetzungen für einen gelungenen Einsatz der UNAMID geschaffen werden; mangelnde Ressourcen und die fehlende finanzielle Unterstützung sind weitere Faktoren, die das Scheitern der Staatengemeinschaft im Umgang mit dem Darfur-Konflikt begünstigt haben. Darüber hinaus wird auch das Ausbleiben des sogenannten CNN-Effekts[696] dafür verantwortlich gemacht, dass die Ereignisse in Darfur bis heute nicht Gegenstand tagesaktueller Berichterstattung geworden sind.

a. Fokussierung auf den Nord-Süd-Friedensprozess

Sicherlich ausschlaggebend für die mangelnde Einsatzbereitschaft und den mangelnden Interventionswillen der meisten Mitglieder der internationalen Staatengemeinschaft sind die zu befürchtenden Folgen auf den Nord-Süd-Friedensprozess, der im Zuge des Naivasha-Vertrags erstmalig greifbar geworden ist. Sowohl die mangelnde Kooperationsbereitschaft der sudanesischen Regierung als auch das zögerliche Vorgehen der Vereinten Nationen lassen darauf schließen, dass sich der Darfur-Konflikt nicht im Zentrum des Weltinteresses befand. Als längster Bürgerkrieg der Staatengemeinschaft sollte zunächst der Nord-Süd-Konflikt beendet werden. Die Aussicht auf einen härteren Kurs insbesondere

---

[696] Hierbei geht es um den Zusammenhang zwischen Kriegsberichterstattung und politischen Entscheidungen; vgl. Löffelholz, in: APuZ 16-17/2007, S. 25 (39).

gegenüber der sudanesischen Regierung wurde dementsprechend nicht als erfolgversprechend gewertet. Darüber hinaus hatten sich insbesondere die USA mit Beginn der Präsidentschaft von George W. Bush die Befriedung des Sudan-Konflikts im Rahmen der Afrikapolitik als wählerschaftsorientiertes Ziel gesetzt.[697] Bei entsprechender Wertung der Sachlage vor Ort durften die anderen Staaten zudem davon ausgehen, dass John Garang als damaliger Anführer der nicht-arabischen Bevölkerungsgruppen im Zuge der Implementierung des Friedensvertrages von Naivasha als baldiger Vizepräsident den Konflikt in Darfur befrieden könne.[698] Das zögerliche Vorgehen der Staatengemeinschaft begründet sich insbesondere aus den Drohungen al-Bashirs, der wiederholt eine Friedensmission vor Ort ablehnte und mit Vergeltungsmaßnahmen gegenüber den humanitären Helfern vor Ort drohte.[699]

b. Mangelnde Ressourcenbereitstellung für die jeweiligen Einsätze

Deutlich geworden ist bereits, dass insbesondere fehlende finanzielle und logistische Mittel sowohl für die AMIS als auch für die UNAMID zur mangelnden Effektivität der Einsätze beigetragen haben.[700] Die schleppend verlaufende Implementierung der UNAMID vor Ort wird vielerorts auf das Versagen der Vorgängermission AMIS zurückgeführt.[701] Die Afrikanische Union leidet jedoch seit Beginn ihrer Tätigkeit im Sudan unter konzeptionellen und praktischen Schwierigkeiten, angefangen von Sprachproblemen zwischen den aus unterschiedlichen afrikanischen Ländern stammenden Soldaten bis hin zur Schwäche des Mandats als reiner Friedensmission.[702] Das zu schwach ausgestattete Mandat der Soldaten, das letztendlich der Berichterstattung dient und nicht dem effektiven Schutz der Zivilbevölkerung, wurde bereits an anderer Stelle inhaltlich gewürdigt.[703] Die Afrikaner sind zudem nicht in der Lage, die benötigten Kampfhubschrauber und Ingenieure zu stellen.[704] Dass der Einsatz der Nachfolgemission UNAMID von der Zustimmung der sudanesischen Regierung abhängig gemacht wurde, wird ebenfalls als Grund für das Ausbleiben nachhaltiger Erfol-

---

697 Clough, in: Human Rights Watch World Report 2005, S. 25 (34).
698 Flint/De Waal, Darfur – A New History of a Long War, S. 194.
699 Bernhard/Lingnau, in: Vereinte Nationen 5/2004, S. 167 (168).
700 Siehe unter D. IV. 2. b.
701 Prunier, in: Der Überblick 03/2006, S. 26 (26).
702 Prunier, in: Der Überblick 03/2006, S. 26 (26).
703 So fehlt es an afrikanischen Truppen, entsprechender Ausbildung und Ausrüstung.
704 Scholz, in: E+Z 5/2008, S. 212 (212).

ge deklariert.[705] Dank des fehlenden Eifers der Staatengemeinschaft, 26.000 Einsatzkräfte nach Darfur zu schicken sowie der Verzögerungstaktik der sudanesischen Regierung, wird ein Erfolg der Mission bald graue Theorie[706]. Diese Lücke bei der Einsatzplanung zwischen Auftrag und Realität kann auch nicht durch die Nachfolgemission der UNAMID geschlossen werden. Diese wird in ihren Aufgaben zunächst durch das eng gefasste Mandat sowie durch die mangelnde Truppenstärke und logistische Unterstützung eingeschränkt. Es zeigt sich, dass beide Missionen in Ermangelung eines effektiven Vorgehens, das sicherlich allein wegen des begrenzten Mandates und der fehlenden finanziellen Mittel kaum anders vorstellbar gewesen ist, der Rolle einer neutralen Schlichtungspartei nicht ausreichend gerecht werden konnten.

c. Ausbleiben des CNN-Effekts

Verantwortlich für das späte und zögerliche Engagement der Staatengemeinschaft wird auch das Ausbleiben des CNN-Effekts gemacht. Dieser Begriff hat sich insbesondere im Zuge der Ereignisse in Somalia etablieren könnten. Es wird angenommen, dass es eine moralische Solidarität mit den Opfern von Brutalität geben kann, die mit einer entsprechenden Berichterstattung einhergeht. So gibt es Untersuchungen, die belegen, dass eine entsprechende Berichterstattung über Krisengebiete die Mediennutzer gewaltbereiter macht und sich die öffentliche Rechtfertigung eines Krieges somit sicherstellen lässt.[707] Das Interesse der Weltöffentlichkeit am Darfur-Konflikt wird von Beginn an von sich steigernden und abflauenden Phasen geprägt. Als es zum Überfall der Rebellen auf den Flughafen al-Fasher 2003 kommt, ist der Krieg im Irak omnipräsent.[708] Der Darfur-Konflikt wird über einen längeren Zeitraum ignoriert; im Mittelpunkt der internationalen Berichterstattung über den Sudan steht das sich abzeichnende Friedensabkommen zwischen dem Norden und dem Süden des Landes im kenianischen Naivasha. Bis März 2004 gibt es kein öffentliches mediales Interesse an dem Konflikt. Im Frühjahr 2004 können zum ersten Mal Nachrichtenteams in die Regionen vordringen. Kofi Annan zieht in einer Gedenkrede zum Völker-

---

705 So sagt Prunier, dass mit der Bindung des Einsatzes an die Erlaubnis der sudanesischen Regierung quasi Verbrecher gefragt werden, ob sie mit ihrer eigenen Verhaftung einverstanden wären; Prunier, Der uneindeutige Genozid, S. 221.

706 Herzinger, in: IP 1/2009, S. 89 (93).

707 Schmidt bezieht sich hierbei auf eine Analyse von Jürgen Link zum NATO-Einsatz im Kosovo; Schmidt, in: Beestermöller, Die humanitäre Intervention, S. 101 (117).

708 Hinsch/Janssen, Menschenrechte militärisch schützen, S. 210.

mord in Ruanda erste Parallelen mit den Ereignissen in Darfur.[709] Auch Mukesh Kapila, der Sudan-Koordinator der Vereinten Nationen im Sudan, deklariert die Ereignisse als Völkermord und behauptet in seiner Rede, dass der einzige Unterschied zu den Vorfällen in Ruanda die Anzahl der Betroffenen sei.[710] Das US-Holocaust-Museum und der *American Jewish World Service* gründen daraufhin die *Safe Darfur Coalition*.[711] Die Weltöffentlichkeit richtet ihre Aufmerksamkeit zudem auf den Konflikt in Darfur, als US-Außenminister Colin Powell 2004 die dortigen Ereignisse als Völkermord qualifiziert[712]; dieser Verurteilung folgen jedoch keine effektiven militärischen Maßnahmen. Eine anschließend aufkommende moralische Entrüstung sowie die mediale Verbreitung des Darfur-Konflikts findet in dem Moment ein Ende, als Asien am 26. Dezember 2004 vom Tsunami heimgesucht wird.[713] Festgestellt werden kann, dass sich auch das geringe Interesse der Weltöffentlichkeit letztendlich nachteilig auf die internationalen Friedensbestrebungen ausgewirkt hat.[714] Ein wie in Somalia medial motivierter Interventionismus wäre bei der Situation in Darfur nach wie vor angebracht.

V. Ergebnis

Die internationale Staatengemeinschaft hat sich in der Vergangenheit mit der Situation in Darfur beschäftigt und verschiedene Maßnahmen der Friedenskonsolidierung verfolgt. Im Rahmen der Konfliktentwicklung ist deutlich geworden, dass ein entschlossenes Vorgehen bis dato unterblieben ist und weiterhin gravierende Menschenrechtsverletzungen in der Region stattfinden. Die Maßnahmen der Staatengemeinschaft mögen zwar völkerrechtlich legal gewesen sein, doch lassen die internationalen Maßnahmen weiterhin eine gewisse Effektivität vermissen. Diese augenscheinliche „Krise" des Peacekeepings ist, wie auch im Fall Darfur, ein Ergebnis quantitativer Überdehnung und qualitativer Überforderung von Kapazitäten.[715] Trotzdem sind die UN-Missionen die einzige Option, wenn es um eine Friedenssicherung geht, die gleichzeitig mit einer einzigartigen Legi-

---

709 Hinsch/Janssen, Menschenrechte militärisch schützen, S. 210.
710 Flint/de Waal, Darfur – A New History of a Long War, S. 179.
711 Flint/de Waal, Darfur – A New History of a Long War, S. 180.
712 Thielke, Krieg im Lande des Mahdi, S. 16.
713 Prunier dazu: „Es kann nur eine emotionsgeladene Story in der Weltgeschichte geben"; vgl. Prunier, Der uneindeutige Genozid, S. 168.
714 Pabst, in: Vereinte Nationen 3/2008, S. 99 (99).
715 So Tull, in: SWP-Aktuell 1/2010, S. 1 (28).

timität ausgestattet sein soll.[716] Das Problem, das sich auch im Hinblick auf den Darfur-Konflikt erneut zeigt, ist, dass Friedensmissionen dort eingesetzt werden, wo die Voraussetzungen für einen belastbaren Friedensprozess fehlen. Strategien einer bloßen Friedenssicherung erweisen sich als vollkommen ungeeignet, wenn sie in Gebieten stattfinden, in denen ein reguliertes Vorgehen bereits in Ermangelung von eingehaltenen Friedensverträgen scheitert, denn ein funktionierendes Peacekeeping setzt voraus, dass ein Waffenstillstand zwischen den Konfliktparteien in einem Krisengebiet bereits besteht.[717] Die Rede ist hierbei auch von: „mit Blauhelmen nach Konflikten werfen“[718]. Darüber hinaus ist deutlich geworden, dass das UN-Sicherheitssystem in der momentanen politischen Realität keinen Handlungsspielraum für ein satzungsrechtlich anerkanntes Widerstandsrecht bietet.[719] Es bleibt daher zu hoffen, dass der nationale Egoismus nicht weiterhin den Handlungsmaßstab der Staaten auf der internationalen Ebene bilden wird.[720] Der internationalen Staatengemeinschaft muss klar werden, dass die bloße Anwesenheit von Blauhelmen keine politischen Lösungen eröffnet. Es kann nicht ausgeschlossen werden, dass der Einsatz in Darfur zu einem Schaden für das Ansehen des Peacekeepings geführt hat.[721] In Darfur kann es folglich nur zu einer Befriedung des Konflikts kommen, wenn die Staaten ihre nationalen Interessen dem Völkerrecht unterordnen und somit gegen die Missachtung der fundamentalen Menschenrechte mithilfe einer UN-gestützten Lösung effektiv vorgehen.[722] Es bedarf einer globalen Bewusstseinsänderung in Bezug auf die tatsächlichen aktuellen Leistungen der Vereinten Nationen.[723] Es muss nach weiteren Möglichkeiten gesucht werden, wie sich innerstaatliche Konflikte wie in Darfur befrieden lassen. Bisher hat sich die UNO mit der Mandatierung der AMIS und UNAMID wieder einmal als „zahnloser Tiger“ erwiesen.[724]

Auf Dauer gesehen können die Vereinten Nationen ihren eigenen Ansprüchen der internationalen Friedenssicherung kaum gerecht werden. Es wird daher im

---

716 Nitzschke/Wittig, in: Vereinte Nationen 3/2007, S. 89 (92).
717 Hinsch/Janssen, Menschenrechte militärisch schützen, S. 33.
718 Tull, in: SWP-Aktuell 1/2010, S. 1 (14).
719 Schmalenbach, in: JZ 2005, S. 637 (643).
720 Paschke, in: Vereinte Nationen 5/2005, S. 170 (170).
721 Onoja, in: conflict trends magazine 3/2008, S. 39 (43).
722 Bernhard/Lingnau, in: Vereinte Nationen 5/2004, S. 167 (168).
723 So bezeichnet Paschke die Reform der UNO als „unendliche Geschichte“; Paschke, in: Vereinte/Nationen 5/2005, S. 170 (173).
724 Prunier, in: Der Überblick 03/2006, S. 26 (26).

Kontext der Friedenskonsolidierungsmaßnahmen nach weiteren potenziellen Handlungsmöglichkeiten der internationalen Staatengemeinschaft zu suchen sein.

E. Potenzielle Friedenskonsolidierungsmaßnahmen der Gegenwart vor dem Hintergrund völkerrechtlicher Rechtsfortbildung sowie neuer völkerrechtlicher Lösungsansätze

Nach dem Ende des Ost-West-Konflikts ist der Ruf nach einem Recht bzw. einer Pflicht der internationalen Staatengemeinschaft zum Eingreifen in Krisengebieten immer lauter geworden. Eine sogenannte *humanitäre Intervention* kann in diesem Zusammenhang dazu beitragen, dass die Vereinten Nationen gegen schwerste Menschenrechtsverletzungen und Sozialkatastrophen wie Massensterben durch Hungersnöte, Bürgerkriege u. ä. wirksam vorgehen können. Bereits in der Vergangenheit ist darauf hingewiesen worden, dass es eine Tendenz zur Passivität der Staatengemeinschaft bei Vorfällen wie Folter, Vertreibung oder anderen schweren Menschenrechtsverletzungen gibt.[725] Die Rechtsfigur der humanitären Intervention soll in diesen Fällen als zulässiges Eingriffsinstrument zur Abwendung von schweren Menschenrechtsverletzungen und Völkermord zur Verfügung stehen.[726] Dies wirft die Frage auf, inwieweit eine humanitäre Intervention, die einen direkten Eingriff in innere Angelegenheiten eines souveränen Staates darstellt, zugunsten der sudanesischen Bevölkerung in Darfur völkerrechtlich zulässig wäre. Darauf aufbauend stellt sich die Frage, ob eine humanitär motivierte Gewaltanwendung auch nach dem Inkrafttreten der UN-Charta in speziellen Fällen und an bestimmte Voraussetzungen geknüpft rechtmäßig sein kann. Das Problem, das sich im Zusammenhang mit der Frage nach einer Legalität einer humanitären Intervention stellt, verlangt eine Auseinandersetzung in völkerrechtlicher und politischer, aber auch in moralischer Hinsicht. Im Vordergrund der Diskussion steht die Frage der Vereinbarkeit von militärischen Einsätzen mit humanitärer Zweckbestimmung ohne Mandat des Sicherheitsrats mit dem Gewaltverbot. Es muss sich in der Staatenpraxis und im Verhalten der Vereinten Nationen eine Tendenz erkennen lassen, die die Anwendung von Waffengewalt zum Schutze von Menschenrechten duldet. Anknüpfungspunkt für ein militärisches Eingreifen der Staatengemeinschaft ist zunächst

---

725 Kritisch hierzu: Greenwood, in: Europa-Archiv 48/1993, S. 93 (106).

726 Pape, Humanitäre Intervention, S. 140.

die Charta der Vereinten Nationen, die auf vertraglicher bzw. gewohnheitsrechtlicher Grundlage oder im Hinblick auf allgemeine Rechtsgrundsätze, die hier zur Anwendung kommen, Aufschluss über ein diesbezügliches Recht geben kann. Im engeren Sinne geht es mithin um die Rechtmäßigkeit eines ungeschriebenen Tatbestands. Nur, wenn ein entsprechender Erlaubnistatbestand positiv festgestellt werden kann, ergibt sich eine Pflicht der Staatengemeinschaft zum Eingreifen in Darfur. Wegweisend ist in diesem Zusammenhang eine mögliche historische Etablierung der Rechtsfigur, auch im Hinblick auf die Entscheidungen des UN-Sicherheitsrates. Dabei zeigt sich, dass die humanitäre Intervention in der Praxis seit den 90er Jahren eine *paradoxe Wendung*[727] genommen hat, die auf unterschiedliche Rückschläge zurückgeführt werden kann und wie im Fall Darfur zu einem fatalen Zögern der Staatengemeinschaft führen musste. So haben sich humanitäre Interventionen in der Vergangenheit zu immer komplexeren Projekten der Demokratieentwicklung ausgeweitet.[728] Wichtig ist, dass die Frage nach einem Recht zur Intervention nicht mithilfe einzelner Meinungen in der Literatur begründet werden kann, sondern nur durch eine völkerrechtliche Analyse der UN-Charta und der Staatenpraxis. Anknüpfungspunkt ist in diesem Zusammenhang auch das Völkergewohnheitsrecht. Neben der Charta der Vereinten Nationen könnte sich die Legitimation zu einem militärischen Vorgehen gegen den Sudan auch aus der Charta der Afrikanischen Union ergeben; diese sieht seit ihrer Änderung 2002 immerhin eine Interventionsmöglichkeit bei Verletzungen fundamentaler Menschenrechte vor.[729] Des Weiteren obliegt der Staatengemeinschaft eine weitere Eingriffsmöglichkeit auf Grundlage der auf Raphael Lemkin zurückgehenden Genozidkonvention. Hierfür erforderlich ist zunächst die Anwendbarkeit der daraus resultierenden Normen sowie ein unzweifelhaft in Darfur stattfindender Völkermord. Bei dem Wunsch nach einer allgemeinen Interventionserlaubnis geht es außerdem um mögliche Auswirkungen auf die Entwicklung des internationalen Rechts sowie auf das internationale politische System. Dies geht letztendlich mit der im Rahmen der 2001 geschaffenen Responsibility to Protect als Ausdruck der völkerrechtlichen Rechtsfortbildung einher, die besagt, dass Interventionen gegen den Willen eines Staates sehr wohl stattfinden können. So trage der UN-Sicherheitsrat die dort zum Ausdruck kommende allgemeine Schutzverantwortlichkeit, die ihm dieses Handeln auf der Grundlage von Kap. VII UN-Charta gestatte. Im Hinblick auf diese Entwicklung soll

---

727 Herzinger, in: IP 1/2009, S. 89 (93).
728 Herzinger, in: IP 1/2009, S. 89 (91).
729 Vgl. hierzu Art. 4 lit. h) AU-Charta.

ferner untersucht werden, inwieweit die Versuche der Legitimation militärischer Interventionen die normativen Grundlagen des Völkerrechts in Frage stellen. Es zeigt sich, dass es eine Reihe von globalpolitischen Ansatzpunkten gibt, die als Grundlage für die Lösung des Konflikts in Darfur von Bedeutung sind. Nur eine multidimensionale Betrachtungsweise kann im Einzelnen Aufschluss darüber geben, ob ein Eingreifen der internationalen Staatengemeinschaft in Darfur möglich ist. In völkerrechtlicher Hinsicht stehen neuen Denkansätzen zumindest die Grundsätze entgegen, dass innerstaatliche Konflikte keine Bedrohung des Weltfriedens und der internationalen Sicherheit im Sinne von Art. 39 UN-Charta darstellen und Friedenstruppen nur mit der Zustimmung des Aufnahmestaates stationiert werden dürfen.

I. Auf Grundlage der Charta der Vereinten Nationen

Die Vereinten Nationen sind nach wie vor der wichtigste Akteur, sofern es um den externen Einfluss auf die in den inneren Bereich fallenden Angelegenheiten eines Mitgliedstaates geht. Hierzu zählen alle Angelegenheiten, die den Staaten vorbehaltenen Rechten unterfallen und eben nicht völkerrechtlich vereinbart aus der alleinigen staatlichen Zuständigkeit herausgehoben wurden.[730] Aus diesen Gründen ist fraglich, inwiefern die internationale Staatengemeinschaft auf die Ereignisse in Darfur auf der Grundlage der UN-Charta reagieren kann. Fest steht, dass sich mit der Erweiterung der Befugnisse der Peacekeeping-Truppen, die auf der Grundlage von Kap. VII UN-Charta nunmehr zum aktiven Eingreifen in Konfliktsituationen ermächtigt werden können, die humanitäre Intervention als neues Instrument der Friedenssicherung in den 90er Jahren entwickeln konnte. Das damit in der Vergangenheit partiell verbundene Eingreifen der internationalen Staatengemeinschaft ist zu einem kontroversen Thema der gegenwärtigen Völkerrechtsordnung geworden.

Neben den einzelnen Begriffsbestimmungen verlangt insbesondere die tatbestandliche Ableitung der Rechtsfigur der humanitären Intervention aus der Charta der Vereinten Nationen eine besondere Aufmerksamkeit. Schließlich sieht die Satzung nur zwei Ausnahmen von dem in Art. 2 Ziff. 4 UN-Charta verankerten Gewaltverbot vor: die Selbstverteidigung aus Art. 51 UN-Charta sowie das Recht des UN-Sicherheitsrates zur kollektiven Durchsetzung von Zwangsmaßnahmen nach Art. 39 UN-Charta. Vor diesem Hintergrund spielen die einzelnen

[730] Hobe, Einführung in das Völkerrecht, S. 367.

Autorisierungen humanitärer Interventionen in der Völkerrechtsgeschichte seit den 90er Jahren eine Rolle, wenn es um die gewohnheitsrechtliche Anerkennung infolge der politischen Einschätzungsprärogative des UN-Sicherheitsrates sowie der sonstigen Rechtsgrundlage geht, die nach Auslegung *contra legem* Anwendung findet. Die Staatengemeinschaft wird in diesem Zusammenhang zumindest mit einer substanziellen Neuorientierung des Völkerrechts[731] konfrontiert.

1. Rechtsfigur der humanitären Intervention als legale Maßnahme der Friedenskonsolidierung in der Staatenpraxis?

Es gibt die Überlegung, ob die internationale Staatengemeinschaft den Bürgerkrieg im Sudan mithilfe einer humanitären Intervention befrieden könnte oder ob ein derart ausgestaltetes Handeln dem geltenden Völkerrecht widersprechen würde und somit rechtswidrig wäre. Ziel der folgenden Reflexion ist, ob die Frage nach einem „gerechten Krieg" unter dem geltenden UN-Sicherheitssystem auflösbar ist. Ergo geht es insbesondere um die Frage nach einer Verrechtlichung unilateraler humanitärer Interventionen sowie deren rechtlicher Begründbarkeit. So muss humanitäre Hilfe auf den Grundsätzen des Völkerrechts beruhen und von diesen getragen werden. Bei der Frage nach einer in Darfur möglichen humanitären Intervention müssen unterschiedliche Faktoren beachtet werden: Zunächst spielt die Konstruktionsmöglichkeit eines diesbezüglichen Rechts eine wichtige Rolle, das die Durchführung von humanitären Maßnahmen im Zusammenhang mit der Anwendung von militärischer Waffengewalt legitimieren könnte. Im Mittelpunkt der Untersuchung steht, ob schwere Menschenrechtsverletzungen durch militärische Interventionen geahndet werden können und wenn ja, ob diese überhaupt ein geeignetes und angemessenes Mittel zu sein scheinen. Es ist fraglich, ob es zu den Aufgaben der internationalen Friedenssicherung gehört, dass im Rahmen eines innerstaatlichen Konflikts geschehende Menschenrechtsverletzungen verhindert werden müssen. Eine Gewichtsverschiebung zwischen Staats- und Individualschutz zugunsten einer individualschutzorientierten Rechtsentwicklung lässt sich an dieser Stelle zumindest nicht verneinen. Im Rahmen einer Weiterentwicklung der Maßnahmen zur internationalen Friedenssicherung kann neben dem heutigen Zeitgeist insbesondere die Staatenpraxis Aufschluss darüber geben, inwiefern das Konzept der humanitären Intervention im Fall Darfur Anwendung finden kann. Das Institut der humanitären Intervention muss in der Vergangenheit ausreichend Anerkennung gefunden haben, um

---

[731] Merkel, in: Beestermöller, Die humanitäre Intervention, S. 29 (29).

als Rechtfertigungsgrund das Leiden der Bevölkerung in Darfur unter Einsatz militärischer Gewalt durch die internationale Staatengemeinschaft beenden zu können. Dies benötigt das Vorliegen normativer Prinzipien, die ihrerseits ein etwaiges militärisches Eingreifen in Darfur ermöglichen können. Bei der völkerrechtlichen Untersuchung der Rechtsfigur der humanitären Intervention geht es um diejenigen Fragen, die sich gegenwärtig mit dem Konzept der humanitären Intervention verbinden und sich nur dann erschließen lassen, wenn das Konzept sowohl als politisches Instrument als auch als theoretisches Konstrukt behandelt wird. Ziel der Ausarbeitung ist es, die vorläufigen Ergebnisse des offenen Entwicklungsprozesses der humanitären Intervention unter Berücksichtigung der wichtigsten rechtlichen und politischen Stationen darzustellen. Hierfür ist neben der genauen Kenntnis der Begriffe dieser Rechtsfigur auch eine Betrachtung der völkerrechtlichen Staatengeschichte erforderlich.

a. Einführung

Im Hinblick auf die Etablierung der Rechtsfigur der humanitären Intervention stellt sich zunächst die Frage nach einer geeigneten Definition, die ihrerseits von der Auslegung der Begriffe „Intervention" und „humanitär" abhängig sein wird, die in der Literatur selbst nicht unumstritten sind. Darüber hinaus gibt es unterschiedliche Formen der humanitären Intervention, die im Einzelnen dargestellt werden. Gewöhnlich wird mit dem Begriff der humanitären Intervention ein militärisches Vorgehen einzelner Staaten mit dem Ziel verbunden, großes menschliches Leid zu verhindern. Von der überwiegenden Mehrheit der Autoren wird der Begriff der humanitären Intervention zur Kennzeichnung genutzt, wenn es um Fälle der Durchsetzung von humanitären Zielen mithilfe des Einsatzes militärischer Mittel geht.[732] Während der Einsatz militärischer Mittel einen eindeutigen Bedeutungsgehalt impliziert, müssen nach Münkler und Malowitz weitere Faktoren beachtet werden, die im Rahmen einer humanitären Intervention zur Unterscheidung beitragen. Dabei geht es um die Würdigung des jeweils betroffenen Personenkreises sowie der Interventen, die in dem Geschehen eine Stellung als supranationale multilaterale oder unilaterale Hilfesteller annehmen.[733] Im Vordergrund stehen die Begriffsbestimmung, die Gründung der Rechtsfigur vor dem Hintergrund bestimmter historischer Ereignisse in der Staatengeschich-

---

[732] Ausschlaggebend hierfür ist die Entscheidung des Europäischen Parlaments zum Recht auf Intervention aus humanitären Gründen von 1994, ABl. 1994, Nr. c 128, S. 225.

[733] Münkler/Malowitz, in: Münkler/Malowitz, Humanitäre Interventionen – Grundlagen und Diskussion, S. 7 (8).

te sowie die Darstellung der Debatte über die humanitären Interventionen in den 90er Jahren.

aa. Begrifflichkeiten im Kontext der humanitären Intervention

In der wissenschaftlichen Literatur kursieren verschiedene Bedeutungen des Begriffs humanitäre Intervention. So kann bereits der Ausdruck der „Intervention“ auf unterschiedliche Weise ausgelegt werden. Auch die Bezeichnung „humanitär“ bedarf vor dem Hintergrund der zunehmenden Bedeutung der Menschenrechte als *ius cogens* einer genaueren Erörterung. Bereits die Beifügung des Adjektivs humanitär führt dazu, dass sich zwei grundsätzlich verschiedene Bedeutungen in der Literatur gegenüberstehen. Es wird teilweise angenommen, dass der Begriff der humanitären Intervention aufgrund der nicht existenten einheitlichen Auslegung des Völkerrechts nicht zufriedenstellend definiert werden kann.[734] Beim wissenschaftlichen Streit über die Definition geht es zum einen um den jeweiligen Personenkreis, zu dessen Gunsten die Intervention erfolgen darf, und zum anderen um die hierbei zu verwendenden Mittel. Fest steht zumindest, dass der Terminus in der Charta der Vereinten Nationen selbst nicht vorkommt.[735]

(1) Der Begriff der Intervention

Der Begriff der Intervention im völkerrechtlichen Sinne wird maßgeblich durch Art. 2 Ziff. 7 UN-Charta modelliert, der nicht nur die souveräne Gleichheit der Mitglieder untereinander, sondern auch das zwischenstaatliche Interventionsverbot reglementiert. Die Bezeichnung findet insbesondere in der internationalen Politik Anwendung und gilt generell für jegliche Form der Einflussnahme, die von außen auf innerstaatliche Belange wie das politische System erfolgt.[736] Bei dieser eher weiter gefassten Begriffsumschreibung bleibt gleichwohl offen, mit welchen Mitteln die Intervention selbst zu erfolgen hat. Möglichkeiten ergeben sich immerhin durch wirtschaftliche Beschränkungen wie Embargos, Flugverbotszonen oder die Androhung bzw. Durchsetzung von militärischer Ge-

---

734 Woyke, in: Woyke, Handwörterbuch internationale Politik, S. 271 (272).

735 Hierbei sollte stets beachtet werden, dass der Terminus der humanitären Intervention aus dem 19. Jahrhundert stammt und somit aus einer Epoche, in der die Menschenrechte nicht denselben Geltungsrang hatten wie heute. Die ursprüngliche Konzeption ist somit nicht auf die heutigen Situationen übertragbar; Schweisfurth, Völkerrecht, Kap. 9, Rn. 304.

736 Czempiel, in: Merkur 54/2000, S. 11 (14); Hobe, Einführung in das Völkerrecht, S. 366.

walt.[737] Wichtig ist, dass bei der Definition des Begriffs der Intervention ein normativer Ansatz verfolgt wird, der einen internationalen Akt voraussetzt, der auf eine gesteigerte Beeinflussung des Herrschaftssystems abzielt und außerdem mithilfe von Zwangsmaßnahmen als aktive Feindseligkeit politischer Autoritäten[738] durchgesetzt werden soll.[739] Als Definition für die Intervention ergibt sich daher folgende Beschreibung: es geht um die bewusste, von außen erfolgte Einmischung auf das Herrschaftssystem eines anderen Staates mithilfe von Zwangsmaßnahmen aller Art.[740] Dies kann durch die indirekte oder direkte Einmischung in dessen innere und äußere Angelegenheiten erfolgen.[741] Zu beachten ist, dass in diesem Sinne normativ erfasste nicht rechtlich zulässige Einmischungen die möglichen Interventionsformen beschränken würden.[742] Im Hinblick auf etwaige Maßnahmen der Friedenskonsolidierungen im Darfur-Konflikt geht es in Übereinstimmung mit Volk um diejenigen Interventionen, die neben dem Verstoß gegen Art. 2 Ziff. 7 UN-Charta insbesondere einen Verstoß gegen das Gewaltverbot aus Art. 2 Ziff. 4 UN-Charta darstellen.[743]

(2) Der Begriff „humanitär"

Während der Begriff der Intervention eher im politischen Zusammenhang genutzt wird, lässt sich der Begriff „humanitär" auf die karitative Praxis von Hilfsorganisationen zurückführen, die sich dem Prinzip der *humanitas* verpflichtet fühlen und dementsprechend Notleidenden ohne Rücksicht auf deren religiöse, ethnische oder politische Zugehörigkeit helfen möchten.[744] Der Begriff wird als völkerrechtlich besetzter Terminus auch dann verwendet, wenn es um Bemühungen geht, die das Leid der Opfer von Kriegshandlungen lindern sollen.[745] Er muss folglich keine formalen, sondern inhaltliche Kriterien erfüllen. Ein semantischer Kernbestand lässt sich aber auch in diesem Zusammenhang ausmachen:

---

737 Zangl, in: Ferdowski, Internationale Politik im 21. Jahrhundert, S. 105 (107).

738 Weiss, in: Debiel/Nuscheler, Der neue Interventionismus, S. 53 (57).

739 Ebock, Der Schutz grundlegender Menschenrechte, S. 53; Woyke, in: Woyke, Handwörterbuch internationale Politik, S. 271 (273).

740 Hobe, Einführung in das Völkerrecht, S. 366; Volk, Die Begrenzung kriegerischer Konflikte durch das moderne Völkerrecht, S. 160.

741 Isensee, in: JZ 1995, S. 421 (423); Rumpf, Der internationale Schutz der Menschenrechte, 1981, S. 40.

742 Volk, Die Begrenzung kriegerischer Konflikte durch das moderne Völkerrecht, S. 161.

743 Volk, Die Begrenzung kriegerischer Konflikte durch das moderne Völkerrecht, S. 161.

744 Münkler/Malowitz in: Münkler/Malowitz, Humanitäre Intervention – Grundlagen und Diskussion, S. 7 (7).

745 Gillessen, in: IP 9/1997, S. 13 (18).

die humanitäre Intervention wird zumindest im Kontext mit massiven und gravierenden Verletzungen grundlegender Menschenrechte infolge staatlicher Untätigkeit oder Verletzung genannt.[746] An den Ausdruck „humanitär" schließt sich die Frage nach einer allgemeinen Unterscheidung zwischen der humanitären Intervention und der Intervention zum Schutz der Menschenrechte an.[747] Der Begriff „humanitär" betrifft generell auch diejenigen Fälle, bei denen Menschen infolge von Naturkatastrophen großes Leid geschehen ist. Eine politische Tendenz verbirgt sich hinter der humanitären Hilfeleistung somit zunächst nicht. Wichtig ist jedoch, dass die humanitäre Hilfe auf dem Gedanken basiert, dass jedem Menschen allein aufgrund seines Menschseins ein Anrecht auf die physische Unversehrtheit zusteht.[748] Eine Intervention aus humanitären Gründen kann somit nicht losgelöst von menschenrechtlich motiviertem Vorgehen geschehen; eine Unterscheidung zwischen der humanitären Intervention und der Intervention zum Schutze von Menschenrechten erübrigt sich folglich. Das Konzept der humanitären Intervention mutiert teilweise von der grundsätzlich verbotenen zur grundsätzlich erlaubten Maßnahme, von der Zufügung eines Übels zum Erweisen einer Wohltat. *Grosso modo* müssen unter dem Begriff zunächst alle Formen der Einflussnahme zusammengefasst werden, die der Durchsetzung humanitärer Ziele mithilfe militärischer Mittel dienen.[749] Eine humanitäre Intervention gilt als vorrangige Aufgabe politischer Ordnungssysteme mithin dem Schutz elementarer Menschenrechte.[750]

bb. Erscheinungsformen

Es ist deutlich geworden, dass ein Militäreinsatz zum Schutz der Zivilbevölkerung und zur Unterstützung der humanitären Hilfe als humanitäre Intervention angesehen wird.[751] In diesem Zusammenhang werden im Völkerrecht zwei Formen der humanitären Intervention voneinander unterschieden: zum einen diejenigen zugunsten eigener Staatsangehöriger auf dem Territorium eines fremdes Staates, zum anderen solche Interventionen, die zum Schutz beliebiger Staatsan-

---

[746] Münkler/Malowitz, in: Münkler/Malowitz, Humanitäre Intervention – Grundlagen und Diskussion, S. 7 (8).

[747] Heinz, in: APuZ 12/1993, S. 3 (3).

[748] Götze, in: Der Bürger im Staat 4/2004, S. 210 (210).

[749] Fischer, in: Ipsen, Völkerrecht, § 59, Rn. 26; Kimminich, in: AVR 38/1995, S. 439 (433).

[750] Hinsch/Janssen, Menschenrechte militärisch schützen, S. 36.

[751] Vgl. auch: Benner/Romann, in: Vereinte Nationen 4/2009, S. 147 (151).

gehöriger unternommen werden.[752] Die Staatengeschichte lehrt außerdem, dass diese Form des Eingriffs auch als kollektive humanitäre Intervention durch die Organisation der Vereinten Nationen erfolgen kann.[753] Unter einer humanitären Intervention fällt somit nicht nur die Rettung eigener oder fremder Staatsangehöriger in einem dritten Staat, sondern auch die Situation, in der fremde Staatsangehörige in ihrem eigenen Land massiv bedroht werden.[754]

(1) Zugunsten eigener Staatsangehöriger

Die humanitäre Intervention zum Schutz der eigenen Zivilbevölkerung in einem fremden Land wird von einem Teil der Völkerrechtsgelehrten aufgrund ihrer übergeordneten innenpolitischen Rolle als eigenständiges Rechtsinstitut behandelt, obwohl sie auf derselben Rechtsgrundlage beruht wie die humanitäre Intervention zum Schutz einer fremden Bevölkerung.[755] Gegen eine Unterscheidung spricht, dass eine Anknüpfung an die Staatsangehörigkeit der zu rettenden Menschen mit dem Wesentlichkeitsgehalt der Menschenrechte nicht vereinbar zu sein scheint.[756] Ein bekanntes Gegenbeispiel ist die israelische Geiselbefreiung in Entebbe im Juli 1976, die mit der Fürsorgepflicht des Staates gegenüber seinen Bürgern gerechtfertigt wurde.[757]

Demzufolge ist anzunehmen, dass der Heimatstaat zur Ausübung des diplomatischen Schutzes zumindest ohne die Anwendung militärischer Gewalt berechtigt ist, sobald es sich um Menschenrechtsverletzungen gegenüber eigenen Staatsangehörigen im Ausland handelt. Für die Untersuchung von etwaigen Handlungsmöglichkeiten der internationalen Staatengemeinschaft im Fall Darfur kann jedoch dahinstehen, ob die – gewaltsame – humanitäre Intervention zugunsten der eigenen Bevölkerung auf einem fremden Territorium zulässig ist oder nicht. Es ist deutlich geworden, dass eine von der Staatengemeinschaft der Vereinten Nationen getragene Lösung zur Abwendung der humanitären Notlage der darfurischen Bevölkerung gefunden werden muss.

---

752 Ebock, Der Schutz grundlegender Menschenrechte, S. 56; Murswiek, in: Der Staat 1996, S. 31 (32).

753 Siehe beispielweise das Eingreifen der NATO im Kosovo 1999; siehe unter E. I. d. bb. (1).

754 Kempen/Hillgruber, Völkerrecht, § 35, Rn. 114; Schweisfurth, Völkerrecht, Kap. 9, Rn. 302.

755 Volk, Die Begrenzung kriegerischer Konflikte durch das moderne Völkerrecht, S. 158.

756 Volk, Die Begrenzung kriegerischer Konflikte durch das moderne Völkerrecht, S. 158.

757 Hinsch/Janssen, Menschenrechte militärisch schützen, S. 31.

(2) Zugunsten fremder Staatsangehöriger

Dementsprechend handelt es sich im Vorliegenden in Anbetracht der potenziellen Handlungsmöglichkeiten der internationalen Staatengemeinschaft in Darfur um diejenige Erscheinungsform der humanitären Intervention, bei der die Maßnahmen auf die Rettung fremder Staatsangehöriger gerichtet sind. Mit der überwiegenden Ansicht der Literatur ist anzunehmen, dass bei dieser Art von Intervention ein fremder Staat zu einem Anwalt der Nöte und Ängste einer in ihrer Existenz bedrohten Bevölkerungsgruppe wird, indem er mithilfe einer Militäraktion zu deren Rettung eilt.[758] Hier geht es um eine humanitäre Intervention im eigentlichen Sinne.[759] Dort, wo sich der Idealismus der Menschenrechte mit dem Realismus einer Erweiterung staatlicher Handlungsräume verbindet, wächst die Wahrscheinlichkeit einer Intervention.[760] Dabei steht im Vordergrund, dass ein absoluter Mindeststandard durch das Eingreifen Dritter gesichert wird, *in concreto* das Recht auf Leben, auf körperliche Unversehrtheit und Freiheit.

(3) Zusammenfassung

Grosso modo werden unter dem Begriff einer humanitären Intervention in Anlehnung an den in der Diskussion üblichen Sprachgebrauch alle militärischen Maßnahmen zusammengefasst, die von einem Staat oder einer Gruppe von Staaten mit oder ohne Ermächtigung des UN-Sicherheitsrats auf dem Territorium eines anderen Staates ohne dessen Ersuchen durchgeführt werden, um Menschen beliebiger Staatsangehörigkeit vor massenhaften und gravierenden Menschenrechtsverletzungen oder den Auswirkungen herbeigeführter oder geschuldeter humanitärer Notlagen zu schützen.[761] Die Anwendung der Waffengewalt durch einen oder mehrere Staaten erfolgt dabei zum Schutze der Bevölkerung eines fremden Staates vor Menschenrechtsverletzungen.[762] Bei den humanitären Interventionen, um die es in der aktuellen Diskussion im Hinblick auf den Darfur-Konflikt geht, steht eine menschenrechtlich motivierte militärische Intervention im Fokus. Ob sich das Konzept der humanitären Intervention völkerrechtlich

---

758 Tomuschat, in: Münkler/Malowitz, Humanitäre Intervention – Grundlagen und Diskussion, S. 65 (66).

759 Herdegen, Völkerrecht, § 34, Rn. 25; Volk, Die Begrenzung kriegerischer Konflikte durch das moderne Völkerrecht, S. 157.

760 Beck, Der kosmopolitische Blick oder: Krieg ist Frieden, S. 220.

761 Ebock, Der Schutz grundlegender Menschenrechte, S. 63; Hilpold/Zagel, in: S+F 1/2006, S. 38 (40); Hobe, Einführung in das Völkerrecht, S. 353; Münkler/Malowitz, in: Münkler/Malowitz, Humanitäre Intervention – Grundlagen und Diskussion, S. 7 (9).

762 Deiseroth, in: NJW 1999, S. 3084 (3084); Fischer, in: Ipsen, Völkerrecht, § 59, Rn. 26.

etablieren konnte und ob schwere Menschenrechtsverletzungen ein derartiges Vorgehen rechtfertigen können, gehört zum Gegenstand von späteren Abhandlungen.

b. Historischer Anknüpfungspunkt

Insbesondere bei den mit schwerwiegenden Menschenrechtsverletzungen einhergehenden Fällen wie der aktuellen humanitären Katastrophe in Darfur wird regelmäßig der Ruf nach einer militärischen Lösung laut. Die sich in diesem Zusammenhang konstituierende zentrale Debatte über den legitimen Einsatz militärischer Staatsgewalt gegenüber souveränen Staaten ist insbesondere in historischer Sichtweise bereits kontrovers geführt worden. Die humanitäre Intervention stellt somit kein neues völkerrechtliches Phänomen dar. So gibt es historische Vorläufer des Gewaltverbots, die insgesamt zu der Schaffung einer politisch-theologischen Lehre vom gerechten Krieg beigetragen haben. Ab der Spätantike haben sich Gelehrte wie Thomas von Aquin oder später Hugo Grotius mit der Frage nach diesbezüglichen möglichen Konvergenzen und politischen Divergenzen beschäftigt. Dem Kontext angemessen erfolgt eine kurze inhaltliche Übersicht der theoretischen Grundlagen, die dem Verständnis der Rechtsfigur der humanitären Intervention vor dem Hintergrund etwaiger von der Staatengemeinschaft gebilligten Handlungsmöglichkeiten im Darfur-Konflikt zuträglich ist. Im Vordergrund steht die Entwicklung zum *ius ad bellum*, dem Recht zur Ausübung von Waffengewalt beziehungsweise zum Krieg, das seit jeher Philosophen, Juristen und Geistliche beschäftigt. Im Kern geht es hierbei um die Tatsache, dass das Völkerrecht bewaffnete Gewalt gebieten oder verbieten kann.[763] Die Diskussion über die moralische Legitimität von Kriegen und die Möglichkeiten ihrer Begrenzung wird grundlegend von der Unterscheidung zwischen dem Recht im Kriege, dem *ius in bello*, und dem Recht zum Kriege, dem *ius ad bellum*, bestimmt. Ersteres bezieht sich auf die Formen der Austragung im Sinne von Handlungen, die im Kriegszustand legitim sind. Das Kriegsvölkerrecht, auch humanitäres Völkerrecht genannt, betrifft die Gewaltanwendung aller Konfliktparteien, sowohl Angreifer als auch Opfer, in einem bereits ausgebrochenen gewaltsamen Geschehen zwischen Staaten. Es beinhaltet diejenigen Beschränkungen, die das Völkerrecht den Parteien bei einem internationalen bewaffneten Konflikt auferlegt.[764] Das *ius ad bellum* beinhaltet die Prinzipien und Kriterien

---

763 Donner, in: AVR 33/1995, S. 168 (169).
764 Donner, in: AVR 33/1995, S. 168 (169).

zur Beurteilung der Kriegsgründe.[765] Es bildet somit den Kern der Theorie des gerechten Krieges, des *bellum istum*. Bis zum Beginn des 20. Jahrhunderts gehen Völkerrechtler davon aus, dass das Recht zur Kriegsführung als Ausprägung der staatlichen Souveränität anzuerkennen sei. Dies ist vereinzelt auch mit humanitären Aspekten gerechtfertigt worden. Bereits 1822 verfügte ein amerikanisches Distriktgericht, dass ein für den Sklavenhandel unter französischer Flagge genutztes Schiff mit der Begründung eingezogen werden solle, dass die Nationen den damit verbundenen Handel mit afrikanischen Sklaven als *unheilbar ungerecht* und vor allem *inhuman* ansehen würden.[766] Offensichtlich fühlten sich einige Staaten dazu berufen, gegen offenkundige, schwere Verletzungen von Menschenrechten außerhalb des eigenen Territoriums vorzugehen, auch wenn es sich um Angehörige von Drittstaaten handelte. Im Kontext der Ereignisse in Darfur muss im Hinblick auf etwaige Lösungsansätze untersucht werden, wie und in welchem Umfang sich die Figur des gerechten Krieges und insbesondere der hierfür erforderliche gerechte Grund als Vorgänger der humanitären Intervention in der Staatengeschichte etablieren konnte und nach heutigen Gesichtspunkten Anwendung finden kann.

aa. Ansätze bis hin zur Neuzeit

Bereits in der Antike forderte der römische Politiker Marcus Tullius Cicero (106 – 42 v. Chr.) für einen gerechten Krieg einen ebenso gewerteten gerechten Grund (*iusta causa*), der seiner Meinung nach nur gegeben sein konnte, wenn alle Möglichkeiten der friedlichen Konfliktbeilegung gescheitert waren.[767] Dabei stellten seiner Ansicht nach insbesondere die Abwehr eines Unrechts, die Bestrafung eines Übeltäters sowie der Beistand für Bundesgenossen einen hinreichenden Grund dar.[768] Es zeigt sich, dass der Grundgedanke der humanitären Intervention wie im vorliegenden Sinne weit in die Staatengeschichte zurückreicht. Einer der sicherlich einflussreichsten Vertreter und Entwickler der Lehre vom gerechten Krieg ist Thomas von Aquin (1225 – 1274), der der Theorie durch das Verbinden des *ius ad bellum* und des *ius in bello* ihre klassische Form gab. Die Legitimation der weiter interpretierten Grundsätze der mittelalterlichen

---

765 Krause, in: Münkler/Malowitz, Humanitäre Intervention – Grundlagen und Diskussion, S. 113 (114).

766 Fall USA gegen den Schoner La Jeune Eugénie 1822; vgl. hierzu: Gillessen, in: IP 9/ 1997, S. 13 (13).

767 Ziegler, Völkerrechtsgeschichte, § 13, III.

768 Ziegler, Völkerrechtsgeschichte, § 13, III.

Lehre knüpfte Thomas von Aquin 1270 an drei Voraussetzungen: erstens die Ermächtigung eines zur Kriegsführung berechtigten Fürsten (*auctoritas principis*), zweitens einen den Krieg rechtfertigenden Grund (*iusta causa*) und drittens die rechte Absicht des Kriegsführenden (*intentio recta*).[769] Nur der Souverän selbst entscheidet folglich über Krieg und Frieden, wobei der Krieg der Aufrechterhaltung der Sittlichkeit dienen muss.[770] Francico de Vitoria (1480 – 1546) entwickelte die Grundsätze vom gerechten Krieg weiter und schuf eine Verbindung mit der Einhaltung formaler Kriterien. Der von Thomas von Aquin geforderte Punkt der *auctoritas principis* wurde außerdem von der Voraussetzung abhängig gemacht, dass die kriegführenden Parteien *vollendete Staaten* sein mussten.[771] Zudem vertrat er die Ansicht, dass ein Eingriff in fremde Staaten zum Wohle der dort zu Unrecht leidenden Bevölkerung ebenfalls gerechtfertigt sein könne.[772] In der Neuzeit begründete schließlich die Souveränität der einzelnen Staaten nunmehr das Recht zum Kriege, das *ius ad bellum.*[773]

(1) Hugo Grotius

Der niederländische Protestant Hugo Grotius entwickelt in den 1620er Jahren die Idee, dass Staaten allein mithilfe einer universell geltenden Völkerrechtsordnung, die alle Streitfragen zu regeln vermag, friedlich koexistieren können. Nach Grotius gibt es nur wenige Gründe für einen gerechten Krieg bzw. Modalitäten der Kriegsführung, deren Vorhandensein gleichzeitig den Krieg legitimieren.[774] Hierzu gehören die Selbstverteidigung, die Wiederherstellung des *status ante quo* sowie die Bestrafung des das Recht verletzenden Staates.[775]

---

769 Thomas v. Aquin, Summa theologica (1966), S. 83; Krause, in: Münkler/Malowitz, Humanitäre Intervention – Grundlagen und Diskussion, S. 113 (199); Ziegler, in: AVR 42/2004, S. 271 (273).

770 Grewe, Völkerrechtsgeschichte, S. 136; siehe auch Emer de Vattel, der 1758 formulierte, dass „la puissance souveraine est donc seule en pouvoir de faire la guerre"; de Vattel, Le droit des gens, III 1 § 4.

771 De Vitoria, in der deutschen Übersetzung von W. Schätzel, De Indis Recenter Inventis Et De Jure Belli Hispanorum In Barbaros, (1952), De Jure Belli. 6-8, S. 127.

772 Hinsch/Janssen. Menschenrechte militärisch schützen, S. 15.

773 Hobe, Einführung in das Völkerrecht, S. 35.

774 In der deutschen Übersetzung von W. Schätzel, Grotius, De jure belli ac pacis (1950), Zweites Buch, Kap. 1, II, S. 136 ff.

775 Volk, Die Begrenzung kriegerischer Konflikte durch das moderne Völkerrecht, S. 9; In der deutschen Übersetzung von W. Schätzel, Grotius, De jure belli ac pacis (1950), Zweites Buch, Kap. 1, II, S. 136.

In seinem Werk *De jure belli ac pacis* beschäftigte sich Grotius 1625 mit der Frage, ob ein Krieg zugunsten fremder Untertanen geführt werden dürfe.[776] Dabei ließ er sich primär von moralischen, aber auch von rechtlichen Gesichtspunkten leiten.[777] Im Einzelnen geht es seiner Ansicht nach darum, ob ein gerechter Mann das durch die Obrigkeit begangene Unrecht zulasten der Untertanen dulden könne oder nicht. Grotius argumentierte dabei mit dem Eingreifen römischer Kaiser wie Konstantin, die gewaltsam gegen die Perser vorgegangen waren, um sie von Übergriffen auf Christen abzuhalten.[778] So befürwortete Grotius zwar die Intervention zum Schutz fremder Untertanen gegen staatliche Gewalt, verwies aber gleichzeitig auf die Bedeutung der eigenen, zumeist wirtschaftlich geprägten Interessen der eingreifenden Staaten.[779] Wenn ein Tyrann ein Volk vernichten will, so hielt Grotius das militärische Vorgehen der anderen Staaten dennoch nicht nur für erlaubt, sondern sogar für eine Pflicht.[780] Sein Werk betont demzufolge das Recht der menschlichen Gesellschaft, das sogenannte *ius humanae societatis*, das bei evidenten Menschenrechtsverletzungen zur Anwendung kommen soll. Das begangene Unrecht müsse jedoch so schwer wiegen, dass es *kein gerechter Mann billigen* könne.[781] Grotius räumte im Ergebnis einer ausstehenden Macht ein Recht zur gewaltsamen Intervention in einem fremden Staat zum Schutz der dortigen Bevölkerung ein und legt somit den Grundstein für die Rechtsfigur der humanitären Intervention.

(2) Immanuel Kant

Der Königsberger Philosoph Immanuel Kant konzipierte 1795 in seinem Traktat „Zum Ewigen Frieden“ die Idee eines Weltbürgerrechts, das als notwendige Ergänzung des bestehenden Staats- und Völkerrechts Geltung erlangen sollte.[782]

---

776 In der deutschen Übersetzung von W. Schätzel, Grotius, De jure belli ac pacis (1950), Zweites Buch, Kap. 25, VIII, S. 404 ff.

777 Rougier, in: Génerale de Droit International 17/1910, S. 468 (472); Hinsch/Janssen, Menschenrechte militärisch schützen, S. 56.

778 In der deutschen Übersetzung von W. Schätzel, Grotius, De jure belli ac pacis (1950), Zweites Buch, Kap. 25, VIII, S. 408.

779 In der deutschen Übersetzung von W. Schätzel, Grotius, De jure belli ac pacis (1950), Zweites Buch, Kap. 25, VIII, S. 409.

780 In der deutschen Übersetzung von W. Schätzel, Grotius, De jure belli ac pacis (1950), Zweites Buch, Kap. 25, VI, S. 406.

781 In der deutschen Übersetzung von W. Schätzel, Grotius, De jure belli ac pacis (1950), Zweites Buch, Kap. 25, VIII, S. 408.

782 Die Verletzung an einem Platz der Erde, soll an allen gefühlt werden; vgl. Höffe, Immanuel Kant, S. 258.

Kant lehnte ein Interventionsrecht grundsätzlich ab und stellte vielmehr auf die Geltung eines ewigen Friedens ab, der den Staaten verbietet, sich in die Verfassung und Regierung eines anderen Staates gewalttätig einzumischen.[783] Kant zufolge beruhte das Völkerrecht auf einem Bündnis freier Staaten, dessen Ziel die Einhaltung und Sicherung der Freiheit der ihm angehörenden Staaten war.[784] Im Rahmen der Theorie gerechter humanitärer Interventionen verwies Kant darauf, dass Interventionen die Autonomie aller Staaten in Frage stellen würden.[785] Als Anti-Interventionist postulierte er dennoch einen Denkansatz, bei dem die Herrschaft eines *hostis populi*[786] (Feind des Volkes) eine Intervention moralisch nicht nur zulässig, sondern geboten erscheinen ließ.[787] Trotz des erstrangigen Schutzes der Staaten vor einer Intervention schuf Kant im Ergebnis die Möglichkeit eines Eingreifens von außen zum Wohle der Zivilbevölkerung und legte somit einen weiteren Grundstein auf dem Weg zur Rechtsfigur der humanitären Intervention. Es kristallisierte sich bereits zu diesem Zeitpunkt heraus, dass humanitäre Beweggründe für die Argumentation hinsichtlich der Anwendung von militärischer Gewalt eine große Rolle spielen.

(3) Michael Walzer

Zur Gewaltanwendung zum Schutz von fremden Staatsbürgern auf deren eigenem Territorium entwickelt Michael Walzer 1977 neue Theorieansätze, die insbesondere auf den juristisch geschulten Theologen Vitoria zurückgehen.[788] In seinem Werk *Just and Unjust Wars* deklariert er den Sieg der Theorie des gerechten Krieges und der damit einhergehenden Legitimität militärischer Gewaltanwendung in bestimmten Extremsituationen.[789] Walzer zufolge sollen Kriege im Fall der Selbstverteidigung, aber auch als Eingriff von außen zur Intervention bei humanitären Notsituationen der Zivilbevölkerung legitimiert sein.[790] Walzer geht zudem davon aus, dass den Bürgern ein Recht auf Rettung durch die Hilfe der interventionsfähigen Staatengemeinschaft bei schwersten Menschenrechts-

---

783 Hinsch/Janssen, Menschenrechte militärisch schützen, S. 62; Höffe, Immanuel Kant, S. 275.

784 Hinsch/Janssen, Menschenrechte militärisch schützen, S 61; Hobe, Einführung in das Völkerrecht, S. 44.

785 Hinsch/Janssen, Menschenrechte militärisch schützen, S. 62.

786 Kersting, in: prima philosophia 6/1993, S. 153 (164).

787 Kersting, in: prima philosophia 6/1993, S. 153 (164).

788 Krause/Malowitz, Michael Walzer, S. 40.

789 Walzer, Erklärte Kriege – Kriegserklärungen, S. 31 ff.

790 Walzer, Erklärte Kriege – Kriegserklärungen, S. 42 ff.

verletzungen zustehe.[791] Nach Walzer kann es nur drei Gründe für einen gerechten Krieg geben: um *separatistische Bewegungen, die ihren repräsentativen Charakter bewiesen haben, zu unterstützen; um ein Gleichgewicht zu der vorangegangenen Intervention einer anderen Macht zu schaffen und um Menschen zu retten, die von einem Blutbad bedroht* sind.[792] Dies wird unter anderem darauf zurückgeführt, dass diejenigen Menschen, die ein Blutbad anrichten, ihr Recht darauf verlieren, am normalen Prozess der innerstaatlichen Selbstbestimmung teilzunehmen. Ihre militärische Niederlage ist Walzer zufolge eine moralische Notwendigkeit.[793] Nur konkrete massive Menschenrechtsverletzungen gegenüber einer hilflosen Bevölkerung können einen militärischen Einsatz der Staatengemeinschaft rechtfertigen.[794] Dabei erkennt er ein erhöhtes Verwirklichungspotenzial einer etwaigen Intervention durch ein unilaterales Handeln der Staatengemeinschaft an.[795] Die Anwendung von staatlich-internationaler Gewalt bedarf nach Walzer eindeutiger Zulässigkeitskriterien, die ihrerseits zu einer Aushebelung der staatlichen Souveränität in Fällen massiver Menschenrechtsverletzung führen können.[796] In diesem Zusammenhang beschäftigt sich Walzer mit der Frage nach den konkreten Anlässen, den bevorzugten Akteuren sowie deren Handlungsmöglichkeiten, die zudem angemessen sein sollten, sowie letztendlich mit dem Problem der Beendigung der jeweiligen Intervention.[797]

Die Rechtsfigur der humanitären Intervention erfährt durch die jeweiligen Werke Walzers eine weitere Präzision. Walzer bleibt dabei dem Geist der UN-Charta[798] treu, wenn er allein die Selbstverteidigung sowie die vom UN-Sicherheitsrat ausgehenden Zwangsmaßnahme zur Durchführung militärischer Maßnahmen anerkennt. Es zeigt sich, dass bereits unterschiedliche Anknüpfungspunkte existieren, die insgesamt eine Pflicht zum Eingreifen sehen, sobald Rechte von Unschuldigen verletzt werden.

---

791 Walzer, Just and Unjust Wars, S. 259.

792 Walzer, Gibt es den gerechten Krieg?, S. 165 f.

793 Krause/Malowitz, Michael Walzer, S. 46; Walzer, Gibt es den gerechten Krieg?, S. 163.

794 Walzer, Just and Unjust Wars, S. 237.

795 Hinsch/Janssen, Menschenrechte militärisch schützen, S. 69.

796 Malowitz, in: Münkler/Malowitz, Humanitäre Intervention, S. 147 (152); Krause/Malowitz, Michael Walzer, S. 56.

797 Walzer, Just and Unjust Wars, S. 238.

798 So Hinsch/Janssen, Menschenrechte militärisch schützen, S. 69.

bb. Historisch relevante Ereignisse

Die primären, in der damaligen Zeit als „Humanitätsinterventionen" bekannten Eingriffe von außen richten sich im 19. Jahrhundert vorwiegend gegen das Osmanische Reich.[799] Aufgrund von Unabhängigkeitsbestrebungen einiger Völker auf dem Balkan entsendet die Hohe Pforte bewaffnete Truppen, die die Aufstände niederschlagen.[800] Nachdem die Türken versuchen, den Aufruhr mit Gewalt zu beenden und die damit einhergehenden schwersten Menschenrechtsverletzungen publik werden, wird der griechische Freiheitskampf zu einer europäischen Angelegenheit.[801] Die Großmächte agieren in der Annahme, dass das Verhalten der Türkei zu einem Ausschluss aus dem europäischen Völkerrecht geführt und die Hohe Pforte somit ihr Ansehen als zivilisiertes Staatswesen eingebüßt habe.[802] Sie dürfe daher notfalls auch mithilfe eines militärischen Vorgehens aus Europa verdrängt werden. Die militärische und humanitäre Lage der Griechen verschlechtert sich zusehends, als der Pascha Ägyptens zur Unterstützung der Türkei Truppen entsendet, die den griechischen Aufstand gewaltsam beenden sollen.[803] Am 6. Juli 1827 wird daraufhin von dem Vereinigten Königreich Großbritannien und Irland, Russland und Frankreich ein Vertrag über die Befriedung Griechenlands geschlossen, der die Vertragspartner zu einem militärischen Einschreiten gegen die Ottomanische Pforte berechtigt, sofern ein Waffenstillstand mit den Griechen nicht geschlossen würde.[804] Aufgrund der ablehnenden türkischen Haltung kommt es 1827 und 1828 zu einer militärischen Intervention, die ein Ende des Unabhängigkeitskrieges zugunsten der Griechen zur Folge hat. Als Gründe für das Eingreifen, das letztendlich auch eine Folge des jahrelangen öffentlichen Drucks war, wurde insbesondere die Wichtigkeit der Ruhe in Europa sowie die Beendigung des Blutvergießens genannt.[805] Dieser Eingriff gilt als erster unbestrittener Präzedenzfall einer humanitären Intervention.[806]

---

799 Hinsch/Janssen, Menschenrechte militärisch schützen, S. 19.
800 Hinsch/Janssen, Menschenrechte militärisch schützen, S. 18.
801 Schwarz, Die Heilige Allianz, S. 233.
802 Schwarz, Die Heilige Allianz, S. 232.
803 Klüber, Pragmatische Geschichte der nationalen und politischen Wiedergeburt Griechenlands, 1835, S. 16.
804 Hillgruber, in: Der Staat 40/2001, S. 165 (174).
805 Hillgruber, in: Der Staat 40/2001, S. 165 (175).
806 Hillgruber, in: Der Staat 40/2001, S. 165 (169); Hinsch/Janssen, Menschenrechte militärisch schützen, S. 18; Stapleton, Intervention and Non-Intervention, S. 32.

Im Ergebnis wird deutlich, dass die in der römischen Antike wurzelnde Bezeichnung *bellum iustum* das heutige Fundament gelegt hat, wenn es um den militärischen Einsatz zum Schutz einer fremden Zivilbevölkerung geht. Die Frage nach einer *iusta causa* spielt dabei ebenfalls eine wichtige Rolle und wird an die Abwehr einer schweren Rechtsverletzung geknüpft. Der historische Kontext formt demnach eine Art Menschenrechtsprotektorismus, der auch bei einer Beantwortung der Frage hilfreich ist, welche Kriterien für oder gegen eine Interventionsentscheidung im Fall Darfur sprechen könnten. Angelpunkt der öffentlichen Debatte über den Einsatz militärischer Gewalt in einem fremden Staat werden im Folgenden neben der Historie auch etwaige Vergleichsfälle in der Staatengeschichte sein.

c. Entwicklung der humanitären Intervention im Zeitalter der Vereinten Nationen

Auch wenn es teilweise zu vertraglich kodifizierten Begrenzungen der Mittel zur Kriegsführung kommt, so kann die Völkerrechtslehre bis zum Ersten Weltkrieg kaum eine allseits geltende Beschränkung des *ius ad bellum* durchsetzen.[807] Dieser Umstand lässt sich sicherlich mit den machtpolitischen Erwägungen der Staaten begründen, die ihre politischen Ziele in einigen Fällen ausschließlich durch die Anwendung kriegerischer Gewalt verwirklichen können.[808] Das humanitäre Völkerrecht wird derweil infolge der 1864 unterzeichneten Genfer Konventionen immer weiter schriftlich fixiert und kann somit an Bedeutung gewinnen.[809] Zu einer Konfliktvermeidung trägt außerdem die seit dem 19. Jahrhundert fortschreitende Kodifizierung von Teilgebieten des Völkerrechts durch multilaterale Abkommen zur Friedenssicherung bei.[810] Militärische Eingriffe wie die oben gewürdigten belegen, dass humanitäre Beweggründe sowie der Schutz der Menschenrechte zu diesem Zeitpunkt bereits eine große Geltung erlangt haben.

aa. Völkerbund

Das Recht zur Kriegsführung gerät unter dem Eindruck der Ereignisse des Ersten Weltkrieges in die Kritik. Es zeigt sich, dass sich die bisherigen völkerrechtlichen Regelungsversuche des internationalen Staatensystems zur Vermeidung

---

807 Volk, Die Begrenzung kriegerischer Konflikte durch das moderne Völkerrecht, S. 13.
808 Hinsch/Janssen, Menschenrechte militärisch schützen, S. 63.
809 Ziegler, in: AVR 42/2004, S. 271 (276).
810 Ziegler, in: AVR 42/2004, S. 271 (284).

von militärischer Gewalt als unzureichend erwiesen haben.[811] Der daraufhin gegründete Völkerbund normiert erstmals eine formelle Einschränkung des Rechts zur Kriegsführung.[812] So soll bei zwischenstaatlichen Streitigkeiten zunächst ein bestimmtes Verfahren der friedlichen Streitbeilegung angewendet werden. Erst nach dessen Erfolglosigkeit soll es den Parteien nach drei Monaten erlaubt sein, zum Krieg zu schreiten; das *ius ad bellum* wird somit wieder in Kraft gesetzt und kann die Satzung nach Ablauf der Frist konterkarieren.[813] Die Satzung des Völkerbundes enthält folglich kein allgemeines, sondern vielmehr ein partielles Kriegsverbot.[814] Die Entscheidung zur Kriegsführung obliegt ab diesem Zeitpunkt der organisierten Völkerrechtsgemeinschaft, wenngleich sie nicht domestiziert wird.[815]

bb. Briand-Kellogg-Pakt

Als unmittelbare Reaktion auf zu schwach ausgeprägte Vorkehrungen zur Verhinderung zwischenstaatlicher Kriege im Sinne eines Angriffskrieges wird am 27. August 1928 in Paris der Pakt zur Ächtung des Krieges geschlossen, der insbesondere auf politischer Ebene Beachtung findet.[816] Inhaltlich einigen sich die Staaten primär auf die gewaltfreie Durchsetzung ihrer politischen Interessen.[817]. Das im Völkerbund geltende relative Kriegsverbot wird zu einem allgemeinen Kriegsverbot ausgedehnt.[818] Das partielle Kriegsverbot transformiert sich somit

---

811 Hinsch/Janssen, Menschenrechte militärisch schützen, S. 64.

812 Volk, Die Begrenzung kriegerischer Konflikte durch das moderne Völkerrecht, S. 13.

813 Dies folgt aus Art. 12 Abs.1 S. 2 d) der Charta des Völkerbundes; vgl. Hobe, Einführung in das Völkerrecht, S. 47, und Volk, Die Begrenzung kriegerischer Konflikte durch das moderne Völkerrecht, S. 14.

814 Hobe, Einführung in das Völkerrecht, S. 48.

815 Hobe, Einführung in das Völkerrecht, S. 46.

816 Der Briand-Kellogg-Pakt verdankt seinen Namen dem damaligen US-Außenminister Frank B. Kellogg sowie dem französischen Außenminister Aristide Briand und wurde am 27. August 1928 in Paris von fünfzehn Nationen ratifiziert. Inhaltlich einigten sich die Staaten auf die gewaltfreie Durchsetzung ihrer politischen Interessen; vgl. Hobe, Einführung in das Völkerrecht, S. 48.

817 Wiedergegeben in: Berber, Völkerrecht: Dokumentensammlung, Bd. II, S. 1674; Buchheit, Der Briand Kellogg-Pakt von 1928, S. 358; Donner, in: AVR 33/1995, S. 168 (172).

818 Dort heißt es in Art. 1: „Die Hohen Vertragsschließenden Parteien erklären feierlich im Namen ihrer Völker, dass sie den Krieg als Mittel für die Lösung von internationalen Streitfällen verurteilen und auf ihn als Werkzeug nationaler Politik in ihren gegenseitigen Beziehungen verzichten."; Grewe, Fontes Historiae Iuris Genitum III/2, S. 960; siehe auch: Bothe, in: Seidl-Hohenveldern, Völkerrecht, S. 239 (239); Hofmeister, in: AVR 48/2010, S. 148 (251).

zu einem generellen Kriegsverbot.[819] Somit wird das *ius ad bellum* für alle Mitglieder ausgeschlossen und dient fortan nicht mehr als Mittel staatlicher Politik. Aufgrund der fehlenden Sanktionsmöglichkeiten beim Verstoß gegen das Kriegsverbot sowie der Ermangelung an Mechanismen zur friedlichen Streitbeilegung beinhaltet der Briand-Kellogg-Pakt erhebliche Schwächen. So ächtet er zwar den Angriffskrieg, droht aber keine Sanktionen an bzw. enthält keine Strafmaßnahmen bei einem Vertragsbruch. Der Pakt gilt jedoch als Grundlage für die Idee, dass Angriffskriege unzulässig sind.[820] Die in der Völkerbundsatzung und im Briand-Kellogg-Pakt enthaltenen Vorläufer des Gewaltverbots haben gemeinsam, dass jede dieser vertraglichen Ausprägungen über meist systemimmanente Schwächen verfügt, die nur zu einer teilweisen völkerrechtlichen Wirksamkeit führen konnten oder sogar unbeachtet blieben. Mit dem Inkrafttreten des Briand-Kellogg-Pakts verliert die klassische humanitäre Intervention vor dem Hintergrund der Selbstbestimmung zur Kriegsführung ihre Grundlage.[821]

cc. Charta der Vereinten Nationen

Im Zuge der Gründung der Vereinten Nationen entsteht nach dem Ende des Zweiten Weltkrieges eine umfassende Weltsicherheitsordnung, die in erster Linie der Verrechtlichung des Umgangs mit friedensgefährdenden Situationen dient. Die Spannung zwischen der moralisch vertretbaren Vorstellung einer humanitär motivierten Intervention zur Rettung fremder Staatsangehöriger und dem Verbot der Gewaltanwendung wird weiter verschärft, indem die UN-Charta in Art. 2 Ziff. 4 ein umfassendes Gewaltverbot formuliert. Das primär aus dem Briand-Kellogg-Pakt folgende generelle Kriegsverbot wird zu einem allgemeinen Gewaltverbot ausgeweitet.[822] Das Verbot der bewaffneten Repressalie hat zur Folge, dass auch Verletzungen der Pflichten *erga omnes* durch einen Mitgliedstaat zukünftig lediglich zu gewaltfreien Gegenmaßnahmen führen dürfen.[823]

---

[819] Hobe, Einführung in das Völkerrecht, S. 50.
[820] Hinsch/Janssen, Menschenrechte militärisch schützen, S. 64.
[821] Oeter, in: Münkler/Malowitz, Humanitäre Intervention – Grundlagen und Diskussion, S. 29 (44).
[822] Hobe, Einführung in das Völkerrecht, S. 50.
[823] Fischer, in: Ipsen, Völkerrecht, § 59, Rn. 64.

Mit der Verabschiedung der Charta der Vereinten Nationen wird der Lehre vom gerechten Krieg die Grundlage endgültig entzogen. Fortan werden das *ius ad bellum* durch Art. 2 Ziff. 4 UN-Charta und das mit diesem Recht verbundene Recht auf Selbstverteidigung aus Art. 51 UN-Charta repräsentiert. Das Gewaltverbot sowie das sich aus dem Zusammenhalt der Mitgliedstaaten der Charta ergebende kollektive Sicherheitssystem gelten als Schlüsselelemente für das Kriegsrecht der Neuzeit.[824] Im Hinblick auf den Geltungsbereich des Gewaltverbots in Bezug auf etwaige Ausnahmen gibt es eine Reihe von Diskussionen, die sich nicht nur auf den Wortlaut der Vorschrift beziehen, sondern sich insbesondere mit militärischen Ausnahmen wie der Rechtsfigur der humanitären Intervention beschäftigen, was im Hinblick auf etwaige Lösungsansätze im Rahmen des Darfur-Konflikts bedeutsam wird. Bisher konnte zumindest festgestellt werden, dass es sich bei der humanitären Intervention in der Vergangenheit durchaus um ein dispositives Recht gehandelt hat. Mit dem Inkrafttreten der Charta der Vereinten Nationen soll der Einsatz militärischer Mittel zum Schutz einer fremden Zivilbevölkerung keine Handlungsoption der internationalen Staatengemeinschaft mehr darstellen. Einzelne Sachverhalte in der Staatengeschichte tragen jedoch dazu bei, dass die Rechtsfigur erneut internationale Aufmerksamkeit erlangt.

d. Testfälle/Präzedenzfälle der Neuzeit

Das nunmehr auf die Selbstverteidigung beschränkte *ius ad bellum* erfährt nach dem Ende des Kalten Krieges eine Neuorientierung im Zuge der Reaktionen der Staatengemeinschaft im Hinblick auf die Ereignisse im Kosovo und im Irak, die teilweise als fundamentaler Einschnitt in die etablierte Sicherheitsordnung[825] angesehen werden können. Die reduzierte Betrachtung der Rechtsfigur der humanitären Intervention ist im Zuge dieser Ereignisse einem politisch-juristischen Diskurs gewichen. Der Einsatz der UNAMID in Darfur wird derweil häufig in diesem Zusammenhang erwähnt, wenn es um eine unterlassene humanitäre Intervention durch die internationale Staatengemeinschaft geht.[826] Dementsprechend ist zu untersuchen, unter welchen Voraussetzungen in vergleichbaren Situationen ein entsprechendes Mandat durch den UN-Sicherheitsrat erteilt worden ist. Dabei geht es um die Darstellung der relevanten Fälle, als deren Folge

---

[824] Volk, Die Begrenzung kriegerischer Konflikte durch das moderne Völkerrecht, S. 15.
[825] Varwick, in: Die Friedens-Warte 80/2005, S. 131 (131).
[826] Hinsch/Janssen, Menschenrechte militärisch schützen, S. 201 ff.; Hobe, Einführung in das Völkerrecht, S. 347.

das öffentliche Bewusstsein erst entstand. Ein besonderes Augenmerk gilt den einzelnen Resolutionen, die in diesem Zusammenhang erlassen worden sind. Im Vordergrund steht wieder einmal die Auslegung des Tatbestandsmerkmals der Friedensgefährdung im Sinne von Art. 39 UN-Charta durch den UN-Sicherheitsrat in den einzelnen Krisensituationen. Es zeichnet sich die Tendenz ab, dass, losgelöst von individuell verfolgten Interessen der einzelnen Mitglieder, insbesondere innerstaatlich stattfindende Verstöße gegen humanitäres Völkerrecht vom UN-Sicherheitsrat entsprechend gewürdigt werden, obgleich dies nach sicherlich veralteter Auffassung einen unzulässigen Eingriff in den Souveränitätsbereich eines Staates darstellt.

Anhand einiger Präzedenzfälle der Neuzeit soll nicht verdeutlicht werden, aus welchen Gründen die jeweilige Notsituation für die Zivilbevölkerung entstanden ist. Es geht vielmehr darum, welche Motive den UN-Sicherheitsrat bewogen haben, dass Sachverhalte im Einzelfall die Tatbestandsvoraussetzungen für ein von der Staatengemeinde getragenes Mandat einer humanitären Intervention auf der Grundlage von Kap. VII UN-Charta erfüllt haben. Es gibt zudem Fälle, in denen die Staatengemeinschaft eine Mission ohne entsprechendes Mandat initiiert hat, um die anhaltenden schweren Menschenrechtsverletzungen zu verhindern. Nur wenn deutlich wird, was die Gründe für ein humanitäres Einschreiten der Staatengemeinschaft unter dem Dach der Vereinten Nationen sind, können etwaige Ansätze für eine Lösung der Lage in Darfur oder Erklärungen dafür gefunden werden, warum ein effektives Vorgehen des UN-Sicherheitsrats bisher unterblieben ist. Die Staatengeschichte beeinflusst auch im Hinblick auf den Darfur-Konflikt den Prozess des Lernens. Darunter ist jedoch nicht bloß der Erkenntnisgewinn zu verstehen, sondern vor allem die Fähigkeit der Akteure, die zurückliegenden Handlungen im Zuge der Staatenpraxis zu evaluieren, um sich bei neuen Situationen wie derjenigen in Darfur auf die veränderten empirischen und normativen Handlungsmöglichkeiten einstellen zu können. Dabei müssen vor allem die unterschiedlichen politischen, militärischen und rechtlichen Herausforderungen gewürdigt werden.

aa. UN-Einsätze mit Mandat

Im Kontext humanitärer Interventionen gibt es unterschiedliche Präzedenzfälle, in dessen Genehmigung des UN-Sicherheitsrats die Befriedung eines Konflikts und das damit einhergehende Ende der humanitären Notstände einer Zivilbevölkerung erfolgt sind. Hierbei geht es primär um Motive der Mitglieder des UN-

Sicherheitsrats und um Sachverhaltskriterien der einzelnen Konflikte, die das gezielte Eingreifen in den souveränen Bereich eines fremden Staates mit Billigung des geltenden Völkerrechts erst ermöglichen konnten. Die wichtigsten Fälle sollen exemplarisch aufgezeigt werden und dienen in einem späteren Abschnitt als Vergleichsmuster für etwaige Handlungsoptionen der Staatengemeinschaft im Hinblick auf den Darfur-Konflikt. Es ist anzunehmen, dass diversen Einsätzen mit UN-Mandat eine Schlüsselrolle bei der Hinwendung der UNO zur Handlungsoption einer humanitären Intervention zugeschrieben werden kann.

(1) Irak

Für den Meinungswandel vieler Völkerrechtler und Politiker im Hinblick auf das Konzept der humanitären Intervention, der sich im Zusammenhang mit dem Ende des Kalten Krieges nachweisen lässt, spielt die vom UN-Sicherheitsrat am 5. April 1991 verabschiedete Resolution 688 zum Schutz von Teilen der irakischen Zivilbevölkerung eine große Rolle.[827] Nachdem der zweite Golfkrieg durch die irakischen Truppen gegen die Alliierten verloren wurde, kommt es zu Aufständen der irakischen Schiiten und Kurden gegen Saddam Hussein. Diese werden mithilfe des irakischen Militärs niedergeschlagen, was Massenfluchten in die benachbarten Länder Türkei, Iran und Kuwait auslöst, die insbesondere in der Türkei eine Destabilisierung der betroffenen Regionen befürchten lassen.[828] Die grenzüberschreitenden Flüchtlingsbewegungen infolge der massiven Menschenrechtsverletzungen dienen dem UN-Sicherheitsrat erstmalig als Anlass, von den sich aus Kap. VII UN-Charta ergebenden Möglichkeiten von Maßnahmen aufgrund der Feststellung einer Gefährdung des Weltfriedens und der internationalen Sicherheit Gebrauch zu machen.[829] In der am 5. Mai 1991 verabschiedeten Resolution[830] heißt es, der UN-Sicherheitsrat sei: "Gravely concerned by the repression of the Iraqi civilian population in many parts of Iraq, including most recently in Kurdish populated areas, which led to a massive flow of refugees towards and across international frontiers and to cross-border incursions, which threaten international peace and security in the region (...)." Die für die Anwendung der sich aus Kap. VII UN-Charta ergebenden Maßnahmen erforder-

---

827 Blumenwitz, in: APuZ 47/1994, S. 3 (8); Greenwood, in: Europa-Archiv 48/1993, S. 93 (96); Kimminich/Hobe, Einführung in das Völkerrecht, S. 273; Tomuschat, in: Münkler/Malowitz, Humanitäre Intervention – Grundlagen und Diskussion, S. 65 (71).

828 Hinsch/Janssen, Menschenrechte militärisch schützen, S. 24.

829 Ebock, Der Schutz grundlegender Menschenrechte, S. 270; Herdegen, Völkerrecht, § 41, Rn. 12; Pape, Humanitäre Intervention, S. 173.

830 S/RES 688 vom 5. April 1999.

liche Friedensbedrohung wird folglich mit den Flüchtlingsströmen begründet; die Menschenrechtsverletzungen, die aus dem inneren Geschehen eines souveränen Staates herausgelöst zu betrachten wären, bleiben unberücksichtigt. Die von der irakischen Regierung begangenen Menschenrechtsverletzungen werden dementsprechend zwar angesprochen, die Mitglieder des Sicherheitsrates üben sich jedoch in gewohnter Achtung des Interventionsverbotes aus Art. 2 Abs. 7 UN-Charta in Zurückhaltung.[831] In der Resolution wird der Irak ferner dazu verpflichtet, Hilfsmaßnahmen sowie die Errichtung von Schutzzonen für die kurdische Zivilbevölkerung zuzulassen.[832] Im Zuge der *Operation Provide Comfort* werden Flugverbotszonen sowie Schutzzonen für die kurdische und schiitische Zivilbevölkerung errichtet, die die Versorgung der Bevölkerung mit humanitären Hilfsgütern ermöglichen sollen. Konkrete Maßnahmen gegen die gravierenden Menschenrechtsverletzungen unterbleiben jedoch.[833] Es lässt sich konstatieren, dass das völkerrechtliche Novum der humanitären Intervention einer vom Sicherheitsrat mandatierten Staatenallianz die humanitäre Hilfestellung für die irakische Bevölkerung ermöglicht, ohne dass dabei geltende Völkerrechtsprinzipien wie das Interventionsverbot prinzipiell verletzt werden. Obwohl dieses Verhalten der internationalen Staatengemeinschaft auch als Paradebeispiel für das unsichere Vorgehen des Sicherheitsrates in Krisensituationen bezeichnet wird, führt die Duldung der Maßnahmen durch die Staatengemeinschaft zum ersten Mal zur einer kollektiven Gewährleistung des Friedens gegenüber einem die rechtlichen und moralischen Grenzen überschreitenden Aggressor und somit zu einer Erweckung des Individualschutzes, der sich seit dem Ende des Kalten Krieges in einem Dornröschenschlaf[834] befunden hat.

(2) Jugoslawien

Mit dem Tod des Ministerpräsidenten der Sozialistischen Föderativen Republik Jugoslawien, Josip Broz Tito, im Jahr 1980 und dem damit einhergehenden Ende des Kommunismus im Land entsteht in der jugoslawischen Bevölkerung in der Folgezeit das wachsende Bestreben nach Demokratie, aus dem der Wunsch nach einer Unabhängigkeit der einzelnen Teilrepubliken folgt.[835] Nach den ersten Wahlen 1990 erklären sich Slowenien und Kroatien im Juni 1991 für unab-

---

831 Lailach, Die Wahrung des Weltfriedens, S. 78.
832 Hinsch/Janssen, Menschenrechte militärisch schützen, S. 24.
833 Pape, Humanitäre Intervention, S. 182.
834 Kreß, in: NJW 1999, S. 3077 (3081).
835 Hinsch/Janssen, Menschenrechte militärisch schützen, S. 124.

hängig; eine gelungene Sezession soll jedoch mithilfe der jugoslawischen Volksarmee verhindert werden.[836] Der Konflikt spitzt sich in der Folgezeit aufgrund der erfolgten Anerkennung der beiden Staaten durch die EG und die Vereinten Nationen zu.[837] Die seit Jahrzehnten andauernde ethnische Aufteilung der Gebiete im ehemaligen Jugoslawien führen insbesondere dazu, dass sich die seit jeher vorhandenen heterogenen Gruppierungen immer mehr voneinander trennen und den Herrschaftsanspruch der eigenen Volksgruppe favorisieren. Insbesondere die bosnischen Serben müssen eine Marginalisierung durch die bosnischen Muslime fürchten und fordern dementsprechend wieder eine engere Anlehnung an Serbien.[838] Zu den fortschreitenden Auseinandersetzungen der jugoslawischen Armee mit den sezessionsbestrebten Teilstaaten wird der Konflikt zusätzlich infolge der kongruenten Gebietsansprüche der Serben sowie der Kroaten intensiviert.[839] In den eroberten Gebieten findet eine systematische Vertreibung insbesondere der nicht-serbischen Bevölkerung statt, die als „ethnische Säuberung" bekannt wird.[840] Der Sicherheitsrat agiert zunächst sehr zurückhaltend und befasst sich erst im September des Jahres mit der Situation, nachdem Kanada, Österreich und Ungarn mit der Unterstützung der jugoslawischen Regierung die Befassung beantragt hatten.[841] Auf der Grundlage von Resolution 713 erlässt der Sicherheitsrat daraufhin ein umfassendes Waffenembargo und macht die Konfliktparteien auf die Beachtung des humanitären Völkerrechts aufmerksam.[842]

Zudem stellt der Sicherheitsrat eine Friedensbedrohung fest, die mit der drohenden Gefahr der Destabilisierung der gesamten Region begründet wird: er zeigt sich "(d)eeply concerned by the fighting in Yugoslavia which is causing a heavy loss of human life and material damage, and by the consequences for the countries of the region, in particular in the border areas of neighbouring countries, (c)oncerned that the continuation of this situation constitutes a threat to international peace and security".[843] Mit Bezug auf Resolution 713 und die festgestellte Bedrohung des Friedens im Sinne von Art. 39 UN-Charta ergeht ein Jahr später mit Resolution 721 auch der Auftrag an die UN-Friedenstruppe Pro-

836 Hinsch/Janssen, Menschenrechte militärisch schützen, S. 125.
837 Volk, Die Begrenzung kriegerischer Konflikte durch das moderne Völkerrecht, S. 38.
838 Hinsch/Janssen, Menschenrechte militärisch schützen, S. 124.
839 Hinsch/Janssen, Menschenrechte militärisch schützen, S. 125.
840 Hinsch/Janssen, Menschenrechte militärisch schützen, S. 128.
841 Fink, Kollektive Friedenssicherung, S. 605; Pape, Humanitäre Intervention, S. 218.
842 S/RES 713 vom 25. September 1991, S. 2; Fink, Kollektive Friedenssicherung, S. 618.
843 S/RES 713 vom 25. September 1991, S. 2.

tection Force (UNPROFOR), die den Friedensprozess vor Ort unterstützen soll.[844] Der Charakter dieser Mission ändert sich, als Mitte des Jahres die humanitäre Hilfe für die bosnische Bevölkerung nicht mehr sichergestellt werden kann. Die Befugnisse der UNPROFOR werden aus diesen Gründen auf die Anwendung von Waffengewalt auf der Grundlage von Kap. VII UN-Charta hin ausgebaut, damit sogenannte *Schutzzonen* in Städten wie Srebenica, Tuzla und Bihac errichtet werden können.[845] Bemerkenswert ist, dass der Einsatz der Truppen zunächst mit den stattfindenden Verletzungen des humanitären Völkerrechts begründet wird; die fortschreitende Verletzung von Menschenrechten bleibt bei der Betrachtung jedoch ausgeklammert.[846] Eine Friedensbedrohung wird durch den UN-Sicherheitsrat vielmehr auf der Grundlage der Verhinderung der humanitären Hilfe, der Verletzung des humanitären Völkerrechts sowie in den massenhaften Vertreibungen gesehen.[847] Auf der Grundlage von Resolution 770 wird die Blauhelmmission am 13. August 1992 dazu ermächtigt, mit allen *notwendigen Maßnahmen* den Schutz der Zivilbevölkerung zu ermöglichen.[848] Jedoch bleibt die Mission während ihrer gesamten Einsatzzeit eine reine Friedenssicherungsmission.[849] Von einer Einschränkung der staatlichen Souveränität bzw. von einem Schutz der Menschenrechte ist dabei ausdrücklich nicht die Rede; es hat vielmehr den Anschein, als würde der Sicherheitsrat die Praxis der stillen Duldung[850] fortsetzen.

Der Sicherheitsrat ermächtigt am 16. November 1992 außerdem alle Mitgliedstaaten, die einzelstaatlich oder über regionale Einrichtungen oder Abmachungen verfügen, auf Grundlage der UN-Resolution 787 zur Durchsetzung des gegen die Bundesrepublik Jugoslawien verhängten Handels- und Waffenembargos. Dieses Vorgehen wird auch „als Gründungsakt für ein Europa der Menschen und Menschenrechte" bezeichnet.[851] Der Einsatz in der ehemaligen Bundesrepublik Jugoslawien durch die UNPROFOR findet seine rechtliche Grundlage erneut in Kap. VII UN-Charta, wobei die Friedensgefährdung im Sinne von

---

844 S/RES 721 vom 27. November 1991, S. 1.
845 "The Use of Force", S/RES 836 vom 4. Juni 1993.
846 Heintze, in: Reiter, Maßnahmen zur internationalen Friedenssicherung, S. 163 (177); Münkler/Malowitz, in: Münkler/Malowitz, Humanitäre Intervention – Grundlagen und Diskussion, S. 7 (13).
847 S/RES 721 vom 27. November 1991, S. 1.
848 S/RES 730 vom 13. August 1992.
849 Hinsch/Janssen, Menschenrechte militärisch schützen, S. 135.
850 Blumenwitz, in: APuZ 47/1994, S. 3 (7).
851 Kreß, in: NJW 1999, S. 3077 (3077).

Art. 39 UN-Charta auf die grenzüberschreitenden Folgen des Konflikts zurückgeführt wird. Auch in diesem Fall kommt es bei der Feststellung der Tatbestandsvoraussetzungen nach Kap. VII der UN-Charta erneut zu der Verknüpfung mit einem internationalen Konfliktpotenzial.[852]

(3) Somalia

Ein weiteres relevantes Beispiel einer humanitären Intervention stellt der Eingriff der internationalen Staatengemeinschaft in Somalia 1992 dar. Als am 27. Januar 1991 der damalige somalische Diktator Siad Barre von Rebellen gestürzt wird, kommt es zu einem Zusammenbruch der öffentlichen Ordnung des Landes.[853] Der darauf folgende Bürgerkrieg fordert über 400.000 Menschenleben und macht ca. 1,5 Mio. Somalis zu Flüchtlingen, die von den Hilfsorganisationen nur unzulänglich mit Hilfsgütern versorgt werden können.[854] Nach anfänglichem Zögern aufgrund des Interventionsverbots verhängt der UN-Sicherheitsrat am 3. Dezember 1992 auf der Grundlage von Resolution 794 ein Waffenembargo und stellt eine Friedensbedrohung fest, die begründet wird mit der "magnitude of the human tragedy caused by the conflict in Somalia, further exacerbated by the obstacles being created to the distribution of humanitarian assistance".[855]

Bemerkenswert ist, dass diesem Vorgehen ein rein innerstaatlicher Konflikt ohne internationale Auswirkungen vorausgegangen ist. Dabei hatte sich die Feststellung einer Friedensbedrohung im Sinne von Art. 39 UN-Charta in der Vergangenheit insbesondere auf Flüchtlingsströme gestützt. Offensichtlich wird das Merkmal der Internationalität hiermit zum ersten Mal nicht in einem räumlichen, sondern in einem normativen Sinne verstanden; die Verletzung der fundamentalen Menschenrechte stellt mithin eine Bedrohung für den Weltfrieden und die internationale Sicherheit dar.[856] Der UN-Sicherheitsrat stuft folglich zum ersten Mal in der Praxis eine humanitäre Notlage sowie die innere Situation in einem Land als Bedrohung des Weltfriedens ein und umgeht *de facto* das zwi-

---

852 Herdegen, Völkerrecht, § 41, Rn. 12.

853 Endemann, Kollektive Zwangsmaßnahmen, S. 264.

854 Ramsbotham/Woodhouse, Encyclopedia of International Peacekeeping Operations, S. 220.

855 S/RES 794 vom 3. Dezember 1992; Déhez, in: Vereinte Nationen 3/2009, S. 117 (122); Endemann, Kollektive Zwangsmaßnahmen, S. 271; Lailach, Die Wahrung des Weltfriedens, S. 83.

856 Debiel, in: IPG 3/2004, S. 61 (64).

schenstaatliche Interventionsverbot.[857] Gleichzeitig ermächtigt er die internationale Staatengemeinschaft unter der Führung der USA zu allen notwendigen Reaktionsmaßnahmen auf der Grundlage von Kap. VII UN-Charta, die mit der Unterstützung von ungefähr 37.000 Soldaten ein sicheres Umfeld für die Versorgung der Zivilbevölkerung mit humanitären Hilfsgütern ermöglichen sollen.[858] Anders als beim Irak-Konflikt ein Jahr zuvor bezeichnet der UN-Sicherheitsrat folglich eine humanitäre Notlage als Bedrohung des Friedens im Sinne von Art. 39 UN-Charta und erteilt der Staatengemeinschaft ein uneingeschränktes und somit auch den Einsatz militärischer Mittel umfassendes Mandat. Aus dem ursprünglichen Blauhelmmandat der United Nations Task Force (UNITAF) wird im Zuge der United Nations Operation in Somalia (UNOSOM) ein Enforcement-Mandat.[859] Trotz der darauf folgenden Stationierung von etwa 33.000 Soldaten kann die humanitäre Situation vor Ort nicht verbessert und damit die Aufgabe des Einsatzes nicht erfüllt werden; die Blauhelmsoldaten müssen sich letztendlich sogar um ihre eigene Sicherheit sorgen. Die Mission wird daher am 3. März 1995 beendet.[860] Mit der Resolution 794 wird ein Präzedenzfall geschaffen, der erstmals im Kontext einer humanitären Intervention im Namen der Vereinten Nationen genannt wird.[861] Um einer etwaigen Präzedenzwirkung im Hinblick auf die sich in den 90er Jahren mehrenden innerstaatlichen Konflikte zu entgehen, wird gleich zu Beginn auf den "unique character" der Resolution sowie auf ihre "extraordinary nature" hingewiesen, die zu den Maßnahmen geführt haben.[862] Obwohl der internationale Einsatz vor Ort mithilfe von Soldaten damit ursprünglich relativiert werden soll, werden seit diesem Zeitpunkt mehrfach militärische Zwangsmaßnahmen durch den Sicherheitsrat zur Abhilfe humanitärer Notsituationen beschlossen, auch wenn die Mission im Nachhinein kein Ende der humanitären Notlage der somalischen Bevölkerung bewirken konnte.[863]

---

857 Dehéz, in: Vereinte Nationen 2/2009, S. 117 (122); Heintze, in: Reiter, Maßnahmen zur internationalen Friedenssicherung S. 173; Matthies, in: Vereinte Nationen 2/1993, S. 45 (45).

858 Herdegen, Völkerrecht, § 41, Rn. 14.

859 Heintze, in: Reiter, Maßnahmen zur Internationalen Friedenssicherung, S. 163 (174).

860 Bereits im Oktober 1993 hatten die US-Amerikaner ihre Unterstützung in Somalia beendet, nachdem 18 US-amerikanische Soldaten medienwirksam von somalischen Rebellengruppen getötet worden waren; vgl. Hinsch/Janssen, Menschenrechte militärisch schützen, S. 24.

861 Krennerich, in: Nohlen/Grotz, Kleines Lexikon der Politik. S. 212 (215).

862 S/RES 794 vom 3. Dezember 1992; Endemann, Kollektive Zwangsmaßnahmen, S. 305.

863 Endemann, Kollektive Zwangsmaßnahmen, S. 287.

(4) Haiti

Einen rein innerstaatlichen Vorgang, der ebenfalls zum Anlass einer humanitären Intervention wird, stellt der Versuch der Wiedereinsetzung des ursprünglich demokratisch gewählten Präsidenten Jean-Bertrand Aristide dar.[864] In der Folgezeit wird das Land zu einem Schauplatz schwerer Menschenrechtsverletzungen. Diese können durch die eigens von den Vereinten Nationen eingesetzten United Nations Mission in Haiti nicht beendet und trotz Waffenembargo fortgeführt werden.[865] Erlassene Zwangsmaßnahmen wie ein Erdöl- und Waffenembargo werden vom UN-Sicherheitsrat anfänglich auf die drohenden Flüchtlingsströme zurückgeführt, die als Bedrohung für den Frieden im Sinne der Charta der Vereinten Nationen deklariert werden.[866] Mit der Resolution 940 vom 31. Juli 1994 wird das Mandat zur Entsendung einer multinationalen Streitkraft unter der Führung der Vereinigten Staaten zur Befreiung von der Militärdiktatur erteilt.[867] Infolgedessen werden schließlich auch die andauernden Menschenrechtsverletzungen als Bedrohung des Weltfriedens bezeichnet[868]: "(r)eaffirming that the goal of the international community remains the restoration of democracy in Haiti and the prompt return of the legitimately elected President, Jean-Bertrand Aristide, within the framework of the Governors Island Agreement (...) and determining that the situation in Haiti continues to constitute a threat to peace and security in the region".[869]

Der UN-Sicherheitsrat klassifiziert erneut eine staatsinterne Situation als Bedrohung für den Weltfrieden und die internationale Sicherheit nach Maßgabe von Art. 39 UN-Charta und ermächtigt diesbezüglich eine Mission zur Wiederherstellung und Stabilisierung der Demokratie in der Region.[870] Aufgrund einer Einigung zwischen den Konfliktbeteiligten kommt es zeitnah zu einer Wiederherstellung der demokratischen und rechtsstaatlichen Umstände in Haiti.[871] Nach

---

864 Dieser war 1991 gewaltsam gestürzt worden; ihm sollte mit internationaler Hilfe wieder zum Amt verholfen werden; vgl. Jöst/Strutynski, in: Wissenschaft & Frieden 60/2009, S. 3 (5).

865 Fink, Kollektive Friedenssicherung, S. 809.

866 Fink, Kollektive Friedenssicherung, S. 808; Lailach, Die Wahrung des Weltfriedens, S. 114.

867 S/RES 940 vom 31. Juli 1994, S. 2.

868 Fink, Kollektive Friedenssicherung, S. 828; Lailach, Die Wahrung des Weltfriedens, S. 120.

869 S/RES 940 vom 31. Juli 1994, S. 2.

870 Fink, Kollektive Friedenssicherung, S. 828; Hobe, Einführung in das Völkerrecht, S. 354.

871 Fink, Kollektive Friedenssicherung, S. 830.

seinem Ausscheiden 1996 nutzt Aristide 2001 die Versäumnisse seines Amtsvorgängers René Préval bei der Vorbereitung der nächsten Legislaturperiode und kommt mithilfe von Korruption und Einschüchterung der Gegenpartei wieder an die Macht. Der Widerstand der Bevölkerung gipfelt in einem Bürgerkrieg und dem Zusammenbruch der innerstaatlichen Ordnung und kann erst 2004 mithilfe einer erneuten humanitären Intervention mit Mandat des UN-Sicherheitsrats begrenzt werden.[872]

(5) Ruanda

Die sich seit Jugoslawien oder Somalia abzeichnende Tendenz, dass nun auch sich im innerstaatlichen Bereich abspielende Krisen als Bedrohung des Weltfriedens und der internationalen Sicherheit angesehen werden und an dieser Stelle Maßnahmen nach Kap. VII UN-Charta ermöglichen, führt der UN-Sicherheitsrat 1994 im Rahmen des in Ruanda stattfindenden Völkermordes fort. Nach dem Tod des aus dem Volk der Hutu stammenden Präsidenten Habyarimana am 6. April 1994 gipfeln die seit jeher bestehenden ethnischen Spannungen zwischen den Hutu und Tutsi unmittelbar in einen Völkermord gegen die Tutsi, bei dem innerhalb weniger Wochen mehrere hunderttausend Menschen ums Leben kommen und über eine Million Menschen vertrieben werden.[873] Der Sicherheitsrat verhält sich anfangs defensiv, stellt aber mit der Resolution 918 vom 17. Mai 1994 fest: "(T)he human suffering caused by the conflict and concerned that the continuation of the situation in Rwanda constitutes a threat to peace and security in the region".[874]Auch die massiven Flüchtlingsströme sowie die humanitäre Notlage der Zivilbevölkerung werden als Gefahr für den Weltfrieden und die internationale Sicherheit bezeichnet.[875] Zu der Legitimation einer humanitären Intervention im Zuge der Resolution 929 kommt es erst, als sich Frankreich zu einer Bereitstellung von 2.000 Soldaten zum Schutz der Zivilbevölkerung bereit erklärt.[876] Mit Genehmigung des UN-Sicherheitsrats und der Unterstützung der

---

872 S/RES 1529 vom 29. Februar 2004, S. 2. In der Resolution stellt der UN-Sicherheitsrat fest: "The situation in Haiti constitutes a threat to international peace and security, and to stability in the Caribbean especially through the potential outflow of people to other states in the subregion."

873 Fink, Kollektive Friedenssicherung, S. 769; Hinsch/Janssen, Menschenrechte militärisch schützen, S. 25.

874 S/RES 918 vom 17. Mai 1994, S. 4.

875 S/RES 929 vom 22. Juni 1994, S. 2.

876 Münkler/Malowitz, in: Münkler/Malowitz, Humanitäre Intervention – Grundlagen und Diskussion, S. 7 (15).

sogenannten *Operation Turquoise* sollen Schutzzonen im Südwesten von Ruanda errichtet und effektive Hilfsmaßnahmen durchgesetzt werden.[877] Im Zuge dieser Feststellung der Friedensbedrohung und der damit einhergehenden Verurteilung der massiven Menschenrechtsverletzungen, die eine humanitäre Krise für die Bevölkerung darstellen, bestätigte sich die Praxis des Sicherheitsrats erneut, dass die inneren Angelegenheiten eines Staates bei schweren Menschenrechtsverletzungen sehr wohl den Interessen- und Handlungsbereich der übrigen Staatengemeinschaft tangieren und somit ein Mandat auf der Grundlage von Kap. VII UN-Charta legitimieren können.[878] Es wird inzwischen angenommen, dass bei dem ethnischen Konflikt zwischen 500.000 und 1 Million Menschen getötet worden sind.[879] Das Verhalten der internationalen Gemeinschaft wird im Fall von Ruanda vielfach als unterlassene humanitäre Hilfeleistung angesehen.[880] Es gilt somit als ein weiteres Beispiel dafür, wie sich partikuläre wirtschaftliche Interessen auf die Handlungswilligkeit bei der Beendigung von Konflikten auswirken können.[881] Letztendlich führten insbesondere der Einsatz in Somalia und im Irak zu der vom Großteil der Staatengemeinschaft getragenen Annahme, dass eine *de iure* zulässige Intervention *de facto* in beiden Fällen weder dem Schutz der Zivilbevölkerung noch der Stabilisierung der Lage erreichen konnte und ihr Ziel somit verfehlt habe.[882]

Auch lässt sich seit dem Einsatz in Somalia eine Tendenz verzeichnen, nach der die Hemmschwelle für eine Intervention deutlich gestiegen ist.[883] Dies wirkt sich aktuell im Rahmen der UNAMID aus, die wie bereits erörtert personell, militärisch und finanziell schlecht ausgestattet ist. Die multilateral durchgeführten Interventionen gelten jedoch auch als erstes Zeichen dafür, dass die Achtung der Menschenrechte als *ius cogens* nicht mehr dem *domaine réservé* untersteht, sondern vielmehr von allen Staaten zur Wirkung des Friedens hergestellt werden

---

877 S/RES 929 vom 22. Juni 1994, S. 2; Heintze, in: Reiter, Maßnahmen zur internationalen Friedenssicherung, S. 163 (180); Schürings, in: Vereinte Nationen 2/2000, S. 53 (55).

878 Ebock, Der Schutz grundlegender Menschenrechte, S. 293.

879 Debiel/Nuscheler, in: Debiel/Nuscheler, Der neue Interventionismus, S. 13 (29).

880 Debiel, in: Vereinte Nationen 2/2002, S. 57 (58); Endemann, Kollektive Zwangsmaßnahmen, S. 336.

881 Hinsch/Janssen, Menschenrechte militärisch schützen, S. 98.

882 Münkler/Malowitz, in: Münkler/Malowitz, Humanitäre Intervention – Grundlagen und Diskussion, S. 7 (14).

883 So gehen Hinsch/Janssen davon aus, dass der Völkermord in Ruanda nur aufgrund der negativen Ereignisse im Zusammenhang mit dem Blauhelmeinsatz in Somalia über einen so langen Zeitraum ungestört stattfinden konnte; für ein „zweites Somalia“ sollten keine Kosten entstehen; vgl. Hinsch/Janssen, Menschenrechte militärisch schützen, S. 25.

muss. Der Menschenrechtsschutz hat nach dem Ende der Ost-West-Konfrontation somit eine neue Dimension erreicht.

bb. UN-Einsätze ohne Mandat

Seit 1945 bis zum Kosovo-Krieg und dem Krieg im Irak ab 2003 hat eine Resolution des UN-Sicherheitsrats einer Anwendung oder Androhung militärischer Gewalt gegenüber einem Mitglied der Staatengemeinschaft grundsätzlich zugrunde gelegen. Zunächst losgelöst von der sich anschließenden rechtlichen Beurteilung dieser Einsätze geht es im Folgenden primär um die Motive der Staatengemeinschaft, die im Einzelnen zu einer militärischen Intervention ohne die Genehmigung des UN-Sicherheitsrats geführt haben. Dabei sind insbesondere der Einsatz der NATO im Kosovo sowie der von den USA geführte im Irak erwähnenswert. Das unilaterale Eingreifen im Kosovo ist ein Anzeichen dafür, dass sich die Staatengemeinschaft nicht mehr der Gefahr des moralischen und politischen Gesichtsverlusts infolge von kostspieligen und verlustreichen Militäreinsätzen zum Wohl einer fremden Zivilbevölkerung ausgesetzt sieht.

Die folgende Darstellung dient dem besseren Verständnis der Zusammenhänge und als Hilfsmittel für die praktische Beurteilung sowie für weitere Lösungsansätze im Darfur-Konflikt, die sich unter bestimmten Umständen ergeben, wenn humanitäre Interventionen ohne UN-Mandat von der Staatengemeinschaft als weiteres Mittel der Durchsetzung von Menschenrechten akzeptiert werden könnten.

(1) Kosovo

Mit der Eskalation der Situation für die kosovarisch-albanische Bevölkerung und den damit einhergehenden genozidialen Übergriffen durch die jugoslawische Armee ändert sich auch die Haltung der Mitglieder der internationalen Staatengemeinschaft im Hinblick auf ein militärisches Eingreifen in einem anderen Staat zum Wohle der dortigen Zivilbevölkerung. Insbesondere der nicht vom UN-Sicherheitsrat mandatierte Einsatz der NATO im Krisengebiet hat Anregung zu neuen rechtsethischen Ansätzen im Hinblick auf das Konzept der humanitären Intervention gegeben. So führt die Beteiligung der Bundeswehr am NATO-Einsatz dazu, dass die Bundesrepublik Deutschland zum ersten Mal seit 1945 wieder Krieg führt.[884]

---

[884] Schmidt, in: Beestermöller, Die Humanitäre Intervention, S. 101 (101).

(a) Hintergrund

Es ist bereits deutlich geworden, dass sich die Anfänge für den Kosovo-Konflikt in den 80er Jahren finden lassen, als die Serben nach dem Tod Titos gewaltsam versucht haben, den Autonomiestatus des Kosovo sowie anderer früherer Teilrepubliken systematisch zu untergraben. Nach dem Zerfall der Bundesrepublik Jugoslawien 1991 kommt es zu schweren, mit genozidialer Absicht durchgeführten Übergriffen auf die Zivilbevölkerung.[885] Auch mit dem Abkommen von Dayton am 21. November 1995 kann der inzwischen seit über drei Jahre andauernde Krieg nicht beendet werden; serbische Sicherheitskräfte verüben weiterhin Gewaltaktionen, ebenso wie auf der Gegenseite die UCK.[886] Die Unabhängigkeit der ehemaligen Teilrepublik soll nun mit Waffengewalt erreicht werden.[887] Die mit der Militarisierung des Konflikts im engen Zusammenhang stehenden Menschenrechtsverletzungen insbesondere gegenüber der albanischen Bevölkerung haben massive Flüchtlingsströme zur Folge und werden zu einer Bedrohung für die Stabilität der Nachbarregionen. Im Zuge der Sicherheitsrats-Resolution 1160 kommt es am 31. März 1998 zu einer erstmals öffentlichkeitswirksamen Befassung des Sicherheitsrats mit der Situation im Kosovo, mit der ein Waffenembargo einhergeht.[888] Erst mit Resolution 1199 wird die für die Zivilbevölkerung weiterhin bestehende kritische Lage verurteilt und Konsequenzen angedroht.[889] Gleichzeitig wird angekündigt, dass weitere Maßnahmen zu einer Wiederherstellung von Frieden und Stabilität in der Region für möglich gehalten werden.[890] So stellt der UN-Sicherheitsrat fest, dass die "deterioration of the situation in Kosovo, Federal Republic of Yugoslavia constitutes a threat to peace and security in the region".[891] Erneut bezeichnet der Sicherheitsrat folglich eine Situation innerhalb eines Staates, insbesondere die dort stattfindenden Menschenrechtsverletzungen, als Friedensbedrohung im Sinne von Art. 39 UN-Charta. Gleichzeitig werden Maßnahmen auf der Grundlage von Kap. VII UN-Charta

---

885 Kaldor, Neue und alte Kriege – Organisierte Gewalt im Zeitalter der Globalisierung, S. 55.

886 Ebock, Der Schutz grundlegender Menschenrechte, S. 320.

887 Volk, Die Begrenzung kriegerischer Konflikte durch das moderne Völkerrecht, S. 38.

888 S/RES 1160 vom 23. September 1998; Gareis/Varwick, Die Vereinten Nationen, S. 99.

889 S/RES 1160 vom 23. September 1998; Simma, in: EJIL 10/1999, S. 1 (6).

890 So heißt es in S/RES/1199 vom 23. September 1998: "decides, should the concrete measures demanded in this resolution and resolution 1160 (1998) not be taken, to consider further action and additional measures to maintain or restore peace and stability in the region."

891 S/RES 1199 vom 23. September 1998, S. 2.

angedroht.[892] Aufgrund der Beziehungen von Russland und China zu Jugoslawien wird schnell klar, dass eine Resolution, die die Anwendung von Waffengewalt enthält, durch ein Veto blockiert werden würde.[893] Der Konflikt spitzt sich zu, als es am 15. Januar 1999 in Racak zu einem Massaker an ca. 45 kosovoalbanischen Zivilisten kommt.[894] Als auch die letzten Friedensverhandlungen in Rambouillet im Frühjahr 1999 ohne Erfolg bleiben, beginnt die NATO am 24. März 1999 Luftangriffe auf jugoslawisches Gebiet.[895] Dieses Vorgehen soll die Regierung in Belgrad zur Gegenzeichnung des Abkommens bewegen sowie den anhaltenden Menschenrechtsverletzungen im Kosovo ein Ende bereiten.[896] Die Angriffe dauern bis zum Einlenken der jugoslawischen Regierung am 9. Juni 1999. In der Folgezeit ziehen sich die serbischen Truppen aus dem Kosovo zurück, während die Stationierung der von der NATO geführten Friedenstruppe *Kosovo Force* beginnt.[897]

(b) Auswirkungen auf die Staatenpraxis als Präzedenzfall

Die Ereignisse im Kosovo werden vielerorts als Präzedenzfall für die Zulässigkeit einer humanitären Intervention ohne UN-Mandat angesehen, die im Zuge einer grundlegenden Akzeptanz von souveränitätsbeschränkenden Maßnahmen zum Schutz der Menschenrechte anerkannt wird.[898] So kennzeichnet der Einsatz der NATO im Kosovo für Schmidt auch den Versuch, eine „langwierige gewalttätige ethnonationale Krise durch militärische Mittel anstelle ziviler Hilfen beizukommen".[899] Dass der Einsatz der NATO ohne UN-Mandat und somit ohne Genehmigung des UN-Sicherheitsrates außerhalb des geltenden Völkerrechts

---

892 Gareis/Varwick, Die Vereinten Nationen, S. 99.

893 Gareis/Varwick, Die Vereinten Nationen, S. 99; Krennerich, in: Nohlen/Grotz, Kleines Lexikon der Politik, S. 212 (214); Volk, Die Begrenzung kriegerischer Konflikte durch das moderne Völkerrecht, S. 39.

894 In dem in der Nähe von Pristina befindlichen Dorf gibt es einen Stützpunkt der UCK mit etwa 50 Kämpfern, die sich vor dem drohenden Angriff der jugoslawischen Armee in Sicherheit bringen können, während ca. 50 Männer und Jungen, die in einem Bauernhof Zuflucht gesucht hatten, hingerichtet werden. Die Leichen werden am nächsten Tag in einem ausgetrockneten Fluss von OSZE-Mitarbeitern gefunden; vgl. Hinsch/Janssen, Menschenrechte militärisch schützen, S. 163 f.

895 Hilpold/Zagel, in: S+F 1/2006, S. 38 (41); Hinsch/Janssen, Menschenrechte militärisch schützen, S. 176.

896 Volk, Die Begrenzung kriegerischer Konflikte durch das moderne Völkerrecht, S. 39.

897 Diesmal auf ein UN-Mandat gestützt: S/RES 1244 vom 10. Juni 1999, S. 2.

898 Hipold/Zagel, in: S+F 1/2006, S. 38 (40); Kreß, in: NJW 1999, S. 3077 (3077).

899 Schmidt, in: Beestermöller, Die humanitäre Intervention, S. 101 (101).

erfolgt ist, hat zu unterschiedlichen völkerrechtlichen Kontroversen geführt. Die daraufhin aufkommende Frage nach einer Rechtswidrigkeit der NATO-Luftschläge nimmt das Völkerrecht bis in die Gegenwart in Anspruch. Dabei geht es nicht nur um das Konzept der humanitären Intervention, sondern auch um die grundsätzliche Frage des Verhältnisses des Menschenrechtsschutzes und der staatlichen Souveränität zueinander.[900] Aufgrund der breit gefächerten Argumentation sollen an dieser Stelle nur Kernaspekte der jahrelangen Meinungsverschiedenheiten gewürdigt werden. Die Vertreter der NATO-Staaten haben sich wiederholt darauf berufen, dass die Maßnahmen zum Wohle der albanischen Bevölkerung moralisch gerechtfertigt gewesen seien, obgleich sie ohne legale Grundlage und somit "out of area" durchgeführt wurden. [901] Vielfach ist auf die Blockadehaltung des UN-Sicherheitsrates verwiesen worden, die das Tätigwerden der NATO ohne Legitimation durch eine UN-Resolution notwendig gemacht habe.[902] Fest steht, dass die Situation im Kosovo trotz der sich im innerstaatlichen Bereich abspielenden Kampfhandlungen durch den Sicherheitsrat mehrfach als Bedrohung für den Weltfrieden und die internationale Sicherheit nach Maßgabe von Art. 39 UN-Charta qualifiziert worden ist und dies die Staatengemeinschaft in Übereinstimmung mit den Grundprinzipien der Charta der Vereinten Nationen zu einem Handeln nötigt. So wird angenommen, dass der Einsatz der NATO das Ende der seit dem Ersten Weltkrieg gehegten Zurückhaltung der Staatengemeinschaft symbolisiert und dies zu einer Neuorientierung und Wiederbelebung des Instituts der humanitären Intervention führen könnte.[903] Dies ist vor dem Hintergrund interessant, dass im Darfur-Konflikt zum gegenwärtigen Zeitpunkt aufgrund der Blockadehaltung von Russland und China ebenfalls keine auf eine UN-Resolution zurückgehende humanitäre Intervention absehbar ist.

(2) Irak

Die Diskussion über den Einsatz von bewaffneten Truppen ohne Mandat der UNO verschärft sich durch den Einsatz der US-Amerikaner und ihrer Verbünde-

---

900 Krasner, in: IP 9/2005, S. 44 (46); Münkler/Malowitz, in: Münkler/Malowitz, Humanitäre Intervention – Grundlagen und Diskussion, S. 7 (17).

901 Bothe/Martenczuk, in: Vereinte Nationen 4/1999, S. 125 (125); Cassese, in: EJIL 10/1999, S. 23 (28).

902 Hinsch/Janssen, Menschenrechte militärisch schützen, S. 185; zweifelnd hierzu: Hobe, Einführung in das Völkerrecht, S. 356.

903 Hillgruber, in: Der Staat 40/2001, S. 165 (183).

ten, der sogenannten *Koalition der Willigen*, im Irak ab 2003.[904] Hierbei handelt es sich jedoch nicht um eine humanitäre Intervention im oben dargestellten Verständnis: anders als 1988 finden im Irak keine Massenmorde statt.[905] Die Vereinigten Staaten fühlen sich vielmehr im Zuge der Ereignisse vom 11. September 2001 durch einen bevorstehenden Angriff durch den Irak mithilfe von Massenvernichtungswaffen bedroht.[906] Als deutlich wird, dass Beweise für einen solchen Angriff nicht vorhanden sind, stößt das US-amerikanische Vorgehen auf internationale Kritik.[907] Dementsprechend wird der Angriff im Nachhinein als Verteidigungshandlung im Sinne von Art. 51 UN-Charta dargestellt, der aufgrund des Besitzes und der Entwicklung von Massenvernichtungswaffen durch den Irak zum Wohle der internationalen Sicherheit und insbesondere gegen die irakische Aufrüstung eines antiamerikanischen Terrorismus notwendig geworden war.[908] Entsprechende Rüstungskontrollen waren allerdings seit Dezember 1998 nicht mehr erfolgt.[909] Zudem wird eine nachträgliche Genehmigung durch den UN-Sicherheitsrat mit der Begründung ersucht, dass der Einsatz ein menschenrechtsfeindliches Regime gestürzt habe.[910] Im Zuge dieser Ereignisse wird allerdings deutlich, dass eine nachträgliche Genehmigung durch den UN-Sicherheitsrat im Hinblick auf das militärische Vorgehen der US-Amerikaner nicht in Betracht kommt; es ist vielmehr davon auszugehen, dass die jeweiligen Resolutionen auf einer eindeutigen Entscheidung beruhen müssen.[911] Auch die Resolution 1154, in der der UN-Sicherheitsrat mit erheblichen Konsequenzen für die irakische Regierung gedroht hatte, konnte nicht als Rechtfertigung für die präventive Selbstverteidigung zur Anwendung kommen.[912] Der militärische Einsatz der US-Amerikaner ist allgemein als völkerrechtswidrig verurteilt wor-

---

904 Gegen den Widerstand des UN-Sicherheitsrats werden militärische Stellungen im südlichen Teil des Irak sowie in Belgrad aus der Luft und von Bodentruppen angegriffen. Als Begründung dient der Vorwurf des Besitzes von Massenvernichtungswaffen als Bedrohung für die internationale Sicherheit sowie eine Beteiligung Saddam Husseins an den Anschlägen vom 11. September 2001; vgl. Krennerich, in: Nohlen/Grotz, Kleines Lexikon der Politik, S. 212 (214).

905 Krennerich, in: Nohlen/Grotz, Kleines Lexikon der Politik, S. 212 (214).

906 Hobe, Einführung in das Völkerrecht, S. 339.

907 Bereits im Vorfeld war der Einsatz heftigster Kritik ausgesetzt gewesen.

908 Hinsch/Janssen, Menschenrechte militärisch schützen, S. 27; Hobe, Einführung in das Völkerrecht, S. 335.

909 Schaller, in: ZaöRV 62/2002, S. 641 (661).

910 Hinsch/Janssen, Menschenrechte militärisch schützen, S. 27.

911 Schaller, in: ZaöRV 62/2002, S. 641 (654).

912 Murswiek, in: NJW 2003, S. 1014 (1017).

den.[913] Ohne unmittelbar bevorstehenden Angriff ist von einer Selbstverteidigung nicht auszugehen.[914] Insbesondere der Irakkrieg hat deutlich gemacht, dass mächtige Nationen nach ihren eigenen politischen Interessen intervenieren und sich im Nachhinein auf humanitär geleitete Motive berufen, auch wenn dies von der Mehrheit der Staatenvertreter nicht akzeptiert wird.

(3) Salomonen

Die nordöstlich von Australien befindlichen Salomonen bieten 2003 den Schauplatz für eine erneute humanitäre Intervention ohne Mandat der Vereinten Nationen. Im Zuge der Unabhängigkeit der sieben Haupt- und weiteren Nebeninseln 1978 kommt es zu Spannungen zwischen den einzelnen Bevölkerungsgruppen, die insbesondere in den Unabhängigkeitsbestrebungen der Provinz „Western" sowie in Flüchtlingsströmen ihren Ausdruck finden.[915] Der Staatsapparat der Salomonen befindet sich zu diesem Zeitpunkt auf der Insel Guadalcanal. Insbesondere die Volksgruppe auf der Insel Malaita befürchtet eine zunehmende Marginalisierung, so dass viele Bewohner von dort nach Guadalcanal kommen.[916] Im Jahr 1998 spitzen sich die Spannungen zwischen den beiden Bevölkerungsgruppen aufgrund der unkontrollierbaren Zuwanderung und dem fehlenden Gemeinschaftsgefühl zu. Es kommt zu gewalttätigen Übergriffen der Guadalcanaler auf die Malaiter, die sich zwischenzeitlich mit Waffen ausgestattet haben.[917] Im Juni 2000 kommt es zu einem Putsch durch die Malaiter, es werden mehrere Polizeistationen besetzt und ein neuer Premierminister bestimmt.[918] Die Wirtschaft des Landes kommt im Folgejahr zum Erliegen, Friedensverträge bleiben ohne Erfolg, es kommt zu Anarchie und Rechtlosigkeit in einem in bürgerkriegsähnliche Zustände verfallenen Staat.[919]

Nach jahrelangem Zögern und lediglich erfolgter finanzieller Unterstützung entscheidet sich der australische Premierminister Howard am 5. Juni 2003 doch für eine humanitäre Intervention. Die Regional Assistance Mission to the Solomon Islands (RAMSI) kommt mit der Genehmigung der 2002 demokratisch gewählten neuen Regierung am 24. Juli 2003 und besteht aus ca. 2.225 Australiern und

---

913 Murswiek, in: NJW 2003, S. 1014 (1017).

914 Murswiek, in: NJW 2003, S. 1014 (1017); Randelzhofer, in: Simma, Charta der Vereinten Nationen, Art. 51, Rn. 34.

915 Hinsch/Janssen, Menschenrechte militärisch schützen, S. 187.

916 Hinsch/Janssen, Menschenrechte militärisch schützen, S. 187.

917 Hinsch/Janssen, Menschenrechte militärisch schützen, S. 192.

918 Hinsch/Janssen, Menschenrechte militärisch schützen, S. 190.

919 Hinsch/Janssen, Menschenrechte militärisch schützen, S. 27, S. 193.

Neuseeländern.[920] Die militärischen Maßnahmen schaffen den Rahmen für eine neue Verfassung und die Wiederherstellung der öffentlichen Ordnung. Von Interesse ist, dass das Mandat der RAMSI ohne Einbeziehung des UN-Sicherheitsrats ergangen ist. Hinsch und Janssen nehmen an, dass die *notorisch langsam arbeitende UN-Bürokratie* so verhindert werden sollte.[921] Darüber hinaus sollte das Scheitern einer diesbezüglichen Abstimmung durch ein Veto von China vermieden werden, das aufgrund der wirtschaftlichen Beziehungen der Salomonen zu Taiwan erwartet werden durfte.[922] Zudem ist davon auszugehen, dass die umstrittene rechtliche Lage einer humanitären Intervention zu einer Beschränkung der Handlungsfreiheit der Truppen in Form einer klassischen Peacekeeping-Gruppe geführt hätte.[923]

f. Bewertung

Die Rechtsfigur der humanitären Intervention wurzelt bereits in der Antike und hat sich bis zum gegenwärtigen Zeitpunkt weiterentwickelt. Dabei gilt im Hinblick auf das Gewaltverbot aus Art. 2 Ziff. 4 UN-Charta seit jeher die Struktur von Regel und Ausnahme: jede Anwendung militärischer Gewalt zum Wohl einer fremden Bevölkerung bedarf folglich einer Rechtfertigung.[924] Anhand der ausgewählten Präzedenzfälle ist deutlich geworden, dass sich das globale Konfliktgeschehen auf innerstaatliche Situationen verlagert hat, die aufgrund des Souveränitätsprinzips nur schwer von der Staatengemeinschaft behoben werden können. Zum Wohle der Zivilbevölkerung oder zur Wiederherstellung der staatlichen Ordnung hat sich die Staatengemeinschaft vermehrt für humanitäre Interventionen entschieden, die überwiegend menschenrechtlich motiviert waren. Es wurde aufgezeigt, dass Strategien einer bloßen Friedenssicherung in den Fällen versagen, in denen ein regulierender Eingriff notwendig ist und die Idee einer ausschließlichen Friedenssicherung als nicht ausreichend erscheint; die Mandate sind durchweg zu schwach ausgestattet. Dies gilt insbesondere in Fällen von sogenannten *ethnischen Säuberungen*.[925] Ein schlecht aufeinander abgestimmtes Peacekeeping ist zu einem Charakteristikum der fehlenden Reglementierung

---

920 Manig, in: Fischer Weltalmanach 2010, Salomonen, S. 429; Schreer, in: SWP 32/2006, S. 15.
921 Hinsch/Janssen, Menschenrechte militärisch schützen, S. 195.
922 Hinsch/Janssen, Menschenrechte militärisch schützen, S. 196.
923 Hinsch/Janssen, Menschenrechte militärisch schützen, S. 196.
924 Murswiek, in: NJW 2003, S. 1014 (1015).
925 Hinsch/Janssen, Menschenrechte militärisch schützen, S. 25.

militärischer humanitärer Interventionen geworden.[926] Aus diesem Grund müssen zur Befriedung der Situation in Darfur anderweitige Lösungswege aufgezeigt werden. Im Hinblick auf die Einsätze der Staatengemeinschaft im Kosovo sowie im Irak ist deutlich geworden, dass es eine Tendenz in der Gemeinschaft zur Relativierung und Herabsetzung der Anwendungsvoraussetzungen für das Gewaltverbot gibt, die im Einzelfall bei schweren humanitären Katastrophen Anwendung findet, wenn durch den UN-Sicherheitsrat keine etwaigen Maßnahmen zu erwarten sind. Es zeigt sich, dass die Empirie keine eindeutig schlüssigen Ereignisse liefern kann. Jedoch wird auch deutlich, dass die Situation günstig scheint, die grundsätzliche Frage nach Sinn und Unsinn von Militärinterventionen zur Lösung von innerstaatlichen Konflikten öffentlich zu diskutieren. Im Ergebnis stößt das Konzept der humanitären Intervention nicht zuletzt im Zusammenhang mit den Ereignissen in Darfur auf öffentliches Interesse. Die Durchsetzung der Menschenrechte sowie die Sicherung der Demokratie können zu legitimen Zielen im Kontext militärischer Zwangsmittelanwendung vor dem Hintergrund von Kap. VII UN-Charta werden, wie die Praxis des UN-Sicherheitsrats belegt. Die Rückkehr der Lehre vom gerechten Krieg auf die Agenda der internationalen Politik bedeutet auch die Rückkehr zum *ius ad bellum* im Gewand der humanitären Intervention.[927] Hier besteht jedoch das Problem, dass sich die fundamentalen Bestandteile der Völkerrechtsordnung mit dieser Lehre nur schwerlich vereinbaren lassen; die Rede ist von der Souveränität der Staaten, dem Verbot der Androhung und Anwendung von militärischer Gewalt sowie dem Gebot der Nichtintervention. Es stellt sich folglich die Frage nach einer möglichen Neuakzentuierung völkerrechtlicher Grundprinzipien.

2. *Recht zur humanitären Intervention in Darfur auf Grundlage der UN-Charta*

Im Rahmen der obigen Ausführungen ist deutlich geworden, dass die Staatengemeinschaft in der Vergangenheit wiederholt vom Konzept der humanitären Intervention Gebrauch gemacht hat. Interventionen in der Staatengeschichte, die der humanitären Zwecksetzung dienen, haben verschiedene Voraussetzungen erfüllt, damit sie als rechtmäßig gelten können.

---

926 Hinsch/Janssen, Menschenrechte militärisch schützen, S. 143.

927 Krause, in: Münkler/Malowitz, Humanitäre Intervention – Grundlagen und Diskussion, S. 113 (139).

Die Staatenpraxis des UN-Sicherheitsrats hat Zweifel an der Rechtsnatur des Gewaltverbots aufkommen lassen, so dass sich die Überlegung anschließt, ob humanitäre Interventionen als Ausnahme von Art. 2 Ziff. 4 UN-Charta in bestimmten Situationen gerechtfertigt sein können.[928] So lassen die Beschlüsse der Vergangenheit eine Tendenz erkennen, die mit einer stärkeren Gewichtung des Schutzes fundamentaler Menschenrechte einhergeht und diesbezügliche Rechte als Interventionstitel heranzieht. Im Hinblick auf den Darfur-Konflikt stellt sich somit die Frage, ob sich grundsätzlich ein derart gestaltetes Recht aus der Charta der Vereinten Nationen ableiten ließe und daran anschließend im konkreten Fall eine humanitäre Intervention zum Schutz der Zivilbevölkerung als weitere potenzielle Maßnahme der Staatengemeinschaft möglich wäre. Ein etwaiges Recht zum militärischen Eingreifen könnte aus Vertragsrecht oder völkergewohnheitsrechtlich gegeben sein und somit einen neuen Handlungsspielraum im Umgang mit der sudanesischen Krisensituation begründen.

Auch ein Recht zum militärischen Eingreifen infolge einer Ableitung erscheint evident. Unter Berücksichtigung der sich daraus ergebenden normativen und pragmatischen Probleme sowie der allgemeinen Entstehung völkerrechtlicher Rechtsfortbildung könnte sich die Rechtsfigur der humanitären Intervention institutionell und völkerrechtlich in die bestehende Rechtsordnung implementieren lassen. Fest steht, dass das noch im 19. Jahrhundert bestehende Recht der Staaten zur gewaltsamen Selbsthilfe zur Durchsetzung völkerrechtlicher Pflichten mit Ausnahme von Art. 51 UN-Charta und von durch den UN-Sicherheitsrat legitimierten Einzelmaßnahmen nach Kap. VII UN-Charta dem allgemeinen Gewaltverbot Platz gemacht hat. Zwischen dem Gewaltverbot und dem Menschenrechtsschutz herrscht somit ein Spannungsverhältnis.[929] Damit verknüpft ist die Gewichtung des völkerrechtlichen Prinzips der Souveränität im Hinblick auf den Menschenrechtsschutz. Es wird deutlich werden, dass sich der Diskurs dahingehend verändert hat, dass sich der souveränitätsorientierte Fokus zu einem solidaristischen Modell hin verschoben hat, in dem der Schutz der Integrität der Staaten hinter gemeinsame Werte der Staatengemeinschaft zurückgetreten ist.[930]

Die Historie belegt, dass die Staatengemeinschaft große Anstrengungen unternommen hat, um militärische Auseinandersetzungen zwischen ihren einzelnen

---

928 Vgl. Hilpold/Zagel, in: S+F 1/2006, S. 38 (39).
929 Doehring, Völkerrecht, Rn. 1010.
930 Krisch, in: Der Staat 43/2000, S. 267 (272).

Mitgliedern zu vermeiden.[931] Somit stellt die Kriegsverhütung weiterhin das beherrschende Problem der internationalen Politik dar.[932] Für etwaige Zulässigkeitsvoraussetzungen einer humanitären Intervention als ungeschriebene Ausnahme vom Gewaltverbot bedarf es zumindest einer entsprechenden Grundlage sowie einer Ermächtigung. Es geht folglich um die Konstruktionsmöglichkeit eines Rechts, das die Durchführung von humanitären Maßnahmen im Zusammenhang mit der Anwendung von militärischer Waffengewalt auch ohne ausdrückliche Zustimmung des UN-Sicherheitsrats legitimiert.

a. Anknüpfungspunkt

Eine zentrale Rolle bei der Suche nach einer Möglichkeit der Gewaltanwendung zum Zweck der Durchsetzung der Menschenrechte spielt das Verhältnis des Gewaltverbots zur Achtung und Einhaltung fundamentaler Menschenrechte. Insbesondere Art. 2 Ziff. 4 UN-Charta firmiert unter den zentralen Grundsätzen der Charta der Vereinten Nationen und hat einen kategorischen Charakter. Im Vordergrund der völkerrechtlichen Debatte steht die sich anschließende Unvereinbarkeit beider Grundsätze, die im Rahmen einer genauen Erklärung ihrer Werte zu verdeutlichen sein wird. Da jede Ausnahme vom Gewaltverbot zu einer Schwächung des Weltfriedens und der internationalen Sicherheit führen könnte, bedarf es einer entsprechenden Gewichtung der Normen. Dies könnte Aufschluss darüber geben, ob Menschenrechte mithilfe militärischer Gewalt durchgesetzt werden dürfen.

aa. Grundsatz aus Art. 2 Ziff. 4 UN-Charta: das Gewaltverbot

Ausgangspunkt der nachfolgenden Untersuchungen ist zunächst das Gewaltverbot aus Art. 2 Ziff. 4 UN-Charta. Im Rahmen des Einsatzes der UNAMID in Darfur ist bereits festgestellt worden, dass die externe Einflussnahme der Staatengemeinschaft ihre Grenzen in den geltenden Bestimmungen der Charta der Vereinten Nationen findet. Insbesondere das als *ius cogens* des universalen Völkerrechts normierte Gewaltverbot gilt als Ausdruck der friedenstiftenden Funktion der Vereinten Nationen.[933] Dabei stellt es gegenüber dem Interventionsver-

---

[931] Siehe etwa den Völkerbund, den Briand-Kellogg-Pakt oder insbesondere die Charta der Vereinten Nationen, S. 140 ff.

[932] So Randelzhofer, nach dem das Gewaltverbot unmittelbar zur Kriegsverhütung dient; Randelzhofer, in: Simma, Charta der Vereinten Nationen, Art. 2 Ziff. 4, Rnrn. 1, 2.

[933] Nach Art. 53 der Wiener Vertragskonvention gehört das Gewaltverbot zum zwingenden Völkerrecht und kann demzufolge nicht vertraglich abbedungen werden; Schaller, in: ZaöRV 62/2002, S. 641 (642).

bot die speziellere Rechtsnorm dar.[934] Im Kontext militärischer Gewaltanwendung dient das Gewaltverbot daher regelmäßig als Ansatzpunkt für eine völkerrechtliche Analyse, so auch im Rahmen der Debatte um die Zulässigkeit einer humanitären Intervention. Unter den Begriff der „Gewalt“ wird hier allein die militärische Gewalt subsumiert.[935] Eingeschlossen sind davon allerdings auch Maßnahmen unterhalb einer Schwelle, ab der das Geschehen als Krieg charakterisiert würde. Zu diesen wird auch die humanitäre Intervention gezählt. Diese Maßnahmen erfordern jedoch eine Mindestgrenze an Intensität, damit sich der Tatbestand konkretisieren lässt.[936] Auch Drohungen gehören zum Anwendungsbereich von Art. 2 Ziff. 4 UN-Charta.[937] Der Charta zufolge gibt es inzwischen zwei Ausnahmen, die restriktiv auszulegen sind und folglich als Rechtfertigungsgrund dienlich sein können: die Selbstverteidigung gemäß Art. 51 UN-Charta sowie die Anwendung von Gewalt, sofern sie im Rahmen des Systems der kollektiven Sicherheit nach Kapitel VII der Charta vom UN-Sicherheitsrat autorisiert wurde.[938]

Es ist bereits deutlich geworden, dass das universelle Gewaltanwendungsverbot anders als bei der Völkerrechtssatzung von 1919 oder dem Briand-Kellogg-Pakt von 1928 über ein reines Kriegsverbot hinausgeht; aus Art. 2 Ziff. 4 UN-Charta folgt für die Staaten nunmehr ein Verbot jedweder Androhung oder Anwendung von Gewalt in den internationalen Beziehungen. Es zeigt sich, dass die Beachtung von Art. 2 Ziff. 4 UN-Charta prinzipiell im Widerspruch zu einem Einsatz im Sinne einer humanitären Intervention in Darfur steht. Zum Kernbereich des Gewaltverbots zählt schließlich die Beachtung der territorialen Integrität sowie der politischen Unabhängigkeit des Staates.[939]

---

[934] Westerdiek, in: AVR 21/1983, S. 383 (386).

[935] Fischer, in: Ipsen, Völkerrecht, § 59, Rn. 12; Randelzhofer, in: Simma, Charta der Vereinten Nationen, Art. 2 Ziff. 4, Rn. 15.

[936] Hobe, Einführung in das Völkerrecht, S. 327; Fischer, in Ipsen, Völkerrecht, § 59, Rn. 11.

[937] Hobe, Einführung in das Völkerrecht, S. 329; Volk, Die Begrenzung kriegerischer Konflikte durch das moderne Völkerrecht, S. 16.

[938] Die dritte Ausnahme, die Maßnahmen gegen ehemalige Feindstaaten nach Art. 107 UN-Charta ist mit dem mehrheitlichen Beitritt der Staatenmitglieder in die Vereinten Nationen hinfällig geworden; vgl. Kempen/Hillgruber, Völkerrecht, 7. Kap., § 35, Rn. 92; Randelzhofer, in: Simma, Charta der Vereinten Nationen, Art. 2 Ziff. 4, Rn. 37.

[939] Volk, Die Begrenzung kriegerischer Konflikte durch das moderne Völkerrecht, S. 16.

bb. Bedeutung der Menschenrechte im Kontext humanitärer Interventionen

Ereignisse wie die im Kosovo oder auch in Somalia belegen jüngst, dass die Durchsetzung humanitärer Mittel immer öfter an den Einsatz militärischer Mittel geknüpft wird. Der Bedeutung der Menschenrechte im Rahmen der Charta der Vereinten Nationen muss folglich eine überragende Geltung eingeräumt werden; der Einsatz von Waffengewalt steht schließlich nicht nur im Widerspruch zu dem aus Art. 2 Ziff. 4 UN-Charta folgenden Gebot der Gewaltanwendung, sondern widerspricht insbesondere der Maxime des Souveränitätsanspruchs des jeweiligen Staates. Im Kontext einer humanitären Intervention stellt sich folglich die Frage, welche Rolle den Menschenrechten zukommt, wenn es darum geht, dass sie derart betroffen sind, dass ein militärisches Vorgehen gegen einen fremden Staat im Einzelfall gerechtfertigt zu sein scheint. So wird vermehrt davon ausgegangen, dass die Rechtfertigung eines militärischen Vorgehens bei einer humanitären Intervention auf der Idee des Menschenrechtsschutzes basieren könne.[940] Daher muss das Schutzgut einer humanitären Intervention im Zusammenhang mit einem katalogisierten Normenbereich fundamentaler Menschenrechte bestimmt werden. Zum Schutz der Menschenrechte wurden auf regionaler und universeller Ebene Abkommen zwischen den Staaten geschlossen. Allen voran geht der Gedanke, dass es sich bei den Menschenrechten um natürliche Rechte handelt, die dem Einzelnen aufgrund seines Menschseins zustehen und von den Staaten zu achten sind.[941]

(1) Allgemeine Bedeutung der Menschenrechte

Wie bereits festgestellt, bedeutet humanitär im Kontext einer humanitären Intervention die Förderung des Wohls der Mitmenschen.[942] In völkerrechtlicher Hinsicht knüpft dies an die Menschenrechte als Ausdruck gewisser unveräußerlicher Rechte an, die dem Einzelnen zuerkannt werden. Das Recht zur humanitären Intervention meint folglich auch das Recht der Staatengemeinschaft, die Parteien eines Konflikts mit Gewalt dazu zu zwingen, humanitäre Hilfe für die bedürftige Bevölkerung anzunehmen.[943] Der Begriff humanitär bezeichnet auch die empirisch-rechtliche Unterscheidung zwischen der bloßen Durchsetzung von partiku-

---

940 Hinsch/Janssen, Menschenrechte militärisch schützen, S. 32.

941 Fetscher, in: Nohlen/Grotz, Kleines Lexikon der Politik, S. 324 (324); Schulte, Völkermord und humanitäre Intervention, S. 10.

942 Siehe unter E. I. 1. a. aa. (1).

943 Gillessen, in: IP 9/1997, S. 13 (17).

lären Interessen einerseits und der Achtung fundamentaler Menschenrechte andererseits.[944] Die daraus hervorgehende kosmopolitische Verantwortung der Staatengemeinschaft bezieht sich auf die Ausrichtung des staatlichen Verhaltens auf die Achtung und Gewährleistung der Menschenrechte.[945] Menschenrechte selbst stellen in erster Linie Verpflichtungen *erga omnes* dar und gehören zum *ius cogens* des völkerrechtlichen Normbereichs.[946] Zu ihrem Kernbereich gehört das Recht auf Leben, die Freiheit vor Folter und von Sklaverei sowie das Verbot der Diskriminierung.[947] Im Zusammenhang mit der Verletzung „grundlegender" Menschenrechte, die Anlass zu einer militärischen Intervention geben können, werden solche genannt, die im Zuge der Verletzung für die Betroffenen mit großem Leid verbunden sind.[948] Die Verletzung der Menschenrechte muss zu einer außerordentlichen und äußerst ernsthaften humanitären Notsituation in einem Staat führen, damit der Einsatz von militärischen Mitteln geboten erscheint.[949]

(2) Menschenrechtsschutz durch die Vereinten Nationen

Mit dem Ende des Zweiten Weltkrieges 1945 etabliert sich der internationale Menschenrechtsschutz. Seit diesem Zeitpunkt werden vermehrt diejenigen Rechte als Menschenrechte bezeichnet, die in internationalen Verträgen wie in der Allgemeinen Erklärung der Menschenrechte oder in den 1976 in Kraft getretenen Internationalen Pakten über bürgerliche und politische sowie wirtschaftliche, soziale und kulturelle Rechte ihren Ausdruck finden. Auch regionale Abkommen wie die Europäische Menschenrechtskonvention von 1950 haben die Manifestierung der Menschenrechte im besonderen Maße bewirkt. Mit der Einführung von Art. 1 Abs. 3 sowie Art. 55 und 65 UN-Charta wird die Charta der Vereinten Nationen grundlegend geändert; der Zweite Weltkrieg hat in seinen Spätfolgen darauf hingewirkt, dass die Beziehung eines Staates zu seinen Bürgern zu einem Gegenstand des Völkerrechts geworden ist. Die Forderung nach einem völkerrechtskonformen Umgang mit Staatsangehörigen stellt seitdem keinen unzulässigen Eingriff in die inneren Angelegenheiten eines Staates dar,

---

944 Köhler, in: Beestermöller, Die humanitäre Intervention, S. 75 (75).
945 Volk, Die Begrenzung kriegerischer Konflikte durch das moderne Völkerrecht, S. 160.
946 Karl, in: Seidl-Hohenveldern, Völkerrecht, S. 91; Partsch, in: Simma, Charta der Vereinten Nationen, Art. 55 c), Rn. 8; von Heinegg, in: Ipsen, Völkerrecht, § 15, Rn. 51.
947 Ipsen, in: Ipsen, Völkerrecht, § 48, Rn. 36.
948 Hinsch/Janssen, Menschenrechte militärisch schützen, S. 78.
949 Europäisches Parlament 1989, BT-Drs. 12/7513 [abgerufen unter: http://dipbt.bundestag.de/dip21/btd/12/075/1207513.pdf, Stand: 08.09.2011].

die im ursprünglichen Verständnis keinerlei Restriktionen unterliegen.[950] Nach dem aktuellen Verständnis stellt eine Verletzung der Menschenrechte durch einen Staat einen Verstoß gegen das aus Art. 1 Ziff. 3 UN-Charta hervorgehende primäre Ziel der Achtung der Menschenrechte und somit eine Vertragsverletzung dar. Auf diesen Gedanken aufbauend wird die Bedeutung der Menschenrechte im Kontext der humanitären Intervention zunehmend verdeutlicht. Auch wenn davon ausgegangen wird, dass in diesem Zusammenhang der Einsatz militärischer Mittel gerechtfertigt zu sein scheint, so bedarf es einer genauen Würdigung der Umstände des Einzelfalls. Im Hinblick auf den Konflikt in Darfur ist bereits deutlich geworden, dass fundamentale Menschenrechtsverletzungen mindestens seit 2003 auf Befehl der sudanesischen Regierung stattfinden. Ob diese Gegebenheit ein multilaterales Vorgehen der Staatengemeinschaft trägt, wird noch zu sehen sein. Fest steht jedoch, dass die Durchführung einer humanitären Intervention mit einer Missachtung der als *ius cogens* angesehen Menschenrechten eng verknüpft ist und somit prinzipiell einen Grund zum Eingreifen darstellen kann. Die Forderung nach einer Einhaltung der Menschenrechte stellt demzufolge ein Anliegen der internationalen Gemeinschaft dar. Dies entspricht nach Hinsch und Janssen insbesondere dem in Deutschland etablierten legalistischen Verständnis der Menschenrechte und dem damit einhergehenden „florierenden Menschenrechtsdiskurs".[951] Die humanitäre Intervention kann als neuer Mechanismus des Menschenrechtsschutzes unter dem Dach der Vereinten Nationen angesehen werden.

Es zeichnet sich folglich eine Gewichtsverschiebung zwischen Staats- und Individualschutz ab. So zeigt die Vergangenheit, dass die anhaltende Verletzung von grundlegenden Menschenrechten ausschlaggebend für eine positive Interventionsentscheidung gewesen ist.[952] Der Konflikt zwischen dem Gewaltverbot aus Art. 2 Ziff. 4 UN-Charta und der Verpflichtung der Mitgliedstaaten nach Art. 55 lit. c) in Verbindung mit Art. 56 UN-Charta zur innerstaatlichen Implementierung der Menschenrechte wird an dieser Stelle wieder einmal deutlich.

---

[950] Bryde, in: Der Staat 42/2003, S. 61 (62).
[951] Hinsch/Janssen, Menschenrechte militärisch schützen, S. 71, 72.
[952] Siehe unter E. I. 1. d.

b. Recht zur humanitären Intervention aufgrund unmittelbarer Rechtfertigung aus Vertragsrecht

Als unmittelbar direkte Ausnahme des Gewaltverbots sieht die UN-Charta das Recht zur Selbstverteidigung gemäß Art. 51 UN-Charta sowie vom UN-Sicherheitsrat beschlossene Zwangsmaßnahmen auf der Grundlage von Kap. VII der UN-Charta vor.[953] So kann der UN-Sicherheitsrat bei friedensbedrohenden Konflikten beispielsweise Sanktionen nach Kap. VII der UN-Charta verhängen; das Interventionsverbot greift gemäß Art. 2 Abs. 7 UN-Charta in solchen Fällen ausdrücklich nicht. Im Hinblick auf die Ereignisse in Darfur seit 2003 erscheint fraglich, ob sich demgemäß ein Eingreifen auf der Basis einer humanitären Intervention rechtfertigen ließe. Problematisch ist, dass der Begriff der humanitären Intervention selbst, wie bereits festgestellt, in der Charta nicht zu finden ist. Die Frage, ob sich in diesem Zusammenhang Ausnahmen vom Gewaltverbot ergeben, die ein unmittelbares Recht zu einem militärischen Vorgehen im Sudan rechtfertigen würden, schließt sich folglich an.

aa. Art. 51 UN-Charta

Im System der kollektiven Sicherheit der Mitglieder der Vereinten Nationen ermöglicht Art. 51 UN-Charta nur unter den dortigen Voraussetzungen die Androhung oder Anwendung von Gewalt als Ausnahme von Art. 2 Ziff. 4 UN-Charta. Die Regelung ist folglich abschließend.[954] Daran anschließend stellt sich die Frage, ob Art. 51 UN-Charta als Ausgangspunkt für den Versuch einer Rechtfertigung nach einem Verstoß gegen das Gewaltverbot heranzuziehen ist. Im Zusammenhang mit den Ereignissen in Darfur ergibt sich ausschließlich die Möglichkeit eines Präventivschlags im Sinne der Annahme, dass die gravierenden Menschenrechtsverletzungen auch zukünftig andauern werden. Die Frage, ob sich hierbei aus völkerrechtlicher Sicht eine Rechtfertigung erzielen lässt, bleibt angesichts der Ereignisse 2003 im Irak[955] mehr als fraglich und ist in der völkerrechtlichen Wissenschaft überwiegend verneint worden.[956] Nicht nur, dass sich ein solches Vorgehen an den Voraussetzungen des Selbstverteidigungs-

---

[953] Thürer, in: AVR 38/2000, S. 1 (5).

[954] Volk, Die Begrenzung kriegerischer Konflikte durch das moderne Völkerrecht, S. 21.

[955] Das militärische Vorgehen hatte die amerikanische Regierung 2003 wiederholt als präventive Maßnahme aufgrund der akuten Bedrohung von Massenvernichtungswaffen durch den Irak gerechtfertigt; siehe unter E. I. 1. d. bb. (2).

[956] Hinsch/Janssen, Menschenrechte militärisch schützen, S. 38; Schaller, in: ZaöRV 62/2002, S. 641 (664); Volk, Die Begrenzung kriegerischer Konflikte durch das moderne Völkerrecht, S. 49.

rechts messen lassen müsste, auch der Tatbestand von Art. 51 UN-Charta ermöglicht diese Art der Subsumtion nicht. Es wird grundsätzlich das Vorliegen eines bewaffneten Angriffs gefordert, der im konkreten Fall nicht vorliegt. Eine bloße Bedrohung ist folglich nicht ausreichend.[957] Eine Ausdehnung von Art. 51 UN-Charta auf bestimmte Bedrohungslagen im Sinne einer präemptiven Selbstverteidigung würde vielmehr zu einer Zunahme der zwischenstaatlichen Gewaltanwendung führen, so dass eine enge Auslegung von Art. 51 UN-Charta geboten ist.[958] Eine direkte Ableitung des Rechts auf humanitäre Intervention im Zusammenhang mit den Ereignissen in Darfur scheidet folglich aus.

bb. Aus Kap. VII UN-Charta

Eine Ermächtigung zur Anwendung von Gewalt könnte sich aus Kap. VII der UN-Charta ergeben, das einzelfallbezogene Elemente des militärischen Zwangs auch zur Durchsetzung des humanitären Mindeststandards vorsieht. Mithilfe von Art. 42 UN-Charta kann der Sicherheitsrat auch militärische Zwangsmaßnahmen beschließen. Wie bereits erörtert, steht allein dem UN-Sicherheitsrat die Entscheidung zu, solche einzuleiten. Ihm obliegt das sogenannte *Gewaltlegitimationsmonopol*.[959] Im konkreten Fall müsste somit eine Autorisierung durch den Sicherheitsrat zur Anwendung von internationaler Waffengewalt im Gebiet Darfur erfolgt sein. Damit etwaige Maßnahmen durch den Sicherheitsrat legitimiert sind, wird die Feststellung einer auf Art. 39 UN-Charta zurückgehenden Friedensbedrohung benötigt. Dieser Anlass zu Streitigkeiten gebende Begriff ist in diesem Zusammenhang bereits hinreichend erörtert worden. Es zeigt sich, dass die Maßnahmen aus Kap. VII UN-Charta im Zuge der Evolution des Friedensbegriffs über den Anwendungsbereich von Art. 51 UN-Charta hinausgehen. Letzterer ist auf die reaktive Anwendung von Gewalt beschränkt. Auf der Grundlage von Kap. VII UN-Charta können Staaten beim Vorliegen einer Friedensbedrohung folglich auch zur Abwehr von drohenden Gefahren für den Frieden tätig werden.[960] Es hat sich bereits gezeigt, dass die in Art. 39 UN-Charta festgehaltene Friedensbedrohung von den Mitgliedern in den Fällen bejaht worden ist, in denen große Flüchtlingsbewegungen eine Gefahr für den internationa-

---

957 Schaller, in: ZaöRV 62/2002, S. 641 (656).

958 Randelzhofer, in: Simma, Charta der Vereinte Nationen, Art. 51, Rn. 34; Schaller, in: ZaöRV 62/2002, S. 641 (657).

959 Bothe/Martenczuk, in: Vereinte Nationen 4/1999, S. 125 (129); Gareis/Varwick, Die Vereinten Nationen, S. 85.

960 Frowein, in: Simma, Charta der Vereinten Nationen, Art. 42, Rn. 12.

len Frieden darstellen. Dieser sogenannte *spill-over-Effekt*[961], der allgemein als Folgewirkung von Menschenrechtsverletzungen bezeichnet wird, hat dem Sicherheitsrat auch in den Fällen von Somalia 1992 und Ruanda 1993/1994 ausgereicht, um eine Friedensbedrohung im Sinne der Charta anzunehmen.[962] Im Fall Darfur hat der Sicherheitsrat die Gefährdung für den Weltfrieden und die internationale Sicherheit infolge der konkret anhaltenden Menschenrechtsverletzungen vor Ort ebenfalls positiv festgestellt.[963] Damit ist die erste Voraussetzung für ein diesbezügliches Eingreifen der Staatengemeinschaft mit Genehmigung des Sicherheitsrats zumindest vorstellbar. Darüber hinaus muss der Sicherheitsrat jedoch auf der Grundlage von Art. 42 UN-Charta den Einsatz militärischer Gewalt mit der Begründung beschließen, dass alle anderen friedlichen Maßnahmen keine Aussicht auf Erfolg haben. Vorliegend gestattet das Mandat der UNAMID restriktiv die Anwendung von Gewalt zu Zwecken der Selbstverteidigung sowie zum Schutz der Zivilbevölkerung. Für die Anwendung militärischer Gewalt, die eine Beschränkung der Souveränität und Integrität eines Staates bedeutet, bedarf es jedoch einer hohen rechtlichen Sicherheit bzw. Ermächtigung.[964] Der UN-Sicherheitsrat hat zwar im Zuge der Resolution 1769 den Einsatz der UNAMID ermöglicht; Angriffshandlungen schließt das Mandat allerdings nicht mit ein. In Ermangelung einer impliziten Genehmigung durch den Sicherheitsrat kann demzufolge keine humanitäre Intervention der Staatengemeinschaft mithilfe von Kap. VII UN-Charta in Darfur erfolgen. Eine unmittelbare Rechtfertigung eines multilateralen militärischen Vorgehens auf Grundlage der Charta ergibt sich folglich nicht.

Die festgestellte Erweiterung des Friedensbegriffs, der derweil auch schwere Menschenrechtsverletzungen erfasst, könnte aber auch dazu führen, dass es ebenfalls angebracht ist, die unilateralen Handlungsmöglichkeiten der Staatengemeinschaft dementsprechend anzupassen. Es ist offensichtlich, dass die materielle Gerechtigkeit inzwischen im Vergleich zur Abwesenheit von Gewalt für den Friedensbegriff an Bedeutung gewonnen hat. Die vermehrte Orientierung an den völkerrechtlichen Grundsätzen führt mithin zu einer Verdrängung der bisherigen „Gewalt-Fixierung".[965]

---

961 Hillgruber, in: Der Staat 40/2001, S. 165 (182).

962 Siehe dazu die zahlreichen Resolutionen des UN-Sicherheitsrats unter E. I. 1. d.

963 Siehe unter D. I. 1. a.

964 Schaller, in: ZaöRV 62/2002, S. 641 (654).

965 Senghaas, Recht auf Nothilfe. Wenn die Intervention nicht nur erlaubt, sondern regelrecht geboten ist, in: FAZ Nr. 158 vom 12. Juli 1999, S. 12.

c. *Recht zur humanitären Intervention als unmittelbare Rechtfertigung aus Völkergewohnheitsrecht*

In Ermangelung einer vertraglich geregelten Norm, die einen humanitär motivierten militärischen Einsatz in Darfur als Ausnahme vom Gewaltverbot legitimieren könnte, bietet sich diesbezüglich die Frage an, ob die humanitäre Intervention im Einklang mit den völkerrechtlichen Grundsätzen im Sinne der Charta der Vereinten Nationen als eigener Tatbestand gewohnheitsrechtlich anerkannt ist. Die fehlende Zustimmung des UN-Sicherheitsrats würde dementsprechend keinen Hinderungsgrund für ein völkerrechtlich konformes Vorgehen darstellen. Aus Art. 51 UN-Charta ergibt sich vielmehr, dass die Charta keinesfalls das Recht zur individuellen oder kollektiven Selbstverteidigung einschränkt, solange der Sicherheitsrat noch nicht tätig geworden ist oder die zur Wahrung des Weltfriedens und der internationalen Sicherheit notwendigen Maßnahmen noch nicht getroffen hat. Damit eine derart gestaltete Änderung der Charta und damit ein weiterer Ausnahmebestand von Art. 2 Ziff. 4 UN-Charta existieren kann, wird eine diesbezügliche Staatenpraxis sowie eine allgemeine Rechtsüberzeugung benötigt.[966] So bedarf es entsprechender Akte im Rahmen des zwischenstaatlichen Verkehrs der zuständigen Organe sowie einer Übung, die mit der Überzeugung der Staaten einhergeht, zu einem bestimmten Verhalten rechtlich verpflichtet zu sein.[967] Für die Neuentstehung des Völkergewohnheitsrechts wird folglich eine dauerhafte, einheitliche und allgemein verbreitete Staatenpraxis sowie eine gemeinsame Rechtsüberzeugung als *opinio iuris* vorausgesetzt.[968] In diesem Zusammenhang ist bereits zuvor auf die veränderte Staatenpraxis im Bereich der Friedenserhaltung hingewiesen worden.[969] Die dargestellten Einsätze belegen zwar, dass der Sicherheitsrat zur Ansicht übergegangen ist, dass Menschenrechtsverletzungen nicht mehr in den Bereich der inneren Angelegenheiten eines Staates fallen. Doch muss untersucht werden, ob die Voraussetzungen für die Herausbildung von Völkergewohnheitsrecht tatsächlich vorliegen.

aa. *Humanitäre Interventionen in der Staatenpraxis*

Zunächst ist fraglich, ob die Rechtslage der vergangenen Jahrzehnte etwaige positive Anknüpfungspunkte für eine gewohnheitsrechtliche Bildung bei der Durchführung von humanitären Interventionen schafft. Aus der Zeit vor der

---

966 Fornasier, in: JURA 2002, S. 520 (524); Herdegen, Völkerrecht, § 16, Rn. 1.
967 Hobe, Einführung in das Völkerrecht, S. 191.
968 Deiseroth, in: NJW 1999, S. 3084 (3087); Schweitzer, Staatsrecht III, Rn. 240.
969 Siehe unter D. III. 2. c. bb.

Gründung der Charta kann die Rechtsfigur der humanitären Intervention als Völkergewohnheitsrecht jedoch bereits systematisch kaum stammen. Es hat sich zudem bei den vorherigen Untersuchungen gezeigt, dass es nur vereinzelte Präzedenzfälle zwischen 1945 und 1990 gegeben hat, die für eine entsprechende Staatenpraxis und somit für eine Rechtsüberzeugung sprechen. Bereits die Luftangriffe der NATO auf Jugoslawien 1999 sind trotz des aufgebrachten Verständnisses für die schwierige Lage der Bevölkerung im Kosovo größtenteils als völkerrechtswidrig angesehen worden.[970] Ein weiteres Beispiel für das Fehlen einer einheitlichen Staatenpraxis ist das Verhalten der Staaten während des Völkermords in Ruanda 1994, als erst nach langem Zögern interveniert wurde.[971] Ein Großteil der humanitär motivierten Einsätze ist außerdem nicht mit Berufung auf die Handlungsmöglichkeit einer humanitären Intervention gerechtfertigt worden, sondern vielmehr mit der Bedrohung des Weltfriedens und der internationalen Sicherheit. Der Sicherheitsrat hat zudem in den einzelnen Resolutionen stets auf den exzeptionellen Charakter der jeweiligen Maßnahme hingewiesen.[972] Die Anzahl der von der Staatengemeinschaft durchgeführten militärischen Interventionen zum Schutz einer fremden Zivilbevölkerung sind außerdem zu gering für eine Rubrizierung. Es fehlt somit an einem *statu nascendi.* Neben der uneinheitlichen Resonanz der Staaten in Bezug auf die verschiedenen Interventionen sowie den sonstigen genannten Kritikpunkten muss festgestellt werden, dass sich bisher keine einheitliche Staatenpraxis herausbilden konnte.

bb. Rechtsüberzeugung als subjektives Kriterium

Völkergewohnheitsrecht entsteht durch die kumulative Erfüllung der oben genannten objektiven und subjektiven Kriterien. Es ist zudem anerkannt, dass es auch durch eine widerspruchslose Hinnahme seitens derjenigen Völkerrechtssubjekte entstehen kann, die nicht selbst an der Maßnahme beteiligt sind.[973] Im Hinblick auf die Reaktion der Staatengemeinschaft im Zuge der Ereignisse im Kosovo oder im Irak scheint dies jedoch ausgeschlossen. Selbst wenn sich eine allgemeine Rechtsüberzeugung inzwischen feststellen ließe, so würde durch die Begründung einer weiteren Ausnahme vom Gewaltverbot in Form einer humanitären Intervention eine nachhaltige Beschädigung des Systems der Vereinten

---

970 Fornasier, in: JURA 2002, S. 520 (525); Kimminich, in: AVR 38/1995, S. 430 (439).
971 Schweisfurth, Völkerrecht, Kap 9, Rn. 303.
972 Siehe unter E. I. 1. d.
973 Hobe, Einführung in das Völkerrecht, S. 192.

Nationen nicht ausgeschlossen werden können.[974] Zudem hat der UN-Sicherheitsrat seit der Gründung der Vereinten Nationen lediglich bei ca. 20 von 50 bewaffneten Auseinandersetzungen ein Mandat für eine internationale Intervention erteilt, so dass die Entscheidungen zur Anwendung militärischer Waffengewalt von einer ausgesprochenen Selektivität geprägt sind.[975] Dies spricht ebenfalls für eine mangelnde Rechtsüberzeugung im Hinblick auf ein multilaterales Vorgehen, das sich als humanitäre Intervention qualifizieren ließe. Im Ergebnis müssen auch die Völkerrechtsverstöße, die ihrerseits ein neues Recht begründen sollen, eine lang dauernde Übung und Rechtsüberzeugung aufweisen: *ex iniuria ius non oritur*.[976] Ein neues Völkergewohnheitsrecht, das zugunsten der darfurischen Bevölkerung zur Anwendung kommen könnte und die geltenden Bestimmungen der UN-Charta als neues *ius cogens* überlagern würde, ist nicht entstanden. Trotz einer ansatzweise gegebenen Staatenpraxis im Umgang mit humanitären Notsituationen fremder Bevölkerungen lässt sich eine allgemeine Rechtsüberzeugung nicht positiv feststellen. Die Praxis kann daher nicht als Recht anerkannt werden, so dass eine die Rechtsfigur der humanitären Intervention tragende völkergewohnheitsrechtliche Anerkennung im konkreten Fall nicht in Betracht kommt.

cc. Rechtfertigung

Möglicherweise könnte der Staatengemeinschaft ein gewohnheitsrechtlicher Anspruch auf Selbstverteidigung im Fall Darfur zustehen, der sich in einem gemeinschaftlichen Vorgehen gegen die gegen das humanitäre Völkerrecht verstoßende sudanesische Regierung ausdrücken würde. Aus Art. 51 UN-Charta folgt, dass die Charta das *naturgegebene Recht* auf eine individuelle und kollektive Selbstverteidigung nicht ausschließt. Darauf basierend wird vertreten, dass bereits vor dem Inkrafttreten der Charta ein völkergewohnheitsrechtliches Recht zur Selbstverteidigung bestanden habe, das über das in der Charta implementierte Recht hinausgehe.[977] Aus dem diesbezüglichen Urteil des Internationalen Ge-

---

[974] Stein/von Buttlar, Völkerrecht, Rn. 823.

[975] Eisele, Krisenmanagement der Vereinten Nationen, S. 140.

[976] Riklin, in: AVR 45/2007, S. 35 (49).

[977] Dies folgt ausdrücklich aus dem Urteil des Internationalen Gerichtshofs vom 27. Juni 1986, der das naturgegebene Recht mit Hinweis auf den Wortlaut anerkannt hat; siehe dazu: ICJ Reports 1986, S. 14. Dagegen hat die Bezeichnung nach anderer Ansicht zur Folge, dass auch Staaten, die nicht zu den Mitgliedern der Vereinten Nationen gehören, vom Recht auf Selbstverteidigung Gebrauch machen können; Schindler, in: DGVR 26/1986, S. 11 (17).

richtshofs geht jedoch auch hervor, dass der Inhalt und Umfang dieses Rechts mit Art. 51 UN-Charta weitgehend übereinstimmt.[978] Das völkergewohnheitsrechtlich anerkannte Recht auf Selbstverteidigung kann folglich nur in den Schranken von Art. 51 UN-Charta ausgeübt werden.[979] Diesen Voraussetzungen entsprechend kann die Staatengemeinschaft lediglich im Fall eines bewaffneten Angriffs agieren. Etwaige Ausnahmesituationen, die zu einer völkergewohnheitsrechtlichen Veränderung führen würden, kommen aufgrund der bereits festgestellten fehlenden Staatenpraxis sowie der ausgebliebenen Rechtsüberzeugung nicht in Betracht. In Ermangelung eines gegenwärtigen Angriffs durch die sudanesische Regierung könnte eine etwaige humanitäre Intervention nicht auf der Grundlage eines völkergewohnheitsrechtlich anerkannten Selbstverteidigungsrechts gerechtfertigt sein. Ohne die Erfüllung der jeweiligen Voraussetzungen kann von einer sich gewohnheitsrechtlich etablierten Norm der humanitären Intervention nicht ausgegangen werden.

d. Recht zur humanitären Intervention als mittelbare Rechtfertigung mithilfe allgemeiner Rechtsgrundsätze

Trotz der fehlenden vertraglichen Regelung sowie der fehlenden völkergewohnheitsrechtlichen Anerkennung der humanitären Intervention sind die Möglichkeiten einer rechtlichen Argumentation, die die internationale Staatengemeinschaft zu einem entschlossenen Vorgehen im Fall Darfur motivieren könnte, nicht erschöpft. Als Auffangposition nennt Art. 38 Abs. 1 lit. c) IGH-Statut die von den Kulturvölkern anerkannten allgemeinen Rechtsgrundsätze. Die als *leges generales* geltenden Regelungen könnten aufgrund der bereits festgestellten fehlenden Rechtsgrundlage der humanitären Intervention als weitere Ausnahme vom Gewaltverbot aus Art. 2 Ziff. 4 UN-Charta im Hinblick auf einen militärischen Einsatz der Staatengemeinschaft im Sudan Anwendung finden. So wirken allgemeine Rechtsgrundsätze originär und kommen als Auffangtatbestand in Betracht, sofern Regelungslücken im Völkerrecht bestehen, die nicht durch Vertragsrecht oder völkergewohnheitsrechtlich geregelt sind.[980] Sie enthalten gewöhnlich keine genau umschriebenen Regelungen, sondern deuten ein Verhalten der Völkerrechtssubjekte in bestimmten Situationen lediglich an.[981] Dies folgt

---

978 Randelzhofer, in: Simma, Charta der Vereinten Nationen, Art. 51, Rn. 13; Schulze, in: Wolfrum, Handbuch Vereinte Nationen, S. 753 (760).
979 Volk, Die Begrenzung kriegerischer Konflikte durch das moderne Völkerrecht, S. 136.
980 Schweitzer, Staatsrecht III, Rn. 258.
981 Hobe, Einführung in das Völkerrecht, S. 196.

aus einem Verständnis, das das Völkerrecht als kohärentes System begreift.[982] Ein etwaiger Konflikt zwischen Normen wird hierbei nach den Grundsätzen *lex posterior derogat legi priori* sowie *lex specialis derogat legi generali* gelöst; das spätere geht folglich dem früheren und die spezielle der allgemeinen Regel vor.[983]

aa. Nothilfe zugunsten fremder Staatsangehöriger

Für einen allgemeinen Rechtsgrundsatz, der im vorliegenden Fall ein Recht zur humanitären Intervention in Darfur begründen könnte, könnte das Nothilferecht zur Anwendung kommen. In der Charta der Vereinten Nationen wird dies in Art. 51 UN-Charta geregelt und als sogenanntes *Naturrecht* bezeichnet. Als elementares Selbsthilferecht findet es auch innerhalb der nationalen Rechtsordnungen Berücksichtigung.[984] Problematisch ist, dass Art. 51 UN-Charta das Nothilferecht grundsätzlich zwischen zwei Staaten regelt, so dass im Hinblick auf die Notsituation der Darfuris zunächst anzunehmen ist, dass diese nicht zum Geltungsbereich des Nothilferechts gehört. Zudem gehört es zu den Aufgaben des UN-Sicherheitsrats, solche Konflikte zu lösen. Hierbei geht es jedoch nicht um die Frage, ob der UN-Sicherheitsrat einem etwaigen Gewalteinsatz zustimmen muss, sondern vielmehr darum, ob es in diesem Zusammenhang prinzipiell ein Nothilferecht gibt oder nicht. Sollte dies zu bejahen sein, so wäre eine Zustimmung durch das Exekutivorgan der Vereinten Nationen ohnehin obsolet.[985] Ansätze für eine sachliche Verknüpfung liefert das Völkerrecht selbst: es hat sich zur Aufgabe gemacht, die Menschenrechte zu gewährleisten und den präventiven und repressiven Schutz dieser Rechte, zur Not auch mit militärischen Mitteln, durchzusetzen. Im Zuge dieser Idee der universalen Menschenrechte hat sich ein neuartiger Interventionismus entwickelt.[986] In der Vergangenheit galten Völker oder Volksgruppen zwar als Träger von Menschenrechten, eine eigene Völkerrechtssubjektivität wurde ihnen jedoch nicht zugestanden [987] Dem Individuum selbst wurden dementsprechend nur über den Staat selbst Rechte und Pflichten eingeräumt.[988]

---

982 Tomuschat, in: Münkler/Malowitz, Humanitäre Intervention – Grundlagen und Diskussion, S. 65 (80).
983 Neuhold, in: Reiter, Der Krieg um das Kosovo, S. 193 (202).
984 In Deutschland in § 34 und § 35 StGB.
985 Merkel, in: Beestermöller, Die humanitäre Intervention, S. 31 (34).
986 Greenwood, in: Europa-Archiv 48/1993, S. 93 (106); Isensee, in: JZ 1995, S. 421 (422).
987 Kimminich, in: AVR 38/1995, S. 430 (436).
988 Ipsen, in: Ipsen, Völkerrecht, § 1, Rn. 11.

Die Menschenrechte stehen dem Einzelnen folglich aufgrund der Transformation in das innerstaatliche Recht zu.[989] Ein Beleg dafür ist beispielsweise Art. 34 EMRK, der die Durchsetzung individueller Rechte im Rahmen eines internationalen Gerichtsverfahrens ermöglicht. Für eine eigene Rechtsposition des Individuums in der Völkerrechtsordnung spricht zudem, dass dem Einzelnen eine partielle Völkerrechtssubjektivität zumindest bei den zwingend geltenden fundamentalen Menschenrechten zugestanden werden muss.[990] Dies geht mit einem Recht auf Selbstverteidigung einher, so dass das Individuum grundsätzlich zur Abwehr von Angriffen auf sein Leben oder seine körperliche Unversehrtheit berechtigt ist. Dies gilt dann unmittelbar auch für andere Völkerrechtssubjekte wie Staaten, die im Ernstfall Nothilfe leisten können.[991] Der internationalen Staatengemeinschaft könnte dementsprechend eine Schutzpflicht gegenüber der vor allem im Bereich Darfur angesiedelten sudanesischen Bevölkerung zustehen, die sich aus den grundrechtlichen Gewährleistungen ergeben könnte. Wenn eine solche Schutzpflicht existiert, so würden die Staaten durch ihr passives Verhalten gegen das geltende Völkerrecht verstoßen. Normalerweise beziehen sich Schutzpflichten auf das Verhältnis von Staat zu Bürger, also auf den Staat und ein Privatsubjekt, im Fall von Darfur geht es jedoch um ein Dreiecksverhältnis.[992] Die objektive Werteordnung führt in diesem Zusammenhang dazu, dass der Staat nicht nur die abwehrrechtliche Funktion der Grundrechte, sondern in Ausnahmefällen bei Grundrechtsgefährdungen auch den Erhalt der Rechte durch aktives schützendes Eingreifen zugunsten Dritter durchsetzen kann.[993] Wenn die Einhaltung einer Norm, vorliegend die Beachtung der Menschenrechte, als so wesentlich betrachtet wird, dass sie zu einer Verpflichtung *erga omnes* wird, wird schließlich eine objektive Werteordnung begründet, die für alle Staaten gemeinsam gilt.[994] Der Erfüllungsgehalt der Menschenrechtsgewährleistung darf gerade nicht „sektoral“[995] sein, so dass die Staaten eben nicht nur auf die Einhaltung der Menschenrechte in ihren eigenen Territorien zu achten haben.

---

989 Doehring, Völkerrecht, Rn. 1015.

990 Doehring, Völkerrecht, Rn. 1015.

991 Doehring, Völkerrecht, Rn. 1015.

992 Sauer/Wagner, in: AVR 45/2007, S. 53 (77).

993 Sauer/Wagner, in: AVR 45/2007, S. 53 (78).

994 Kälin, in: BDGV 33/1994, S. 9 (39); Sauer/Wagner, in: ARV 45/2007, S. 53 (79). Siehe auch: IGH Reservations to the Convention on the Prevention and Punishment of the Crime of Genocide, Gutachten vom 28. Mai 1951, ICJ Reports 1951, S. 14 (23); dort heißt es: “In such a Convention, the Contracting States do not have any interest of their own. They merely have, one and all, a common interest (...).”

995 Sauer/Wagner, in: AVR 45/2007, S. 53 (79).

Der Staat hat somit nicht nur einen Eingriff in diese Rechte zu unterlassen, sondern auch dafür zu sorgen, dass Maßnahmen zum Schutz anderer getroffen werden. Dem Individuum wird schließlich eine Rechtsposition zuerkannt, da die Verletzung des fundamentalen Völkerrechts nicht nur einen Verstoß gegen die objektive Völkerrechtsordnung, sondern gegen die internationalen subjektiven Rechte der Opfer darstellt.[996] Somit muss die Reichweite des Nothilferechts aus Art. 51 UN-Charta zumindest auf diejenigen Fälle ausgedehnt werden, in denen Individuen zu Opfern einer staatlichen Vernichtungspolitik werden.[997] Die Allgemeingültigkeit des Rechtsgrundsatzes der Nothilfe erstreckt sich somit auf das Völkerrecht und ist zu dessen Rechtsquellen zu zählen. Auch wenn sich eine unmittelbare Anwendbarkeit aus der Charta der Vereinten Nationen nicht erschließt, so ist die Norm dennoch als allgemeiner Rechtsgrundsatz heranzuziehen.

bb. Pflichtenkollision infolge der Nothilfe

Wichtig ist zunächst, dass eine Nothilfe im Einklang mit den nationalen Rechtsordnungen nur statthaft sein kann, wenn das geschützte Rechtsgut das verletzte überwiegt. Im übertragenen Sinn ist eine Güterabwägung zwischen den Interessen der internationalen Gemeinschaft am Schutz der sudanesischen Bürger und der Verletzung der territorialen Integrität des Sudan mit militärischen Mitteln und dem damit einhergehenden Bruch des Gewaltverbots geboten. Das schwierige Verhältnis beider Normen ist Gegenstand zahlreicher rezenter Diskussionen in der völkerrechtlichen und politischen Wissenschaft, deren wichtigste Vertreter vorliegend gewürdigt werden. Dass der Schutz der staatlichen Souveränität und der territorialen Gleichheit von höherem Rang ist als der Schutz elementarer menschlicher Existenzrechte, ist zumindest nicht evident; die Wertigkeit der geschützten Rechtsgüter ist somit unklar. In Situationen wie im Darfur-Konflikt kollidieren beide Rechtsgüter miteinander. Es stehen sich die Gewalt als Mittel der internationalen Politik sowie die Menschenrechte als integraler Bestandteil des Friedens gegenüber. Eine entsprechende Güterabwägung wäre in diesem Fall erfahrungsgemäß durch den UN-Sicherheitsrat zu lösen. Eine Handlungsunfähigkeit, die als Folge der jeweilig partiell verfolgten Interessen im Fall Darfur festgestellt werden konnte, kann jedoch nicht „zu Lasten der rechtlichen

---

[996] Merkel, in: Beestermöller, Die humanitäre Intervention, S. 31 (35).
[997] Merkel, in: Beestermöller, Die humanitäre Intervention, S. 31 (35).

Vernunft“ gehen.[998] Entscheidend ist somit die Abwägung des Einzelfalls, bei der sich die Frage nach der Proportionalität der einzusetzenden Mittel sowie der Notwendigkeit eines militärischen Vorgehens stellt. Dabei spielen bei der Abwägung nicht nur die unmittelbaren Folgen der humanitären Interventionen eine Rolle, sondern insbesondere die längerfristigen Auswirkungen des Handelns. Essentiell bei der Gesamtbetrachtung ist, dass die positiven Folgen die negativen *deutlich* überwiegen müssen.[999] Zu beachten ist außerdem, dass die aus Art. 1 UN-Charta folgenden Ziele und Grundsätze nicht isoliert betrachtet werden dürfen, sondern in ihrer Gesamtheit infolge einer engen Wechselbeziehung gewürdigt werden müssen. So garantiert die Souveränität den Frieden und die Selbstbestimmung der Staaten, während die Sicherung des innerstaatlichen Friedens als eines der Primärziele der Charta mit dem Schutz der staatlichen Souveränität einhergeht. Die sich in diesem Bereich ergebende Kollision muss im Wege eines Ausgleichs in Einklang gebracht werden, vergleichbar mit einer Güterabwägung bei den Grundrechten im Verfassungsrecht.[1000] Die Beachtung der rechtlichen Bedenken sowie die anschließende Abwägung muss dabei ein kontrafaktisches Element enthalten: eine Intervention in Darfur im Sinne einer humanitären Intervention ist schließlich bisher nicht erfolgt.

(1) Argumente pro Achtung der Menschenrechte im internationalen Kontext

Von denjenigen Vertretern, die die Achtung des Menschenrechtsschutzes über diejenige des Gewaltverbots stellen, wird primär darauf hingewiesen, dass es moralisch nicht hinnehmbar sei, schwersten Menschenrechtsverletzungen tatenlos zuzusehen.[1001] Die Anerkennung der humanitären Intervention verstehe sich folglich als legitime Rückkehr der mittelalterlichen Theorie des *bellum iustum* als „kosmopolitisches Recht einer Weltbürgergesellschaft“.[1002] Bereits Grotius sei davon ausgegangen, dass die menschliche Gemeinschaft in derartigen Fällen zu einer Hilfeleistung verpflichtet wäre.[1003] Gewalt sei als Nothilfe der Staaten als politisches Mittel zu akzeptieren, um den Menschenrechtsschutz wirksam

---

998 Tomuschat, in: Münkler/Malowitz, Humanitäre Intervention – Grundlagen und Diskussion, S. 65 (84).

999 So Hinsch/Janssen, Menschenrechte militärisch schützen, S. 89.

1000 Doehring, Völkerrecht, Rn. 774.

1001 Cassese, in: EJIL 10/1999, S. 23 (27).

1002 Habermas, in: Merkel, Der Kosovo-Krieg und das Völkerrecht, S. 51 (53).

1003 In der deutschen Übersetzung von W. Schätzel, Grotius, De jure belli ac pacis (1950), Zweites Buch, Kap. 25,VI, S. 406.

garantieren zu können. [1004] So dürfen Menschen insbesondere in internen Konflikten nicht schutzlos sein.[1005] Dies wird insbesondere damit begründet, dass Menschenrechte keine innerstaatliche Angelegenheit darstellen, sondern zum Zuständigkeitsbereich der Völkerrechtsgemeinschaft zählen.[1006] Zudem gehören die fundamentalen Menschenrechte heute zum universellen Völkergewohnheitsrecht.[1007] Ein gewaltsames Intervenieren verstoße in diesem Fall nicht gegen die territoriale Unversehrtheit als solche, sondern diene der Beibehaltung und Durchsetzung fundamentaler Menschenrechte, die als *ius cogens* nicht zum *domaine reservé* der jeweiligen Staaten gehörten.[1008] Letzterer würde in Zeiten schwindender Impermeabelität des Staatsgebietes ohnehin abnehmen, in denen die Grenzen zwischen den Schutzbereichen der inneren und äußeren Angelegenheiten zunehmend verschwimmen.[1009] Wichtig für die Vertreter der vorrangigen Geltung des Menschenrechtsschutzes ist, dass nicht alle Menschenrechtsverletzungen eine Intervention begründen können. Nur offenkundige und besonders schwere Menschenrechtsverletzungen wie genozidiale Handlungen oder die planmäßige Vertreibung ganzer Bevölkerungsschichten würden eine Intervention begründen.[1010] Die Funktionsfähigkeit der kollektiven Mechanismen müsse hierbei als Garant für die Einhaltung der Menschenrechte dienen, so dass das Gewaltverbot nur unter dessen Vorbehalt gelten könne.[1011] Letztendlich beinhalte der menschenrechtlich motivierte Interventionismus eine moralische Verpflichtung, Menschen aus Not und Elend zu erretten, die nicht an Staatsgrenzen oder völkerrechtlichen Regeln scheitern dürfe.[1012] Die Gewährleistung bestimmter elementarer Menschenrechte gelte als unverzichtbare zivilisatorische Errungenschaft, dessen Bestandsgarantie notfalls auch zum Verstoß gegen Art. 2 Ziff. 4 UN-Charta führen könne.[1013] Der humanitäre Zweck heilige an dieser Stelle die militärischen Mittel.[1014] Im Ergebnis gibt es nach dieser Ansicht einen

---

[1004] Doehring, Völkerrecht, Rn. 1015.

[1005] Tomuschat, in: Die Friedens-Warte 74/1999, S. 31 (34).

[1006] Isensee, in: JZ 1995, S. 421 (421).

[1007] Hobe, Einführung in das Völkerrecht, S. 180.

[1008] Bindschedler, in: FS für H.-J. Schlochauer, 1981, S. 179 (187); Cassese, in: EJIL 10/1999, S. 23 (27); Doehring, Völkerrecht, Rn. 1012.

[1009] Rumpf, Der internationale Schutz der Menschenrechte und das Interventionsverbot, S. 51.

[1010] Kreß, in: NJW 1999, S. 3077 (3083); Rytter, in: Nordic JIL 2002, S. 121 (158).

[1011] Reisman, in: AJIL 78/1984, S. 642 (642).

[1012] Krennerich, in: Nohlen/Grotz, Kleines Lexikon der Politik, S. 215; Senghaas, in: S+F 17/1999, S. 134 (136).

[1013] Cassese, in: EJIL 10/1999, S. 23 (27).

[1014] Krennerich, in: Nohlen/Grotz, Kleines Lexikon der Politik, S. 212 (215).

Geltungsvorrang des Menschenrechtsschutzes vor dem Gewaltverbot, so dass die moralischen Forderungen nach dem Schutz der sudanesischen Bevölkerung in Darfur von der internationalen Staatengemeinschaft behelfsmäßig durchgesetzt werden könnten. Auch nach dem Inkrafttreten der Charta der Vereinten Nationen wäre dementsprechend im Ausnahmefall eine humanitäre Intervention zulässig, wenn der UN-Sicherheitsrat blockiert sei und seiner Verantwortung, der Wahrung des Weltfriedens und der internationalen Sicherheit, nicht nachkomme.[1015]

(2) Argumente pro Achtung des Gewaltverbots

Auf überwiegende völkerrechtliche Zustimmung stößt, dass das Gewaltverbot und die daraus hervorgehende Achtung der territorialen Integrität gewichtiger sei als die Durchsetzung fundamentaler Menschenrechte mithilfe der Einmischung Dritter.[1016] Letzteres bedeute dementsprechend einen Verstoß gegen das Souveränitätsrecht des einzelnen Staates.[1017] Als „große Errungenschaft der Völkerrechtsentwicklung“[1018] gelte das Gewaltverbot der Charta der Vereinten Nationen seit dem 20. Jahrhundert als Garant für die Zurückdrängung militärischer Gewaltanwendung, die nicht auf dem „Altar der Menschenrechte“ leichtfertig geopfert werden solle.[1019] So folge auch aus der Charta der Vereinten Nationen die Maxime, dass Ziel und Zweck des Menschenrechtsschutzes nicht das Mittel unilateraler Gewaltanwendung rechtfertigen können.[1020] Im Zusammenhang mit einer dem modernen Zeitalter entsprechenden gesteigerten Rechtsunsicherheit wächst zudem zwangsläufig die Gefahr von Missbrauchsfällen.[1021] Humanitäre Gründe könnten demzufolge als Vorwand genutzt werden, um eigene territoriale Ziele durchzusetzen.[1022] Eine Verknüpfung der Achtung des humanitären Völkerrechts mit der Geltung des Gewaltverbots würde zudem eine Unterminierung des UN-Sicherheitsrats und eine Aushöhlung des Verbots selbst bedeuten.[1023] Bei in diesem Kontext stattfindenden humanitären Interventionen gäbe es dem-

---

[1015] Doehring, Völkerrecht, Rn. 1013.
[1016] Merle, in: Beestermöller, Die humanitäre Intervention, S. 53 (69).
[1017] Merle, in: Beestermöller, Die humanitäre Intervention, S. 53 (69).
[1018] Herdegen, Völkerrecht, § 34, Rn. 1; Klesczewski, in: LZfR 1/2006, S. 3 (3).
[1019] Hillgruber, in: Der Staat, 40/2001, S. 165 (190).
[1020] Schweisfurth, Völkerrecht, Kap. 9, Rn. 304.
[1021] Hillgruber, in: Der Staat 40/2001, S. 165 (179); Oeter, in: Münkler/Malowitz, Humanitäre Intervention – Grundlagen und Diskussion, S. 29 (50); Peach, in: APuZ 43/2004, S. 21 (25).
[1022] Hillgruber, in: Der Staat 40/2001, S. 165 (179).
[1023] Schaller, in: ZaöRV 62/2002, S. 641 (654).

entsprechend den Zwang zur Selektion; weltweit bestünden zahlreiche humanitäre Konflikte, die ebenfalls der Hilfe der internationalen Staatengemeinschaft bedürfen. Bei einer diesbezüglichen Differenzierung steige dann die Gefahr für sachfremde Kriterien, die bei der Auswahl eine Rolle spielen: es kämen erneut partikuläre staatliche Interessen ins Spiel, so dass die humanitäre Intervention als Mittel der hegemonialen Politik zweckentfremdet würde.[1024] So sei die humanitäre Intervention auch in historischer Hinsicht vorbelastet, diente sie doch bereits in der Vergangenheit zumeist der Durchsetzung nationaler Interessen.[1025]

Das Vorgehen der Staatengemeinschaft im Kosovo sei wiederholt als Einzelfall bezeichnet worden, so dass sich die Frage stelle, warum ein legales Verhalten eine Ausnahme bleiben sollte.[1026] Als weiteres wichtiges Argument gegen eine humanitäre Intervention und damit für eine Vormachtstellung des Gewaltverbots wird aufgeführt, dass ein militärisches Vorgehen insbesondere für diejenigen, denen zur Hilfe geeilt werde, häufig mehr Leiden schaffe als Nutzen bedeuten könne.[1027] Es sei dementsprechend unklar, ob sich das Leiden der Bevölkerung nach dem Einsatz nachhaltig verbessere und ihr Leben zukünftig besser geschützt werde.[1028] An dieser Stelle wird folglich eine übergeordnete Stellung des Gewaltverbots postuliert, so dass die Durchsetzung eines humanitären Mindeststandards in der Region Darfur mit militärischen Mitteln im Sinne einer humanitären Intervention ohne Genehmigung des UN-Sicherheitsrates nicht möglich wäre.

(3) Abwägung im Sinne einer praktischen Konkordanz

Die bereits vorgestellten Ansichten rekurrieren auf unterschiedliche Interpretationen der Handlungsoptionen der internationalen Praxis. Während einerseits die Gewichtung des Menschenrechtsschutzes so hoch eingestuft wird, dass ein militärisches Vorgehen rechtmäßig wird, so verhindert andererseits das aus der Charta hervorgehende inhärente Gewaltverbot den angesprochenen Menschenrechtsprotektionismus. Eine diskursive Auseinandersetzung über den Geltungs-

---

[1024] Krennerich, in: Nohlen/Grotz, Kleines Lexikon der Politik, S. 212 (215).

[1025] Wie beispielsweise im Fall Somalia oder dem Kosovo; die Einsätze sind maßgeblich von den US-Amerikanern initiiert worden. So verfolgen im aktuellen Darfur-Konflikt vor allem Russland und China nationale Interessen.

[1026] Habermas, in: Merkel, Der Kosovo-Krieg und das Völkerrecht, S. 51 (65).

[1027] Hillgruber, in: Der Staat 40/2001, S. 165 (178).

[1028] Tetzlaff, in: IP 12/2004, S. 87 (87).

vorrang der jeweiligen Norm ist angebracht, die durch Ansätze aus den allgemeinen Regeln der Auslegung unterstützt wird.

(a) Mithilfe der Auslegungskriterien

Ansätze zur Konfliktregulierung zwischen den Normen könnten in erster Linie die Regelungen der Auslegung im Sinne von Wortlaut, Systematik sowie Sinn und Zweck liefern.[1029] Im Hinblick auf die anerkannten Regelungen der Auslegung als anerkannte allgemeine Rechtsgrundsätze im Sinne von Art. 38 I lit. c) IStGH-Statut[1030] ergibt sich die Völkerrechtswidrigkeit einer humanitären Intervention und damit der Vorrang des Menschenrechtsschutzes vor dem Gewaltverbot bereits aus dem Wortlaut: Art. 2 Ziff. 4 UN-Charta verbietet jegliche Androhung und Anwendung militärischer Gewalt.[1031] Ob humanitäre Ziele verfolgt werden, ist dabei unbedeutend. Der historische Kontext belegt, dass es den Staaten bei den Vertragsverhandlungen in San Francisco 1945, der sogenannten *drafting history of the treaty*, insbesondere auf die Verankerung der territorialen Unversehrtheit angekommen ist, und zwar ohne jede Einschränkung.[1032] Eine übergeordnete Geltung des Menschenrechtsschutzes ist diesbezüglich nicht ersichtlich. Auch wenn eine tatbestandserweiternde Handhabung des Art. 39 UN-Charta jenseits der originären Friedenssicherung vereinzelt gefordert wird[1033], so folgt systematisch aus Art. 2 Ziff. 4 UN-Charta selbst, dass keinerlei Ausnahme für die umfassende Geltung des Gewaltverbots vorgesehen ist. Dementsprechend ist die Anwendung von Gewalt nur in den Fällen erlaubt, in denen sich eine Rechtfertigung unmittelbar aus der Charta selbst ergibt, was lediglich mithilfe von Art. 42, 51 und 53 UN-Charta möglich ist.[1034] Im Wege der obigen Anwendung der Auslegungskriterien kann ein Geltungsvorrang des Menschenrechtsschutzes vor dem des Gewaltverbotes vorerst nicht festgestellt werden.

(b) Argumentationsgegenüberstellung

Etwas anderes könnte sich anhand der Gegenüberstellung der einzelnen Argumentationsketten ergeben. Es ist bereits deutlich geworden, dass teilweise ver-

---

[1029] Zu den jeweiligen Voraussetzungen siehe im Einzelnen: Safferling, Internationales Strafrecht, § 4, Rn. 90.
[1030] Herdegen, Völkerrecht, § 15, Rn. 28; Safferling, Internationales Strafrecht, § 4, Rn. 98.
[1031] Deisenroth, in: NJW 1999, S. 3084 (3086).
[1032] Beyerlin, in: EPIL 2/1995, S. 930 (932); Kimminich, in: AVR 38/1995, S. 430 (440).
[1033] So Oeter, in: Münkler/Malowitz, Humanitäre Intervention – Grundlagen und Diskussion, S. 29 (31).
[1034] Randelzhofer, in: Simma, Art. 2 Nr. 4 , Rn. 35; Wright, in: AJIL 47/1953, S. 365 (370).

treten wird, die Geltung des Gewaltverbots stehe unter dem Vorbehalt der Funktionsfähigkeit der kollektiven Mechanismen zur Sicherung der Menschenrechte. Der damit verbundene Konflikt mit dem Gebot zur Achtung der Menschenrechte müsse danach in Ausnahmefällen mithilfe einer humanitären Intervention zu lösen sein.[1035] Hiergegen spricht jedoch, dass die Satzung der Vereinten Nationen keine entsprechende Grundlage für eine Außerkraftsetzung des Gewaltverbots zur Verfolgung von Menschenrechtsanliegen bietet.[1036] Eine höhere Gewichtung des Menschenrechtsschutzes führt vielmehr dazu, dass sich eine daraus hervorgehende humanitäre Intervention neben den moralischen und sozialphilosophischen Problemen insbesondere mit konkreten praktischen Schwierigkeiten konfrontiert sieht.[1037] Im unilateralen Handlungsgefüge würde, wie bereits erwähnt, ein enormes Missbrauchspotenzial in den Händen der großen, militärisch potenten Staaten entstehen.[1038]

Hiergegen mag zwar anzuführen sein, dass im Fall kollektiver Interventionen diese Gefahr aufgrund einer vorherrschenden staatlichen Interessenpolitik verringert würde. Das Problem setzt sich jedoch auch in der operativen militärischen Ausgestaltung fort.[1039] Der moralische Impuls mag vielleicht ausschlaggebend sein, dennoch kann die Rechtfertigung einer humanitären Intervention angesichts der geostrategischen und wirtschaftlichen Interessen der Staaten nur „weltfremd“ sein.[1040] Die entsprechende Institutionalisierung eines Interventionsrechts, das die Ausübung an bestimmte Regeln knüpft, ist angesichts der bereits festgestellten unsicheren Staatenpraxis zudem eher unwahrscheinlich. Von denjenigen Vertretern, die die Geltung der Menschenrechte über das Gewaltverbot stellen, wird zudem darauf hingewiesen, es gebe eine moralische Verpflichtung dazu, Menschen zu retten, die nicht an Staatsgrenzen oder an völkerrechtlichen Regelungen scheitern dürfe. So wird angeführt, dass es, wenn es ein Recht darauf gibt, nicht ermordet zu werden, auch ein Recht geben muss, vor Mord geschützt zu werden.[1041] Es könne nicht sein, dass die moralische Berechtigung des

---

[1035] Herdegen, in: NJW 1999, S. 2091 (2094); Reisman, in: AJIL 84/1990, S. 859 (863); Wilms, in: ZRP 6/1999, S. 227 (230).

[1036] Hilpold/Zagel, in: S+F 1/2006 S. 38 (41).

[1037] Meyns, in: IP 11/2001, S. 45 (45).

[1038] Oeter, in: Münkler/Malowitz, Humanitäre Intervention – Grundlagen und Diskussion, S. 29 (50); Peach, in: PZG 43/2004, S. 21 (25).

[1039] Oeter, in: Münkler/Malowitz, Humanitäre Intervention – Grundlagen und Diskussion, S. 29 (53).

[1040] Frankenberger, Die eine Welt?, FAZ Nr. 212 vom 13.09.1999, S. 1.

[1041] Walzer, in: IP 02/2005, S. 8 (10).

Überlebensschutzes von Menschen gegenüber gewaltsamen Handlungen ihrer Regierung nicht genauso plausibel erscheine wie die militärische Gegenwehr eines Staates gegenüber einem Angriff von außen. Im Zusammenhang mit der Wahrung der Menschenrechte könne die Einmischung eines Staates zwecks Wahrung der völkerrechtlichen Minimalstandards daher nicht als Eingriff in den geschützten souveränen Bereich des anderen gewertet werden.[1042] Die vom Völkerrecht normierten und dann nicht umgesetzten Schutz- und Hilfspflichten würden die Legitimität der Rechtsordnung infrage stellen.[1043] Problematisch daran ist zunächst, dass mit diesem Ziel die Gefahr einer Relativierung der staatlichen Souveränität wächst, die schließlich selbst als Garant für den Friedenserhalt besteht. Zudem gibt es hunderte Staaten, die die Menschenrechte aktuell verletzen.[1044] Dass die Verletzung von Menschenrechten als Kriterium für ein militärisches Vorgehen geeignet ist, scheint somit eher willkürlich bzw. ungenau. Zwar hat der Internationale Strafgerichtshof entschieden, dass diesbezügliche Verletzungen in Form von Genozid, Verbrechen gegen die Menschlichkeit, Kriegsverbrechen und aggressiven Verbrechen gegen die Bevölkerung als Begründung für ein humanitäres Eingreifen dienlich sein können, doch wird sich angesichts der bereits verdeutlichten zögernden respektive unsicheren Haltung der Staatengemeinschaft kaum eine Handlungsbereitschaft feststellen lassen. Viele innerstaatliche Konflikte haben zudem tiefergehende Ursachen, die nicht durch das Mittel der humanitären Intervention zu lösen sind.[1045] Ein rasches militärisches Eingreifen ist aus der Sicht der Flüchtlinge sicherlich wünschenswert, aber aus politischen und insbesondere pragmatischen Gründen kaum realisierbar. Zu bedenken sind auch die Folgeprobleme: die Beseitigung der staatlichen Ordnung führt zu einem Vakuum politischer Organisation, das nur vom Intervenienten selbst gefüllt werden kann, der somit ein erhebliches Potenzial bei der politischen Beeinflussung des neu zu bildenden Staatsapparates hat. Nach geltendem Völkerrecht darf die Staatsordnung wiederum nicht von außen bestimmt oder beeinflusst werden.[1046] Eine Besonderheit gilt sicherlich, wenn es um Fälle des Völkermords geht; hier wird dem Prinzip der souveränen Gleichheit der Staaten kaum der Vorrang eingeräumt werden können.[1047] Zumindest bei völ-

---

1042 Bindschedler, in: FS für H.-J. Schlochauer, 1981, S. 179 (187).
1043 Hinsch/Janssen, Menschenrechte militärisch schützen, S. 82.
1044 Merle, in: Beestermöller, Die humanitäre Intervention, S. 53 (67).
1045 Hippler, in: Debiel/Nuscheler, Der neue Interventionismus, S. 77 (93).
1046 Hobe, Einführung in das Völkerrecht, S. 96.
1047 Oeter, in: Münkler/Malowitz, Humanitäre Intervention – Grundlagen und Diskussion, S. 29 (49).

kermörderischen Handlungen sollte es an einer Berechtigung zur humanitären Intervention keinen Zweifel geben: wenn ein Staat sich solcher durch sein Handeln oder Unterlassen schuldig mache, so verliere er jeglichen Schutzanspruch.[1048] Wie bereits festgestellt, lässt sich diesbezüglich kein Konsens in der Staatengemeinschaft ausmachen. Ein zusätzliches Hindernis stellen die bisher nicht eindeutig als Genozid klassifizierten Vorfälle in Darfur dar.[1049] Zudem führt diese weitere Ausnahme vom Gewaltverbot, die den Menschenrechtsschutz als übergeordnetes Ziel versteht, ebenfalls zu einer Unterterminierung des UN-Sicherheitsrats.[1050] Auch wenn im Nachhinein manche Einsätze von Staaten, die sich bei ihrem militärischen Vorgehen auf humanitäre Gründe respektive auf die Verhinderung oder Beendigung von Völkermord berufen haben, von der Staatengemeinschaft begrüßt wurden, kann dies nicht zu einer nachträglichen Rechtfertigung von Gewalt auf der Grundlage der Satzung der Vereinten Nationen angesehen werden. *Grosso modo* lassen sich zwei unterschiedliche Argumentationslinien erkennen: die eine zielt auf eine Einschränkung des Gewaltverbots ab, die andere auf eine Erweiterung des Katalogs der Rechtfertigungsgründe. Selbst wenn die allgemeinen Rechtsgrundsätze *(leges generales)* zur Anwendung kommen, so muss doch festgestellt werden, dass die Achtung und Gewährleistung des Gewaltverbots aus Art. 2 Ziff. 4 UN-Charta nach dem aktuellen völkerrechtlichen Verständnis, dem gegenwärtigen Zeitgeist sowie den dargestellten Argumentationslinien Vorrang vor dem Schutz der Menschenrechte mithilfe von militärischen Zwangsmaßnahmen haben muss. Letzteres ist methodisch zumindest nicht haltbar, obwohl der Schutz der Menschenrechte im Ergebnis zu einem elementaren Bestandteil des Völkerrechts geworden ist. Dieser versteht sich jedoch eher als zwingende Norm und als Minimalstandard.[1051] Der damit verknüpfte außenpolitische Aspekt führt immerhin zu mehr Transparenz in der Völkerrechtsgemeinschaft.[1052] Das Völkerrecht versteht sich als staatszentrierte Koexistenzordnung, die ein friedliches Zusammenleben der verschiedenen Völker ermöglichen soll. Die humanitäre Intervention und die damit einhergehende Vormachtstellung des Menschenrechtsschutzes verstehen sich somit eher als eine Chance zur verbesserten Durchsetzung ethischer Grundsätze

---

[1048] Schulte, Völkermord und humanitäre Intervention, S. 3.
[1049] Siehe unter E. III. 1. b.
[1050] Schaller, in: ZaöRV 62/2002, S. 641 (654).
[1051] Bindschedler, in: FS für H.-J. Schlochauer, 1981, S. 179 (184).
[1052] Bindschedler, in: FS für H.-J. Schlochauer, 1981, S. 179 (188).

als ein Risiko der Erosion völkerrechtlicher Grundprinzipien.[1053] Somit zeigt sich, dass trotz diverser moralischer Argumentationsketten das Gewaltverbot als übergeordnetes und die Völkerrechtsgemeinschaft tragendes Grundelement obsiegt.

cc. Ergebnis

Die Rechtfertigung der Anwendung von Gewalt mithilfe des aus den allgemeinen Rechtsgrundsätzen im Sinne von Art. 38 Abs. 1 lit c) IStGH-Statut hervorgehenden Rechts auf Nothilfe ist durchaus vorstellbar, scheitert jedoch im Wege der praktischen Konkordanz an der übergeordneten Stellung des Gewaltverbots, auch wenn die angewendeten militärischen Mittel *a priori* zugunsten der bedrohten Menschen erfolgt. Dieses Verbot des effektiven militärischen Vorgehens zum Schutz der Menschenrechte führt letztendlich dazu, dass den Opfern mitgeteilt werden muss, man könne sie zum gegenwärtigen Zeitpunkt nicht mit Gewalt schützen, weil sie bei rechtzeitiger Konfliktprävention zu einem früheren Zeitpunkt ebenfalls ohne Gewalt hätten geschützt werden können.[1054] Trotzdem muss festgestellt werden, dass diesbezügliche Notwehrrechte, die von der Legitimation einer übergeordneten Entscheidungsinstanz abhängen, die in erster Linie unbeteiligt ist oder eigene Interessen verfolgt, keine mehr darstellen können. Es würde sich hierbei vielmehr um eine *contradictio in adiecto* handeln.[1055] In einer perfekten Welt wäre für die Rechtsfigur der humanitären Intervention zumindest kein Raum. Die sich auf eine etwaige Legitimation beziehenden Antworten müssen im geltenden Recht und eben nicht nach politisch-moralischen Anknüpfungspunkten gesucht werden. Die Rechtslage ist einer ständigen Fortbildung unterworfen. Es müsste einen Kriterienkatalog geben, der in erster Hinsicht präventiv wirkt und bei dem ein anschließendes Eingreifen gerechtfertigt sein kann.[1056] Die bestehende Völkerrechtsordnung bietet hierfür den einen oder anderen passenden Ansatz. Die jeweiligen Handlungsmöglichkeiten der Vereinten Nationen werden jedoch weiterhin in zu großem Maße von den politischen Interessen der militärisch global handlungsfähigen Staaten bestimmt.[1057]

[1053] Brunnée/Toope, in: The International and Comparative Law Quarterly 4/2004, S. 785 (789); Lietzau, in: ZaöRV 64/2004, S. 281 (297).

[1054] Die Autoren bezeichnen dies als „makabre Kasuistik"; vgl. Hinsch/Janssen, Menschenrechte militärisch schützen, S. 39.

[1055] Merkel, in: Beestermöller, Die humanitäre Intervention, S. 29 (31).

[1056] Varwick, in: Die Friedens-Warte 80/2005, S. 131 (133).

[1057] Münkler/Malowitz, in: Münkler/Malowitz, Humanitäre Intervention – Grundlagen und Diskussion, S. 7 (19).

Ein sinnvolles Konzept der humanitären Intervention lässt sich wohl nur dann durchsetzen, wenn es auf einen relativ engen Anwendungsbereich, wie beispielsweise Völkermord, trifft. Ansonsten wird eine Erosion des Gewaltverbots riskiert, indem die humanitäre Intervention zu Lasten der Gleichheit der Staaten von den jeweiligen Vormächten genutzt werden könnte. Zusammenfassend lässt sich feststellen, dass die Notwendigkeit und Proportionalität eines militärischen Einsatzes in Darfur zwar gegeben ist, ein völkerrechtlich legitimes Handeln ohne Unterstützung des UN-Sicherheitsrats aber kaum möglich ist. Der auf die Nothilfe analog zurückführende Ansatz zum Schutz der Zivilbevölkerung in Darfur mithilfe einer humanitären Intervention bietet dementsprechend keine Lösung an, die zu überzeugen vermag. Im Ergebnis erscheint die humanitäre Intervention allenfalls als allerletztes kollektives, nicht aber einzelstaatliches Notinstrument, wenn die gesamte Palette nicht-gewaltsamer Maßnahmen des Menschenrechtsschutzes und des kollektiven Krisenmanagements erfolglos angewandt und nicht nur angekündigt wurde.[1058] Die Mitglieder der Vereinten Nationen müssen sich auf ein Verfahren einigen, das losgelöst aus dem Kontext institutioneller Defizite neue Entscheidungsstrukturen zur Durchführung von humanitären Interventionen ermöglicht.

3. Pflicht der internationalen Staatengemeinschaft zur humanitären Intervention in Darfur

Im Rahmen der obigen Erörterungen ist deutlich geworden, dass sich insbesondere in moralischer Hinsicht die Frage nach den Wirksamkeitsvoraussetzungen einer humanitären Intervention stellt, unter denen sich ein gezielter Bruch des Gewaltverbots aus Art. 2 Ziff. 4 UN-Charta rechtfertigen ließe. Natürlich ist prinzipiell davon auszugehen, dass das Gewalt- und Interventionsverbot nicht als *Schutzschild für Menschenrechtsverletzungen* genutzt werden darf.[1059] Die Staatenpraxis zeigt jedoch, dass sich im Bereich der Charta ein partielles Interventionsrecht herausbilden konnte, das bei Verstößen der jeweiligen Völkerrechtssubjekte gegen die geltende Völkerrechtsordnung als gerechtfertigt erschien. Die jeweiligen Resolutionen beruhten dabei auf der Zustimmung der ständigen UN-Sicherheitsratsmitglieder. Auch wenn sich dementsprechend ein Recht zur humanitären Intervention im Einzelfall nachweisen ließe, so kann von einer *Pflicht* zum Eingreifen der Staatengemeinschaft in Darfur in Anbetracht

---

[1058] Krennerich, in: Nohlen/Grotz, Kleines Lexikon der Politik, S. 212 (215).
[1059] Peters, Völkerrecht, S. 300.

der vorherigen Untersuchungen nicht ausgegangen werden. Es ist vielmehr deutlich geworden, dass eine wissenschaftliche objektive Deutung, die auch die Entstehung der Charta berücksichtigt, nicht umhinkommt, eine Aushöhlung des den Vereinten Nationen auferlegten Interventions- und Gewaltverbots festzustellen.[1060] Obwohl eine solche Pflicht aus moralischen Gründen wünschenswert wäre, so lässt sie sich zum gegenwärtigen Zeitpunkt juristisch nicht nachweisen; es fehlt ohne vorhandenes Mandat durch den UN-Sicherheitsrat an einer durch den Großteil der Staatengemeinschaft anerkannten Rechtsgrundlage. Eine defizitäre Struktur der Friedenssicherung ist daher klar erkennbar. Darüber hinaus scheint das Konzept eines humanitär motivierten militärischen Einsatzes im Hinblick auf die Ereignisse in Darfur vielmehr desavouiert. Im Ergebnis zeigt sich, dass die humanitäre Intervention vor dem Hintergrund des Systems der Vereinten Nationen nicht ausgeschlossen ist, aber unter dem normativen Gefüge der Satzung ausschließlich in Verbindung mit einem Tätigwerden des UN-Sicherheitsrats auf der Grundlage von Kap. VII UN-Charta unternommen werden darf. Die Staatenpraxis hat gezeigt, dass kurzfristig wohl nicht mit einer Auflockerung der Entscheidungsprozeduren durch den Sicherheitsrat im Hinblick auf eine Legitimation zur humanitären Intervention in Darfur und der damit einhergehenden Handlungspflicht der internationalen Staatengemeinschaft zu rechnen ist. Es wäre wünschenswert, wenn sich das Völkerrecht zukünftig verstärkt nicht nur als zwischenstaatliches Recht erweisen würde, sondern auch als Recht der Menschen und Völker.[1061] Ein eng begrenzter Interventionstitel wäre schließlich möglich, wenn der globale Konsens über die Hierarchisierung der Werteordnung des Völkerrechts erzielt werden könnte.[1062] Ob die Weltgemeinschaft tatsächlich die ideologischen und kulturellen Ordnungsvorstellungen aufweist, um die Einhaltung der Menschenrechte über den Grundsatz des Gewaltverbots zu stellen, ist infolge der unterschiedlichen Relationierung beider Normen in der Völkerrechtsgemeinschaft sehr fraglich. Gegenwärtig scheint die Staatengemeinschaft zumindest weit davon entfernt zu sein, dass ein universaler Geltungsanspruch der allgemeinen Menschenrechte im Sinne einer militärischen Hilfeleistung dauerhaft auf der Grundlage der Charta der Vereinten Nationen in Form einer Pflicht zur humanitären Intervention durchgesetzt werden kann.

[1060] Rumpf, in: FS für H.-J Schlochauer, 1981, S. 577 (600).
[1061] Kreß, in: NJW 1999, S. 3077 (3084).
[1062] Oeter, in: Münkler/Malowitz, Humanitäre Intervention – Grundlagen und Diskussion, S. 29 (56).

II. Maßnahmen auf Grundlage der AU-Charta

Ein militärisch legitimiertes Vorgehen der Staatengemeinschaft im Sinne einer humanitären Intervention ohne die Genehmigung durch den UN-Sicherheitsrat könnte ferner mithilfe der Afrikanischen Union als subsidiärer Autorität in Darfur möglich sein. Die subsidiäre Zuständigkeit ergibt sich dabei aus Art. 4 lit. h) der AU-Charta.[1063] Es wurde bereits darauf hingewiesen, dass die Zeit der Nichteinmischungspolitik auf dem afrikanischen Kontinent mit der Gründung der Afrikanischen Union im Jahr 2002 beendet wurde.[1064] Im Hinblick auf die Ereignisse in Ruanda 1994 lässt sich zudem eine wachsende nationale Bereitschaft erkennen, in vergleichbaren Fällen zu intervenieren; und so beansprucht die AU für sich langfristig, Krisen auf dem Kontinent aus eigener Kraft lösen zu können.[1065]

Fest steht, dass eine afrikanische Lösung im Krisengebiet insbesondere in Bezug auf die sozialen und kulturellen Gefüge komparative Vorteile hätte. Inwiefern sich eine durch eine Regionalorganisation ausgeführte humanitäre Intervention völkerrechtlich rechtfertigen lässt, ist allerdings fraglich. Deutlich geworden ist bereits, dass die vor Ort stationierte UNAMID aus afrikanischen Truppen der AU besteht, aber kein Mandat zur Anwendung von militärischer Gewalt durch den UN-Sicherheitsrat erhalten hat. In diesem Zusammenhang hat der UN-Sicherheitsrat folglich von der Mandatierung einer Regionalorganisation zur Anwendung von Gewalt gemäß Art. 53 UN-Charta im Rahmen kollektiver Sicherheitsmaßnahmen abgesehen.

1. Rechtsgrundlage für militärisches Vorgehen der AU: Art. 4 lit. h) AU-Charta

Zunächst ist festzustellen, dass die AU das Prinzip der staatlichen Souveränität in ihrer Gründungsakte aufgeweicht hat. Anders als in der Charta der Vereinten Nationen ist in den konstitutiven Dokumenten von Anfang an ein Recht zum Einschreiten vorgesehen, wenn ein Mitgliedstaat Kriegsverbrechen, Völkermord oder Verbrechen gegen die Menschlichkeit begeht.[1066] So erteilt Art. 4 lit. h) der AU-Charta ausdrücklich das Recht zu "intervene in a Member State pursuant to

---

[1063] Hinsch/Janssen, Menschenrechte militärisch schützen, S. 218.
[1064] Scholz, in: E+Z 5/2008, S. 212 (212).
[1065] Janda, in: E+Z 09/2008, S. 315 (315); Lidsba, in: E+Z 10/2010, S. 375 (376).
[1066] Hinsch/Janssen, Menschenrechte militärisch schützen, S. 218; Janda, in: E+Z 09/2008, S. 315 (315).

a decision of the Assembly in respect of grave circumstances, namely war crimes, genocide and crimes against humanity". Für etwaige Interventionen steht die African Standby Force (ASF) zur Verfügung, deren Aufgaben in Art. 13 des Protokolls zur Gründung des AU-Friedens- und Sicherheitsrates beschrieben werden.[1067] Eine Eingreiftruppe von bis zu 20.000 Einsatzkräften soll im Bedarfsfall innerhalb von 30 Tagen zur Verfügung stehen können.[1068]

Neben Art. 4 lit. h) AU-Charta kann zudem eine Intervention gemäß Art. 4 lit. j) AU-Charta durch einen anderen Mitgliedstaat erbeten werden, wenn diese für die Einhaltung von Frieden und Sicherheit als dienlich erscheint. Letztendlich können militärische Maßnahmen auch gegen Regierungen beantragt werden, die gegen die geltende Verfassung des Landes verstoßen, und zu deren Absetzung bzw. einer Verurteilung führen.[1069] Zu bemerken ist, dass die sudanesische Regierung als Mitglied der Afrikanischen Union auch dem Constitutive Act der Union im Sinne von Art. 4 AU-Charta beigetreten ist.[1070] Zusammengefasst wird deutlich, dass es prinzipiell drei Möglichkeiten gibt, die mit Beschluss des Peace and Security Councils der AU ein militärisches Vorgehen der Afrikanischen Union zum Wohl der sudanesischen Bevölkerung in Darfur rechtfertigen würden. Auch wenn die Anzeige des Sudan durch einen anderen Mitgliedstaat der Afrikanischen Union eher unwahrscheinlich ist, so ist ein militärischer Einsatz im Sinne einer humanitären Intervention in Darfur aufgrund der anhaltenden Menschenrechtsverletzungen im Einklang mit der AU-Charta grundsätzlich möglich. Zu bedenken ist hierbei, dass aus Art. 4 h) AU-Charta das Verbot der Einmischung in die inneren Angelegenheiten folgt und sich ein Mitglied im Fall einer anstehenden Intervention ganz legal auf dieses Interventionsverbot berufen könnte.[1071] Dieser eindeutige Widerspruch lässt die Aussicht auf ein entschiedenes Vorgehen der afrikanischen Union schwinden.

2. *Geltungsbereich der AU-Charta und Legitimation*

Probleme ergeben sich jedoch, wenn die Befugnis zur gewaltsamen Intervention mit Ermächtigung der Afrikanischen Union, aber ohne Zustimmung der UNO erfolgen würde. Dies stände gemäß Art. 51 UN-Charta im Widerspruch zum

---

[1067] Janda, in: E+Z 09/2008, S. 315 (315); Lidsba, in: E+Z 10/2010, S. 375 (375).
[1068] Lidsba, in: E+Z 10/2010, S. 375 (375).
[1069] Siehe dazu: Art. 4 lit. p) AU-Charta.
[1070] Hinsch/Janssen, Menschenrechte militärisch schützen, S. 218.
[1071] Matthies, in: Vereinte Nationen 2/2002, S. 51 (51); Mulikita, in Vereinte Nationen 2/ 2002, S. 44 (45).

Sinn und Zweck der Charta der Vereinten Nationen. Es ist daher anzunehmen, dass die auf Art. 4 lit. h) AU-Charta zurückgehende Interventionsklausel ohne Zustimmung des UN-Sicherheitsrat vielmehr einen Verlust der moralischen und legislativen Autorität der Vereinten Nationen bedeuten würde. Bei der Frage nach eventuellen militärischen Eingriffsmöglichkeiten der AU in Darfur, die nicht vom UN-Sicherheitsrat legitimiert sind, stellt sich zudem die Frage nach dem Verhältnis zwischen der Wahrung der Souveränität einerseits und der Stabilität des afrikanischen Kontinents andererseits. Insofern ergibt sich auch im Rahmen der AU-Charta selbst ein Spannungsfeld, ebenso wie im Hinblick auf das Gewaltmonopol durch den UN-Sicherheitsrat.[1072]

Die Ereignisse in Darfur haben gezeigt, dass sich beide Ziele nur bedingt miteinander vereinen lassen. So ist al-Bashir zwar daran interessiert, dass genuine afrikanische Interessen durchgesetzt werden, doch ist dies eng mit der erforderlichen internationalen Hilfeleistung und damit mit dem Einverständnis des UN-Sicherheitsrats zum Eingreifen verknüpft. Es kann zumindest konzediert werden, dass eine Intervention durch regionale Partner, die auch Eigeninteressen verfolgen, in der Regel mit den nötigen Mitteln sowie dem dazu erforderlichen Rückhalt der Zivilgesellschaft ausgestattet ist und somit einen größeren Erfolg versprechen würde.[1073]

Letztendlich folgt aus der Verankerung der AU-Charta in der Charta der Vereinten Nationen deren übergeordnete Gültigkeit nach Art. 103 UN-Charta.[1074] Somit bleibt das Recht zur militärischen Intervention, selbst aus humanitären Gründen, lediglich mit Zustimmung des Mitgliedstaates und auf Grundlage einer Resolution des UN-Sicherheitsrates gemäß Art. 39 oder Art. 42 UN-Charta möglich. *In concreto* wird die Geltung der Charta der AU von derjenigen der Vereinten Nationen überlagert, so dass Art. 4 lit. h) der AU- Charta eine humanitäre Intervention der Staatengemeinschaft in Darfur ebenfalls nicht ermöglicht. Der ausbleibende Erfolg der AMIS wird vielmehr dahingehend Auswirkungen haben, dass sich die Friedenssicherung mithilfe regionaler Organisationen schlechter etablieren lassen wird.

[1072] Hobe, Einführung in das Völkerrecht, S. 150.
[1073] Hinsch/Janssen, Menschenrechte militärisch schützen, S. 200.
[1074] Siehe hierzu u. a. Endemann, Kollektive Zwangsmaßnahmen, S. 445.

III. Maßnahmen auf Grundlage der Genozid-Konvention

Es ist bereits thematisiert worden, dass sich eine Tendenz verzeichnen lässt, bei der dem völkerrechtlichen Menschenrechtsschutz eine überragende Stellung zukommt, die in Ausnahmefällen unter bestimmten Voraussetzungen eine nicht autorisierte Anwendung von Gewalt durch einzelne Staaten ermöglichen kann. Wurde die Abwägung in diesem Zusammenhang zum Nachteil des Menschenrechtsschutzes entschieden, so ist fraglich, ob dieses Ergebnis auch im Spannungsfeld zwischen Völkermord und Achtung des Gewaltverbots standhalten kann. Beides gehört zweifellos zu den Verpflichtungen *erga omnes*, auch wenn sich die Anwendung von Gewalt bisher nicht als zulässige Gegenmaßnahme durchsetzen konnte.[1075] Fraglich ist, ob dies auch vor dem Hintergrund der in Darfur stattfindenden Verletzungen des humanitären Völkerrechts und sogar durch den internationalen Strafgerichtshof vorgeworfenen Fällen von Völkermord kongruent ist.

Daher stellt sich erneut die Frage, ob die Verletzung von Pflichten *erga omnes*, vorliegend die von der sudanesische Regierung ausgehende Missachtung fundamentaler Völkerrechtsnormen, die Pflicht der Staatengemeinschaft begründet, auch als nicht unmittelbar betroffener Staat zur Ahndung in Form einer humanitären Intervention verpflichtet zu sein. Im Fall einer positiven Feststellung treffen die Mitglieder der internationalen Staatengemeinschaft zumindest unterschiedliche Handlungspflichten, von denen insbesondere diejenige aus der Völkermordkonvention von 1948 erwähnenswert ist. Die Übereinkunft deckt nicht nur einzelne Aspekte des Menschenrechtsschutzes ab, sondern hat zu einer Pönalisierung der Missachtung grundlegender Menschenrechte geführt.[1076] Nach Nolte stellt der Begriff „Völkermord" zumindest die naheliegendste Umschreibung eines möglichst präzisen Ausnahmetatbestands einer humanitären Intervention dar, der in einer konkreten Situation begründet werden könne.[1077]

1. Tatbestandsvoraussetzungen: Das Vorliegen von Völkermord

Die Frage nach dem Vorliegen oder Nichtvorliegen eines Völkermordes in Darfur steht im Mittelpunkt der kenntnisreichen Erörterung. Zudem stellt sich auch die Frage, wer diese Feststellung treffen könnte. Allgemein kann zumin-

---

[1075] Nolte, in: ZaöRV 59/1999, S. 941 (953).
[1076] Hobe, Einführung in das Völkerrecht, S. 180.
[1077] Nolte, in: ZaöRV 59/1999, S. 941 (952).

dest angenommen werden, dass diejenigen, die sich für eine schnelle Intervention mit militärischen Mitteln aussprechen, auch den Tatbestand des Genozids bejahen und umgekehrt. Dies stellt die Konfliktlösung vor Schwierigkeiten und führt zudem zu einer weiteren Verzögerung der friedensstiftenden Maßnahmen zugunsten der Zivilbevölkerung in der Region. Zudem ist der Tatbestand des Völkermords in diesem Zusammenhang auch als politisches Druckmittel instrumentalisiert worden.[1078]

a. Begriff und Definition

Der Völkermord ist seit dem Ende des Zweiten Weltkrieges als eigenständiger Tatbestand anerkannt, der auf die Arbeiten von Rafael Lemkin zurückzuführen ist und im Zuge der Resolution 96 der Generalversammlung der Vereinten Nationen zum internationalen Verbrechen erklärt wurde.[1079] Raphael Lemkin definiert den Genozid als einen aus verschiedenen Handlungen bestehenden, koordinierten Plan zur Zerstörung wesentlicher Grundlagen des Lebens nationaler Gruppen, mit dem Ziel der Vernichtung dieser Gruppen selbst.[1080]

Die heutige Definition entspricht den Bestimmungen der „Konvention über die Verhütung und Bestrafung des Völkermordes“ vom 9. Dezember 1948 (Art. II und III) und ist im Römischen Statut wörtlich übernommen worden.[1081] Der Tatbestand des Völkermordes setzt nach Art. 6 IStGH-Statut Handlungen voraus, die darauf abzielen, eine nationale, ethnische, rassische oder religiöse Gruppe ganz oder teilweise zu vernichten.[1082] Im Gegensatz zu den anderen Straftaten des Statuts erfordert der Völkermord das Vorliegen einer besonderen Absicht, die sogenannten *intent to destroy*, die auf die Zerstörung der geschützten Tatobjekte gerichtet sein muss.[1083] Dabei ist bereits die nachgewiesene Absicht ausreichend, um den Tatbestand des Völkermords zu erfüllen.[1084] Zu bemerken ist,

---

1078 Aus Art. 1 der Genozid-Konvention folgt schließlich, dass die Staatengemeinschaft im Fall eines Völkermordes zum Eingreifen verpflichtet ist.

1079 Ambos, in: Kirsch, Internationale Strafgerichtshöfe, S. 139; Safferling, Internationales Strafrecht, § 6, Rn. 3; Schulze, Völkermord und humanitäre Intervention, S. 11.

1080 Deutsch, zit. nach Schabas, Genozid im Völkerrecht, S. 44.

1081 Debiel, in: IPG 3/2004, S. 61 (71); Kempen/Hillgruber, Völkerrecht, 11. Kap., Rn. 27.

1082 Kempen/Hillgruber, Völkerrecht, 11. Kap., Rn. 28; Safferling, Internationales Strafrecht, § 6, Rn. 39; Werle, Völkerstrafrecht, Rn. 658.

1083 Rudolf/Hoven, in: JuS 7/2009, S. 630 (634); Safferling, in: JA 2000, S. 164 (165); Schabas, Genozid im Völkerrecht, S. 279.

1084 Chiari, in: Sudan – Wegweiser zur Geschichte, S. 50 (57).

dass genozidiale Handlungen nicht im Kontext eines Krieges begangen werden müssen, auch ein zwischenstaatlicher Bezugspunkt ist nicht erforderlich.[1085]

b. Konkrete Anhaltspunkte im Fall Darfur

Der Begriff des Völkermords wird im Rahmen des Darfur-Konflikts zum ersten Mal im Zuge der Ereignisse 2003 genannt. Teilweise politisch motiviert, versuchen verschiedene Staatenvertreter wie Bush mit dem Vorwurf des Genozids mediale Aufmerksamkeit zu erlangen sowie partikuläre Interessen durchzusetzen. Dem sudanesischen Präsidenten al-Bashir selbst wird 2008 vom Chefankläger des internationalen Strafgerichtshofs Moreno-Ocampo vorgeworfen, er habe reguläre Armeeeinheiten gemeinsam mit den Janjaweed in mehreren Fällen die „schwarzafrikanische“ Bevölkerungsgruppe in genozidialer Absicht verfolgen und töten lassen.[1086]

aa. Internationale Expertenkommission der Vereinten Nationen

Nachdem vereinzelte Reaktionen der Weltöffentlichkeit eine Antwort der Vereinten Nationen erforderlich machen, entscheidet sich der UN-Sicherheitsrat auf der Grundlage von Resolution 1564 für die Entsendung einer Expertenkommission in das Krisengebiet.[1087] Die damit eingeleiteten örtlichen Untersuchungen sollen Aufschluss darüber geben, ob in Darfur ein Völkermord vorliegt oder noch andauert.[1088] Die Arbeit der Sachverständigen der International Commission of Inquiry wird vor Ort auf unterschiedliche Weise erschwert; zum einen muss abgewartet werden, bis forensische Mediziner die Leichen aus den Massengräbern hinreichend untersucht haben. Darüber hinaus ist die Verkehrsanbindung sehr schlecht und die Region für internationale Berichterstatter militärisch hermetisch abgeriegelt.[1089]

Aus dem Abschlussbericht geht 2005 hervor, dass in der Region zwar weiterhin schwere Menschenrechtsverletzungen stattfinden, die Erfüllung des Tatbestands

---

[1085] Münkler, in: Münkler/Malowitz, Humanitäre Intervention – Grundlagen und Diskussion, S. 89 (95).

[1086] Die Zeit: „Sudans Präsident soll vor Gericht“ vom 15.07.2008 [abgerufen unter http://www.zeit.de/online/2008/29/darfur-haftbefehl?page=2, Stand: 02.08.2011].

[1087] S/RES 1564 vom 18. September 2004.

[1088] Prunier, Der uneindeutige Genozid, S. 158.

[1089] Beck, in: Zeitschrift für Genozidforschung 2/2004, S. 52 (52).

des Völkermords jedoch nicht festgestellt werden könne.[1090] Das wesentliche Element zur Klassifizierung eines Völkermordes, die systematische Ermordung von Menschen aufgrund ihrer ethnischen oder religiösen Zugehörigkeit, könne in Darfur nicht festgestellt werden, so der Bericht der Kommission.[1091] Dennoch seien durch die Schaffung von Bedingungen, die zum Tod der Bevölkerungsgruppe führen, Elemente von Genozid festzustellen.[1092] Auf Anraten der Kommission kommt es zu der Befassung mit der Angelegenheit durch den Internationalen Strafgerichtshof.[1093] Hätte die ICISS festgestellt, dass ein Völkermord in Darfur stattfindet, so wäre die Staatengemeinschaft auf Grundlage der Genozidkonvention gemäß Art. 1 zu einem Eingreifen verpflichtet gewesen.

bb. Hinweise auf einen Völkermord

In der globalen Berichterstattung durch Journalisten, UN-Experten und Augenzeugen hat es unterschiedliche Hinweise für einen in Darfur stattfindenden Völkermord gegeben. Zahlreiche Bewohner Darfurs berichten von Vorfällen, in denen sie als Schwarze und Sklaven bezeichnet worden seien, die „kein Recht hätten, im Land zu bleiben“ und dass die Region „bald in arabischer Hand sei“.[1094] Es gibt zahlreiche Berichte, aus denen hervorgeht, dass die „zweite Stufe“ des stattfindenden Völkermords in Darfur mit Konzentrationslagern in den Flüchtlingscamps beginnt, während die erste Stufe die von Haroun initiierte Vertreibung von Millionen von Menschen aus ihrer gewohnten Umgebungen bildet.[1095] Ab Ende Juli 2003 werden die Dörfer mithilfe von Flugzeugen und Streubomben und den anschließenden Überfällen der Janjaweed zerstört.[1096] Dabei riegeln die Milizen die Dörfer ab, plündern, vergewaltigen, stehlen die Rinder und zerstören die Brunnen.[1097] Anschließend werden alle Gebäude verbrannt und noch

---

1090 Commission-Report, S. 2 [abgerufen unter: http://www.un.org/news/dh/sudan/com_inq_darfur.pdf, Stand: 22.08.2011]; Hinsch/Janssen, Menschenrechte militärisch schützen, S. 212; Weber/Tull, in: SWP-Aktuell 65/2008, S. 1 (1).

1091 Weber/Tull, in: SWP-Aktuell 65/2008, S. 1 (1).

1092 Commission Report, 15. Januar 2005, S. 158.

1093 Commission Report, 25. Januar 2005, S. 145.

1094 Prunier, Der uneindeutige Genozid, S. 135; Er stützt sich hierbei auf Berichte von Amnesty International, Darfur. Too Many People Killed for No Reason vom Februar 2004.

1095 Flint/de Waal, in: Darfur – A New History of a Long War, S. 242.

1096 Dies ist wiederum für Austin und Koppelman ein ernstes Anzeichen für den beginnenden Völkermord; vgl. Austin/Koppelman, Darfur and Genocide, S. 20.

1097 In diesem Zusammenhang gibt es mehrere Berichte, bei denen Eselkadaver in die Brunnen geworfen wurden, um das Trinkwasser zu vergiften; vgl. Prunier, Der uneindeutige Genozid, S. 133.

Überlebende, zumeist Kinder, in die brennenden Häuser geworfen.[1098] Am 5. März 2004 werden 168 Fur-Bauern aus der Region Darfur verhaftet und standrechtlich erschossen; dieser Fall gilt als einer der besten dokumentierten Beweise für das Vorliegen eines Genozids.[1099] Im Zuge der Gräueltaten der arabischen Reitermilizen an der sudanesischen Bevölkerung mehren sich auch Berichte, dass die Janjaweed Frauen vergewaltigen, um für ein Aussterben der anderen Ethnien zu sorgen.[1100] Dass Massenvergewaltigungen den Tatbestand des Völkermordes erfüllen, ist inzwischen anerkannt.[1101] Die angewendete sexuelle Gewalt ist dabei ein Schritt im Prozess der Zerstörung der jeweiligen ethnischen Gruppe: die Zerstörung des Geistes, des Lebenswillens und des Lebens selbst.[1102] Das soziale Gefüge der Gemeinschaft soll dabei zerrüttet werden.[1103] Auch Amnesty International berichtet im Juli 2004 bereits über Vergewaltigungen als eingesetztes Kriegsmittel.[1104] Der Konflikt bekommt weitere Ausmaße eines Genozids, als im November 2003 die Annahme der ersten Ladung der US-amerikanischen Lebensmittelhilfe in Port Sudan mit dem Hinweis auf in der Lieferung befindliche genetisch veränderte Nahrung verweigert wird.[1105] Die Existenzgrundlage der Überlebenden wird somit nahezu aufgehoben. Beck bezeichnet diese Ereignisse als Genozid durch „Auszehrung".[1106] Es besteht folglich eine Bedrohung für die Bevölkerung in Darfur, die alles andere als kohärent ist. Diese Berichte und auch die Ermittlungen vor Ort haben für die Ermittlungsbehörde des Internationalen Strafgerichtshofs konkrete Anhaltspunkte für das Stattfinden eines Genozids geliefert. Die in der Anklageschrift al-Bashir zu Last gelegten Taten beziehen sich auf drei Fälle von Völkermord im Zusammenhang mit der Tötung von Masalit, Zaghawa und Fur.[1107] Zu diesem Ergebnis ist der Chefankläger Moreno-Ocampo nach dem Verhör von mehr als 100 Zeu-

---

[1098] Prunier zählt mehrere Augenzeugenberichte auf; vgl. Prunier, Der uneindeutige Genozid, S 134 ff.

[1099] Prunier, Der uneindeutige Genozid, S. 150.

[1100] Dawn Askin, in: Totten/Markusen, Genocide in Darfur, S. 146 (147).

[1101] Safferling, Internationales Strafrecht, § 6, Rn. 24; ders., in: JuS 2001, S. 735 (736).

[1102] Schabas, Genozid im Völkerrecht, S. 218.

[1103] Bernhard/Lingnau, in: Vereinte Nationen 4/2005, S. 167 (168).

[1104] Amnesty International 2004: Sudan, Darfur. Rape as a weapon of war. Sexual violence and its consequences [abgerufen unter: www.amnesty.org/en/library/info/AFR54/076/2004, Stand 23.05.2011].

[1105] Prunier, Der uneindeutige Genozid, S. 143.

[1106] So Beck, in: Wissenschaft & Frieden, 4/2007, S. 35 (35).

[1107] Die Zeit: „Sudans Präsident soll vor Gericht" vom 15.07.2008 [abgerufen unter http://www.zeit.de/online/2008/29/darfur-haftbefehl?page=2, Stand: 02.10.2008].

gen gekommen.[1108] Letztendlich hat insbesondere das Committee on Conscience[1109] bereits im Jahr 2000 die Ereignisse in Darfur verurteilt.[1110] Im Ergebnis gibt es ausreichend Quellen, die auf Straftaten im Sinne von Völkermord in Darfur schließen lassen.

cc. Das Vorliegen von Völkermord in der medialen Konfliktanalyse

In der medialen Konflikterstattung hat es unterschiedliche Resonanzen in Bezug auf die Vorfälle in Darfur gegeben. Fest steht, dass ein Völkermord insbesondere von den westlichen Mächten vorschnell bejaht worden ist, während sich Staaten wie China und Russland in gewohnter Zurückhaltung geübt haben. Es besteht zumindest seit mehreren Jahren darüber Einigkeit, dass in der Region um Darfur die Tatbestände Vertreibung sowie ethnische Säuberung stattfinden.[1111] Am 7. April 2004 stellt Kofi Annan anlässlich des zehnten Jahrestages des Genozids in Ruanda einen Plan zur Verhinderung des Genozids vor. In seiner Rede weist er darauf hin, dass „in solchen Situationen die Staatengemeinschaft schnelle und angemessene Maßnahmen ergreifen müsse, die auch ein militärisches Einschreiten beinhalten könnten".[1112] Bereits während des Konflikts in Ruanda hatte Kofi Annan mehrfach betont, dass es angesichts eines Völkermordes keine Neutralität geben könne: die Vereinten Nationen müssten vielmehr über die Grenzen der traditionellen Friedenssicherung hinausgehen.[1113] Im Vorfeld hatte die UN-Untersuchungskommission schwere Menschenrechtsverletzungen festgestellt und eine Liste der Tatverdächtigen an Annan ausgehändigt.[1114] Trotz dieser und anderer Beweise über teilweise genozidiale Handlungen in Darfur spricht sich Annan gegen alle Maßnahmen aus, die eine Anwendung von Gewalt beinhalten.[1115] Eine Verurteilung des Vorgehens der sudanesischen Regierung erfolgt ebenfalls nicht.[1116] Im Juni 2004 erklärt Annan viel-

---

1108 Ultsch, „Völkermord in Darfur", Die Presse, 15.07.2008.

1109 Das Komitee ist zum Zweck der Frühwarnung gegründet, soll eine bessere Kommunikation ermöglichen und somit gleichzeitig Völkermorde verhindern; vgl. Trummer, in: Der Bürger im Staat 4/2004, S. 217 (221).

1110 Trummer, in: Der Bürger im Staat 4/2004, S. 217 (222).

1111 Bernhard/Lingnau, in: Vereinte Nationen 5/2004, S. 167 (167).

1112 Kofi Annan am 7. April 2004 anlässlich des 10. Jahrestages des Völkermords in Ruanda, Genf, UN Press Release SG/SM/9197 AFR/893, 07.04.2004.

1113 Schürings, in: Vereinte Nationen 2/2000, S. 53 (57).

1114 Commission- Report, 25. Januar 2005, S. 162.

1115 Schürings, in: Vereinte Nationen 02/2000, S. 53 (55).

1116 Tagesschau: „Uno drückt sich vor Verurteilung des Sudan" [abgerufen unter: http://www.tagesschau.de/ausland/meldung239660.html, Stand: 12.09.2008].

mehr, dass zum gegenwärtigen Zeitpunkt von einem Genozid in Darfur nicht ausgegangen werden könne.[1117] Zeitgleich bezeichnet der US-Kongress das Morden in Darfur als Völkermord und erlässt diesbezüglich eine Resolution mit 422 Stimmen, in der der sudanesischen Regierung die Hauptverantwortung an den Vorfällen in der Region vorgeworfen wird.[1118] Auch der damalige Außenminister Colin Powell sowie der US-Präsident George W. Bush teilen diese Ansicht und rufen die Staatengemeinschaft zum Einschreiten gegen den Genozid auf.[1119] Powell betont in seiner Rede, dass der "genocide (...) committed in Darfur (...) may still be occuring".[1120] Dieser Verweis auf den Völkermord soll die Staatengemeinschaft an die internationale Verpflichtung zum Eingreifen aufgrund der aus der Konvention zur Verhütung und Bestrafung des Völkermordes vom 9. Dezember 1948 bestehenden Verpflichtung erinnern. Auch in der Literatur sind die Ereignisse im Westen des Sudan als Völkermord klassifiziert worden. Für die britischen Autoren Austin und Koppelman gibt es zwei erste Anzeichen für das Vorliegen eines Genozid in der Region Darfur: zunächst der Umfang der stattgefundenen Menschenrechtsverletzungen seit 1999 und dann die Angriffe der sudanesischen Regierung auf die Region im Sommer 2003.[1121] Die Journalisten und Afrika-Experten Julie Flint und Alex de Waal berichten von Sudanesen, die ihnen von „ibada", von Völkermord, erzählt hätten.[1122] Nach dem Historiker und Ostafrika-Experten Gérard Prunier ist die Frage nach dem Vorliegen eines Völkermordes ein Definitionsproblem der Außenwelt; seiner Ansicht nach erleben die Darfuris selbst seit Jahrzehnten die rassendeterminierte „Ungleichbehandlung", die schließlich für einen Völkermord spreche.[1123] Eine konkret verfolgte sudanesische Politik könne ihm zufolge im vorliegenden Fall allerdings nicht festgestellt werden. Für das Vorliegen eines Völkermords fordert er vielmehr die Ergänzung der Völkermord-Definition um die Absicht der totalen Vernichtung.[1124] Nach Prunier ist der Völkermord deswegen uneindeutig, weil er nicht auf die totale physische Zerstörung einer Bevölkerungsgruppe abziele, sondern auf die totale politische und territoriale Kontrolle über ein umkämpftes

---

1117 Prunier, Der uneindeutige Genozid, S. 184.

1118 Hinsch/Janssen, Menschenrechte militärisch schützen, S. 210; Khalafalla, in: APuZ 4/2005, S. 40 (43).

1119 Thielke, Krieg im Lande des Mahdi, S. 16.

1120 Mamdani, Saviors and Survivors, S. 25.

1121 Austin/Koppelman, Darfur and Genocide, S. 19.

1122 Flint/de Waal, Darfur – A New History of a Long War, S. 238.

1123 Prunier, Der uneindeutige Genozid, S. 138.

1124 Prunier, Der uneindeutige Genozid, S. 199.

Gebiet, das inzwischen als Grenzland auch von strategischer Bedeutung sei.[1125] Im Endergebnis geht Prunier davon aus, dass die einzelnen Übergriffe spontan als Werkzeug eingesetzt wurden, um den arabischen Überlegenheitsanspruch zu gewährleisten.[1126]

Auch die Philosophen Hinsch und Janssen gehen davon aus, dass die sudanesische Regierung zum gegenwärtigen Zeitpunkt nicht die vollständige Vernichtung der schwarzafrikanischen Bevölkerung favorisiert, sondern das Vorgehen der Bekämpfung der Rebellen diene.[1127] Mithilfe der genannten Beispiele zeigt sich, dass nicht eindeutig festzustellen ist, ob in Darfur ein Völkermord stattfindet und so ein militärisches Eingreifen auf Grundlage der Genozid-Konvention geboten wäre. Fest steht, dass sowohl der UN-Sicherheitsrat als auch die 2004 in die Region entsandte Untersuchungskommission ausschließlich schwere Menschenrechtsverletzungen festgestellt haben. Anzumerken ist hierbei, dass Kennzeichnungen einer Situation mit dem Begriff der „ethnischen Säuberung“ oder einer „humanitären Katastrophe“ keinen Hinweis auf das Vorliegen eines Genozids schaffen können.[1128]

2. *Konsequenzen für ein militärisches Vorgehen als internationale Hilfestellung*

Zu den Rechtfertigungsgründen eines militärischen Eingreifens wird der Völkermord nach dem heutigen Völkerrechtsverständnis in der Genfer Konvention, im IStGH-Statut sowie in der Genozid-Konvention gezählt.[1129] Vorliegend ist deutlich geworden, dass es zahlreiche Hinweise dafür gibt, dass in Darfur ein Völkermord stattgefunden hat beziehungsweise stattfindet. Fraglich ist, ob dieser Umstand ein multilaterales einseitiges gewaltsames Eingreifen rechtfertigt und somit völkerrechtlich gebilligt werden kann. Es ist davon auszugehen, dass das Vorliegen eines Völkermords eine ausreichende Grundlage dafür darstellt, dass der UN-Sicherheitsrat eine Bedrohung des Weltfriedens und der internationalen Sicherheit im Sinne von Art. 39 UN-Charta annimmt und unmittelbar Maßnahmen nach Kap. VII UN-Charta anordnet. Auch wenn in den jeweiligen

1125 Prunier, Der uneindeutige Genozid, S. 242.
1126 Prunier, Der uneindeutige Genozid, S. 139.
1127 Nichtsdestotrotz fordern sie ein effektives Handeln der Staatengemeinschaft mit militärischen Mitteln; vgl. Hinsch/Janssen, Menschenrechte militärisch schützen, S. 215.
1128 Nolte, in: ZaöRV 59/1999, S. 941 (953).
1129 Art. 5 Abs. 1 a) IStGH-Statut, Genfer Konvention über die Verhütung und Bestrafung des Völkermordes von 1951; Art. 1 Genozid-Konvention.

Resolutionen „nur" die schweren Menschenrechtsverletzungen und eben nicht genozidiale Handlungen verurteilt worden sind, so ist eine Bedrohung des Weltfriedens und der internationalen Sicherheit mehrfach festgestellt worden. Mit der Mandatierung der UNAMID hat sich der UN-Sicherheitsrat jedoch deutlich von einem militärischen Eingreifen differenziert. Eine militärisches Vorgehen im Sinne einer humanitären Intervention zum Schutz der Sudanesen ist für die Vereinten Nationen folglich nicht in Betracht gekommen; anders als durch andere Nichtregierungsorganisationen wird von einem Völkermord oder einer gezielten Vertreibung einzelner Volksstämme durch Regierungstruppen nicht ausgegangen. Auch in diesem Zusammenhang stellt sich die Frage nach dem Anwendungsvorrang im Hinblick auf die Geltung fundamentaler Menschenrechte, wie dem Schutz vor Völkermord einerseits und der Achtung des Gewaltverbots gemäß Art. 2 Ziff. 4 UN-Charta andererseits. Es ist bereits deutlich geworden, dass es Tendenzen gibt, für die das erwiesene Vorliegen von genozidialen Handlungen unerheblich ist und allein die systematische Missachtung von grundlegenden Menschenrechten auf Leben und körperliche Unversehrtheit für ein militärisches Eingreifen ausreichend sein soll.[1130] Eine genozidiale Intention wäre somit nicht erforderlich. Im Hinblick auf die bereits inhaltlich gewürdigten Ansätze in der Völkerrechtslehre ist jedoch der Eindruck entstanden, dass dem Gewaltverbot grundsätzlich Vorrang vor der Achtung der Menschenrechte zukommt. Fest steht, dass trotz der von Bush und anderen Politikern verwendeten Bezeichnung des Genozids im Zusammenhang mit den Ereignissen in Darfur keine entsprechenden politischen oder militärischen Maßnahmen erlassen wurden, obgleich sich die Genozid-Konvention dazu verpflichtet hätte.[1131] Das US-amerikanische Verhalten spricht einmal mehr dafür, dass Menschenrechte dann als Kriterium für eine Intervention herhalten, wenn die Vereinigten Staaten dies entscheiden; dies zeigt sich auch in historischer Hinsicht im Hinblick auf die Ereignisse in Somalia. Das US-amerikanische Verhalten im Fall Darfur ist daher ein Beispiel für die „Selektivität eines humanitären Interventionismus".[1132] Im Ergebnis wird deutlich, dass die Bezeichnung der Vorfälle in Darfur von den US-Amerikanern sicherlich als politisches Druckmittel instrumentalisiert wurde; hier zeigt sich erneut die Ambivalenz einer humanitären Intervention. Solange nicht internationale Einstimmigkeit darüber herrscht, ob in der westsudanesischen Provinz ein Völkermord stattfindet oder nicht, können die Staatengemeinschaft oder einzel-

[1130] Siehe unter E. I. 2. d. bb. (1).
[1131] Hinsch/Janssen, Menschenrechte militärisch schützen, S. 211.
[1132] Hoppe, Schutz der Menschenrechte, S. 239.

ne Regionalorganisationen wie die AU nicht zu einem konkreten Vorgehen verpflichtet werden. Die Ereignisse in Darfur einen Genozid zu nennen, würde die internationale Gemeinschaft zum Einschreiten sicherlich verpflichten. Doch bleibt fraglich, wer diese Feststellung treffen kann, wenn nicht der UN-Sicherheitsrat als einzige Instanz zur Legitimierung militärischer Mittel. Wenn unzweifelhaft geklärt wäre, dass in Darfur ein Völkermord stattfindet, dann müsste die internationale Staatengemeinschaft eingreifen. Falls im Zusammenhang mit den Augenzeugenberichten, den Aussagen verschiedener Experten vor Ort und im Hinblick auf die Anklage wegen Völkermords angenommen werden kann, dass in Darfur tatsächlich ein Völkermord stattfindet, so kommt ein militärisches Eingreifen auf Grundlage der Genozid-Konvention ausschließlich dann in Betracht, wenn die Gesamtheit der Staaten sich zu einem Vorgehen entscheiden kann. Dies bleibt angesichts der unterschiedlichen Umgehensweisen mit dem Konflikt in Darfur und der Bewertung der Straftaten vor Ort mehr als fraglich. Im Ergebnis kommt eine humanitäre Intervention als Ausnahme vom Gewaltverbot auf der Grundlage der Genozid-Konvention folglich zwar durchaus in Betracht, lässt sich angesichts der unterschiedlichen Reaktionen der internationalen Staatengemeinschaft zum gegenwärtigen Zeitpunkt nicht durchsetzen. Dass der fehlende Entschluss zu einem unilateralen Handeln im Widerspruch zu der Verpflichtung aus der oben genannten Konvention steht, wenn denn das Vorliegen eines Völkermords bejaht würde, scheint dabei nicht ausschlaggebend.

Es bleibt abzuwarten, ob sich die Staatengemeinschaft in absehbarer Zeit für ein entschiedenes Vorgehen entscheiden kann. Die interventionswilligen Staaten sind zumindest in der Minderheit.

IV. Maßnahmen auf Grundlage völkerrechtlicher Rechtsfortbildung

Im Rahmen der völkerrechtlichen Rechtsfortbildung ergeben sich im Darfur-Konflikt möglicherweise weitere Handlungsoptionen für die internationale Staatengemeinschaft und die internationalen Organisationen. An dieser Stelle bietet zunächst die von der UN-Generalversammlung 2005 initiierte Responsibility to Protect eine effektive Möglichkeit der Einflussnahme. Im Rahmen dieses Konzepts geht es in erster Linie um deren Inhalt, den Geltungsbereich und die Auswirkungen auf das Konzept der staatlichen Souveränität. In Anbetracht des Darfur-Konflikts handelt es sich auch um eine konzeptionelle, institutionelle und politische Herausforderung, die sich im Zusammenhang mit der Etablierung des

Konzepts stellt. Eine weitere Möglichkeit bestünde darin, dass im Fall einer Blockade des UN-Sicherheitsrats durch ein Veto der UN-Generalversammlung die Befugnis zur Beauftragung von Maßnahmen zukommt.

1. Handlungsbefugnisse und Interventionspflichten im Rahmen der R2P

Als konkreter Lösungsansatz im Hinblick auf potenzielle Maßnahmen der Friedenskonsolidierung im Darfur-Konflikt dient der ausdrücklich dem Schutz der Menschenrechte gewidmete Bericht der Responsibility to Protect, deren theoretische Grundlagen zunächst im Vordergrund stehen, gefolgt von der Frage nach den praktischen Auswirkungen. Die UN-Generalversammlung verabschiedet 2005 die Resolution 60/1, in der sie eine allgemeine Verpflichtung zum Schutz ihrer Bevölkerung anerkennt.[1133] Dieser basiert auf dem 2001 veröffentlichten Bericht der unabhängig agierenden kanadischen Expertenkommission International Commission on Intervention and State Souvereignty (ICISS), die das Spannungsverhältnis zwischen Souveränität und Intervention im Zusammenhang mit schweren Menschenrechtsverletzungen reflektiert und mögliche Eingriffskriterien für ein militärisches Vorgehen diskutiert hatte. Diesem Bericht vorausgegangen ist die im Jahr 2000 von Kofi Annan gehaltene Rede, in der er die Staatengemeinschaft erneut auffordert, auch auf innere Konflikte angemessen zu reagieren.[1134]

Das daraufhin entwickelte Konzept der Responsibility to Protect soll in Ausnahmefällen eine Pflicht zur Intervention begründen.[1135] Der Bericht setzt sich aus unterschiedlichen moralisch geprägten Argumenten zusammen, die Aufschluss darüber geben sollen, wann es in Situationen schwerster Menschenrechtsverletzungen für die internationale Gemeinschaft angemessen sein soll, Zwangs- und militärische Maßnahmen in einem fremden Staat zu ergreifen.[1136] Im Rahmen der Schutzverantwortung soll jeden Mitgliedsstaat die Souveränitätspflicht treffen, die eigene Bevölkerung vor Völkermord, Kriegsverbrechen,

---

[1133] UN-Dok. A/RES/60/1 vom 15. September 2005, Abs. 138 und 139 [abgerufen unter: http://www.bmz.de/de/textarchiv/Abschlusserklaerung_dt.pdf, Stand: 03.09.2011]; Luck, in: Vereinte Nationen 56/2008, S. 51 (53).

[1134] Annan, in: Vereinte Nationen 1/2002, S. 24 (24); Austin/Koppelman, Darfur and Genocide, S. 12.

[1135] ICISS Report 2001, S. 17 [abgerufen, auch im Folgenden, unter: http://responsibility toprotect.org/ICISS%20Report.pdf, Stand: 12.09.2011].

[1136] ICISS Report 2001, S. 31.

Verbrechen gegen die Menschlichkeit und ethnischer Säuberung[1137] zu schützen.[1138] Damit verbunden ist die Bereitstellung friedlicher Mittel.[1139] Die Missachtung dieser Pflicht soll durch kollektive Zwangsmaßnahmen nach Kap. VII und VIII UN-Charta geahndet werden.[1140]

Im Vordergrund der Konferenz steht auch die Frage nach der Konstruktionsmöglichkeit von einem Recht, das die Durchführung von humanitären Maßnahmen im Zusammenhang mit der Anwendung von militärischer Waffengewalt ohne ausdrückliche Zustimmung des UN-Sicherheitsrats legitimieren kann.

a. Inhalt der Responsibility to Protect

Das 2005 im Rahmen der Weltgipfelkonferenz präsentierte Konzept enthält in erster Linie Ansätze für Handlungsmöglichkeiten der internationalen Staatengemeinschaft bei der Suche nach rechtlichen Befugnissen und politischen Realisierungschancen im Fall schwerer Menschenrechtsverletzungen. Es umfasst dabei auch Überlegungen zur humanitären Intervention bei Völkermord oder anderen schweren Völkerrechtsverstößen und eben nicht nur bei bloßer Vernachlässigung der Schutzpflichten gegenüber der Bevölkerung durch einen Staat.[1141] In erster Linie müssen die Staaten jedoch Präventionsarbeit leisten, indem die tieferen und langfristigen Ursachen der jeweiligen Konflikte bekämpft werden.[1142] Zudem trägt die internationale Staatengemeinschaft die Verantwortung dafür, dass andere Staaten ihre Pflicht gegenüber der eigenen Bevölkerung auf dem eigenen Territorium erfüllen oder notfalls mit den entsprechenden Mitteln von außen interveniert werden muss.[1143] Die Responsibility to Protect begründet demzufolge eine Schutzpflicht respektive eine Schutzverantwortung, die sich aus mehreren Elementen zusammensetzt und auf einem novellierten Verständnis der Staatensouveränität beruht. Gleichzeitig weist sie ein Spannungsfeld zwischen der Achtung der Souveränität einerseits und der Durchsetzung des

---

1137 Die ethnische Säuberung stellt aufgrund der fehlenden Definition noch keinen eigenen Straftatbestand im Völkerrecht dar, beschreibt jedoch ein tatsächliches Verbrechensphänomen, das im Einzelfall unter die anderen Tatbestände subsumiert werden kann; vgl. Schaller, in: SWP-Aktuell 46/2008, S. 1 (3).

1138 Vgl. Schaller, in: SPW-Aktuell 46/2008, S. 1 (3).

1139 Luck, in: Vereinte Nationen 2/2008, S. 51 (51).

1140 UN-Dok. A/RES/60/1 vom 15. September 2005, Abs. 138 und 139; Schaller, in: SWP-Aktuell 46/2008, S. 1 (5).

1141 Thakur, The United Nations, Peace and Security, S. 247.

1142 ICISS Report 2001, S. 19; siehe insbesondere. Art. 55 UN-Charta.

1143 Hobe, Einführung in das Völkerrecht, S. 139.

internationalen Menschenrechtsschutzes mithilfe von Interventionen anderseits auf.[1144]

aa. Richtlinien für Interventionen

Im Hinblick auf das Konzept der Responsibility to Protect wird deutlich, dass die inhaltlich verankerte Schutzpflicht an drei Elemente geknüpft wird: die Pflicht zu verhindern, die zu reagieren und die wieder aufzubauen.[1145] Die Staatengemeinschaft soll zunächst dafür Sorge tragen, dass Situationen, in denen schwere Menschenrechtsverletzungen stattfinden, nicht entstehen. Sind Maßnahmen dieser zivilen Prävention wie beispielsweise politische oder ökonomische Embargos fehlgeschlagen, so ist eine angemessene Reaktion erforderlich. Eine militärische Intervention kann als *last resort* jedoch nur in den Fällen möglich sein, in denen die Verletzungen der humanitären Grundpflichten des Staates so schwer wiegen, dass sie das Gewissen der gesamten Menschheit belasten.[1146] Wichtig ist, dass es für die Kommission unerheblich ist, ob die Menschenrechtsverletzungshandlungen auf einen staatlichen Akteur zurückzuführen sind oder ob sie als Ausdruck einer staatlichen Unfähigkeit zur Verhütung bzw. zu einem effektiven Schutz seiner Zivilbevölkerung gelten müssen.[1147] Darüber hinaus gilt es als irrelevant, ob die Verletzungshandlungen im Kontext eines geplanten Völkermordes ausgeführt worden sind.[1148] Entscheidend ist, dass das militärische Vorgehen grundsätzlich die letzte Handlungsoption darstellt und vielmehr die Schaffung operativer Voraussetzungen für die Prävention von Gewalt im Vordergrund der Tätigkeit der Staatengemeinschaft stehen muss.[1149] Die Legitimität einer Intervention soll anhand einer modernen und multilateralen Fassung der Kriterien vom „gerechten Krieg“[1150] bemessen werden und bedarf der Autorisierung durch den UN-Sicherheitsrat und im Fall von dessen Handlungs-

---

1144 Thakur, The United Nations, Peace and Security, S. 245.

1145 Mair, in: IPG 3/2004, S. 82 (89).

1146 An dieser Stelle werden insbesondere Massaker und Genozide genannt; vgl. ICISS Report 2001, S. 13; Williams, in: Vereinte Nationen 1/2002, S. 10 (13).

1147 Dies sollte nach den oben erarbeiteten Kriterien für einen effektiven Menschenrechtsschutz durch den Staat ohnehin deutlich geworden sein: er verletzt seine Pflichten nämlich auch, wenn er die aus den Menschenrechten resultierenden Pflichten nicht erfüllt; vgl. ICISS Report 2001, S. 13.

1148 ICISS Report 2001, S. 33; Hinsch/Janssen, Menschenrechte militärisch schützen, S. 83.

1149 Thakur, The United Nations, Peace and Security, S. 257.

1150 Hierzu gehören der gerechte Grund, die aufrichtige Intention, der Einsatz militärischer Gewalt als letztes Mittel, vernünftige Erfolgsaussichten sowie die Verhältnismäßigkeit der eingesetzten Maßnahmen.

unfähigkeit durch die Vollversammlung der Vereinten Nationen.[1151] Für die Durchführung einer Intervention wird ein klar umrissenes politisches Mandat, die politische Überwachung der Mission, die Durchsetzung und Wahrung der Menschenrechte, die Sicherstellung von Sicherheit der Zivilbevölkerung und der eingesetzten Truppen sowie ein Maximum an Koordinierung zwischen militärischen und zivilen Organisationen gefordert.[1152] Im Zuge der Durchführung einer Intervention folgen zudem die Verantwortung zum Wiederaufbau sowie die nachhaltige Schaffung von friedenserhaltenden Umständen.[1153] Die UN-Generalversammlung sowie der UN-Sicherheitsrat sollen klare Ansätze für eine Implementierung schaffen sowie einheitlich Maßstäbe zum Verfahren festsetzen.[1154] Diese Verrechtlichung führt dazu, dass die Vereinten Nationen die alleinige Legitimations- bzw. Entscheidungsinstanz darstellen.

bb. Wandel des Souveränitätsbegriffs

Das Prinzip der Souveränität ist im Rahmen der Völkerrechtsordnung fest verankert und seit dem Westfälischen Frieden die vorherrschende Norm innerhalb der Beziehungen der Staaten untereinander.[1155] Der Begriff zählt zu den ältesten Begriffen der neuzeitlichen Völkerrechtsordnung.[1156] Auch bei der Verabschiedung der Charta der Vereinten Nationen steht die Garantie der wechselseitigen Souveränität im Vordergrund.[1157] Im Zusammenhang mit dem nicht legitimierten Einsatz der NATO auf dem ehemaligen jugoslawischen Gebiet hat die ICISS einen tiefgreifenden Prozess des Umdenkens hinsichtlich der politischen und rechtlichen Bewertung des völkerrechtlichen Souveränitätsgebots initiiert.[1158] So lässt sich ein Wandel des Souveränitätsverständnisses ausmachen: dieses Recht der Staaten soll in Fällen schwerer Menschenrechtsverletzungen zur Disposition gestellt werden.

1151 ICISS Report 2001, S. 48; Thakur, The United Nations, Peace and Security, S. 259.
1152 ICISS Report 2001, S. 58 ff.
1153 Thakur, The United Nations, Peace and Security, S. 257.
1154 ICISS Report 2001, S. 74.
1155 Luck, in: Vereinte Nationen 2/2008, S. 51 (56).
1156 So Fassbender, in: APuZ 43/2004, S. 7 (8).
1157 Williams, in: Vereinte Nationen 1/2002, S. 10 (11).
1158 Münkler/Malowitz, in: Münkler/Malowitz, Humanitäre Intervention – Grundlagen und Diskussion, S. 7 (17).

(1) Das traditionelle Konzept der Souveränität

Mit dem Ende der bipolaren Weltordnung schwindet die Staatenzentriertheit zugunsten einer individualistischen Sicht auf die Rechte des Einzelnen. Im ursprünglichen Sinne regelt das Konzept der Souveränität, dass die Staaten als autonome Völkerrechtssubjekte nach außen auftreten und ihre Angelegenheiten innerhalb ihrer territorialen Jurisdiktion unabhängig und losgelöst von jeglicher Restriktion regeln dürfen. Dieses „Westfälische Modell", das als klassische Staatenordnung durch den Westfälischen Frieden 1648 begründet wird und bis 1918 andauert, beschränkt die Staatenverantwortlichkeit folglich allein auf zwischenstaatliche Verhältnisse.[1159]

Im Zuge der Implementierung der Charta der Vereinten Nationen normiert Art. 2 UN-Charta die formelle Gleichstellung der Staaten: aus Art. 2 Ziff. 1 folgt die formelle Gleichstellung, Art. 2 Ziff. 4 UN-Charta schützt die territoriale Integrität sowie die politische Unabhängigkeit, während Art. 2 Ziff. 7 UN-Charta den Staaten als Schutz vor der Einmischung in innere Angelegenheiten dient. Zu diesen „inneren Angelegenheiten" zählt die Ausgestaltung der politischen, wirtschaftlichen, gesellschaftlichen sowie kulturellen Ordnung.[1160] Darüber hinaus haben die Staaten im Zuge der Einführung der Charta der Vereinten Nationen das Recht auf freie Kriegsführung gegenüber anderen Staaten und somit Teile ihrer Souveränität eingebüßt.[1161] Mit dem Ausdruck der „souveränen Gleichheit" werden in der Charta der Vereinten Nationen zwei rechtliche Begriffe miteinander verbunden. So wird allein das Prinzip der souveränen Gleichheit postuliert. Der rechtlichen Gleichheit der Staaten wird folglich der Vorrang vor der Souveränität eingeräumt.[1162] Dabei versteht sich Art. 2 Ziff. 4 UN-Charta inzwischen nicht mehr als Beschränkung der Souveränität der Staaten, sondern vielmehr als Grundbedingung der Unabhängigkeit und Gleichheit der Staaten. Nach dem klassischen Verständnis ergibt sich folgende Definition: die Souveränität des Staates ist die ihm durch die Verfassung der internationalen Gemeinschaft eingeräumte und garantierte Autonomie.[1163]

[1159] Münkler, in: Münkler/Malowitz, Humanitäre Intervention, Grundlagen und Diskussion, S. 89 (98).
[1160] So der IGH im Nicaragua-Fall, ICJ Reports 1986, S. 14 (108).
[1161] Fassbender, in: APuZ 43/2004, S. 7 (11).
[1162] Fassbender, in: APuZ 43/2004, S. 7 (10).
[1163] So zumindest Fassbender, in: APuZ 43/2004, S. 7(11).

(2) Das Verständnis von Souveränität im Rahmen der R2P

Im Zuge der Debatte um die humanitäre Intervention sowie um die über die Responsibility to Protect ändert sich auch das Prinzip der Souveränität als leitender Norm, das nunmehr als Verantwortung zu verstehen ist. Diese Verantwortung bezieht sich auf die Anerkennung der Völker sowie auf die Einhaltung menschenrechtlicher Mindeststandards.[1164] Es geht auch um einen Wandel des Verständnisses der Souveränität: von einem Verständnis als Abwehrrecht zu einer Pflicht in einem Sozialkontrakt zwischen den Staaten und den Bürgern; als "souvereignity as responsibility".[1165] Dabei ist zu bedenken, dass Souveränität nie absolut gewesen ist; das Konzept der Schutzverantwortung ist durchaus darauf ausgerichtet, dass die Staaten ihre Souveränität insbesondere infolge der Einhaltung der menschenrechtlichen Standards bewahren.

Die bereits inhaltlich gewürdigten Resolutionen des UN-Sicherheitsrats zum Ende der 90er Jahre, die als Ausdruck des Willens der Staatengemeinschaft angesehen werden können, belegen zudem ebenfalls eine neue Sichtweise, die die staatliche Souveränität an die Beachtung fundamentaler Rechtsnormen knüpft und somit durch die internationale Gemeinschaft kontrolliert. Diese Internationalisierung der Menschenrechtsfragen hat letztendlich zu einer menschenrechtsorientierten Uminterpretation des Souveränitätsbegriffs geführt.[1166] Diese Rekonzeptualisierung des Souveränitätsbegriffs hat zur Folge, dass Souveränität sich nicht mehr als Recht der Staaten gegeneinander, sondern als Pflicht gegenüber der eigenen Zivilbevölkerung versteht.[1167]

Im Rahmen der Responsibility to Protect versteht sich das Konzept der Souveränität folglich nach außen als Schutz vor anderen Staaten und nach innen als Schutz der Bürger vor Gefahren. Sollte ein Staat dieser Aufgabe nicht hinreichend nachkommen, so geht die Handlungspflicht auf die internationale Staatengemeinschaft über.[1168] Der Anspruch auf die Achtung des Prinzips der Nichteinmischung steht folglich unter dem Vorbehalt der Gewährung humanitärer

---

[1164] Malowitz, in: Münkler/Malowitz, Humanitäre Intervention – Grundlagen und Diskussion, S. 143 (147).

[1165] Debiel, in: IPG 3/2004, S: 61 (61).

[1166] Vgl. Debiel, in: IPG 3/2004, S. 61 (66).

[1167] Krause, in: Münkler/Malowitz, Humanitäre Intervention – Grundlagen und Diskussion, S. 295 (300).

[1168] Debiel, in: IPG 3/2004, S. 61 (62); ICISS Report 2001, S. 17.

Mindeststandards. Das Konzept der Souveränität ist im Ergebnis normativ anspruchsvoller als das „Westfälische“ Modell.[1169]

b. Rechtliche Implementierung der R2P und Bindungswirkung

Im Folgenden stellt sich die Frage, inwieweit von einer internationalen Anerkennung der Norm gesprochen werden kann. Die Etablierung des Konzepts knüpft in erster Linie an die sozialkonstruktivistischen Perspektiven an, die für die internationalen Beziehungen sowie die Durchsetzung einer neuen Rechtsnorm eine wichtige Rolle spielen. Dabei ist vor allem die völkerrechtliche Dimension von Bedeutung. Zu bedenken ist jedoch, dass eine Anerkennung des Postulats im Völkerrecht weitreichende Folgen hätte. Dies würde voraussetzen, dass eine humanitäre Intervention als Recht anerkannt wäre und somit im Geltungswiderspruch zu Art. 2 Ziff. 4 UN-Charta stehen würde. In Anbetracht der bereits durchgeführten Untersuchungen muss jedoch festgestellt werden, dass sich die aus dem Bericht entstammende Pflicht nicht als Legitimation für ein militärisches Eingreifen versteht, sondern vielmehr eine multidimensionale normative Doktrin darstellt. Diese soll auf vielfältige Weise im Rahmen der Konflikteindämmung Anwendung finden.[1170] Zudem ergibt sich aus dem Dokument der Weltgipfelkonferenz eindeutig, dass Maßnahmen im Sinne der Responsibility to Protect auf Grundlage von Kap. VII UN-Charta ergriffen werden sollen und eine humanitäre Intervention anderenfalls nicht gebilligt werden kann.[1171] Dementsprechend ist ein Einsatz militärischer Gewalt auch in diesem Zusammenhang an die Autorisierung durch den UN-Sicherheitsrat gebunden, der nach Ansicht der Kommission weiterhin die rechtmäßige und ethisch begründete Autorität besitzt, Ausnahmen vom Gewaltverbot zu billigen.[1172] Die Aufnahme der Responsibility to Protect in das Ergebnisdokument des Weltgipfels 2005 implementiert somit eine Verantwortung der Staaten, innerhalb der Gemeinschaft zu wirken und andere Staaten bei den Verpflichtungen der Schutzverantwortlichkeit zu unterstützen.[1173] Eine genaue Anleitung wird nicht erteilt; die Mitgliedstaaten werden vielmehr daran erinnert, dass sie auf ihrem Territorium die

---

[1169] Dies bezog sich auf die effektive Herrschaft des Staates auf sein Gebiet und die Bevölkerung; vgl. Krause, in: Münkler/Malowitz, Humanitäre Intervention, Grundlagen und Diskussion, S. 195 (308).

[1170] Helly, in: IPG 1/2009, S. 45 (46).

[1171] Peters, Völkerrecht, S. 301; ICISS Report 2001, S. 9 und S. 16.

[1172] ICISS Report 2001, S. 47; Williams, in: Vereinte Nationen 1/2002, S. 10 (11).

[1173] Luck, in: Vereinte Nationen 2/2008, S. 51 (51); Schaller, in: SWP-Aktuell 46/2008, S. 1 (2).

Verantwortung für den Schutz der Bevölkerung vor Völkermord, Kriegsverbrechen, ethnischer Säuberung und Verbrechen gegen die Menschlichkeit tragen.[1174] Eine völkerrechtliche Norm im Sinne einer Rechtsfortbildung lässt sich auch aufgrund des Wortlauts kaum feststellen: so lässt sich das Konzept dank des Ausdrucks "responsibility" und eben nicht "duty" a priori der moralisch-politischen Ebene zuordnen. Inwiefern sich die R2P als neue Norm konkret auswirken wird und Anwendung im zwischenstaatlichen Kontext finden soll, lässt auch der Bericht selbst offen; dort wird lediglich eine „Verpflichtung" festgelegt. Es ist somit zweifelhaft, ob sich das Konzept der Schutzverantwortung etablieren wird. Die Aufgabe der Staaten und der damit einhergehenden Rechtsfortbildung wird sein, das Konzept der R2P klar von dem der humanitären Intervention abzugrenzen und mit politischer Unterstützung eine nachhaltige Erneuerung zu erreichen.

c. Schlussfolgerungen: Der Darfur-Konflikt als konkreter Anwendungsfall?

In Anbetracht der vorherigen Ausführungen stellt sich die Frage nach einem etwaigen Vorgehen der internationalen Staatengemeinschaft in Darfur auf Grundlage der Responsibility to Protect. Es ist bereits mehrfach festgestellt worden, dass in der westlichen sudanesischen Provinz nicht nur im Einzelfall grundlegende Menschenrechte verletzt werden, was zudem auf Maßnahmen der sudanesischen Regierung mithilfe der Janjaweed zurückgeführt werden kann. Es ist deutlich geworden, dass al-Bashir mithilfe ethnischer Säuberungen versucht, territoriale Ansprüche durchzusetzen, wobei sich die Tendenz verzeichnen lässt, dass Teile der Zivilbevölkerung zum direkten Ziel der Angriffe geworden sind. Der Sudan wird der Aufgabe der Achtung der fundamentalen Menschenrechte und dem damit einhergehenden Schutz der Zivilbevölkerung folglich nicht gerecht und pervertiert diese vielmehr, so dass ein Eingreifen in Darfur nach dem Verständnis der Schutzverantwortung *per se* möglich wäre. Im Ergebnis lässt sich feststellen, dass das Konzept der Responsibility to Protect durchaus in ethisch-politischer Hinsicht überzeugt und sich ein Wandel des Souveränitätsverständnisses auf der Grundlage völkerrechtlicher Verfahren andeutet. Dennoch bedeutet die Schutzverantwortung aufgrund der Verpflichtung zum Eingreifen und der damit verbundenen Auflösung des Gewaltmonopols im Zuge einer Rückübertragung auf die souveränen Staaten in erster Linie einen Legitimitätsverfall des Paradigmas der Vereinten Nationen.[1175] Eine Durchbrechung

---

[1174] Schaller, in: SPW-Aktuell 46/2008, S. 1 (3).
[1175] Paech, in: APuZ 43/2004, S. 21 (23).

des absoluten Gewalt- und Interventionsverbots der UN-Charta ist letztendlich weder durch den Kommissionsbericht noch durch eine Resolution der Generalversammlung möglich, der ohnehin nur Empfehlungscharakter zukommt.[1176] Dazu bedürfte es einer Änderung der UN-Charta mit Zweidrittelmehrheit der Mitgliedstaaten oder einer gewohnheitsrechtlichen Änderung, die bekannterweise eine dauerhafte Anwendung in der Staatenpraxis voraussetzt.[1177] Auch auf Grundlage dieses Entwurfes kann nicht von einer Rechtmäßigkeit einer humanitären Intervention ausgegangen werden. Allein dem Sicherheitsrat obliegt weiterhin die Entscheidung über eine Intervention. Darüber hinaus könnte eine Ausweitung von Art. 39 der Charta der Vereinten Nationen zu einem Präzedenzfall im Sinne einer humanitären Intervention ungeahnte Folgen für die Staatengemeinschaft haben. Erwähnenswert ist ferner, dass die Lage in Darfur bisher im internationalen Konfliktverständnis nicht eindeutig als Tatbestand einer ethnischen Säuberung oder eines Genozids klassifiziert werden konnte; die steigende Anzahl der Rebellengruppen sowie deren Völkerrechtsverbrechen machen die Lage vor Ort inzwischen mehr als unübersichtlich. Die Neudefinition des Souveränitätsbegriffs, der nun mit der Verpflichtung zum Schutz der eigenen Bürger materiell aufgeladen wird, führt letztendlich dazu, dass das Eingreifen in die inneren Angelegenheiten eines Staates der Wiederherstellung der staatlichen Souveränität dient und dementsprechend legitim sein muss. Dies kann in Anbetracht der obigen Erörterungen allein auf ein Mandat des UN-Sicherheitsrats zurückgeführt werden. Die Frage, ob humanitäre Notsituationen mithilfe von militärischen Mitteln beendet werden sollen, wird immer Gegenstand politischer Einschätzungsspielräume und Entscheidungsfreiheiten bleiben, wenn auch zu Lasten der Gerechtigkeit.[1178] Die Relativierung oder sogar Abwertung des Souveränitätsverständnisses durch einen ihm übergeordneten Menschenrechtsmaßstab bleibt somit weiterhin folgenlos, sofern sich die internationale Gemeinschaft nicht zu effektiven Hilfsmaßnahmen entscheiden kann und insbesondere der UN-Sicherheitsrat als Legitimationseinheit weiterhin durch Vetos blockiert ist. Somit wird die Staatengemeinschaft trotz der mithilfe der Responsibility to Protect geförderten globalen Friedenspolitik gewollt oder ungewollt zu einem Komplizen der sudanesischen Regierung unter al-Bashir.[1179] Letztendlich versteht sich die Responsibility to Protect als neue Formulierung eines altbekannten

[1176] Schweisfurth, Völkerrecht, Kap. 11, Rn. 63.
[1177] Fornasier, in: JURA 2002, S. 520 (524).
[1178] Schmalenbach, in: JZ 2005, S. 637 (644).
[1179] Tetzlaff, in: Sudan – Wegweiser zur Geschichte, S. 121 (124).

Konzepts, nach dem der Staat seine Existenz aus dem Schutz seiner Bürger ableitet. Doch in Ermangelung eines internationalen Konsens sowie der uneingeschränkten Anerkennung als tatbestandlicher Grundlage ist eine zügige Implementierung der Responsibility to Protect mehr als fraglich. Die nichtmilitärischen Wege, die im Rahmen des Konzepts ebenfalls vorgesehen sind, sowie die Aufforderung zur Konfliktprävention bleiben somit auch in diesem Zusammenhang die einzige Handlungsmöglichkeit der Staatengemeinschaft. Von einer Rechtsfortbildung, die ein militärisches Vorgehen in der westsudanesischen Provinz ermöglichen könnte, kann mangels Staatenüberzeugung und Bereitschaft zur Durchsetzung nicht ausgegangen werden. Ob die kollektiven Maßnahmen durch den UN-Sicherheitsrat aufgrund der ausbleibenden Erfolge in der Konflikteindämmung in Darfur ergriffen werden, so wie es das Konzept der Schutzverantwortung im Weltgipfeldokument primär vorsieht[1180], bleibt somit mehr als fraglich.

2. Ermächtigung zum multilateralen Eingreifen durch die UN-Generalversammlung

Es ist bereits deutlich geworden, dass den neuen Ansätzen der völkerrechtlichen Rechtsfortbildung insbesondere am Gewaltmonopol des UN-Sicherheitsrates ihre normativen Grenzen aufgezeigt werden. Aus dem Bericht der ICISS folgt zumindest, dass die fünf ständigen Mitglieder von ihrem Vetorecht vor allem in den Fällen keinen Gebrauch machen sollen, in denen ihre ureigenen nationalen Interessen nicht tangiert werden.[1181] Im Hinblick auf den Darfur-Konflikt haben sowohl China als auch Russland politische und wirtschaftliche Interessen am Konfliktverlauf und durch ihr Veto ein konkretes Vorgehen der Staatengemeinschaft unmöglich gemacht. Sobald der UN-Sicherheitsrat also durch ein Veto blockiert ist und nicht über die notwendigen Ressourcen verfügt, gleichzeitig aber menschenrechtliche Werte geschützt werden müssen, sollte es weitere Handlungsoptionen geben. Bereits im Rahmen der Uniting for Peace Resolution (GV-Res. 377) aus dem Jahr 1950 hat es Anzeichen dafür gegeben, dass die Generalversammlung im Fall einer Blockade des UN-Sicherheitsrats infolge eines

---

1180 UN-Dok. A/RES/60/1 vom 16.09.2005, Abs. 138 und Abs. 139 [abgerufen unter: http://www.bmz.de/de/was_wir_machen/themen/MDG/Downloads/Abschlusserklaerung_dt.pdf, Stand: 03.09.2011]; Luck, in: Vereinte Nationen 56/2008, S. 51 (53).

1181 ICISS Report 2001, S. 51; Thakur, United Nations, Peace and Security, S. 261; Williams, in: Vereinte Nationen 1/2002, S. 10 (25).

Vetos im Sinne einer Notstandstagung tätig werden kann.[1182] So wird teilweise eine subsidiäre Autorität vertreten, die als Analogie zu Resolution 377 die Blockade mit einer Zweidrittelmehrheit aufhebe und in Notfällen sogar eine humanitäre Intervention autorisieren könne.[1183] Nach Art. 10 UN-Charta darf die Generalversammlung alle die Satzung betreffenden Fragen und Angelegenheiten erörtern. Dies betrifft nach Art. 11 Abs. 2 in Verbindung mit Abs. 4 UN-Charta insbesondere alle Fragen bezüglich der Wahrung des Weltfriedens und der internationalen Sicherheit. Beide Vorschriften ermöglichen zumindest, Empfehlungen an die Mitgliedstaaten zu richten. Eine Erörterungs- und Empfehlungskompetenz könnte der Generalversammlung im Hinblick auf die Uniting for Peace Resolution durchaus zugesprochen werden.[1184] Aus Art. 24 Abs. 1 UN-Charta folgt zudem, dass der UN-Sicherheitsrat die Hauptverantwortung für den Weltfrieden und die internationale Sicherheit trägt. Eine subsidiäre Zuständigkeit der UN-Generalversammlung kann somit zumindest nicht ausgeschlossen werden. Zu bedenken ist, dass die Wahrung des Weltfriedens *in concreto* zu den Hauptaufgaben der Vereinten Nationen zählt, auf dessen Erfüllung infolge einer Blockade des UN-Sicherheitsrats nicht verzichtet werden kann und darf. Art. 12 Abs. 1 UN-Charta bestimmt, dass die UN-Generalversammlung solange keine Empfehlungen abgeben darf, wie der UN-Sicherheitsrat sich einer Angelegenheit bereits angenommen hat bzw. diese *wahrnimmt*. Ein eingelegtes Veto führt wiederum zur Handlungsunfähigkeit, die derart ausgelegt wird, als würde der UN-Sicherheitsrat seine Aufgaben gar nicht erst wahrnehmen.

Gegen eine Ausdehnung der Befugnisse der UN-Generalversammlung im Rahmen einer subsidiären und mithilfe der Uniting for Peace Resolution abgeleiteten Zuständigkeit der UN-Generalversammlung spricht jedoch, dass den Beschlüssen selbst keine bindende Wirkung zukommt, sondern ihnen vielmehr ein politischer Einfluss auf die Haltung der Mitgliedstaaten beigemessen wird.[1185] Würde die Generalversammlung folglich militärische Maßnahmen im Fall der Situation in Darfur gegen den Sudan empfehlen, so stellt sich die Frage nach deren Bindungswirkung. Allein der Begriff „Empfehlung" deutet jedoch bereits daraufhin, dass die Generalversammlung keine verbindlichen Beschlüsse fassen

---

[1182] Hierbei hatte sich die UN-Generalversammlung selbst die Kompetenz zuerkannt, im Fall einer Blockade des UN-Sicherheitsrats Empfehlungen über das Ergreifen von kollektiven Maßnahmen der Staatenmitglieder auszusprechen, GV-Res 377 V., [abgerufen unter: http://www.undemocracy.com/A-RES-377(V).pdf, Stand: 03.09.2011].

[1183] Hinsch/Janssen, Menschenrechte militärisch schützen, S. 246.

[1184] Siehe GV-Res. 377 vom 3. November 1950.

[1185] Luck, in: Vereinte Nationen 2/2008, S. 51 (58).

kann. Die Mitgliedstaaten können lediglich nach Treu und Glauben überprüfen, ob sie den Empfehlungen Folge leisten oder nicht. Darüber hinaus steht es den Mitgliedern der UN nicht zu, sich eigenmächtig an die Stelle des Sicherheitsrates zu stellen, auch wenn die Ziele noch so moralisch vertretbar sind.[1186] Eine Autorisierung zur direkten Gewaltanwendung durch die UN-Generalversammlung würde folglich das von der Charta der Vereinten Nationen bestimmte Verhältnis zwischen beiden Institutionen beeinträchtigen. Dass ein militärisches Vorgehen auf die Autorisierung der Versammlung zurückgeht, wurde von den Staaten im Rahmen der Weltgipfelkonferenz und der Anerkennung der Responsibility to Protect zudem verneint.[1187] Gegen eine Ermächtigung zur militärischen Gewaltanwendung durch die Generalversammlung spricht ferner, dass zwangsläufig nicht damit zu rechnen ist, dass die Mitglieder der Vollversammlung weniger von partikulären Interessen geleitet wären als der UN-Sicherheitsrat selbst.[1188] Eine Analogie vor dem Hintergrund der Uniting for Peace Resolution zur Aufhebung der Blockade des UN-Sicherheitsrats kommt somit auch im Fall des Darfur-Konflikts nicht in Betracht. Dennoch können die Resolutionen der Generalversammlung zu einer Weiterentwicklung des Völkerrechts beitragen, langfristig zu einer Rechtsüberzeugung führen oder auch Anstoß zu einer bestimmten Staatenpraxis geben. Dass es zu einer Sondersitzung der Versammlung wie 1950 kommen wird, ist im Fall Darfur mehr als fraglich.

3. Ergebnis

In der Diskussion um die humanitäre Intervention wurde wiederholt darauf hingewiesen, dass das im Zuge der UN-Charta geltende Interventionsverbot auch humanitär begründete Eingriffe durch fremde Staaten ausschließe. Im Rahmen der Weltgipfelkonferenz 2005 und der in diesem Zusammenhang verabschiedeten Resolution GA Res. 60/1 ist es zwar zu einer Trendwende gekommen, so dass humanitäre Interventionen *de facto* legal sein sollen. Doch der erstmalig festzustellende Konsens unter den Mitgliedstaaten, der sich im Zusammenhang mit schweren Menschenrechtsverletzungen zumindest überwiegend ausmachen lässt, wird weiterhin an die rechtlichen Grundlagen der Charta der Vereinten Nationen geknüpft und somit wiederholt von der Genehmigung durch den UN-Sicherheitsrat abhängig gemacht. Dass die staatliche Dispositionsbefugnis durch

[1186] Neuhold, in: Reiter, Der Krieg um das Kosovo, S. 193 (202).
[1187] Peters, Völkerrecht, Kap. 11, S. 301.
[1188] Vgl. Chimni, in: IJHR 6/2002, S. 103 (106).

die Implementierung der Responsibility to Protect bei schweren Menschenrechtsverletzungen langfristig begrenzt werden muss, scheint zumindest völkerrechtlich geboten. Inwiefern der UN-Generalversammlung hierbei eine Aufgabe zuteil wird, kann angesichts der inhärenten Widersprüche der Vereinten Nationen im Hinblick auf die Achtung und Durchsetzung der Menschenrechte durch die Mitgliedstaaten und die deutlichen Durchsetzungsdefizite kaum beantwortet werden. Korrelierend zu den ausbleibenden Erfolgen der UN-Missionen in Ruanda und Somalia ist es nicht gelungen, die Frage nach einer rechtmäßigen Entscheidungsinstanz oder nach dem richtigen Zeitpunkt für eine Intervention abschließend zu klären. Es zeigt sich, dass Probleme bei der konzeptionellen Begründung der Rechtsfigur der humanitären Intervention für eine ausbleibende Mission in Darfur verantwortlich gemacht werden können. Diese Unklarheit über den völkerrechtlichen Status konnte vorliegend dahingehend gemindert werden, als da eine Rechtsgrundlage aus Vertragsrecht ohne Zustimmung des UN-Sicherheitsrats, aus dem Völkergewohnheitsrecht oder den allgemeinen Rechtsgrundsätzen im Hinblick auf die Nothilfe der Staatengemeinschaft zugunsten der sudanesischen Bevölkerung nicht positiv festgestellt werden konnte. Eine Pflicht zur humanitären Intervention bleibt folgerichtig ethisch und friedenspolitisch zwar wünschenswert, doch gerade bei der Gewichtung der beiden Fundamentalnormen dominiert nach wie vor das Gewaltverbot aus Art. 2 Ziff. 4 UN-Charta. Der in der Charta verankerte Schutz der Menschenrechte bleibt allerdings richtungsweisend. So lässt sich seit dem Beginn des 19. Jahrhunderts zunehmend eine Verpflichtung für die Staaten feststellen, einen minimalen Schutz der Menschenrechte zu gewährleisten.[1189] Im Hinblick auf die völkerrechtliche Rechtsfortbildung, der Responsibility to Protect oder die Normen aus der Charta der Afrikanischen Union kündigt sich ein dementsprechender Wechsel immerhin bereits an; die Staatengemeinschaft ist bestrebt, zukünftig eine Art „Ausfallbürgschaft" für die Gewährleistung der Rechte von Individuen zu übernehmen und diese im Notfall mit militärischen Mitteln durchzusetzen.[1190] Die Schwäche der Vereinten Nationen, die sich in institutioneller und finanzieller Hinsicht offenbart, wird hierbei kaum förderlich sein. Auch wenn davon ausgegangen werden kann, dass schwere Menschenrechtsverletzungen im Einzelfall eine humanitäre Intervention mit militärischen Mitteln rechtfertigen *können*, so müssen dennoch die Umstände des Einzelfalls berücksichtigt werden. Fest steht

[1189] Bindschedler, in: FS für H.-J. Schlochauer, 1981, S. 179 (183).

[1190] Münkler/Malowitz, in: Münkler/Malowitz, Humanitäre Intervention – Grundlagen und Diskussion, S. 7 (18).

zumindest, dass die Verletzung von grundlegenden Menschenrechten zumindest grundsätzlich einen Grund darstellen könnte.

Zusammenfassend lässt sich feststellen, dass die Notwendigkeit und Proportionalität eines militärischen Einsatzes in Darfur gegeben sind. Die Verhinderung weiterer Menschenrechtsverletzungen durch die sudanesische Regierung ist prinzipiell möglich, wird jedoch praktisch am mangelnden Interesse der Staatengemeinschaft am Konflikt selbst sowie aufgrund der Durchsetzungsdefizite scheitern, die dem Menschenrechtsschutz gegenüber stehen. Die Rolle der Staaten in Bezug auf die Garantie der Einhaltung des völkerrechtlichen Mindeststandards muss neu überdacht werden.

F. Weitere Entwicklungsperspektiven zur Lösung des Darfur-Konflikts

Die Erfahrungen im Umgang mit dem Darfur-Konflikt zeigen, dass die internationale Staatengemeinschaft zögerlich agiert und von einem wachsenden militärischen Druck auf die sudanesische Regierung nahezu absieht. Weder die 2004 eingesetzte Mission der AMIS noch deren Nachfolger UNAMID haben die Situation vor Ort befrieden können, auch aufgrund des zu schwach ausgeprägten Mandats. Auf institutioneller Ebene lassen sich daher unter Umständen weitere Handlungsmöglichkeiten der Staatengemeinschaft aufzeigen, die langfristig zum Einsatz kommen können und insbesondere im Einklang mit dem geltenden Völkerrecht stehen. Für den Umgang mit humanitären Katastrophen, die auf ein Versagen, ein Untätigbleiben oder sogar auf die Veranlassung einer Regierung zurückzuführen sind, gibt es zwar nach wie vor kein klassisches Reaktionsmuster. In der Vergangenheit haben unterschiedliche Vorgehensweisen jedoch positive Auswirkungen gehabt. In besonderem Maße ist hierbei an die Errichtung von sogenannten *ad-hoc-Tribunalen* im ehemaligen Jugoslawien bzw. in Ruanda zu denken. Daran anschließend ist fraglich, ob ein durch die Vereinten Nationen ausgegliedertes Sondertribunal in der Region Darfur zulässig wäre und eben keinen Verstoß gegen die Souveränitätsrechte des Sudan darstellen würde. Das zögerliche Verhalten des UN-Sicherheitsrats bei der Verabschiedung von Resolutionen zum Darfur-Konflikt lässt außerdem den Wunsch nach institutionellen Veränderungen im Rahmen der Vereinten Nationen aufkommen, deren Durchsetzung jedoch mehr als fraglich ist. Auch die Intensivierung der Beziehungen der Vereinten Nationen zur NATO im Rahmen der Konfliktbefriedung ist Teil der Erörterung, insbesondere im Hinblick auf die Ereignisse im Kosovo 1999.

Letztendlich kann zudem die Planung und Durchführung von Stammeskonferenzen positive Auswirkungen auf den Konfliktverlauf haben und somit einen weiteren, zumindest völkerrechtskonformen Lösungsansatz begründen, wenn es um effektive Hilfsmaßnahmen durch die internationale Staatengemeinschaft geht.

I. Errichtung eines Strafgerichtstribunals in Darfur

Als Lösungsansatz im Hinblick auf ein engagiertes multilaterales Vorgehen der Staatengemeinschaft bietet sich die Errichtung eines zeitlich beschränkten ad-hoc-Tribunals der UN an. Bereits 2005 haben die Vereinigten Staaten von Amerika die Einsetzung eines solchen Gerichts mit Sitz im tansanischen Arusha angeregt.[1191] Die in Arusha und Den Haag errichteten ad-hoc-Tribunale der UN haben maßgeblich zur Aufklärung der Konfliktsituation und damit einhergehend zu einer Befriedung der Lage beigetragen.[1192] Zuvor hatten Expertenkommissionen wie auch in Darfur schwere Menschenrechtsverletzungen in den jeweiligen Gebieten festgestellt. Diese Einsetzung gilt auch als weitere Stärkung der völkerrechtlichen Friedensordnung.[1193] Wichtig ist, dass die Jurisdiktionsbefugnis eines ad-hoc-Tribunals *ratione loci* auf die entsprechende Krisenregion beschränkt ist.[1194] Ein ad-hoc-Tribunal der UN müsste dementsprechend auf Grundlage der UN-Charta errichtet werden und keinen Eingriff in die Staatensouveränität des Sudan darstellen. Darüber hinaus sollte die Verfolgung von Individuen durch das Völkerrecht legitimiert sein.

1. Errichtung eines Strafgerichtstribunals auf Grundlage von Art. 41 UN-Charta

Entscheidend ist, ob dem UN-Sicherheitsrat in seiner Funktion als Ordnungsinstanz zur Wahrung des Weltfriedens und der internationalen Sicherheit die Berechtigung zur Errichtung eines Straftribunals nach Art. 41 UN-Charta zum Zwecke der Strafverfolgung zugestanden werden kann.[1195] Gegen eine derart

---

[1191] Prunier, Der uneindeutige Genozid, S. 185.

[1192] Gareis/Varwick, Die Vereinten Nationen, S. 210; siehe auch S/RES 827 vom 25. Mai 1993.

[1193] Hobe, Einführung in das Völkerrecht, S. 267.

[1194] Hobe, Einführung in das Völkerrecht, S. 266.

[1195] Die in diesem Zusammenhang für die Anwendung von Kap. VII UN-Charta erforderliche Feststellung einer Friedensgefährdung in Darfur ist durch den UN-Sicherheitsrat mehrfach bejaht worden.

ausgestaltete Berechtigung wird im Wesentlichen darauf verwiesen, dass dem UN-Sicherheitsrat nach Kap. VII UN-Charta als Exekutivorgan keine gerichtlichen oder legislativen Kompetenzen zur Streitbeilegung zustehen.[1196] Die Aufzählung in Art. 41 und 42 UN-Charta gelte dementsprechend als abschließend, so dass Maßnahmen im Zusammenhang mit der Ausübung der Strafhoheit über Individuen nicht angeordnet werden dürfen.[1197] Gegen eine Kompetenzüberschreitung spricht zunächst, dass der UN-Sicherheitsrat ein entsprechendes Tribunal als Ausdruck seiner weltpolizeilichen Befugnisse zur Wahrung des Weltfriedens und der internationalen Sicherheit nutzen würde.[1198] Aus Art. 41 UN-Charta lässt sich zudem keine abschließende Aufzählung entnehmen; es ergibt sich vielmehr ein Entscheidungsspielraum bei der Auswahl derjenigen Zwangsmittel, die als geeignet, notwendig und angemessen angesehen werden können.[1199] Entscheidend ist die Tauglichkeit der Maßnahme und dass das Tribunal selbst der Friedenssicherung dient und somit nicht dem Schuldausgleich zwischen den Parteien. Im Rahmen der Ermittlungen muss daher grundsätzlich überprüft werden, ob der Konflikt noch andauert und das Tribunal aus Gründen der präventiven Friedenssicherung agiert oder ob das erneute Aufkommen kriegerischer Handlungen zu befürchten ist. Dann wiederum würde die Aburteilung der jeweiligen Verantwortlichen als repressives Vorgehen zu einer unzulässigen Überschreitung der in Kap. VII UN-Charta deklarierten Zwangsbestimmungen führen.[1200] Für eine Errichtung eines ad-hoc-Tribunals in Darfur als legitime Maßnahme nach Art. 41 UN-Charta spricht ferner, dass der UN-Sicherheitsrat keine Befugnisse weitergibt, die ihm nicht selbst zustehen; der Grundsatz *nemo plus iuris transferre potest quam ipse habet* wird ebenfalls eingehalten. Die Befugnis lässt sich zudem aus der Kompetenz zur Wiederherstellung und Wahrung des Weltfriedens und der internationalen Sicherheit als *ultima ratio* herleiten.[1201] Letztendlich hat der UN-Sicherheitsrat selbst seine Kompetenz zur Errichtung eines Tribunals im Fall des Jugoslawien- und des Ruanda-Tribunals auf Kap. VII. UN-Charta gestützt.[1202] Dieses sollte ausdrücklich nicht die Verletzung von

---

1196 Graefrath, in: Neue Justiz 1993, S. 433 (436); ders., in: NJW 1993, S. 433 (435).
1197 Graefrath, in: Neue Justiz 1993, S. 433 (435).
1198 Kempen/Hillgruber, Völkerrecht, 7. Kap. § 33, Rn. 47.
1199 Rudolf/Hoven, in: JuS 2009, S. 630 (632).
1200 Fink, Kollektive Friedenssicherung, S. 916; Kempen/Hillgruber, Völkerrecht, 7. Kap., Rn. 47.
1201 Hollweg, in: JZ 1993, S. 980 (984).
1202 S/RES 808 vom 22. Februar 1993, S/RES 827 vom 25. Mai 1993 oder S/RES 955 vom 8. November 1994.

Völkerrecht durch die Staaten beurteilen, sondern durch Ahndung der Straftaten von Individuen eine Störung und weitere Gefährdung des Weltfriedens und der internationalen Sicherheit beseitigen.[1203] Es kommt somit ein existierendes humanitäres Völkerrecht zur Anwendung.[1204] Die Schaffung von entsprechenden Unterorganen durch den UN-Sicherheitsrat wurde auch vom Internationalen Gerichtshof anerkannt, der dadurch die Sicherung der Funktionsfähigkeit der Organe garantiert sieht.[1205] Die Errichtung eines Tribunals in Darfur, das aus Gründen der präventiven Friedenssicherung tätig wird, würde dementsprechend keine Kompetenzüberschreitung des UN-Sicherheitsrats darstellen, sondern als weitere legitime Maßnahme im Bereich der Friedenssicherung Anerkennung finden.

2. Verstoß gegen die staatliche Souveränität

Es wird teilweise vertreten, dass die Errichtung eines Tribunals einen unzulässigen und weitreichenden Eingriff in die Souveränitätsrechte aller Staaten im Sinne von Art. 2 Ziff. 7 UN-Charta darstelle.[1206] So müsse dem Sudan grundsätzlich das Recht zugestanden werden, selbst Ermittlungen im Zusammenhang mit den Vorgängen in Darfur zu führen. Für die Strafverfolgung durch ein ad-hoc-Gericht müssten sich die angeklagten Personen zudem völkerstrafrechtlich zu verantworten haben, so dass die Möglichkeit einer individuellen Strafverfolgung besteht, ohne dass der betroffene Staat in seinen Rechten zur Strafverfolgung begrenzt wird.

a. Individuelle Verantwortlichkeit im Völkerstrafrecht

Zum Völkerstrafrecht zählen diejenigen Normen des Völkerrechts, die direkt oder indirekt bestimmte menschliche Verhaltensweisen als Verbrechen bezeichnen und für diesen Fall individuelle Strafaktionen vorsehen.[1207] Als inzwischen

---

1203 Trautwein, in: ZRP 1995, S. 87 (87).

1204 Bericht des Generalsekretärs vom 3. Mai 1993, in dem er die Funktion des Sicherheitsrats zur Einsetzung des Tribunals in Jugoslawien bejahte; Report of the Secretary-General, abgedruckt in: UN, International Criminal Tribunal for the former Yugoslavia, Basic documents (1995), S. 147 ff., §§ 23 – 30.

1205 So heißt es: "In these circumstances (...) the power to etablish a tribunal, to do justice (...) was essential to ensure the efficient working of the Secretariat (...). Capacity to do this arises by necessary intendment out of the Carter." IGH, Effect of awards of compensation made by the UN Administrative Tribunal, Advisory Opinion of July 13th, 1954, ICJ Reports (1954), S. 47 (57)).

1206 Graefrath, in: Neue Justiz 1993, S. 433 (435).

1207 Hobe, Einführung in das Völkerrecht, S. 257.

anerkanntes Gewohnheitsrecht bildet es zudem einen Teilaspekt der Völkerrechtsordnung, so dass nur Völkerrechtssubjekte als Adressaten völkerstrafrechtlicher Normen in Betracht kommen.[1208] Völkerrechtssubjekt ist grundsätzlich derjenige, der durch das internationale Recht unmittelbar verpflichtet wird oder völkerrechtliche Ansprüche direkt gegenüber Dritten durchsetzen kann.[1209] Das Völkerstrafrecht richtet sich somit an den Einzelnen und nicht an Staaten. Ein unmittelbarer Zugriff auf das Individuum soll nur bei Verbrechen gegen den Frieden, Kriegsverbrechen und Verbrechen gegen die Menschlichkeit möglich sein; es besteht eine völkerrechtsunmittelbare Pflicht der Staatsorgane und des Einzelnen zur Beachtung grundlegender Menschenrechte.[1210] Das Individuum tritt im Völkerstrafrecht folglich nicht mehr nur als Träger von Pflichten auf, sondern kann im Zuge der Durchbrechung des traditionellen Prinzips der Kollektivhaftung auch individuell zur strafrechtlichen Verantwortung gezogen werden.[1211] Im Ergebnis ist die individuelle völkerstrafrechtliche Verantwortlichkeit für die Verletzung von vertraglichen und gewohnheitsrechtlichen Normen des Völkerrechts seit den Nürnberger Prozessen allgemein anerkannt.[1212] Ein eingesetztes ad-hoc-Gericht könnte dementsprechend gegenüber Einzelpersonen repressive Maßnahmen im Einklang mit der Völkerrechtsordnung ergreifen. Die grundlegende Prämisse der völkerstrafrechtlichen Zurechnung gilt somit der Anerkennung der völkerstrafrechtlichen Verantwortlichkeit des Einzelnen.

b. Weltrechtsprinzip

Wie bereits festgestellt, obliegt die Bestrafung der Bürger grundsätzlich dem jeweiligen Staat aufgrund seiner Souveränität. Im Zusammenhang mit dem Personalitätsprinzip oder dem Territorialitätsprinzip kann der Staat das jeweilige Individuum zur Rechenschaft ziehen.[1213] Im Vordergrund steht daher die Frage, ob eine Gerichtsbarkeit ausgeübt werden darf, wenn der Tatort nicht zum eigenen Territorium gehört und weder Täter noch Opfer Staatsangehörige sind. Für eine Einsetzung eines ad-hoc-Tribunals der UN als legitime Maßnahme spricht an dieser Stelle die Geltung des Weltrechtsprinzips, auch Universalitätsprinzip

---

1208 Bruer-Schäfer, Der Internationale Strafgerichtshof, S. 103.

1209 Eichhofer, in: Kühne/Esser/Gerding, Völkerstrafrecht, S. 12.

1210 Becker, Verbrechen gegen die Menschlichkeit, S. 93; Hobe, Einführumg in das Völkerrecht, S. 168.

1211 Ambos, Internationales Strafrecht, § 7, Rn. 10; Werle, Völkerstrafrecht, Rn. 106.

1212 Hartmann, in: Gornig, Krisengebiete der Welt, S. 33 (77); Oellers-Frahm, in: ZaöRV 1994, S. 416 (417); Rudolf/Hoven, in: JuS 2009, S. 630 (633).

1213 Herdegen, Völkerrecht, § 26, Rn. 3; Ipsen, in: Ipsen, Völkerrecht, § 42, Rn. 6.

genannt. Nach dem Weltrechtsprinzip sind Staaten auch dann zur Strafverfolgung berechtigt, wenn die üblicherweise ihre Zuständigkeit begründenden Merkmale nicht gegeben sind.[1214] Dies wird vor allem damit begründet, dass sich schwerste Verbrechen gegen das Völkerrecht gegen die Interessen der Völkergemeinschaft als Ganze richten und von solcher Schwere und solchem Ausmaß sind, dass sie eine weltweite Strafverfolgung erforderlich machen.[1215] Die Strafverfolgung Einzelner wird ferner als zulässige Reaktion auf die Verletzung von Verpflichtungen *erga omnes* angesehen.[1216] Hierzu gehören in jedem Fall Kriegsverbrechen und Völkermord.[1217] Zu beachten ist dennoch, dass das Weltrechtsprinzip nur eine sekundäre Zuständigkeitsregelung umfasst; letztendlich ist der Staat, auf dessen Gebiet oder durch dessen Staatsangehörige die Taten verübt wurden, für die Strafverfolgung selbst zuständig.

Der Sudan selbst hat 2005 nach internationaler Aufforderung einen Sonderstrafgerichtshof zur Klärung der Ereignisse in Darfur geschaffen. Bisher sind jedoch nur wenige Personen verurteilt worden, strafrechtliche Ermittlungen gegenüber amtierenden Regierungsmitgliedern oder al-Bashir selbst sind nicht erfolgt.[1218] Inwiefern sich die Effektivität der sudanesischen Aufklärungsarbeit auf die Möglichkeit der Errichtung eines UN-Tribunals auswirkt, bleibt fraglich. Die 2005 von der UN-Expertenkommission benannten 51 mutmaßlichen Verbrecher, die bis zum gegenwärtigen Zeitpunkt teilweise Regierungsämter bekleiden, lassen auf die Notwendigkeit eines ausgegliederten, unabhängigen Tribunals sowie der Befassung der gesamten Staatengemeinschaft mit der Situation im Zuge des Weltrechtsprinzips schließen.[1219] Es gäbe dementsprechend die Möglichkeit eines unmittelbaren „Durchgriffs" auf das das Völkerstrafrecht verletzende Individuum, so dass die staatliche Jurisdiktionsgewalt und Strafhoheit zurückgedrängt würde.[1220] Auch der 2010 ausgesprochene Haftbefehl des Internationalen Strafgerichtshofs hat bisher keine Folgen gehabt. Al-Bashir hat im Einklang mit seinem Justizminister Mohamed Ali al-Mardi dem IStGH jede Gerichtsbarkeit

---

[1214] Gärditz, Weltrechtspflege, S. 113; Rudolf/Hoven, in: JuS 2009, S. 630 (632); Weiß, in: JZ 2002, S. 696 (697).

[1215] Safferling, Internationales Strafrecht, § 3, Rn. 46; Werle, Völkerstrafrecht, Rn. 182.

[1216] Becker, Verbrechen gegen die Menschlichkeit, S. 93.

[1217] Herdegen, Völkerrecht, § 36, Rn. 13; Safferling, Internationales Strafrecht, § 3, Rn. 47.

[1218] Aus einem Bericht der Human Rights Watch Briefing 2006, [abgerufen unter: http://www.hrw.org/legacy/backgrounder/ij/sudan0606/sudan0606.pdf, Stand: 03.09.2011].

[1219] Commission-Report, S. 133 – 143; Streck, Sudan-Ansichten, S. 83.

[1220] Kempen/Hillgruber, Völkerrecht, § 58, Rn. 2.

über die Sudanesen abgesprochen.[1221] Darüber hinaus droht der Innenminister Zubair Bashir Taha allen den Tod an, die versuchen, die vom IStGH gesuchten Personen zu überstellen.[1222] Ein Ermittlungsbedarf sowie die Bestrafung der Täter scheint gerade aus diesen Gründen ein übergeordnetes Ziel bei der effektiven Begegnung des Konflikts zu sein. Der UN-Sicherheitsrat könnte gemäß Art. 41 UN-Charta im vorliegenden Fall im Zuge der Errichtung eines UN-Tribunals die Staatengemeinschaft im Einklang mit dem Weltrechtsprinzip effektiv vertreten und somit für die Sicherung des Weltfriedens und die internationale Sicherheit in Darfur einstehen.

Im Ergebnis gibt es eine individuelle Verantwortlichkeit Einzelner im Fall der Verletzung völkerstrafrechtlicher Normen, die aufgrund ihrer überragenden Geltung im Einklang mit dem Weltrechtsprinzip von der gesamten Staatengemeinschaft verfolgt werden dürfen. Die Errichtung eines ad-hoc-Gerichts in Darfur würde somit keinen Verstoß gegen die Staatensouveränität des Sudan darstellen. Dies ist allerdings mit der uneingeschränkten Genehmigung des UN-Sicherheitsrats verbunden.

3. Positive Auswirkungen auf repressive Maßnahmen

Wie eingangs erwähnt, liegt gegenüber al-Bashir ein Haftbefehl wegen Kriegsverbrechen durch den internationalen Strafgerichtshof vor. Die ausbleibenden Erfolge in Bezug auf eine Überführung des sudanesischen Staatsoberhaupts sowie die Solidaritätsbekundungen anderer afrikanischer und arabischer Staaten lassen die Vermutung aufkommen, dass mit einer baldigen Überstellung nicht zu rechnen ist.[1223] Ein eventuell errichtetes UN-Tribunal könnte auch in diesem Zusammenhang ein konstruktiver Ansatz sein.

Zwar müssen sich Staatsoberhäupter grundsätzlich nicht wegen ihrer Handlungsweisen der Zwangsgewalt respektive Gerichtsbarkeit anderer Staaten unterwerfen.[1224] Jedoch hat die Völkerrechtspraxis[1225] zu einer entsprechenden Ein-

---

[1221] Delius, Gerechtigkeit für Darfur, S. 9.

[1222] Delius, Gerechtigkeit für Darfur, S. 10.

[1223] So reist al-Bashir im Juni 2006 auf Einladung des Präsidenten zu einem Staatsbesuch nach China [abgerufen unter: http://www.zeit.de/politik/ausland/2011-06/china-sudan-baschir, Stand: 22.08.2011].

[1224] Gornig, in: FS für D. Rauschning, 2001, S. 457 (457); Hailbronner, in: Vitzthum, 3. Abschnitt, Rn. 50.

schränkung geführt, so dass die Immunität eines Staatsoberhauptes in bestimmten Fällen einer Einschränkung unterliegt.[1226] Voraussetzung hierfür ist allerdings das Vorliegen eines besonders schwerwiegenden Verbrechens, insbesondere Verstöße gegen zwingendes Völkerrecht.[1227] Wie bereits dargestellt, werden al-Bashir Völkermord und weiteren Regierungsmitgliedern schwerwiegende Verbrechen vorgeworfen. Einer eventuellen Anklage würde dementsprechend die Immunität von al-Bashir nicht entgegenstehen; dieser hätte seinen Anspruch auf Immunität vielmehr verwirkt. Die Errichtung eines UN-Tribunals könnte wie 1994 für Ruanda oder 1993 für Jugoslawien dementsprechend positive Auswirkungen auf das Konfliktgeschehen haben und dazu führen, dass die internationale Staatengemeinschaft im Einklang mit dem Weltrechtsprinzip ihrer Verpflichtung nachkommt und die Auslieferung der Angeklagten ermöglicht.

Im Ergebnis wäre die Einsetzung eines ad-hoc-Tribunals der UN in Darfur nicht nur zugunsten der sudanesischen Bevölkerung erstrebenswert, sondern als Maßnahme zur Wiederherstellung des Friedens nach Art. 41 UN-Charta auch zulässig. Im Hinblick auf das Verhalten des UN-Sicherheitsrats ist jedoch fraglich, ob diesbezüglich eine einstimmige Resolution verabschiedet werden würde. Art. 39 UN-Charta räumt dem Sicherheitsrat schließlich einen Ermessensspielraum in Bezug auf die Auswahl und Bewertung der Mittel ein, so dass eine komplexe Bewertung der politischen und dynamischen Situation notwendig erscheint. Ein UN-Tribunal hätte den Vorteil, dass die Anklagebehörde ohne Zustimmung des UN-Sicherheitsrats tätig werden könnte.[1228] Mit der Schaffung eines ad-hoc-Tribunals wird das Weltrechtsprinzip folglich keinesfalls obsolet, sondern dieses kann als weitere Ergänzung zum Römischen Statut wirken. Mit der Idee der Begründung eines UN-Tribunals ergibt sich für die internationale Staatengemeinschaft ein weiterer Lösungsansatz, der im Hinblick auf die Erfolge in Jugoslawien und Ruanda erfolgversprechend scheint. Letztendlich ist die Staatengemeinschaft nach Art. 25 UN-Charta auch zu einer Zusammenarbeit bei der Strafverfolgung verpflichtet, so dass die Errichtung eines Tribunals der Erfüllung dieser Pflichten dienlich wäre.

[1225] Hierzu haben maßgeblich das Pinochet-Verfahren vor dem House of Lords und Verfahren der internationalen Militärtribunale in Nürnberg und Tokio geführt; vgl. Gornig, in: FS für D. Rauschning, 2001, S. 457 (481); Werle, Völkerstrafrecht, Rn. 613.

[1226] Siehe auch Art. 27 IStGH-Statut, nach dem die Immunität eines Staatsoberhauptes der Ahndung von Völkerrechtsverbrechen nicht entgegensteht.

[1227] Tangermann, Die völkerrechtliche Immunität von Staatsoberhäuptern, S. 213.

[1228] Debiel, in: IPG 3/2004, S. 61 (70).

II. Institutionelle Maßnahmen im Rahmen der Charta der Vereinten Nationen

Noch zu Beginn der 90er Jahre wird angenommen, dass die Vereinten Nationen ihren neu gewonnenen Spielraum nutzen würden, um die Implementierung von Friedensverträgen zu erleichtern sowie die Befriedung von Konflikten zu erreichen.[1229] Im Hinblick auf das mehrfache Versagen der internationalen Staatengemeinschaft beim Auftreten von Völkermord und anderen humanitären Katastrophen werden die aus dem Handlungspotenzial resultierenden Maßnahmen der Vereinten Nationen inzwischen wohl nicht zu Unrecht als „Glaubwürdigkeitsdilemma" bezeichnet.[1230] Zu bedenken ist hierbei, dass das Konzept des Peacekeeping noch aus der Zeit des Kalten Krieges stammt und in Situationen von Staatszerfall, Bürgerkrieg, ethnischen Säuberungen und Sezession längst nicht mehr ausreichend ist.[1231]

In Anbetracht der bisherigen Ergebnisse ist deutlich geworden, dass diejenigen Handlungsmöglichkeiten, die der Staatengemeinschaft im Einklang mit der Charta der Vereinten Nationen eingeräumt werden, nicht zur Geltung kommen können, zumeist aufgrund eines eingelegten Vetos durch die ständigen Mitglieder des UN-Sicherheitsrats. Die damit verbundene Handlungsunfähigkeit lässt die Frage nach einer Änderung der Gewichtung von Kompetenzen bzw. deren Umverteilung aufkommen. Die im Sicherheitsrat sitzenden Mächte scheinen nur bedingt fähig zu sein, Lehren aus den bereits fehlgeschlagenen Blauhelmeinsätzen wie in Somalia oder Ruanda zu ziehen und die Truppen in Bezug auf Mandat und Ausrüstung besser auszustatten.[1232] Die obigen Untersuchungen haben zudem ergeben, dass die Befugnisse von Kap. VII der UN-Charta eher prozedural als materiell begrenzt werden; bei der materiellen Anwendung von Art. 39 UN-Charta im Zuge einer Feststellung für die Bedrohung des Friedens kommt dem UN-Sicherheitsrat als politischem Organ unweigerlich ein großer Einschätzungs- und Interpretationsspielraum zu, der im Kern das Entscheidungsverfahren erschwert. Diese Einschätzungsprärogative sowie das Fehlen objektiver Kriterien zur Feststellung von Friedensbedrohungen im Sinne von Art. 39 UN-Charta führen zu einer kritischen Betrachtung des Legitimationsmonopols des UN-Sicherheitsrats.

[1229] Heupel, in: S+F 1/2006, S. 1 (5).
[1230] Von Schorlemer, in: IP 55/2000, S. 41 (47).
[1231] Kühne, in: der Überblick 3/2000, S. 96 (96).
[1232] Kühne, in: der Überblick 3/2000, S. 96 (96).

Dabei gilt es jedoch zu beachten, dass den Vereinten Nationen auch im Darfur-Konflikt letztendlich die Kapazitäten für eine ernsthafte militärische Intervention fehlen und sie vielmehr auf Beitragszahlungen und die Bereitstellung von Truppen angewiesen sind.[1233] Insbesondere der Umstand, dass es kein Kontingent eigener Truppen gibt, führt zu einer Negierung des Gewaltmonopols. Obwohl Art. 43 UN-Charta die Bereitstellung von Streitkräften der Mitgliedstaaten voraussetzt, die dem Sicherheitsrat als eigene Truppe zur Verfügung stehen, gehört es jedoch zur gängigen Praxis, dass der Sicherheitsrat den Mitgliedstaaten die Einsatzermächtigung erteilt.[1234] Dieses Vorgehen ist auch satzungskonform.[1235] Wenn die Vereinten Nationen jedoch über eigene Einsatzkräfte verfügen könnten, dann würden Hilfsaktionen kostengünstiger und in Anbetracht einer glaubwürdigen Präsenz von unilateralen UN-Truppen als Abschreckung auch zeitnaher umgesetzt werden können. Für Hildebrand stellt das Fehlen einer ständigen Truppe der Vereinten Nationen das größte Problem bei der erfolgreichen Durchsetzung humanitärer Maßnahmen dar.[1236] Schon Annan beschreibt die UN als „freiwillige Feuerwehr, die – wenn sie zum Löscheinsatz alarmiert wird – die Gemeinde erst einmal um Löschfahrzeuge und Schläuche bitten muss".[1237] Auch Holbrookes fordert eine schnelle Eingriffstruppe im Sinne einer Rapid Reaction Force, die jederzeit bereit stehen und eine bessere Reaktionsfähigkeit der Vereinten Nationen ermöglichen soll.[1238] Die inzwischen nach Neudeck vorherrschende „babylonische Verwirrung"[1239], die sich konkret in der Unübersichtlichkeit der Mandate und beteiligten Staaten bei UN-Einsätzen ausdrückt, könnte auf diesem Weg ebenfalls ein sinnvolles Ende finden. Es ist daher angebracht, dass der Sicherheitsrat Generalklauseln einführt, die den unabsehbaren Herausforderungen der Realität angepasst werden können. Diese müssten jedoch auch rechtlich bestimmt und berechenbar sein, also Rechtsvertrauen schaffen, damit der Handelnde normativ gebunden werden kann. Eine solche Änderung des Interventionsregimes unter dem Dach der Vereinten Nationen kann im Ergebnis lediglich mithilfe von Reformen und Änderungen der Charta

[1233] Williams, in: Vereinte Nationen 1/2002, S. 10 (14).
[1234] Fischer, in: Ipsen, Völkerrecht, § 60, Rn. 18.
[1235] Fischer, in: Ipsen, Völkerrecht, § 60, Rn. 19; Frowein, in: Charta der Vereinten Nationen, Art. 42, Rn. 16.; Kempen/Hillgruber, Völkerrecht, 7. Kap., § 33, Rn. 55.
[1236] Hildebrand, Zur Krisenreaktionsfähigkeit der Friedenstruppen der VN, S. 61.
[1237] Annan, „Wir, die Völker", S. 48 ff.
[1238] Kühne, in: Der Überblick 3/2000, S. 96 (96).
[1239] Neudeck, in: Spiegel online, „Die Uno muss endlich handlungsfähig werden" [abgerufen unter: www.spiegel.de/politik/debatte/0,1518,308230,00.html, Stand 01.07.2010].

selbst möglich sein, die nach Art. 108 UN-Charta von der Zustimmung der fünf ständigen Mitglieder abhängt. Dementsprechend würden erneut partikuläre finanzielle, logistische und politische Aspekte in die Entscheidung einfließen und den konkreten Einsatz einer Art Weltpolizei unwahrscheinlich machen. Die Strukturen und Verfahren der Vereinten Nationen würden nicht den weltpolitischen Realitäten entsprechen, so dass sich eine konsequente Werteordnung auch weiterhin nur mühevoll durchsetzen ließe.[1240] Es ist sicherlich notwendig, dass die Gewaltanwendung in der internationalen Politik limitiert ist. Dennoch führt die Pflicht zur Wahrung des Weltfriedens und der internationalen Sicherheit auf der einen Seite sowie die langfristige Durchsetzung des internationalen Menschenrechtsschutzes auf der anderen Seite zum Wunsch nach einer neuen Regelung im Bereich der zulässigen Gewaltanwendung zum Schutz der Menschenrechte. Es zeigt sich, dass der UN-Sicherheitsrat schon aufgrund seiner Zusammensetzung und seines Verfahrens langfristig nicht zu einer systematischen Durchsetzung der elementaren Grundwerte der Staatengemeinschaft beitragen kann; besonders die fünf ständigen Mitglieder können mit ihren heterogenen Vorstellungen in ihrer Rolle nicht überzeugen. Dies bleibt aber wünschenswert, da die Ausübung einer Intervention durch ein solches Bündnis zu einer allgemeinen Anerkennung einer Interventionspflicht bei schweren Menschenrechtsverletzungen in einem Staat führen könnte.[1241] Die Durchsetzung von institutionellen Veränderungen bleibt also erstrebenswert, aber eher unwahrscheinlich.

III. Intensivierte Eingliederung der NATO in das System der Vereinten Nationen

Eine weitere Möglichkeit im Hinblick auf eine effektive Beendigung des Darfur-Konflikts wäre ein Zusammenschluss einzelner NATO-Staaten zum Schutz der sudanesischen Bevölkerung. So lässt sich zwischenzeitlich eine allgemeine Präferenz für den Einsatz von Regionalorganisationen ausmachen, wenn der UN-Sicherheitsrat nicht selbst tätig wird.[1242] Bereits 2006 fordert Madeleine Albright die Stationierung einer Brigade der schnellen Eingreiftruppe der NATO in

---

[1240] Glennon, in: Foreign Affairs 82/2003, S. 16 (27); Varwick, in: Die Friedens-Warte 80/2005, S. 131 (131).

[1241] Merle, in: Beestermöller, Die humanitäre Intervention, S. 53 (71).

[1242] Delbrück, in: Die Friedens-Warte 74/1999, S. 139 (153); Oeter, in: Münkler/Malowitz, Humanitäre Intervention – Grundlagen und Diskussion, S. 29 (52); Thürer, in: AVR 38/2000, S. 1 (8).

Darfur.[1243] Bisher leistet die NATO in erster Linie logistische Unterstützung im Krisengebiet. Daran anschließend stellt sich die Frage, ob einzelne Mitgliedstaaten zu unilateralen Lösungsmöglichkeiten greifen können, wenn multilaterale Wege blockiert sind, beispielsweise durch ein Veto des UN-Sicherheitsrats.

Nach Art. 53 UN-Charta bedürfen regionale Bündnisse in ihrem Zuständigkeitsbereich zumindest in formeller Hinsicht der Genehmigung des UN-Sicherheitsrats, um Zwangsmaßnahmen zu ergreifen. Problematisch ist, ob die NATO als reines Militärbündnis eine regionale Abmachung im Sinne von Kap. VIII UN-Charta sein kann.[1244] Hierbei handelt es sich zumeist um Systeme kollektiver Sicherheit, die auf die Wahrung des Friedens unter ihren Mitgliedern gerichtet sind.[1245] Bei der NATO steht nach Art. 5 des NATO-Vertrags die Beistandspflicht im Vordergrund, die es der Organisation ermöglicht, im Falle eines Angriffs auf einen der Mitgliedstaaten Beistand zu leisten. Da sich aus der Charta keine weiteren Pflichten ergeben und auch keine Befugnis zum Ergreifen von Zwangsmaßnahmen gegenüber Mitgliedstaaten besteht, könnte zunächst anzunehmen sein, dass es sich bei der NATO um ein klassisches Verteidigungsbündnis handelt, das aufgrund seiner vertraglichen Struktur nicht von Kap. VII der UN-Charta erfasst wird.

Etwas anderes könnte sich mit Hinblick auf die Ereignisse im ehemaligen Jugoslawien ergeben.[1246] Das damalige Vorgehen der NATO beruhte zwar auf der teilweise angedeuteten nachträglichen Ermächtigung durch den Sicherheitsrat, entsprach aber nicht einer Verteidigung, sondern vielmehr der Durchsetzung militärischer Zwangsmaßnahmen. Da die Charta der NATO keine vertragliche Basis für dieses Vorgehen bietet, wurden derartige Handlungen teilweise als stillschweigende Ermächtigung aus dem NATO-Vertrag, sogenannte *implied powers*, angesehen.[1247] Das Vorgehen im ehemaligen Jugoslawien würde somit nicht auf dem NATO-Vertrag, sondern auf Art. 53 UN-Charta beruhen. Dagegen spricht der völkerrechtliche Grundsatz, dass Verträge keine Regelungen zu Lasten von Dritten enthalten dürfen.[1248] Selbst wenn die NATO als regionale

---

1243 Madeleine Albright u. a., NATO to Darfur, The New York Times vom 26.05.2005 [abgerufen unter: http://www.nytimes.com/2005/05/25/opinion/25iht-edalbright.html, Stand: 18.03.2010].

1244 Von Schorlemer, in: IP 55/2000, S. 41 (44).

1245 Bothe/Martenczuk, in: Vereinte Nationen 4/1999, S. 125 (127).

1246 Siehe unter E. I. 1. d. bb. (1).

1247 Bothe/Martenczuk, in: Vereinte Nationen 4/1999, S. 125 (128).

1248 Dies ergibt sich bereits aus Art. 34 WVK.

Abmachung im Sinne von Art. 52 UN-Charta gelten könnte, müssten etwaige militärische Zwangsmaßnahmen vom UN-Sicherheitsrat gemäß Art. 53 Abs. 1 S. 2 UN-Charta legitimiert werden, was den Aktionsradios dementsprechend einschränkt. Wie auch im Kontext der Ereignisse im Kosovo taucht die Frage auf, ob auch eine nachträgliche Genehmigung möglich sein kann, die auf den Zeitpunkt der Vornahme der jeweiligen Handlung zurückwirkt. Hier ergibt sich das Problem, dass der Sicherheitsrat keine Kompetenz in Bezug auf eine nachträgliche Legalisierung von Sachverhalten hat und zudem die Gefahr einer Abschwächung seiner Entscheidungsgewalt bestehen würde.[1249] Zudem würde ein eigenmächtiges Vorgehen der regionalen Abmachung im Widerspruch zu Art. 2 Ziff. 4 UN-Charta stehen. Trotzdem ist die NATO die einzige Organisation, die bisher bewiesen hat, dass sie in Konfliktsituationen kurzfristig und effektiv einsetzbar ist.[1250] Dennoch belegen die Staatenpraxis sowie die allgemeine Rechtsüberzeugung, dass ein Vorgehen durch die NATO ohne Genehmigung durch den UN-Sicherheitsrat in Darfur weder im Einklang mit der Völkerrechtsordnung stünde noch völkergewohnheitsrechtliche Wirkung entfalten könnte. Letztendlich ist Kap. VII UN-Charta in besonderem Maße von der Unterordnung unter die Autorität des UN-Sicherheitsrats geprägt, so dass eine hinreichende gesetzliche Basis für ein Vorgehen der NATO im Sudan fehlen würde.

IV. Konfliktlösungsmöglichkeiten mithilfe von lokalen Stammeskonferenzen

In den Fällen, in denen die westliche Diplomatie an ihre Grenzen stößt, könnte die Inanspruchnahme einer lokalen Stammeskonferenz positive Auswirkungen auf die Konfliktbeendigung haben. Dies zeigt auch das Beispiel im Irak im August 2004, als das religiöse Oberhaupt der Schiiten und Großajatollah Ali El-Sistani durch seine traditionell geprägte Vermittlungsweise einen Waffenstillstand herbeiführen kann.[1251] So reicht es in vielen innerstaatlichen Konflikten, wenn den Friedensvermittlern ein überzeugter und organisierter Stamm zur Seite steht, der aktiv agiert und Informationen, Nahrungsmittel und weitere Unterstützungshandlungen stellen kann.[1252] Die Mobilisierung der eigenen Anhängerschaft der jeweiligen Konfliktpartei lässt sich in diesem Zusammenhang besser

[1249] Bothe/Martenczuk, in: Vereinte Nationen 4/1999, S. 125 (128).
[1250] Simma, in: EJIL 10/1999, S. 1 (20).
[1251] Ibrahim, in: pogrom – bedrohte Völker 6/2004, S. 16 (19).
[1252] Hippler, in: APuZ 46/2009, S. 3 (5).

fördern.[1253] Dabei geht es darum, dass die oft heterogenen Bevölkerungen nicht länger abseits stehen, nicht länger bloße Opfer der Kriege sind, sondern selbst zu aktiven Subjekten bei der Friedensvermittlung werden.[1254] Auch im Sudan gibt es seit jeher bestehende lokale Stammeskonferenzen, die eine Aussöhnung der Konfliktparteien ermöglichen könnten. Die Zugehörigkeit aller Beteiligten zum Islam ist dabei zunächst von besonderem Vorteil. So sind die Konferenzen selbst religiös tief verwurzelt und basieren auf Rezitationen aus dem Koran. Zudem spielen die islamischen Gesetze und die „salif“ als Ausdruck für Vergangenes und Tradition bei der Schlichtung eine große Rolle.[1255] Die sogenannten *ajawid*, die zu den alten Gelehrten der einzelnen Volksgruppen zählen, sorgen bei den Verhandlungen für die notwendige Fairness. Bei der Konfliktlösung steht die Aussöhnung an erster Stelle und nicht die Bestrafung. Die ajawid errechnen hierzu diejenige Entschädigung, die im Zuge des Ausgleichs von den Tätern an die Opfer zu zahlen wäre. Dieser sogenannte *Blutpreis*, auch *dija* genannt, wird häufig in Form von Tieren bezahlt. Im Widerspruch zu einer traditionellen Versöhnungskonferenz steht jedoch, dass sich der Konflikt inzwischen nicht mehr auf einzelne Volksgruppen begrenzen lässt; die sudanesische Regierung selbst gehört zu den Beteiligten. Anknüpfend an die althergebrachte Weise der Streitschlichtung könnten die Verantwortlichen der Vereinten Nationen von der Unterstützung der ajawid durchaus profitieren.

V. Zusammenfassung

Die obigen weiteren Entwicklungsperspektiven machen deutlich, dass strukturelle Reformbestrebungen unverzichtbar sind. Der UN-Sicherheitsrat ist in seiner derzeitigen Struktur nicht für die Wahrung der Handlungsfähigkeit geeignet, die für eine effektive Aufgabenerfüllung auf Grundlage der Charta der Vereinten Nationen als Ordnungsmacht notwendig ist. Der obsolete zwischenstaatliche Krieg und die Mehrung innerstaatlicher Konflikte eröffnen neue Problemfelder für die Staatengemeinschaft, auf die sie gegenwärtig kaum angemessen reagieren kann, ohne gegen *ius cogens* zu verstoßen. Dabei wurzeln viele Konflikte im Biotop der Souveränität. Die Vereinten Nationen haben mit der Einfügung von Art. 39 UN-Charta zwar versucht, hinreichend Einfluss zu nehmen, aber auch

---

1253 Hippler, in: APuZ 46/2009, S. 3 (5).
1254 Hippler, in: APuZ 46/2009, S. 3 (8).
1255 Bei den „salif“ handelt es sich um eine ungeschriebene Zusammentragung von Präzedenzfällen vergangener Stammeskonferenzen.

die Möglichkeit, über Staatsgrenzen hinaus agieren zu können, verhindert nicht die fortschreitende Tragödie in Darfur. Die Errichtung eines UN-Tribunals in Darfur, die Schaffung einer Weltpolizei oder ein Einbeziehen der NATO bei der Befriedung des Konflikts scheinen primär möglich, aber in Anbetracht der strukturellen Widersprüche der Vereinten Nationen mehr als unwahrscheinlich. Die Diskrepanz zwischen dem normativen Verständnis von Frieden und den einzelnen legitimen Handlungsmöglichkeiten fordert eine substanzielle Neuorientierung des Völkerrechts. Letztendlich erscheint auch die Einsetzung eines ad-hoc-Tribunals der UN sowie die Zuhilfenahme von lokalen Stammeskonferenzen zur weiteren Schlichtung erfolgversprechend. Eine Veränderung der Mechanismen der UNO und der Stellung der NATO als regionaler Abmachung mit eigenem Handlungsspielraum im Sinne von Art. 52 UN-Charta ist aktuell nicht mit den normativen Grundvorstellungen der Weltgemeinschaft zu vereinbaren. An den vorgestellten weiteren Entwicklungsperspektiven für die Beendigung des Darfur-Konflikts wird erneut der Widerspruch zwischen Wunschdenken und Praxis deutlich.

G. Schlussbetrachtung

Für eine abschließende Gesamtbetrachtung der im Vorfeld durchgeführten Untersuchung bedarf es zunächst einer Zusammenfassung der wichtigsten erarbeiteten Punkte. Für den insbesondere in zeitlicher Hinsicht zu verstehenden Ausblick im Rahmen des Darfur-Konflikts spielen anschließend auch weltanschauliche Gesichtspunkte eine wichtige Rolle; es geht um Erwartungen an zukünftige Ereignisse, die das Konfliktgeschehen sowie die damit einhergehenden Maßnahmen der weiteren Friedenskonsolidierung vermutlich maßgeblich beeinflussen werden. Die vorliegende Arbeit versteht sich als weiterer Versuch, zu einer Lösung der Gesamtproblematik beizusteuern, die im Hinblick auf den globalen Kontext erarbeitet wurde und nun an ein effektives Vorgehen der Staatengemeinschaft geknüpft werden muss.

I. Zusammenfassung

Im einführenden Teil der Arbeit konnte festgestellt werden, dass neben den historischen Gegebenheiten insbesondere der Aspekt der Ethnologie und der damit einhergehende, seit der Kolonialzeit existierende und inzwischen in der darfurischen Bevölkerung etablierte arabische Überlegenheitsanspruch als Auslöser für die Ereignisse 2003 angesehen werden können. Alle bisherigen Friedensverhandlungen haben nur mäßigen Erfolg gehabt oder sind weitestgehend fernab der internationalen Aufmerksamkeit geblieben.

So konnte festgestellt werden, dass die internationale Gemeinschaft bisher keine passende Antwort auf die humanitäre Krise gefunden hat, was teilweise auch daran liegen mag, dass der Sudan zum einen als zumindest partieller failed state und zum anderen als Schauplatz neuer Kriege wenige Einflussmöglichkeiten für eine Friedenskonsolidierung zulässt. Mit der Vergrößerung des Handlungsspielraums der Vereinten Nationen haben sich somit auch die Kriegsformen geändert; die „neuen" Kriege sind dabei von der Privatisierung der Gewaltakteure gekennzeichnet, was, wie festgestellt wurde, wiederum eine gemeinsame Konfliktlösung erschwert. Die Staatengemeinschaft, vorliegend vertreten durch die internationale Organisation der Vereinten Nationen, hat im Darfur-Konflikt in unterschiedlicher Weise agiert. Auffällig an den Maßnahmen ist in jedem Fall der Mangel an gemeinsamem politischem Willen, der hinter der Durchsetzung nationaler Interessen zurückstehen muss. Dies ist anhand der zahlreichen Resolutionen des UN-Sicherheitsrats zum Fall Darfur mehr als deutlich geworden: bis zum gegenwärtigen Zeitpunkt ist keine der angedrohten Sanktionen für die Nichtbefolgung der Friedensbestimmungen durch die Konfliktparteien verwirklicht worden. Auch wenn der vom Internationalen Strafgerichtshof erlassene Haftbefehl gegen al-Bashir anfänglich Erfolg versprechen konnte, so stellt sich inzwischen die Frage nach seinen negativen Auswirkungen auf die Bemühungen der internationalen Vermittler sowie für die Hilfsorganisationen vor Ort. Eine Auslieferung des sudanesischen Staatspräsidenten durch den Sudan ist zumindest derzeitig nicht vorstellbar. So müssen sich die humanitären Organisationen und Soldaten vor Ort zum gegenwärtigen Zeitpunkt mehr um ihre eigene Sicherheit sorgen, als dass sie dem Grund ihrer Anreise gerecht werden können. Das so lang ersehnte Darfur Peace Agreement hat trotz der Wahlen und des Referendums bis heute kaum zu einer Stabilisierung in der Region beitragen können.

Immerhin hat die UNAMID als erste hybride Friedensmission der Vereinten Nationen völkerrechtliches Neuland begründet und vor allem aufgrund der engen Verbindung mit der Afrikanischen Union zumindest anfänglich als Ansatzpunkt für eine Konfliktbeendigung dienen können. Auch an dieser Stelle ist deutlich geworden, dass die diametralen Interessen der Mitgliedstaaten, insbesondere derjenigen im UN-Sicherheitsrat, ein robustes, ein die Zuhilfenahme militärischer Gewalt einschließendes Mandat erfolgreich verhindert haben und die Mission somit unter den mangelnden Ermächtigungsbefugnissen dahinsiecht. Das gegenwärtige Engagement ist einmal mehr von den partikulären Interessen und schwachen Resolutionen des UN-Sicherheitsrats geprägt. So wurde herausgearbeitet, dass hierfür auch die mangelnde Sensibilität der Weltöffentlichkeit verantwortlich gemacht werden kann, die dank des ausgebliebenen CNN-Effekts nur in geringem Maße vom Darfur-Konflikt in Kenntnis gesetzt wurde und somit kein entschiedenes Vorgehen gefordert hat. Es muss daher festgestellt werden, dass weiterhin ein multikausaler Ansatz zur Klärung der Kriegs- und Konfliktursachen fehlt, so dass sich die Staatengemeinschaft bis zum gegenwärtigen Zeitpunkt mit den Möglichkeiten einer Friedenskonsolidierung im Hinblick auf den Darfur-Konflikt beschäftigen muss. Diesbezüglich lässt sich feststellen, dass sich die Staaten genauso verhalten, wie die sozialen Rollenerwartungen es ihnen auferlegen.

Als potenzielle Reaktionsmöglichkeit der internationalen Gemeinschaft konnte die Figur der humanitären Intervention zunächst begrifflich, dann auch historisch eingeordnet werden. Dabei fiel auf, dass zur terminologischen Definition sowie im Rahmen einer Interpretation der damit einhergehenden völkerrechtlichen Grundlagen verschiedene Testfälle der Neuzeit beweisen, dass es in Ausnahmefällen durchaus ein Recht zu einer humanitären Intervention geben kann. Dieses lässt sich sowohl aus der Charta der Vereinten Nationen als auch aus der AU-Charta und der Genozid-Konvention ableiten. Das konkrete Vorgehen der Staatengemeinschaft sowie der Widerspruch zwischen dem Menschenrechtsschutz und der Einhaltung des Gewaltverbots aus Art. 2 Ziff. 4 UN-Charta haben im konkreten Fall dazu geführt, dass eine humanitäre Intervention zur Beendigung der Misere nicht in Betracht kommen kann. Die in diesem Zusammenhang untersuchten Fälle belegen jedoch, dass es Situationen gab und weiterhin geben wird, in denen nur ein militärisches Eingreifen einen dauerhaften Schutz der Zivilbevölkerung sowie eine Einhaltung der Menschenrechte ermöglichen kann. Es ist zudem deutlich geworden, dass ein effektives und nachhaltiges Vorgehen in diesen Situationen an die noch ungeklärte Rechtslage im Hinblick auf die Rechtmäßigkeit bzw. Unrechtmäßigkeit einer humanitären Intervention geknüpft ist. Es hat sich auch gezeigt, dass die westlichen Industrienationen ihr inkonsequentes Verhalten an partielle Eigeninteressen anschließen: ein Untätigbleiben bleibt für viele Staaten weiterhin politisch weniger riskant und somit attraktiver. Die an dieser Stelle ermittelten konträren Standpunkte in der Wissenschaft beinhalten bei der Frage nach der Rechtmäßigkeit und der Legitimation der humanitären Intervention, dass die humanitäre Intervention im Rahmen einer praktischen Konkordanz am Manifest des Gewaltverbots scheitert und eine Nothilfe zugunsten fremder Staatsbürger nicht möglich ist. In diesem Zusammenhang eröffnet auch die Charta der Afrikanischen Union trotz der Rechtsgrundlage in Art. 4 lit. c) AU-Charta oder der Genozid-Konvention keine Handlungsmöglichkeit.

Abschließend kann positiv vermerkt werden, dass die Responsibility to Protect den staatlichen Souveränitätsanspruch relativieren kann und in denjenigen Fällen ein Recht zur militärischen Intervention vorsieht, wenn ein Staat seiner Aufgabe des Menschenrechtsschutzes und der Verhinderung schwerer Menschenrechtsverbrechen nicht ausreichend gerecht wird oder diese aktiv fördert. Im Zuge der R2P zeichnet sich im Völkerrecht folglich ein Paradigmenwechsel ab. Dieser betrifft das Spannungsfeld zwischen der Gewährleistung der staatlichen Souveränität und der Duldung internationaler Einmischung. Der damit verbundene Wandel der Souveränität hatte bis zum gegenwärtigen Zeitpunkt jedoch keinerlei Auswirkungen auf etwaige Vorhaben friedensstiftender Maßnahmen im Fall Darfur, obgleich die R2P von einer Verpflichtung zu solchen ausgeht. Trotz der in diesem Zusammenhang entwickelten und teilweise etablierten Schutzverantwortung der Staaten bei schwersten Menschenrechtsverletzungen hat sich dieses Konzept bisher als normative Interventionsermächtigung nicht durchsetzen können. Dank der Weltgipfelkonferenz konnte das Dokument zumindest ansatzweise in das UN-System eingebettet werden. Insgesamt gesehen konnte festgestellt werden, dass die internationale Staatengemeinschaft ein durchaus progressives Verständnis dieser Schutzverantwortung vertritt. Der Staat wird demzufolge als Körperschaft empfunden, der in völkerrechtlicher Hinsicht vielfach verpflichtet ist.[1256] So gibt es durchaus neue Chancen für ein verbessertes multilaterales Handeln sowie für die Verrechtlichung der internationalen Beziehungen, so dass es besonders tragisch ist, dass eine militärisch fundierte Intervention im Fall von Darfur durch die internationale Staatengemeinschaft nicht nur moralisch gerechtfertigt, sondern auch, mit Genehmigung des UN-Sicherheitsrats, völkerrechtlich legitim wäre. Das Ausbleiben diesbezüglicher Maßnahmen ist der fehlenden bzw. unzureichenden tatsächlichen Implementierung der Rechtsfigur der humanitären Intervention sowie der bisher ausgebliebenen Durchsetzung der jeweiligen institutionellen Rahmenbedingungen geschuldet.

[1256] Fassbender, in: APuZ 43/2004, S. 7 (10).

Weitere Lösungsansätze wie die Errichtung eines ad-hoc-Tribunals, die engere Einbeziehung der NATO bei der Konfliktbeendigung oder auch institutionelle Maßnahmen wie eine Ermächtigung der UN-Generalversammlung im Fall einer Blockade des UN-Sicherheitsrats konnten zwar als weitere Reaktions- bzw. Handlungsmöglichkeiten aufgezeigt werden, scheitern jedoch voraussichtlich am Unwillen sowie dem mangelnden Interesse der Staatengemeinschaft am Darfur-Konflikt. Im Ergebnis haben das Souveränitätsprinzip und der Grundsatz der Nichteinmischung in innerstaatliche Angelegenheiten wieder einmal dazu geführt, dass es in Darfur aktuell keine Hilfsmaßnahmen gibt, die einerseits finanzierbar und effektiv sind und andererseits dem Leiden der Bevölkerung ein Ende bereiten können.

II. Konklusion

Auch wenn al-Bashir dank der Solidarität der arabischen Staaten zumindest keine Isolation befürchten muss, so bleibt die wachsende Besorgnis, dass der Staatschef im Hinblick auf die Ereignisse in Libyen Anfang 2011 davon ausgeht, er könne der nächste afrikanische Präsident sein, der von seinem Volk gestürzt wird. Infolge der Unabhängigkeit des Süd-Sudans im Juli 2011 verliert die sudanesische Regierung außerdem erhebliche finanzielle Einnahmequellen und somit eine wichtige Stütze ihrer Macht. Die unabänderliche Haltung der sudanesischen Regierung, die mit ihrer „Hinhaltetaktik" schon manche Hilfsmaßnahmen verhindern konnte, wird sich auch in Zukunft nicht ändern; zu groß ist die Unterstützung des Sudans durch die Mitglieder der Arabischen Liga oder in der arabischen Staatenwelt allgemein.

Als ein Land aus dem islamischen Kulturkreis kann der Sudan mit der politischen Loyalität der islamischen Länder rechnen; so haben beispielsweise Algerien und Pakistan neben China bisher alle harten Sanktionen im UN-Sicherheitsrat gegen den Sudan verhindern können. Dies wird teilweise auch als „moralfreie Komplizenschaft unter Staatsregierungen der Dritten Welt" angesehen.[1257] Hilfsorganisationen haben bereits im Juli 2011 Personal abgezogen, was weder die sudanesische Regierung noch die Rebellengruppen tangiert, sondern vielmehr zu einer fortschreitenden Unterversorgung der Zivilbevölkerung mit Nahrungsmitteln führen wird. Darüber hinaus hat China eine Schlüsselstellung bei der Bewertung der Lage im Sudan, insbesondere in der Region Darfur er-

[1257] Tetzlaff, in: Sudan – Wegweiser zur Geschichte, S. 121 (122).

langt, da das Land, das grundsätzlich eine internationale Einmischung in die internen Angelegenheiten anderer Staaten ablehnt, den Sudan zum drittgrößten Erdölexporteur Afrikas gemacht hat und somit seine finanzielle Unabhängigkeit sichert.[1258] Im Fall eines Konflikts mit dem Westen kann der Sudan als Mitgliedstaat der Afrikanischen Union, der Arabischen Liga sowie der Organisation Islamischer Staaten folglich eine starke Unterstützung aus der Dritten Welt erwarten.[1259]

Das Verständnis von Souveränität und Nichteinmischung scheint den gegenwärtigen ethno-nationalen Konfliktsituationen der Welt folglich nicht mehr ausreichend gerecht zu werden, so dass eine Weiterentwicklung des Völkerrechts angebracht ist. Die Rolle der Staaten in Bezug auf die Garantie der Einhaltung des völkerrechtlichen Mindeststandards muss dementsprechend neu überdacht werden. Dass der Sicherheitsrat als einziges Organ über die Durchführung oder das Ausbleiben einer humanitären Intervention entscheidet, kann daher nicht als unproblematisch wahrgenommen werden. In seiner jetzigen Form kann zumindest davon ausgegangen werden, dass sich das Gremium eher als unvollkommene internationale Einrichtung mit Verbesserungspotenzial präsentiert. Im Hinblick auf das Verhalten des Sicherheitsrats in der Darfur-Krise ist insbesondere im Hinblick auf das Verhalten von China und Russland offensichtlich geworden, dass das Gremium nur bedingt als unabhängiges Vollzugsorgan der Völkergemeinschaft taugen kann. Ohne tiefgreifende Reformen des UN-Sicherheitsrats werden die Vereinten Nationen die ihnen obliegenden Friedenskonsolidierungsaufgaben wohl nicht erfüllen können. Als Ansatzpunkt zu einer Entschärfung des Vetorechts im Sicherheitsrat bleibt der Gedanke einer Generalermächtigung von Regionalorganisationen weiterhin erwägenswert. Es muss die Möglichkeit geben, veränderten Gefahrenlagen wirksam zu begegnen, ohne die Staatengemeinschaft aus dem System des disziplinierenden völkerrechtlichen Regelwerks zu entlassen. So können im Einzelfall insbesondere wirtschaftliche Interpendenzen eine realistische Aussicht auf eine regionale Stabilität bieten.[1260] Fest steht, dass die Funktion des UN-Sicherheitsrats die weltpolitischen Gegebenheiten etwa ein halbes Jahrhundert nach der Gründung der Vereinten Nationen zumindest nicht mehr adäquat widerspiegelt. Auch Malowitz geht davon aus, dass die Haltung einer prinzipiell begründeten Gewaltvermeidung aufgegeben werden

---

[1258] Tetzlaff, in: Sudan – Wegweiser zur Geschichte, S. 121 (122).
[1259] Tetzlaff, in: IP 12/2004, S. 87 (87).
[1260] Lacher, in: SWP-Aktuell 70/2010, S. 1.

müsse.[1261] Mithilfe der Responsibility to Protect lässt sich sicherlich erreichen, dass sich die Staaten und Zivilgesellschaften für Situationen wie aktuell in Darfur sensibilisieren lassen. Das Konzept muss dafür in praktische Handlungsweisen umgesetzt werden. Ansonsten wird ihm wohl ein ähnliches Schicksal beschert sein wie der Genozid-Konvention von 1948.[1262] Mit dieser neuen Rechtsfigur bleibt zu hoffen, dass sich die Verpflichtung zum Schutz von einem Postulat zu einer allgemeinen Überzeugung wandeln wird; die zunehmende Internationalisierung hat zumindest zu einer Minimierung der souveränen Bereiche geführt. So besteht eine Aussicht darauf, dass der Trend, Souveränität hermetisch zu verstehen, zurückgeht. Dies gilt in besonderem Maße im Zusammenhang mit der Verletzung grundlegender Menschenrechte. Um einem diesbezüglichen Missbrauch entgegenzuwirken, könnte der multilaterale Charakter der Intervention ein entscheidendes Kriterium sein; der Gedanke würde somit von der Staatengemeinschaft gemeinschaftlich getragen werden, so dass ein genuin multilaterales Vorgehen zum Wohl einer fremden Bevölkerung durchaus legitim wäre. Letztendlich stehen die Staatengemeinschaft und damit die Vereinten Nationen vor dem Problem, dass eine effektive Strategie gefunden werden muss, die der Bewältigung von humanitären Krisen dient. Dafür ist erforderlich, dass die sicherheitspolitischen Optionen den Herausforderungen der Gegenwart angeglichen werden. Es muss institutionell sichergestellt sein, dass Krisen jeglicher Art genügend Beachtung durch den UN-Sicherheitsrat erfahren. Bereits Beck hat in den 90er Jahren den modernen Krieg als „Fortsetzung der Moral mit anderen Mitteln" definiert, die er „als neue postnationale Politik des militärischen Humanismus" verstehe, so dass die Beachtung der fundamentalen Menschenrechte über staatliche Grenzen hinweg garantiert sein müsse.[1263] Im Hinblick auf die Präzedenzfälle einer humanitären Intervention in der Staatengeschichte zeigt sich, dass die Empirie keine eindeutig schlüssigen Ereignisse liefern kann. Bereits die Luftangriffe der NATO auf Jugoslawien 1999 wurden teilweise trotz des vorhandenen Verständnisses für die schwierige Lage der Bevölkerung im Kosovo schließlich auch als völkerrechtswidrig angesehen.[1264] Es wird jedoch deutlich, dass der zeitliche Bezugspunkt insofern stimmt, als dass die grundlegende Frage nach dem Sinn und Unsinn von militärisch geprägten Interventio-

---

1261 Malowitz, in; Münkler/Malowitz, Humanitäre Intervention – Grundlagen und Diskussion, S. 143 (144).

1262 Hinsch/Janssen, Menschenrechte militärisch schützen, S. 10.

1263 Beck, in: BldiP 8/1999, S. 984 (987).

1264 Fornasier, in: JURA 2002, S. 520 (525); Henkin, in: AJIL 93/1999, S. 824 (824); Kimminich, in: AVR 38/1995, S. 430 (439).

nen zur Lösung von innerstaatlichen Konflikten öffentlich erörtert werden sollte. Die empirisch gestützten Fallbeispiele belegen zumindest, dass humanitäre Interventionen als ein Mittel der internationalen Politik in Betracht kommen *können*. Diesbezügliche Bestrebungen gleichen im Hinblick auf den Darfur-Konflikt bedauerlicherweise jedoch einer Quadratur des Kreises.[1265] Die aktuelle Situation in Darfur verdeutlicht wieder einmal, dass die Pflicht zum Eingreifen mit militärischen Mitteln bei stattfindenden schweren Menschenrechtsverletzungen mit einer reformbedingten Anpassung der Sicherheitsmechanismen in der Charta einhergehen muss. Denn nur so können moralisch gebotene Interventionen rechtlich gesichert durchgeführt werden. Es bleibt also ein Plädoyer für ein institutionell ausgestaltetes humanitäres Recht, das zu Interventionen im Einzelfall und unter strengen Gesichtspunkten ermächtigt. Die Beteiligten müssen sich also bewusst machen, dass es zu einem militärischen Vorgehen häufig keine Alternative gibt. Trotzdem müssen die etwaigen Folgen zur Genüge bedacht werden, denn schon Richard Holbrooke schreibt 2002: „Ein Krieg, egal wie erfolgreich, ist nur so gut wie der Friede, der ihm folgt."[1266] So sehr die Manifestation einer humanitären Intervention auch aus moralischen Gründen wünschenswert ist, so wenig ist eine Pflicht dazu bislang juristisch nachweisbar. Bei der Betrachtung der völkerrechtlichen Literatur ist schließlich deutlich geworden, dass die Legalisierung der humanitären Intervention als neue Doktrin zumindest bisher gescheitert ist.[1267] So bleibt es leider dabei, dass dem Völkerrecht Altruismus sehr fremd ist. Rigide Rechtlichkeit bringt höchste Ungerechtigkeit hervor – *summum ius, summa iniuria* –, so dass auch das völkerrechtliche Gewaltverbot demzufolge nicht ohne Ausnahme existieren darf. Dies lässt sich wohl nur mit einer rechtlich-institutionellen Implementierung der aus der R2P folgenden Pflicht realisieren, so dass im gegebenen Fall die gebotenen und richtigen Mittel angewandt werden könnten.[1268] Somit ist die Situation in Darfur ein weiteres trauriges Beispiel dafür, dass sich fast zehn Jahre nach den Ereignissen im Kosovo und den damit einhergehenden Diskussionen um die Legitimation einer humanitären Intervention keine Entwicklung in diese Richtung verzeichnen lässt. Langfristig gesehen wird ein friedlicher Sudan nur dann erreicht werden, wenn die Achtung der Menschenrechte erfolgt und sich ein dauerhaftes stabiles Staatswesen etablieren lässt. Ohne eine deutliche Autonomieregelung für Dar-

---

[1265] Hilpold/Zagel, in: S+F 1/2006, S. 38 (42).
[1266] Holbrooke, in: Social Research 69/2002, S. 915 (922).
[1267] Siehe unter E. I. 2. d. cc.
[1268] Hinsch/Janssen, Menschenrechte militärisch schützen, S. 251.

fur, die mit einer politischen Dezentralisierung einhergeht, wird eine Konfliktlösung immer unwahrscheinlicher. Die internationale Staatengemeinschaft muss mit nachhaltigem und kontinuierlichem Druck auf der friedlichen und vor allem demokratischen Entwicklung des Landes beharren. Dies wird sich vor dem Hintergrund des steigenden Migrationsdrucks auf Europa und der Gefahr von Regierungsformen mit anti-europäischer Zielsetzung als äußerst schwierig gestalten.[1269] Wie zudem bereits inhaltlich begründet wurde, kann die internationale Staatengemeinschaft nach Belieben handeln und somit auch weiterhin untätig bleiben. Der Wille zur Rechtsbefolgung im Völkerrecht ist folglich auch in diesem Zusammenhang von zentraler Bedeutung für die Wirksamkeit des Völkerrechts an sich. So muss darauf hingewiesen werden, dass Lösungen durch Kompromiss und Verhandlungen nicht zu jedem Zeitpunkt möglich sind, sondern erst dann, wenn der politische Wille dazu entstanden ist.[1270] Bis die Parteien zufriedenstellend in eine integrative Nachkriegsregierung eingebunden werden können, wird sich der Darfur-Konflikt ohne den Einsatz militärischer Mittel von außen kaum befrieden lassen. Fest steht, dass die Staatengemeinschaft im Rahmen einer humanitären Katastrophe, ausgelöst durch die eigene Regierungsmacht, erneut versagt hat.[1271] Neben den Verfehlungen beim Völkermord in Ruanda hat der UN-Sicherheitsrat folglich auch in der humanitären Krise in Darfur bewiesen, dass die ständigen Mitglieder aus partikulären wirtschaftlichen Interessen ein notwendiges und moralisch gebotenes Eingreifen anfangs verzögert und letztendlich kaum ermöglicht haben. Das damit einhergehende und mit Untätigkeit verbundene Hoffen auf das Wunder, dass sich der Konflikt in Darfur von selbst lösen wird, wird Tetzlaff zufolge zu einem Schuldigwerden durch unterlassene Hilfeleistung.[1272]

Es ist davon auszugehen, dass es auch zukünftig wie in Darfur zu Situationen kommen wird, in denen eine wehrlose Zivilbevölkerung innerhalb eines Landes Angriffen ausgesetzt ist, so dass eine humanitäre Intervention aus moralischen Gründen als notwendig erscheint. Für die Zukunft bleibt zu hoffen, dass die noch ausstehenden Truppen für die UNAMID schnellstmöglich von den jeweiligen Staaten mobilisiert werden und sich die diametralen politischen Vorstellungen und Prioritäten mancher Mitgliedstaaten des Sicherheitsrates in Einklang bringen lassen. Dann könnte von den Mitgliedern die Hauptaufgabe der Verein-

[1269] Schißau, in: Sudan – Wegweiser zur Geschichte, S. 105 (105).
[1270] Hippler, in: APuZ 46/2009, S. 3 (7).
[1271] Austin/Koppelman, Darfur and Genocide, S. 40.
[1272] Tetzlaff, in: IP 12/2004, S. 87 (87).

ten Nationen verfolgt werden, die schließlich in der Wahrung des Weltfriedens und der internationalen Sicherheit besteht. Die Frage nach der Notwendigkeit einer humanitären Intervention in Darfur sollte vorliegend zumindest beantwortet sein.

Wenn alle tot sind, welchen Wert hat dann noch Gerechtigkeit?[1273]

[1273] Claude, in: Political Science Quarterly 95/1980, S. 83 (96).

Literaturverzeichnis

Abdul-Jalil, Musa Adam:
Nomad-Sedentary Relations and the Question of Land Rights in Darfur: From Complementarity to Conflict, Orientwissenschaftliche 2008, Ausgabe 26. S. 1 – 24.
(zit.: Abdul-Jalil, in: Orientwissenschaftliche Ausgabe 26/2008, S. …)

Abdul-Jalil, Musa Adam / Mohammed, Adam Azzain / Yousuf, Ahmed:
Native Administration and Local Governance in Darfur: Past and Future, in: de Waal, Alex (Hrsg.), War in Darfur and the Search for Peace, 2007, S. 39–67.
(zit.: Abdul-Jalil/Mohammed/Yousuf, in: de Waal, War in Darfur, S. …)

Adelberger, Jörg:
Vom Sultanat zur Republik. Veränderungen in der Sozialorganisation der Fur (Sudan), Studien zur Kulturkunde, Stuttgart 1990.
(zit.: Adelberger, Vom Sultanat zur Republik, S. …)

Albrecht, Hans-Jörg:
Internationale Kriminalität, Gewaltökonomie und Menschenrechtsverbrechen: Antworten des Strafrechts, in: Zeitschrift Internationale Politik und Gesellschaft, 2007, Ausgabe 2, S. 153–169.
(zit.: Albrecht, in: IPG 2/2007, S. …)

Ambos, Kai:
Internationales Strafrecht – Strafanwendung, Völkerstrafrecht, Europäisches Strafrecht, München 2006.
(zit.: Ambos, Völkerstrafrecht, S. …)

Amnesty International:
Sudan: keine Zukunft ohne Menschenrechte, Amnesty International Sektion der Bundesrepublik Deutschland e.V., 1995.
(zit.: Amnesty International 1995, S. …)

Annan, Kofi A.:
Die Menschenrechte des Einzelnen gelten für Arme wie für Reiche – Die Nobelpreisrede des Generalsekretärs der Vereinten Nationen in Oslo, in: Zeitschrift Vereinte Nationen, 2002, Ausgabe 1, S. 24–25.
(zit.: Annan, in: Vereinte Nationen 1/2002, S. …)

Annan, Kofi A.:
„Wir, die Völker“ – Die Rolle der Vereinten Nationen im 21. Jahrhundert, Bonn 2000.
(zit.: Annan, „Wir, die Völker“, S. …)

Austin, Greg / Koppelman, Ben:
Darfur and Genocide: Mechanisms for Rapid Response, an End to Impunity, London 2004.
(zit.: Austin/Koppelman, Darfur and Genocide, S. …)

Baron, Ulrich:
Als muslimische Sklavenjäger Afrika entvölkerten. Verschleierter Völkermord: Lange bevor die Europäer kamen, veranstalteten die Araber Menschenjagden, in: DIE WELT, vom 30. März 2010, S. 23.
(zit.: Ulrich, in: DIE WELT v. 30. März 2010, S. 23)

Batarra, Mario von:
Kapitel: Internationale Organisationen, in: Fischer Weltalmanach (Hrsg.), 2011, S. 610–624.
(zit.: von Batarra, in: Fischer Weltalmanach 2011, Internationale Organisationen, S. …)

Baum, Gerhart:
Die Hölle auf Erden erleben, in: Zeitschrift Vereinte Nationen, 2005, Ausgabe 2, S. 46.
(zit.: Baum, in: Vereinte Nationen 2/2005, S. …)

Baum, Gerhart:
Sudanesische Menschenrechtsbilanz – Innenansichten der Rolle eines Berichterstatters, in: Zeitschrift Vereinte Nationen, 2002, Ausgabe 3, S. 110–115.
(zit.: Baum, in: Vereinte Nationen 3/2002, S. …)

Beck, Kurt:
Eingebettete Gewalt – Der Bürgerkrieg in Darfur, in: Zeitschrift Wissenschaft & Frieden, 2007, Ausgabe 4, S. 35–38.
(zit.: Beck, in: Wissenschaft & Frieden 4/2007, S. …)

Beck, Kurt:
Der kosmopolitische Blick oder: Krieg ist Frieden, Frankfurt am Main 2004.
(zit.: Beck, Der kosmopolitische Blick, S. …)

Beck, Kurt:
Die Massaker in Darfur, in: Zeitschrift für Genozidforschung, 2004, Ausgabe 2, S. 52–80.
(zit.: Beck, in: Zeitschrift für Genozidforschung 2/2004, S. …)

Beck, Kurt:
Das Vorläufige Ende der Razzien. Nomadisches Grenzkriegertum und staatliche Ordnung im Sudan, in: Orientwissenschaftliches Zentrum (Hrsg.), Mitteilungen des SFB Differenz und Integration: Militär und Staatlichkeit, 2003, Themen Ausgabe 12, S. 127–150.
(zit.: Beck, in: Orientwissenschaftliche Hefte 12/2003, S. …)

Beck, Kurt:
Über den postnationalen Krieg, in: Blätter für deutsche und internationale Politik, 1999, Ausgabe 8, S. 984–990.
(zit.: Beck, in: BldiP 8/1999, S. …)

Becker, Astrid:
Der Tatbestand des Verbrechens gegen die Menschlichkeit – Überlegungen zur Problematik eines völkerrechtlichen Strafrechts, Berlin 1996.
(zit.: Becker, Verbrechens gegen die Menschlichkeit, S. …)

Beestermöller, Gerhard (Hrsg.):
Die Humanitäre Intervention – Imperativ der Menschenrechtsidee?, 2003, S. 29–52.
(zit.: Bearbeiter in: Die Humanitäre Intervention, S. …)

Benner, Thorsten / Rotmann, Philipp:
Zehn Jahre Brahimi-Bericht – Die UN-Friedenssicherung steht weiterhin vor großen Herausforderungen, in: Zeitschrift Vereinte Nationen, 2010, Ausgabe 3, S. 115–119.
(zit.: Benner/Rotmann, in: Vereinte Nationen 3/2010, S. …)

Benner, Thorsten / Rotmann, Philipp:
Heillos überfordert – UN-Friedenseinsätze und der Schutz der Zivilisten in Konfliktzonen, in: Zeitschrift Vereinte Nationen, 2009, Ausgabe 4, S. 147–152.
(zit.: Benner/Rotmann, in: Vereinte Nationen 4/2009, S. …)

Berber, Friedrich:
Völkerrecht: Dokumentensammlung. Konfliktrecht, Band II, München 1967.
(zit.: Berber, Völkerrecht: Dokumentensammlung, Band II, S. …)

Bernhard, Regina / Lingnau, Hildegard:
Die Vereinten Nationen und die Darfur-Krise – Nationale Interessen stehen einer Lösung im Wege, in: Zeitschrift Vereinte Nationen, 2004, Ausgabe 5, S. 167–169.
(zit.: Bernhard/Lingnau, in: Vereinte Nationen 5/2004, S. …)

Beyerlin, Ulrich:
Humanitarian Intervention, in: Encyclopedia of Public Internal Law, 1995, Band 2, S. 930–933.
(zit.: Beyerlin, in: EPIL 2/1995, S. …)

Biel, Melha Rout (Hrsg.):
Der Sudan zwischen Krieg und Frieden, Marburg 2003.
(zit.: Bearbeiter, in: Biel, Sudan zwischen Krieg und Frieden, S. …)

Bindschedler, Rudolf L.:
Der Schutz der Menschenrechte und das Verbot der Einmischung, in: Festschrift für Hans-Jürgen Schlochauer zum 75. Geburtstag am 28. März 1981, Herausgeber Ingo von Münch, Berlin 1981, S. 179 ff.
(zit.: Bindschedler, in: FS für H.-J. Schlochauer, 1981, S. …)

Blumenwitz, Dieter:
Die Humanitäre Intervention, in: Das Parlament mit der Beilage „Aus Politik und Zeitgeschichte“, hrsg. von der Bundeszentrale für politische Bildung, 1994, Ausgabe 47, S. 3–10.
(zit.: Blumenwitz, in: APuZ 47/1994, S. …)

Böcker, Maike:
Darfur – Zur Genese eines Konfliktes im Westen der Republik Sudan, Berlin 2000.
(zit.: Böcker, Darfur – Zur Genese eines Konfliktes, S. …)

Bothe, Michael / Martenczuk, Bernd:
Die NATO und die Vereinten Nationen nach dem Kosovo-Konflikt – eine völkerrechtliche Standortbestimmung, in: Zeitschrift Vereinte Nationen, 1999, Ausgabe 4, S. 125–132.
(zit.: Bothe/Martenczuk, in: Vereinte Nationen 4/1999, S. …)

Breitwieser, Thomas:
Die Rolle der Vereinten Nationen im Sudan, in: Chiari (Hrsg.), Sudan – Wegweiser zur Geschichte, 2008, S. 87–103.
(zit.: Breitwieser, in: Sudan – Wegweiser zur Geschichte, S. …)

Brozka, Michael:
Bedingungen erfolgreicher Friedenskonsolidierung, in: Das Parlament mit der Beilage „Aus Politik und Zeitgeschichte", hrsg. von der Bundeszentrale für politische Bildung, 2009, Nr. 46, S. 15–20.
(zit.: Brozka, in: APuZ 46/2009, S. …)

Bruer-Schäfer, Aline:
Der Internationale Strafgerichtshof. Die Internationale Strafgerichtsbarkeit im Spannungsfeld von Recht und Politik, Hanau 2001.
(zit.: Bruer-Schäfer, Der Internationale Strafgerichtshof, S. …)

Brunnée, Jutta / Toope, Stephen:
The Use of Force: International Law after Iraq, in: The International and Comparative Law Quarterly, 2004, Ausgabe 4, S. 785–806.
(zit.: Brunnée/Toope, in: International and Comparative Law Quarterly 4/2004, S. …)

Bryde, Brun-Otto:
Konstitutionalisierung des Völkerrechts und Internationalisierung des Verfassungsrechts, in: Der Staat, 2003, Band 42, S. 61–75.
(zit.: Bryde, in: Der Staat 42/2003, S. …)

Buchheit, Eva:
Der Briand-Kellogg-Pakt von 1928 – Machtpolitik oder Friedensstreben?, Münster 1998.
(zit.: Buchheit, Der Briand-Kellogg-Pakt von 1928, S. …)

Buergenthal, Thomas / Doehring, Karl / Kokott, Juliane / Maier, Harold:
Grundzüge des Völkerrechts, 3. Auflage, Heidelberg 2003.
(zit.: Buergenthal/Doehring/Kokott/Maier, Grundzüge Völkerrecht, S. …)

Cassese, Antonio:
Ex iniuria ius oritur: Are We Moving Towards International Legitimation of Forcible Humanitarian Countermeasures in the World Community?, in: European Journal of International Law, 1999, Band 10, S. 23–30.
(zit.: Cassese, in: EJIL 10/1999, S. …)

Chiari, Bernhard (Hrsg.):
Wegweiser zur Geschichte: Sudan. Im Auftrag des Militärgeschichtlichen Forschungsamtes, Paderborn u. a. 2008.
(zit.: Bearbeiter, in: Sudan – Wegweiser zur Geschichte, S. …)

Chiari, Bernhard (Hrsg.):
Der zweite Bürgerkrieg und seine Auswirkungen auf die Gesellschaften des Sudan, in: Chiari (Hrsg.), Sudan – Wegweiser zur Geschichte, 2008, S. 50–63.
(zit.: Chiari, in: Sudan – Wegweiser zur Geschichte, S. …)

Chimni, Bhupinder Singh:
A New Humanitarian Council for Humanitarian Interventions?, in: International Journal of Human Rights, 2002, Volume 6, Issue I, S. 103–112.
(zit.: Chimni, in: IJHR 6/2002, S. …)

Claude, Inis:
Just Wars: Doctrines and Institutions, in: Political Science Quarterly, 1980, Vol. 95, No. 1, S. 83–96.
(zit.: Claude, in: Political Science Quarterly 95/1980, S. …)

Clough, Michael:
Darfur: Whose Responsibility to Protect?, in: Human Rights Watch Report, 2005, S. 25–34.
(zit.: Clough, in: Human Rights Watch Report 2005, S. …)

Cohen, Roberta / O'Neill, William:
Last Stand in Sudan?, in: Bulletin of the Atomic Scientists, 2006, Ausgabe März/ April, S. 51–59.
(zit.: Cohen/ O'Neill, Bulletin of the Atomic Scientists 2006, S. ...)

Czempiel, Ernst-Otto:
Einmischung als Strategie: über die Interpendenz und Intervention, in: Merkur – Deutsche Zeitschrift für europäisches Denken, 2000, Ausgabe 54, S. 11–23.
(zit.: Czempiel, in: Merkur 54/2000, S. …)

Debiel, Tobias:
Souveränität verpflichtet: Spielregeln für den neuen Interventionismus, in: Zeitschrift Internationale Politik und Gesellschaft, 2004, Ausgabe 3, S. 61–81.
(zit.: Debiel, in: IPG 3/2004, S. …)

Debiel, Tobias:
UN-Friedensoperationen in Afrika: Weltinnenpolitik und die Realität von Bürgerkriegen, Bonn 2003.
(zit.: Debiel, UN-Friedensoperationen in Afrika, S. …)

Debiel, Tobias:
Friedenseinsätze der UN in Afrika. Bilanz, Lehren und (mangelnde) Konsequenzen, in: Zeitschrift Vereinte Nationen, 2002, Ausgabe 2, S. 57–61.
(zit.: Debiel, in: Vereinte Nationen 2/2002, S. …)

Debiel, Tobias / Nuscheler, Franz (Hrsg.):
Der neue Interventionismus. Humanitäre Einmischung zwischen Anspruch und Wirklichkeit, 1. Auflage, Bonn 1996.
(zit.: Bearbeiter, in: Debiel/Nuscheler, Der neue Interventionismus, S. …)

Deckert, Roman:
Wahlen 2010, in: Zeitschrift Informationsprojekt Naher und Mittlerer Osten – Berichte und Analysen, 2009, Ausgabe 58, S. 16–18.
(zit.: Deckert, in: inamo 58/2009, S. …)

Déhez, Dustin:
Die Vereinten Nationen und Somalia – vorhersehbares Scheitern oder vielversprechender Neuanfang?, in: Zeitschrift Vereinte Nationen, 2009, Ausgabe 3, S. 117–122.
(zit.: Déhez, in: Vereinte Nationen 3/2009, S. …)

Deisenroth, Dieter:
Humanitäre Intervention und Völkerrecht, in: Neue Juristische Wochenschrift, 1999, S. 3084–3088.
(zit.: Deisenroth, in: NJW 1999, S. …)

Delbrück, Jost:
Die Effektivität des UN-Gewaltverbots, in: Die Friedens-Warte, 1999, Band 74, S. 139–158.
(zit.: Delbrück, in: Die Friedens-Warte 74/1999, S. …)

Delius, Ulrich:
Gerechtigkeit für Darfur: Vier Jahre Engagement der internationalen Gemeinschaft für ein Ende der Straflosigkeit in Darfur (2004 – 2008). Eine Publikation der Gesellschaft für bedrohte Völker, Göttingen 2008.
(zit.: Delius, Gerechtigkeit für Darfur, S. …)

Delius, Ulrich:
Rettet Darfur – Hintergrundinfos zu einem Völkermord. Eine Publikation der Gesellschaft für bedrohte Völker, Göttingen 2007.
(zit.: Delius, Rettet Darfur – Hintergrundinfos zu einem Völkermord, S. …)

Doehring, Karl von:
Völkerrecht: Ein Lehrbuch, 2. Auflage, Heidelberg 2004.
(zit.: Doehring, Völkerrecht, S. …)

Donner, Michael:
Die Begrenzung bewaffneter Konflikte durch das moderne ius ad bellum, in: Archiv des Völkerrechts, 1995, Band 33, Ausgabe 2, S. 168–218.
(zit.: Donner, in: AVR 33/1995, S. …)

Ebock, Kerstin:
Der Schutz grundlegender Menschenrechte durch kollektive Zwangsmaßnahmen der Staatengemeinschaft. Vom Interventionsverbot zur Pflicht zur humanitären Intervention? Frankfurt am Main 2000.
(zit.: Ebock, Der Schutz grundlegender Menschenrechte, S. …)

Eisele, Manfred:
Die Vereinten Nationen und das internationale Krisenmanagement, Frankfurt am Main 2000.
(zit.: Eisele, Krisenmanagement der Vereinten Nationen, S. …)

El Ouazghari, Karima:
Grund zur Hoffnung? Die Afrikanische Union und der Darfur-Konflikt, Frankfurt am Main 2007.
(zit.: El Ouazghari, Grund zur Hoffnung, S. …)

El Zain, Mahmud:
Tribe and Religion in the Sudan. Review of African Political Economy, 1996, S. 523–529.
(zit.: El Zain, in: Review of African Political Economy 1996, S. ...)

Endemann, Harald:
Kollektive Zwangsmaßnahmen zur Durchsetzung humanitärer Normen, Marburg 1996.
(zit.: Endemann, Kollektive Zwangsmaßnahmen, S. …)

Euler, Hartwig:
Scharia, Verfassung, Menschenrechte. Zur Problematik eines gemeinsamen Rechtsverständnisses im Sudan, in: Chiari (Hrsg.), Sudan – Wegweiser zur Geschichte, 2008, S. 161–169.
(zit.: Euler, in: Sudan – Wegweiser zur Geschichte, S. …)

Fadul, Abdul-Jabbar / Tanner, Victor:
Darfur after Abuja: A View from the Ground, in: de Waal, Alex (Hrsg.), War in Darfur and the Search for Peace, 2007, S. 284–313.
(zit.: Fadul/Tanner, in: de Waal, War in Darfur, S. …)

Faigle, Volker:
Sudan braucht jetzt Unterstützung, in: Frankfurter Allgemeine Zeitung, Ausgabe vom 9. Juli 2010, Nr. 156, S. 8.
(zit.: Faigle, „Sudan braucht jetzt Unterstützung“, in: FAZ v. 9. Juli 2010, Nr. 156, S. ...)

Fassbender, Bardo:
Die souveräne Gleichheit der Staaten – ein angefochtenes Grundprinzip des Völkerrechts, in: Das Parlament mit der Beilage „Aus Politik und Zeitgeschichte“, hrsg. von der Bundeszentrale für politische Bildung, 2004, Ausgabe 43, S. 7–13.
(zit.: Fassbender, in: APuZ 43/2004, S. …)

Feichtinger, Walter / Hainzl, Gerald:
Krisenmanagement in Afrika. Erwartungen –Möglichkeiten – Grenzen, Wien 2009.
(zit.: Bearbeiter, in: Feichtinger/Hainzl, Krisenmanagement in Afrika, S. …)

Feinstein, Lee:
Darfur and Beyound. What is Needed to Prevent Mas Atrocities Council and Foreign Relations, in: Special Report No. 22, New York 2007.
(zit.: Feinstein, in: Special Report 22/2007, S. …)

Ferdowski, Mir (Hrsg.):
Internationale Politik im 21. Jahrhundert, München 2002.
(zit.: Bearbeiter, in: Ferdowski, Internationale Politik im 21. Jahrhundert, S. …)

Ferdowski, Mir (Hrsg.):
Afrika – ein verlorener Kontinent?, München 2004.
(zit.: Bearbeiter, in: Ferdowski, Afrika – ein verlorener Kontinent, S. …)

Fetscher, Iring:
Menschenrechte, in: Nohlen, Dieter / Grotz, Florian (Hrsg.), Kleines Lexikon der Politik, 2006, S. 324–326.
(zit.: Fetscher, in: Nohlen/Grotz, Kleines Lexikon der Politik, S. …)

Fink, Udo:
Kollektive Friedenssicherung: Kapitel VII, UN-Charta in der Praxis des Sicherheitsrats der Vereinten Nationen, Frankfurt am Main 1999.
(zit.: Fink, Kollektive Friedenssicherung, S. …)

Fischer, Reinhard:
Sudan im Überblick, in: Zeitschrift Informationsprojekt Naher und Mittlerer Osten – Berichte und Analysen, 1997, Nr. 11, S. 4–7.
(zit.: Fischer, in: inamo 11/1997, S. …)

Flint, Julie:
Darfur's Armed Movements, in: de Waal, Alex (Hrsg.), War in Darfur and the Search for Peace, 2007, S. 140–172.
(zit.: Flint, in: de Waal, War in Darfur, S. …)

Flint, Julie / Waal, Alex de:
Unter einem Genozid interessiert Darfur nicht, in: Zeitschrift Informationsprojekt Naher und Mittlerer Osten – Berichte und Analysen, 2009, Nr. 58, S. 20–25.
(zit.: Flint/de Waal, in: inamo 58/2009, S. …)

Flint, Julie / Waal, Alex de:
Darfur: A New History of a Long War, 2. Auflage, London u. a. 2008.
(zit.: Flint/de Waal, Darfur: A new history of a long war, S. ...)

Fornasier, Matteo:
Die NATO-Luftangriffe auf die Bundesrepublik, Jugoslawien (BRJ) und das völkerrechtliche Gewaltverbot, in: Juristische Ausbildung, 2002, S. 520–525.
(zit.: Fornasier, in: JURA 2002, S. …)

Frankenberger, Klaus Dieter:
Die eine Welt?, in: Frankfurter Allgemeine Zeitung, Ausgabe vom 13.09.1999, Nr. 212, S. 1.
(zit.: Frankenberger, Die eine Welt?, in: FAZ Nr. 212 vom 13.09.1999, S. …)

Gärditz, Klaus Ferdinand:
Weltrechtspflege – Eine Untersuchung über die Entgrenzung staatlicher Strafgewalt, Berlin 2006.
(zit.: Gärditz, Weltrechtspflege, S. …)

Gareis, Sven Bernhard:
Der UN-Menschenrechtsrat: Neue Kraft für den Menschenrechtsschutz?, in: Das Parlament mit der Beilage „Aus Politik und Zeitgeschichte", hrsg. von der Bundeszentrale für politische Bildung, 2008, Ausgabe 46, S. 15–21.
(zit.: Gareis, in: APuZ 46/2008, S. …)

Gareis, Sven Bernhard / Varwick, Johannes:
Die Vereinten Nationen: Aufgaben, Instrumente und Reformen, 4. Auflage, Opladen 2006.
(zit.: Gareis/Varwick, Die Vereinten Nationen, S. …)

Gillessen, Günther:
Mythos „humanitäre Intervention" – ein Holzweg der internationalen Politik, in: Zeitschrift Internationale Politik, 1997, Ausgabe 9, S. 13–20.
(zit.: Gillessen, in: IP 9/1997, S. …)

Glennon, Michael:
Why the Security Council Failed, in: Zeitschrift Foreign Affairs, 2003, Ausgabe 82, S. 16–35.
(zit.: Glennon, in: Foreign Affairs 82/2003, S. …)

Gornig, Gilbert:
Immunität von Staatsoberhäuptern, in: Ipsen, Jörn / Schmidt-Jortzig, Edzard (Hrsg.), Festschrift für Dietrich Rauschning, Recht – Staat – Gemeinwohl, 2001, S. 457–485.
(zit.: Gornig, in: FS für D. Rauschning, 2001, S. …)

Gornig, Gilbert (Hrsg.):
Krisengebiete der Welt – völkerrechtliche und politische Aspekte, Marburg 2011.
(zit.: Bearbeiter, in: Gornig, Krisengebiete der Welt, S. …)

Götze, Catherine:
Humanitäre Hilfe zwischen allen Fronten. Humanitäre Hilfe – Das Dilemma der Hilfsorganisationen, in: Zeitschrift: Der Bürger im Staat, hrsg. von der Landeszentrale für politische Bildung Baden Württemberg 2004, Ausgabe 4, S. 210–216.
(zit.: Götze, in: Der Bürger im Staat 4/2004, S. …)

Graefrath, Bernhardt:
Jugoslawientribunal – Präzedenzfall trotz fragwürdiger Rechtsgrundlage, in: Neue Justiz, 1993, Band 47, S. 433–347.
(zit.: Graefrath, in: Neue Justiz 1993, S. …)

Greenwood, Christopher:
Gibt es ein Recht auf humanitäre Intervention?, in: Europa Archiv, 1993, Band 48, Ausgabe 4, S. 93–106.
(zit.: Greenwood, in: Europa-Archiv 48/1993, S. …)

Grewe, Wilhelm (Hrsg.):
Fontes Historiae Iuris Gentium – Quellen zur Geschichte des Völkerrechts, Band III/2, 1815–1945, Berlin 1992.
(zit.: Grewe, Fontes Historiae Iuris Gentium III/2, S. …)

Grewe, Wilhelm (Hrsg.):
Epochen der Völkerrechtsgeschichte, Baden-Baden 1984.
(zit.: Grewe, Epochen der Völkerrechtsgeschichte, S. …)

Habermas, Jürgen:
Bestialität und Humanität. Ein Krieg an der Grenze zwischen Recht und Moral, in: Merkel, Reinhard (Hrsg.), Der Kosovo-Krieg und das Völkerrecht, 2000, S. 51–65.
(zit.: Habermas, in: Merkel, Der Kosovo-Krieg und das Völkerrecht, S. …)

Hartmann, Falk:
Tschetschenien, in: Gornig, Gilbert (Hrsg.), Krisengebiete der Welt – völkerrechtliche und politische Aspekte, 2011, S. 33–83.
(zit.: Hartmann, in: Gornig, Krisengebiete der Welt, S. …)

Haggar, Ali:
The Origins and Organizations of the Janjawiid in Darfur, in: de Waal, Alex (Hrsg.), War in Darfur and the Search for Peace, 2007, S. 113–139.
(zit.: Haggar, in: de Waal, War in Darfur, S. …)

Haydar, Ali Ibrahim:
Politischer Islam und Zivilgesellschaft im Sudan, in: Zeitschrift Informationsprojekt Naher und Mittlerer Osten – Berichte und Analysen, 1997, Nr. 11, S. 8–12 .
(zit.: Haydar, in: inamo 11/1997, S. …)

Heinrich, Wolfgang:
Der Sudan nach Machakos, in: Blätter für deutsche und internationale Politik, 2002, Ausgabe 9, S. 1051–1054.
(zit.: Heinrich, in: BldiP 9/2002, S. …)

Heintzer, Hans-Joachim:
Interventionsverbot, Interventionsrecht und Interventionspflicht, in: Reiter, Erich (Hrsg.), Maßnahmen zur internationalen Friedenssicherung, 1998, S. 163–175.
(zit.: Heintzer, in: Reiter, Maßnahmen zur internationalen Friedenssicherung, S. …)

Heinz, Wolfgang:
Schutz der Menschenrechte durch humanitäre Intervention?, in: Das Parlament mit der Beilage „Aus Politik und Zeitgeschichte", hrsg. von der Bundeszentrale für politische Bildung, 1993, Nr. 12, S. 3–11.
(zit.: Heinz, in APuZ 12/1993, S. …)

Helly, Damien:
Africa, the EU and R2P: Towards Pragmatic International Security?, in: Zeitschrift Internationale Politik und Gesellschaft, 2009, Ausgabe 1, S. 45–58.
(zit.: Helly, in: IPG 1/2009, S. …)

Henkin, Louis:
Kosovo and the Law of Humanitarian Intervention, in: The American Journal of International Law, 1999, Band 93, S. 824–828.
(zit.: Henkin, in: AJIL 93/1999, S. …)

Herdegen, Matthias:
Völkerrecht, 10. Auflage, München 2011.
(zit.: Herdegen, Völkerrecht, S. …)

Herdegen, Matthias:
Der Wegfall effektiver Staatsgewalt: The „Failed State“, in: Berichte der Deutschen Gesellschaft für Völkerrecht, 1995, Band 34, S. 49–85.
(zit.: Herdegen, in: BDGV 34/1995, S. …)

Herzinger, Richard:
Zögern ist kein Masterplan – Helfen möchte man schon gerne, aber nicht mit humanitären Interventionen, in: Zeitschrift Internationale Politik, 2009, Ausgabe 1, S. 89–94.
(zit.: Herzinger, in: IP 1/2009, S. …)

Heupel, Monika:
Friedenskonsolidierung der Vereinten Nationen: Herausforderungen auf Grund der „neuen“ Kriege, in: Zeitschrift Sicherheit und Frieden, Security and Peace, 2006, Ausgabe 1, S. 1–6.
(zit.: Heupel, in: S+F 1/2006, S. …)

Hildebrand, Jan Christian:
Zur Krisenreaktionsfähigkeit der Friedenstruppen der VN. Notwendigkeiten, Konzepte und Perspektiven ihrer Verbesserung, Baden-Baden 2001.
(zit.: Hildebrand, Zur Krisenreaktionsfähigkeit der Friedenstruppen der VN, S. …)

Hillgruber, Christian:
Humanitäre Intervention, Großmachtpolitik und Völkerrecht, in: Der Staat, 2001, Band 40, S. 165–191.
(zit.: Hillgruber, in: Der Staat 40/2001, S. …)

Hilpold, Peter / Zagel, Gudrun:
Das Gewaltverbot auf dem Prüfstand: Von der NATO-Intervention im Kosovo zu den aktuellen UN-Reformvorschlägen, in: Zeitschrift Sicherheit und Frieden, Security and Peace, 2006, Ausgabe 1, S. 38–44.
(zit.: Hilpold/Zagel, in: S+F 1/2006, S. …)

Hinsch, Wilfried / Janssen, Dieter:
Menschenrechte militärisch schützen – Ein Plädoyer für humanitäre Interventionen, München 2006.
(zit.: Hinsch/Janssen, Menschenrechte militärisch schützen, S. …)

Hippler, Jochen:
Das langsame Austrocknen des humanitären Interventionismus, in: Debiel, Tobias / Nuscheler, Franz (Hrsg.), Der neue Interventionismus. Humanitäre Einmischung zwischen Anspruch und Wirklichkeit, 1996, S. 77–102.
(zit.: Hippler, in: Debiel/Nuscheler, Der neue Interventionismus, S. …)

Höffe, Otfried (Hrsg.):
Immanuel Kant, Metaphysische Anfangsgründe der Rechtslehre – Klassiker auslegen, Band 19, Berlin 1999.
(zit.: Höffe, Immanuel Kant, S. …)

Hofheinz, Albrecht:
Afrika II – Informationen zur politischen Bildung, Nr. 272, Bonn 2001.
(zit.: Hofheinz, Informationen zur politischen Bildung 2001, S. …)

Hofmeister, Hannes:
Ceterum censeo Carthaginem esse delendam – Eine Analyse des völkerrechtlichen Gewaltverbots, in: Archiv des Völkerrechts, 2010, Band 48, Ausgabe 2, S. 248–265.
(zit.: Hofmeister, in: AVR 48/2010, S. …)

Holbrooke, Richard:
Just and Unjust Wars: A diplomat's perspective, in: Social Research, 2002, Ausgabe 69, S. 915–924.
(zit.: Holbrooke, in: Social Research 69/2002, S. …)

Hollweg, Carsten:
Das neue Internationale Tribunal der UNO und der Jugoslawien-Konflikt – Testfall für die humanitäre Weltordnung, in: Juristen Zeitung 1993, S. 980–989.
(zit.: Hollweg, in: JZ 1993, S. …)

Holzgrefe, Jeff / Keohane, Robert:
Humanitarian Intervention – Ethical, Legal and Political Dilemmas, North Carolina 2003.
(zit.: Bearbeiter, in: Holzgrefe/Keohane, Humanitarian Intervention, S. …)

Höne, Katharina:
Aus dem Bereich der Vereinten Nationen – Politik und Sicherheit, in: Zeitschrift Vereinte Nationen, 2009, Ausgabe 6, S. 269–271.
(zit.: Höne, in: Vereinte Nationen 6/2009, S. …)

Hoppe, Thomas:
Schutz der Menschenrechte, Berlin 2004.
(zit.: Hoppe, Schutz der Menschenrechte, S. …)

Ibrahim, Fouad:
Völkermord in Darfur – Verbrannte Erde, in: pogrom – bedrohte Völker, 2004, Ausgabe 6, S. 16–19.
(zit.: Ibrahim, in: pogrom – bedrohte Völker, S. …)

Ille, Enrico:
Ethnische Strukturen, in: Chiari (Hrsg.), Sudan – Wegweiser zur Geschichte, 2008, S. 131–141.
(zit.: Ille, in: Sudan – Wegweiser zur Geschichte, S. …)

Ipsen, Jörn / Schmidt-Jortzig, Edzard (Hrsg.):
Recht – Staat – Gemeinwohl. Festschrift für Dietrich Rauschning, Köln u. a. 2001.
(zit.: Bearbeiter, in: FS Rauschning, 2001, S. …)

Ipsen, Knut (Hrsg.):
Völkerrecht, 5. Auflage, Bochum 2004.
(zit.: Bearbeiter, in: Ipsen, Völkerrecht, S. …)

Isensee, Josef:
Weltpolizei für Menschenrechte – Zur Wiederkehr der humanitären Intervention, in: Juristen Zeitung 1995, S. 421–430.
(zit.: Isensee, in: JZ 1995, S. …)

Jafari, Jamal:
„Never Again" Again: Darfur, the Genocide Convention and the Duty to Prevent Genocide Human Rights Brief, 2004, Ausgabe 12, S. 8–12.
(zit.: Jafari, Human Rights Brief 12/2004, S. ...)

Janda, Alexandra:
(African Standby Force) – Skeptische Zwischenbilanz, in: Zeitschrift Entwicklung und Zusammenarbeit, 2008, Ausgabe 9, S. 315.
(zit.: Janda, in: E+Z 09/2008, S. …)

Jensch, Dietrich:
Zur Sicherheitslage im Sommer 2007, in: Chiari (Hrsg.), Sudan – Wegweiser zur Geschichte, 2008, S. 113–119.
(zit.: Jensch, in: Sudan – Wegweiser zur Geschichte, S. …)

Joas, Hans (Hrsg.):
Lehrbuch der Soziologie, 3. Auflage, Frankfurt am Main 2007.
(zit.: Bearbeiter, in: Joas, Lehrbuch der Soziologie, S. …)

Jöst, Lena / Strutynski, Peter:
Humanitär intervenieren – aber nur mit humanitären Mitteln, in: Wissenschaft & Frieden, 2009, Ausgabe 60, S. 3–10.
(zit.: Jöst/Strutynski, in: Wissenschaft &Frieden 60/2009, S. …)

Kälin, Walter:
Menschenrechtsverträge als Gewährleistung einer objektiven Ordnung, in: Berichte der Deutschen Gesellschaft für Völkerrecht, 1994, Band 33, S. 9–48.
(zit.: Kälin, in: BDGV 33/1994, S. …)

Kaldor, Mary:
Neue und alte Kriege – Organisierte Gewalt im Zeitalter der Globalisierung, Frankfurt am Main 2000.
(zit.: Kaldor, Neue und alte Kriege, S. …)

Kamal el-Din, Ahmed:
Islam and Islamism in Darfur, in: de Waal, Alex (Hrsg.), War in Darfur and the Search for Peace, 2007, S. 92–112.
(zit.: Kamel el-Din, in: de Waal, War in Darfur, S. …)

Kempen, Bernard / Hillgruber, Christian:
Völkerrecht, München 2007.
(zit.: Kempen/Hillgruber, Völkerrecht, S. …)

Kersting, Wolfgang:
Pax Kantiana. Towards a Political Philosophy of International Relations, in: Prima Philosophia, 1993, Ausgabe 6, S. 153–168.
(zit.: Kersting, in: prima philosophia 6/1993, S. …)

Khalafalla, Khalid Y.:
Der Konflikt in Darfur – geographischer und ethnischer Hintergrund, in: Das Parlament mit der Beilage „Aus Politik und Zeitgeschichte“, hrsg. von der Bundeszentrale für politische Bildung, 2005, Ausgabe 4, S. 40–46.
(zit.: Khalafalla, in: APuZ 4/2005, S. …)

Khallouk, Mohammed:
Islamischer Fundamentalismus vor den Toren Europas – Marokko zwischen Rückfall ins Mittelalter und westlicher Modernität, Wiesbaden 2008.
(zit.: Khallouk, Islamischer Fundamentalismus vor den Toren Europas, S. …)

Kimminich, Otto:
Der Mythos der humanitären Intervention, in: Archiv des Völkerrechts, 1995, Band 38, S. 430–458.
(zit.: Kimminich, in: AVR 38/1995, S. …)

Kimminich, Otto / Hobe, Stephan:
Einführung in das Völkerrecht, 7. Auflage, Köln 2001.
(zit.: Kimminich/Hobe, Einführung in das Völkerrecht, S. …)

Kirsch, Stefan (Hrsg.):
Internationale Strafgerichtshöfe, Baden-Baden 2005.
(zit.: Bearbeiter, in Kirsch:, Internationale Strafgerichtshöfe, S. …)

Klesczewski, Diethelm:
Die humanitäre Intervention – das letzte Veto der moralisch-praktischen Vernunft?, in: Leipziger Zeitschrift für Rechtsphilosophie, 2006, Ausgabe 1, S. 3–18.
(zit.: Klesczewski, in: LZfR 1/2006, S. …)

Klüber, Johann Ludwig:
Pragmatische Geschichte der nationalen und politischen Wiedergeburt Griechenlands, bis zu dem Regierungsantritt des Königs Otto, Frankfurt am Main 1835.
(zit.: Klüber, Pragmatische Geschichte der nationalen und politischen Wiedergeburt Griechenlands, 1835, S. …)

Kollmer, Dieter:
Hoffnungsschimmer Erdöl: Die Volkswirtschaft des Sudan, in: Chiari (Hrsg.), Sudan – Wegweiser zur Geschichte, 2008, S. 183–191.
(zit.: Kollmer, in: Sudan – Wegweiser zur Geschichte, S. …)

Köndgen, Olaf:
Tragödie in Darfur, in: Zeitschrift Informationsprojekt Naher und Mittlerer Osten – Berichte und Analysen, 2004, Ausgabe 39, S. 31–34.
(zit.: Köndgen, in: inamo 39/2004, S. …)

Krasner, Stephen:
Alternativen zur Souveränität: Neue Institutionen für kollabierte und gescheiterte Staaten, in: Internationale Politik, 2005, Ausgabe 9, S. 44–53.
(zit.: Krasner, in: IP 9/2005, S. …)

Kreß, Claus:
Staat und Individuum in Krieg und Bürgerkrieg – Völkerrecht im Epochenwandel, in: Neue Juristische Wochenschrift 1999, Ausgabe 42, S. 3077–3084.
(zit.: Kreß, in: NJW 1999, S. …)

Krennerich, Michael:
Humanitäre Intervention, in: Nohlen, Dieter / Grotz, Florian (Hrsg.), Kleines Lexikon der Politik, 2006, S. 212–216.
(zit.: Krennerich, in: Nohlen/Grotz, Kleines Lexikon der Politik, S. …)

Krisch, Nico:
Amerikanische Hegemonie und liberale Revolution im Völkerrecht, in: Der Staat, 2000, Band 43, S. 267–297.
(zit.: Krisch, in: Der Staat 43/2000, S. …)

Kühne, Hans-Heiner / Esser, Robert / Gerding, Marc (Hrsg.):
Völkerstrafrecht, Trier u. a. 2007.
(zit.: Bearbeiter, in: Kühne/Esser/Gerding, Völkerstrafrecht, S. …)

Kühne, Winrich:
Lektionen, die noch gelernt werden müssen. Vorschläge zur Reform der UN-Friedenseinsätze, in: Zeitschrift Der Überblick, 2000, Ausgabe 3, S. 96.
(zit.: Kühne, in: Der Überblick 3/2000, S. …)

Küpeli, Ismail (Hrsg.):
Europas „Neue Kriege“. Legitimierung von Staat und Krieg, Berlin 2007.
(zit.: Bearbeiter, in: Küpeli, Europas Neue Kriege, S. …)

Kurth, Detlef:
Klimatische Besonderheiten und Formen der Besiedlung, in: Chiari (Hrsg.), Sudan – Wegweiser zur Geschichte, 2008, S. 177–181.
(zit.: Kurth, in: Sudan – Wegweiser zur Geschichte, S. …)

Lailach, Martin:
Die Wahrung des Weltfriedens und der internationalen Sicherheit als Aufgabe des Sicherheitsrates der Vereinten Nationen, Berlin 1998.
(zit.: Lailach, Die Wahrung des Weltfriedens, S. …)

Large, Daniel:
Ausdruck des Wandels – Die Beziehungen China – Sudan, in: Zeitschrift Informationsprojekt Naher und Mittlerer Osten – Berichte und Analysen, 2009, Ausgabe 58, S. 36–40.
(zit.: Large, in: inamo 58/2009, S. …)

Lehmler, Lutz:
Die Strafbarkeit von Vertreibungen aus ethnischen Gründen im bewaffneten nicht-internationalen Krieg, Baden-Baden 1999.
(zit.: Lehmler, Die Strafbarkeit im nicht-internationalen Krieg, S. …)

Lidsba, Stephan:
Herausforderung Multidimensionalität, in: Zeitschrift Entwicklung und Zusammenarbeit, 2010, Ausgabe 10, S. 375–377.
(zit.: Lidsba, in: E+Z 10/2010, S. …)

Lietzau, William:
The Role of Military Force in Foreign Relations, Humanitarian Intervention and the Security Council, in: Zeitschrift für ausländisches öffentliches Recht und Völkerrecht, 2004, Band 64, S. 281–304.
(zit.: Lietzau, in: ZaöRV 64/2004, S. …)

Löffelholz, Martin:
Kriegsberichterstattung in der Mediengesellschaft, in: Zeitschrift für Politik und Zeitgeschichte, hrsg, von der Bundeszentrale für politische Bildung, 2007, Ausgabe 16/17, S. 25–31.
(zit.: Löffelholz, in: APuZ 16-17/2007, S. …)

Luck, Edward C.:
Der verantwortliche Souverän und die Schutzverantwortung – Auf dem Weg von einem Konzept zur Norm, in: Zeitschrift Vereinte Nationen, 2008, Ausgabe 2, S. 51–58.
(zit.: Luck, in: Vereinte Nationen 2/2008, S. …)

Luck, Edward C.:
The Responsible Sovereign and the Responsibility to Protect. A Concept Advancing into a Norm, in: Zeitschrift Vereinte Nationen, 2008, Ausgabe 56, S. 51–58.
(zit.: Luck, in: Vereinte Nationen 56/2008, S. …)

Mabe, Jacob (Hrsg.):
Das Afrika Lexikon – Ein Kontinent in 1000 Stichwörtern, Stuttgart 2001.
(zit.: Bearbeiter, in: Mabe, Das Afrika Lexikon, S. …)

Mahmoud, Mohammed:
Zwanzig Jahre al-Bashir: Eine Bilanz, in: Zeitschrift Informationsprojekt Naher und Mittlerer Osten – Berichte und Analysen, 2009, Ausgabe 58, S. 4–8.
(zit.: Mahmoud, in: inamo 58/2009, S. …)

Mair, Stefan:
Intervention und „state failure“: Sind schwache Staaten noch zu retten?, in: Internationale Politik und Gesellschaft, 2004, Ausgabe 3, S. 82–98.
(zit.: Mair, in: IPG 3/2004, S. …)

Mair, Stefan:
Auflösung des staatlichen Gewaltmonopols und Staatszerfall, in: Ferdowski, Mir A. (Hrsg.), Afrika – ein verlorener Kontinent?, 2004, S. 100–125.
(zit.: Mair, in: Ferdowksi, Afrika – ein verlorener Kontinent, S. …)

Mamdani, Mahmood:
Saviors and Survivors: Darfur, Politics, and the War on Terror, New York 2009.
(zit.: Mamdani, Saviors and Survivors, S. …)

Manea, Elhalm:
Am Anfang war der Stamm, in: Zeitschrift Informationsprojekt Naher und Mittlerer Osten – Berichte und Analysen, 2010, Ausgabe 62, S. 4–8.
(zit.: Manea, in: inamo 62/2010, S. …)

Manig, Bert-Oliver:
Kapitel: Salomonen, in: Fischer Weltalmanach (Hrsg.), 2010, S. 429.
(zit.: Manig, in: Fischer Weltalmanach 2010, Salomonen, S. …)

Mattes, Norbert:
Darfur, in: Zeitschrift Informationsprojekt Naher und Mittlerer Osten – Berichte und Analysen, 2009, Ausgabe 58, S. 19.
(zit.: Mattes, in: inamo 58/2009, S. …)

Matthies, Volker:
Regionalisierung der Konfliktbearbeitung in Afrika. Der „Mechanismus" der OAU und die Zusammenarbeit mit den UN, in: Zeitschrift Vereinte Nationen, 2002, Ausgabe 2, S. 51–56.
(zit.: Matthies, in: Vereinte Nationen 2/2002, S. …)

Matthies, Volker:
Der vernachlässigte Blick auf den Frieden – Eine Welt voller neuer Kriege?, in: Zeitschrift Der Bürger im Staat, hrsg. von der Landeszentrale für politische Bildung Baden Württemberg, 2004, Ausgabe 4, S. 185–190.
(zit.: Matthies, in: Der Bürger im Staat 4/2004, S. …)

Matthies, Volker:
Zwischen Rettungsaktion und Entmündigung. Das Engagement der Vereinten Nationen in Somalia, in: Zeitschrift Vereinte Nationen, 1993, Ausgabe 2, S. 45–51.
(zit.: Matthies, in: Vereinte Nationen 2/1993, S. …)

Maximilian, Margit:
Sudan > Darfur – Tausendundeine Nacht in der Hölle, in: aiinfo – die Zeitschrift für Menschenrechte, 2006, S. 4–5.
(zit.: Maximilian, in: aiinfo 2006, S. …)

Merkel, Reinhard (Hrsg.):
Der Kosovo-Krieg und das Völkerrecht, 1. Auflage, Frankfurt am Main 2001.
(zit.: Bearbeiter, in: Merkel, Der Kosovo Krieg und das Völkerrecht, S. …)

Merkel, Reinhard:
Können Menschenrechtsverletzungen militärische Interventionen rechtfertigen? Rechtsethische Grundlagen und Grenzen der „humanitären Intervention" am Beispiel des Kosovo-Kriegs, in: Beestermöller, Gerhard (Hrsg.), Die humanitäre Intervention – Imperativ der Menschenrechtsidee?, 2003, S. 29–52.
(zit.: Merkel, in: Beestermöller, Die humanitäre Intervention, S. …)

Meyns, Peter:
Von der OAU zur „Afrikanischen Union" – Ghaddafis Engagement für die afrikanische Einheit, in: Internationale Politik, 2001, Ausgabe 11, S. 45–52.
(zit.: Meyns, in: IP 11/2001, S. …)

Mohamed, Adam Azzain:
The Comprehensive Peace Agreement and Darfur, in: de Waal, Alex (Hrsg.), War in Darfur and the Search for Peace, 2007, S. 199–213.
(zit.: Mohamed, in: de Waal, War in Darfur, S. …)

Mulikita, Njunga-Michael:
Kooperation und Differenz – die OAU/AU und der Sicherheitsrat, in: Zeitschrift Vereinte Nationen, 2002, Ausgabe 2, S. 44–51.
(zit: Mulikita, in: Vereinte Nationen 2/2002, S. …)

Mükusch, Andreas:
Der erste Bürgerkrieg und die schwierige Unabhängigkeit 1956 bis 1983, in: Chiari (Hrsg.), Sudan – Wegweiser zur Geschichte, 2008, S. 39–49.
(zit.: Mükusch, in: Sudan – Wegweiser zur Geschichte, S. …)

Münkler, Herfried / Malowitz, Karsten (Hrsg.):
Humanitäre Interventionen: Ein Instrument außenpolitischer Konfliktbearbeitung. Grundlagen und Diskussion, 1. Auflage, Wiesbaden 2009.
(zit.: Bearbeiter, in: Münkler/Malowitz: Humanitäre Interventionen, S. …)

Münkler, Herfried:
Neues vom Chamäleon Krieg, in: Zeitschrift für Politik und Zeitgeschichte, hrsg. von der Bundeszentrale für politische Bildung, 2007, Ausgabe 16, S. 3–6.
(zit.: Münkler, in: APuZ, 16/2007, S. …)

Münkler, Herfried:
Die neuen Kriege, 4. Auflage, Reinbeck 2004.
(zit.: Münkler, Die neuen Kriege, S. …)

Münkler, Herfried:
Die neuen Kriege, in: Zeitschrift Der Bürger im Staat, hrsg. von der Landeszentrale für politische Bildung Baden Württemberg, 2004, Ausgabe 4, S. 179–185.
(zit.: Münkler, in: Der Bürger im Staat 4/2004, S. …)

Murithi, Tim:
The African Union's Transition from Non-Intervention to Non-Indifference: An ad Hoc Approach to the Responsibility to Protect?, in: Zeitschrift Internationale Politik und Gesellschaft, 2009, Ausgabe 1, S. 90–106.
(zit.: Murithi, in: IPG 1/2009, S. …)

Murswiek, Dieter:
Die amerikanische Präventivkriegsstrategie und das Völkerrecht, in: Neue juristische Wochenschrift, 2003, S. 1014–1020.
(zit.: Murswiek, in: NJW 2003, S. …)

Murswiek, Dieter:
Souveränität und humanitäre Intervention. Zu einigen neueren Tendenzen im Völkerrecht, in: Der Staat, 1996, Band 35, Ausgabe 1, S. 31–34.
(zit.: Murswiek, in: Der Staat 35/1996, S. …)

Natsios, Andrew:
Moving Beyond a Sense of Alarm, in: Totten, Samuel / Markusen, Eric (Hrsg.), Genocide in Darfur: Investigating the Atrocities in the Sudan, 2006, S. 25–42.
(zit.: Natsios, in: Totten/Markusen, Genocide in Darfur, S. …)

Neuhold, Hanspeter:
Die Operation Allied Force der NATO: rechtmäßige humanitäre Intervention oder politisch vertretbarer Rechtsbruch?, in: Reiter, Erich (Hrsg.), Der Krieg um das Kosovo, Mainz 2000, S. 193–208.
(zit.: Neuhold, in: Reiter, Der Krieg um das Kosovo, S. …)

Nitschke, Heiko / Wittig, Peter:
UN-Friedenssicherung. Herausforderungen an die deutsche Außen- und Sicherheitspolitik, in: Zeitschrift Vereinte Nationen, 2007, Ausgabe 3, S. 89–95.
(zit.: Nitschke/Wittig, in: Vereinte Nationen 3/2007, S. …)

Nohlen, Dieter / Grotz, Florian (Hrsg.):
Kleines Lexikon der Politik, 4. Auflage, Heidelberg 2006.
(zit.: Bearbeiter, in: Nohlen/Grotz, Kleines Lexikon der Politik, S. …)

Nolte, Georg:
Kosovo und Konstitutionalisierung: Zur humanitären Intervention der NATO-Staaten, in: Zeitschrift für ausländisches und öffentliches Recht und Völkerrecht, 1999, Band 59, S. 941–960.
(zit.: Nolte, in: ZaöRV 59/1999, S. …)

Oellers-Frahm, Karin:
Das Statut des Internationalen Strafgerichthofs zur Verfolgung von Kriegsverbrechen im ehemaligen Jugoslawien, in: Zeitschrift für ausländisches öffentliches Recht und Völkerrecht, 1994, Band 54, S. 416–429.
(zit.: Oellers-Frahm, in: ZaöRV 1994, S. …)

Oertel, Janka / Varwick, Johannes:
NATO und Vereinte Nationen – eine ambivalente Beziehung mit Entwicklungspotenzial, in: Zeitschrift Vereinte Nationen, 2008, Ausgabe 4, S. 160–166.
(zit.: Oertel/Varwick, in: Vereinte Nationen 4/2008, S. …)

Öhm, Manfred:
Kapitel: Sudan, in: Fischer Weltalmanach (Hrsg.), 2010, S. 483–485.
(zit.: Öhm in: Fischer Weltalmanach 2010, Sudan, S. …)

Öhm, Manfred:
Kapitel: Sudan, in: Fischer Weltalmanach (Hrsg.), 2011, S. 460–462.
(zit.: Öhm, in: Fischer Weltalmanach 2011, Sudan, S. …)

Öhm, Manfred:
Sudan: Politischer Übergang ohne Machtwechsel, in: FES-Analyse, Friedrich-Ebert-Stiftung 2006.
(zit.: Öhm, in: FES-Analyse: Sudan 2006, S. …)

Öhm, Manfred:
Nach dem Frieden – mitten im Krieg: Der Sudan und der Darfur-Konflikt, in: Internationale Politik und Gesellschaft, 2005, Ausgabe 2, S. 150–168.
(zit.: Öhm, in: IPG 2/2005, S. …)

Onoja, Adoji:
Peacekeeping challenges in Africa: The Darfur Conflict, in: Conflict Trends Magazine, 2008, Ausgabe 3, S. 39–44.
(zit.: Onoja, in: Conflict Trends Magazine, 3/2008, S. …)

Ooyen, Robert Christian van:
Politische Bedingungen einer effektiven internationalen Strafgerichtsbarkeit, in: Zeitschrift Internationale Politik und Gesellschaft, 2007, Ausgabe 3, S. 23–35.
(zit.: van Ooyen, in: IPG 3/2007, S. …)

Pabst, Martin:
Die Vereinten Nationen und Sudan (I) – Der Nord-Süd-Friedensprozess steht am Scheideweg, in: Zeitschrift Vereinte Nationen, 2008, Ausgabe 3, S. 99–106.
(zit.: Pabst, in: Vereinte Nationen 3/2008, S. …)

Pabst, Martin:
Die Vereinten Nationen und Sudan (II)- Keine Lösung des Darfur-Konflikts in Sicht, in: Zeitschrift Vereinte Nationen, 2008, Ausgabe 6, S. 243–250.
(zit.: Pabst, in: Vereinte Nationen 6/2008, S. …)

Pahl, Magnus:
Zeit der Fremdherrschaft (1820–1955), in: Chiari (Hrsg.), Sudan – Wegweiser zur Geschichte, 2008, S. 26–37.
(zit.: Pahl, in: Sudan – Wegweiser zur Geschichte, S. …)

Pape, Matthias:
Humanitäre Intervention. Zur Bedeutung der Menschenrechte in den Vereinten Nationen, Baden-Baden 1997.
(zit.: Pape, Humanitäre Intervention, S. …)

Paschke, Karl Theodor:
UN-Reform – Die unendliche Geschichte, in: Zeitschrift Vereinte Nationen, 2005, Ausgabe 5, S. 170–177.
(zit.: Paschke, in: Vereinte Nationen 5/2005, S. …)

Payandeh, Mehrdad:
State-Building im Friedenssicherungsprozess der Vereinten Nationen. Völkerrechtliche Rahmenbedingungen einer neuen Herausforderung für die internationale Gemeinschaft, in: Humanitäres Völkerrecht – Informationsschriften, 2005, Ausgabe 4, S. 253–264.
(zit.: Payandeh, in: Humanitäres Völkerrecht – Informationsschriften 4/2005, S. …)

Peach, Norman:
Auf der Suche nach einer Friedensordnung – und das Völkerrecht, in: Marxistische Blätter, 2010, Ausgabe 2, S. 5–12.
(zit.: Peach, in: Marxistische Blätter 2/2010, S. …)

Peach, Norman:
Epochenwechsel im Völkerrecht? Über die Auswirkungen der jüngsten Kriege auf das UNO-Friedenssystem, in: Das Parlament mit der Beilage „Aus Politik und Zeitgeschichte", hrsg. von der Bundeszentrale für politische Bildung, 2004, Ausgabe 43, S. 21–32.
(zit.: Peach, in: APuZ 43/2004, S. …)

Péninou, Jean-Louis:
Eskalation im westlichen Sudan – Als die Reiter Gewehre erhielten, in: Le Monde diplomatique vom14.05.2004, Nr. 7358.
(zit.: Péninou, „Als die Reiter Gewehre erhielten", Le Monde diplomatique, 14.05. 2004)

Peter, Marina:
Bilanz: 4 Jahre Comprehensive Peace Agreement (CPA), in: Zeitschrift Informationsprojekt Naher und Mittlerer Osten – Berichte und Analysen, 2009, Ausgabe, 58, S. 13–15.
(zit.: Peter, in: inamo 58/2009, S. …)

Peter, Marina:
Zur Rolle der Religionen, in: Chiari (Hrsg.), Sudan –Wegweiser zur Geschichte, 2008, S. 151–159.
(zit.: Peter, in: Sudan – Wegweiser zur Geschichte, S. …)

Peters, Anne:
Völkerrecht: Allgemeiner Teil, Zürich 2006.
(zit.: Peters, Völkerrecht, S. …)

Prunier, Gérard:
Darfur: der uneindeutige Genozid, Hamburg 2007.
(zit.: Prunier, Der uneindeutige Genozid, S. …)

Prunier, Gérard:
Fauler Frieden. Vom kläglichen Versagen der internationalen Gemeinschaft im Sudan, in: Zeitschrift Der Überblick, 2006, Ausgabe 3, S. 26.
(zit.: Prunier, in: Der Überblick 03/2006, S. …)

Prunier, Gérard:
Patt im Tschad – das Epizentrum der zentralafrikanischen Krise liegt in Khartum, in: Le Monde diplomatique vom 14.03.2008, Nr. 8530.
(zit.: Prunier, „Patt im Tschad", Le Monde diplomatique, 14.03.2008)

Rabehl, Thomas / Schreiber, Wolfgang (Hrsg.):
Das Kriegsgeschehen 2000. Daten und Tendenzen der Kriege und bewaffneten Konflikte, 1. Auflage, Opladen 2001.
(zit.: Bearbeiter, in: Rabehl/Schreiber, Das Kriegsgeschehen 2000, S. …)

Ramsbotham, Oliver / Woodhouse, Tom:
Encyclopedia of International Peacekeeping Operations, Denver/Oxford 1999.
(zit.: Ramsbotham/Woodhouse, Encyclopedia of International Peacekeeping Operations, S. …)

Reisman, William Michael:
International Law after the Cold War, in: American Journal of International Law, 1990, Ausgabe 84, S. 859–866.
(zit.: Reisman, in: AJIL 84/1990, S. …)

Reisman, William Michael:
Coercion and Self-Determination: Construing Charter Article 2 (4), in: American Journal of International Law, 1984, Ausgabe 78, S. 642–645.
(zit.: Reisman, in: AJIL 78/1984, S. …)

Reiter, Erich (Hrsg.):
Der Krieg um das Kosovo, Mainz 2000.
(zit.: Bearbeiter, in: Reiter, Der Krieg um das Kosovo, S. …)

Reiter, Erich (Hrsg.):
Maßnahmen zur internationalen Friedenssicherung, Forschungsreihe zur Sicherheitspolitik, Bd. 3, 1998.
(zit.: Bearbeiter, in: Reiter, Maßnahmen zur internationalen Friedenssicherung, S. …)

Riklin, Alois:
Wertfreiheit, Bellum iustum und der Irak Krieg, in: Archiv des Völkerrechts, 2007, Band 45, S. 35–52.
(zit.: Riklin, in: AVR 45/2007, S. …)

Rößler, Hans-Christian:
Ein gewiefter Taktiker mit Neigungen zu Wutausbrüchen, in: Frankfurter Allgemeine Zeitung, 15.07.2008, Nr. 163, S. 5.
(zit.: Rößler, „Ein gewiefter Taktiker“, in: F.A.Z., 15.07.2008, Nr. 163, S. …)

Rotmann, Philipp:
Kapitel: Vereinte Nationen und Internationale Organisationen, in: Fischer Weltalmanach (Hrsg.), 2010, S. 609–642.
(zit.: Rotmann, in: Fischer Weltalmanach 2010, Internationale Organisationen, S. …)

Rougier, Antoine:
La Théorie de l'Intervention d'Humanité: Revue, in: Génerale de Droit International 1910, Band 17, S. 468–526.
(zit.: Rougier, in: Génerale de Droit International 17/1910, S. …)

Rudolf, Beate / Hoven, Eva:
Schwerpunktbereichsklausur – Völkerrecht: Die Strafbarkeit des Diktators, in: Juristische Schulung, 2009, S. 630–634.
(zit.: Rudolf/Hoven, in: JuS 2009, S. …)

Rumpf, Helmut:
Der internationale Schutz der Menschenrechte und das Interventionsverbot, Baden-Baden 1981.
(zit.: Rumpf, Der internationale Schutz der Menschenrechte und das Interventionsverbot, S. …)

Rumpf, Helmut:
UNO-Prinzipien im Widerspruch – zur Dialektik von Gewaltverbot, souveräner Gleichheit, Nichteinmischung und Selbstbestimmung in den politischen Organen der Vereinten Nationen, in: Ingo von Münch (Hrsg.), Festschrift für Hans-Jürgen Schlochauer, Hamburg 1981, S. 577 ff.
(zit.: Rumpf, in: FS f. H.-J. Schlochauer, 1981, S. ...)

Rytter, Jens Elo:
Humanitarian Intervention without the Security Council from San Fransicso to Kosovo and beyond, in: Nordic Journal of International Law, 2001, Vol. 70, S. 121–167.
(zit.: Rytter, in: Nordic JIL 2001, S. ...)

Safferling, Christoph Maria:
Internationales Strafrecht. Strafanwendungsrecht – Völkerstrafrecht – Europäisches Strafrecht, Marburg 2011.
(zit,: Safferling. Internationales Strafrecht, S. ...)

Safferling, Christoph Maria:
Wider Feinde der Humanität – Der Tatbestand des Völkermordes nach der Römischen Konferenz, in: Juristische Schulung, 2001, S. 735–739.
(zit.: Safferling, in: JuS 2001, S. ...)

Safferling, Christoph Maria:
Zum aktuellen Stand des Völkerstrafrecht, in: Juristische Arbeitsblätter, 2000, S. 164–169.
(zit.: Safferling, in: JA 2000, S. ...)

Sauer, Heiko / Wagner, Niklas:
Der Tschetschenien-Konflikt und das Völkerrecht, in: Archiv des Völkerrecht, 2007, Band 45, S. 53–83.
(zit.: Sauer/Wagner, in: AVR 45/2007, S. ...)

Schabas, William A.:
Genozid im Völkerrecht, aus dem Englischen von H. Fliesbach, 1. Auflage, Hamburg 2003.
(zit.: Schabas, Genozid im Völkerrecht, S. ...)

Schaller, Christian:
Die völkerrechtliche Dimension der „Responsibility to Protect", in: Stiftung Wissenschaft und Politik, Deutsches Institut für Internationale Politik und Sicherheit, 2008, Ausgabe 46, S. 1–8.
(zit.: Schaller, in: SWP-Aktuell 46/2008, S. ...)

Schaller, Christian:
Massenvernichtungswaffen und Präventivkrieg, in: Zeitschrift für öffentliches und ausländisches Recht und Völkerrecht, 2002, Ausgabe 62, S. 641–668.
(zit.: Schaller, in: ZaöRV 62/2002, S. ...)

Schätzel, Walter (Übers. und Hrsg.):
De jure belli ac pacis libri tres = drei Bücher vom Recht des Krieges und des Friedens, Paris 1625, von Hugo Grotius, Tübingen 1950.
(zit.: Schätzel, Grotius, De jure belli ac pacis (1950), zweites Buch, S. ...)

Schindler, Dietrich:
Die Grenzen des völkerrechtlichen Gewaltverbots, in: Berichte der Deutschen Gesellschaft für Völkerrecht, 1986, Band 26, S. 11–47.
(zit.: Schindler, in: DGVR 26/1986, S. ...)

Schißau, Roland:
Der Sudan aus Sicht der deutschen Außenpolitik, in: Chiari (Hrsg.), Sudan – Wegweiser zur Geschichte, S. 105–111.
(zit.: Schißau, in: Sudan – Wegweiser zur Geschichte, S. ...)

Schmalenbach, Kirsten:
Recht und Gerechtigkeit im Völkerrecht, in: Juristen Zeitung, 2005, S. 637–644.
(zit.: Schmalenbach, in: JZ 2005, S. ...)

Schmidinger, Thomas:
Der Sudan zwischen autoritärer Militärdiktatur und Staatszerfall, in: Österreichische Zeitschrift für Politikwissenschaft, 2006, Heft 2, S. 189–205.
(zit.: Schmidinger, in: ÖZP 2/2006, S. ...)

Schmidinger, Thomas:
Sudan – Der Staat als Warlord, in: Blätter für deutsche und internationale Politik, 2005, Ausgabe 2, S. 194–200.
(zit.: Schmidinger, in: BldiP 2/2005, S. ...)

Schmidinger, Thomas:
Der Sudan zwischen autoritärer Militärdiktatur und Staatszerfall, in: Österreichische Zeitschrift für Politikwissenschaft, 2006, Ausgabe 2, S. 189–205.
(zit.: Schmidinger, in: ÖZP 2/2006, S. ...)

Schmidt, Hajo:
Wie weiter? Rechtsethische Erwägungen gelegentlich des Kosovo/a-Krieges, in: Beestermöller, Gerhard (Hrsg.), Die humanitäre Intervention – Imperativ der Menschenrechtsidee?, 2003, S. 101–122.
(zit.: Schmidt, in: Beestermöller, Die humanitäre Intervention, S. ...)

Schmitz, Katja:
Durchgriffswirkung von Maßnahmen der UN und ihrer Sonderorganisationen unter besonderer Berücksichtigung von Resolutionen des UN-Sicherheitsrates: die Entwicklung supranationaler Strukturen, Frankfurt am Main 2003.
(zit.: Schmitz, Durchgriffswirkung der UN, S. ...)

Schneider, Wieland:
Sudan: Unsere Truppen werden wieder angreifen, in: Die Presse, Ausgabe vom 14.05.2008.
(zit.: Schneider, „Sudan: Unsere Truppen werden wieder angreifen“)

Scholz, Meike:
Auf der Suche nach afrikanischen Lösungen, in: Zeitschrift Entwicklung und Zusammenhang, 2008, Ausgabe 5, S. 212–213.
(zit.: Scholz, in: E+Z 05/2008, S. ...)

Schorlemer, Sabine von:
Menschenrechte und humanitäre Intervention, in: Zeitschrift Internationale Politik, 2000, Nr. 55, Band 2, S. 41–48.
(zit.: Schorlemer von, in: IP 55/2000, S. …)

Schreer, Benjamin:
Australiens Sicherheits- und Verteidigungspolitik – Zwischen regionaler und globaler Sicherheit, in: Stiftung Wissenschaft und Politik, Deutsches Institut für Internationale Politik und Sicherheit, 2006, Ausgabe 32.
(zit.: Schreer, in: SWP 32/2006, S. …)

Schulte, Lukas:
Völkermord und humanitäre Intervention. Die Chancen liberaler Theorien internationaler Beziehungen, Hamburg 2009.
(zit.: Schulte, Völkermord und humanitäre Intervention, S. …)

Schürings, Hildegard:
Versagen im Angesicht des Völkermords – die unabhängige Untersuchung zur Verantwortlichkeit der internationalen Gemeinschaft in Rwanda 1994, in: Zeitschrift Vereinte Nationen, 2000, Ausgabe 2, S. 53–58.
(zit.: Schürings, in: Vereinte Nationen 2/2000, S. …)

Schwarz, Wilhelm:
Die Heilige Allianz: Tragik eines europäischen Friedensbundes, Stuttgart 1935.
(zit.: Schwarz, Die Heilige Allianz, S. …)

Schweisfurth, Theodor:
Völkerrecht, Tübingen 2006.
(zit.: Schweisfurth, Völkerrecht, S. …)

Schweitzer, Michael:
Staatsrecht III: Staatsrecht, Völkerrecht, Europarecht, 10. Auflage, München 2010.
(zit.: Schweitzer, Staatsrecht III, S. …)

Seesemann, Rüdiger:
Der Sudan und die islamistische Verfassung, in: Zeitschrift Informationsprojekt Naher und Mittlerer Osten – Berichte und Analysen, 1999, Ausgabe 17, S. 42–45.
(zit.: Seesemann, in: inamo 17/1999, S. …)

Seidl-Hohenveldern, Ignaz (Hrsg.):
Völkerrecht – Lexikon des Rechts, 3. Auflage, Wien 2001.
(zit.: Bearbeiter, in: Seidl-Hohenveldern, Völkerrecht 2001, S. …)

Senghaas, Dieter:
Der Grenzfall: Weltrechtsordnung vs. Rowdiestaaten, in: Sicherheit und Frieden, Ausgabe 17, 1999, S. 134–138.
(zit.: Senghaas, in: S+F 17/1999, S. ...)

Senghaas, Dieter:
Recht auf Nothilfe. Wenn die Intervention nicht nur erlaubt, sondern regelrecht geboten ist, in: Frankfurter Allgemeine Zeitung, Ausgabe Nr. 158 vom 12.07.1999, S. 12.
(zit.: Senghaas, Recht auf Nothilfe. Wenn die Intervention nicht nur erlaubt, sondern regelrecht geboten ist, FAZ Nr. 158 vom 12. Juli 1999.

Seymour, Lee:
No peace to keep. Darfur in Perspective, in: Stiftung Wissenschaft und Politik, Deutsches Institut für Internationale Politik und Sicherheit, 2007, Ausgabe 10.
(zit.: Seymour, in: SWP-Comments 10/2007, S. ...)

Simma, Bruno (Hrsg.):
Charta der Vereinten Nationen – Kommentar, München 1991.
(zit.: Bearbeiter, in: Simma, Charta der Vereinten Nationen, S. …)

Simma, Bruno:
NATO, the UN and the Use of Force: Legal Aspect, in: European Journal of International Law, 1999, Band 10, S. 1–22.
(zit.: Simma, in: EJIL 10/1999, S. …)

Smidt, Wolbert:
Schwarze Königreiche von der Antike bis zur kolonialen Unterwerfung, in: Chiari (Hrsg.), Sudan – Wegweiser zur Geschichte, 2008, S. 17–25.
(zit.: Smidt, in: Sudan – Wegweiser zur Geschichte, S. …)

Somleit, Alexandra / Mattes, Hanspeter:
Die blockierte Reform der Arabischen Liga, in: GIGA Focus, German Institute of Global and Area Studies, 2006, Ausgabe 2, S. 1–7.
(zit.: Somleit/Mattes, in: GIGA Focus 2/2006, S. …)

Stapleton, Augustus Granville:
Intervention and Non-Intervention, or: The foreign policy of Great Britain from 1790 to 1865, London 1866.
(zit.: Stapleton, Intervention and Non-Intervention, S. ...)

Stein, Torsten / Buttlar, Christian von:
Völkerrecht, 11. Auflage, Saarbrücken 2005.
(zit.: Stein/von Buttlar, Völkerrecht, S. …)

Streck, Bernhard:
Sudan – Ansichten eines zerrissenen Landes, Wuppertal 2007.
(zit.: Streck, Sudan – Ansichten, S. …)

Streck, Bernhard:
Die „Hölle auf Erden“ beenden – Die Lage im Sudan gebietet Einmischung, in: Zeitschrift Vereinte Nationen, 2005, Ausgabe 5, S. 46.
(zit.: Streck, in: Vereinte Nationen 2/2005, S. …)

Streck, Bernhard:
Differenz, Indifferenz, Intervention: Sudan und die internationale Gesellschaft, in: Zeitschrift Vereinte Nationen, 2002, Ausgabe 2, S. 104–110.
(zit.: Streck, in: Vereinte Nationen 3/2002, S. …)

Strube-Edelmann, Birgit:
Der Darfur-Konflikt – Genese und Verlauf, in: Deutscher Bundestag, Wissenschaftliche Dienste vom 09.10.2006.
(zit.: Strube-Edelmann, Der Darfur Konflikt, S. …)

Tangermann, Christoph:
Die völkerrechtliche Immunität von Staatsoberhäuptern, Grundlagen und Grenzen, Berlin 2002.
(zit.: Tangermann, Die völkerrechtliche Immunität von Staatsoberhäuptern, S. …)

Tetzlaff, Rainer:
Sudan – wegschauen oder intervenieren? Ein islamisches „Horrorregime" als politische Herausforderung für die Internationale Staatengemeinschaft, in: Chiari (Hrsg.), Sudan – Wegweiser zur Geschichte, S. 121–129.
(zit.: Tetzlaff, in: Sudan – Wegweiser zur Geschichte, S. …)

Tetzlaff, Rainer:
„Failing states" in Afrika – Kunstprodukte aus der Kolonialzeit und europäische Verantwortung, in: Zeitschrift Internationale Politik, 2000, Ausgabe 7, S. 8–16.
(zit.: Tetzlaff, in: IP 7/2000, S. …)

Tetzlaff, Rainer:
Genozid in Afrika. Darfur: Fernbleiben oder sich einmischen?, in: Zeitschrift Internationale Politik, 2004, Ausgabe 12, S. 87–94.
(zit.: Tetzlaff, in: IP 12/2004, S. …)

Tetzlaff, Rainer:
Staatswerdung im Sudan. Ein Bürgerkriegsstaat zwischen Demokratie, ethnischen Konflikten und Islamisierung, Hamburg 1993.
(zit.: Tetzlaff, Staatswerdung im Sudan, S. …)

Thakur, Ramesh:
The United Nations, Peace and Security – From the Collective Security to the Responsibility to Protect, Cambrige u. a. 2009.
(zit.: Thakur, The United Nations, Peace and Securiy, S. ...)

Theissen, Gunnar:
Mehr als nur ein Namenswechsel. Der neue Menschenrechtsrat der Vereinten Nationen, in: Zeitschrift Vereinte Nationen, 2006, Ausgabe 4, S. 138–146.
(zit.: Theissen, in: Vereinte Nationen 4/2006, S. …)

Thielke, Thilo:
Krieg im Lande des Mahdi – Darfur und der Zerfall des Sudans, Essen 2006.
(zit.: Thielke, Krieg im Lande des Mahdi, S. …)

Thielke, Thilo:
Krieg in Darfur, in: Chiari (Hrsg.), Sudan – Wegweiser zur Geschichte, 2008, S. 65–73.
(zit.: Thielke, in: Sudan – Wegweiser zur Geschichte, S. …)

Thomas von Aquin:
Summa theologica. Vollständige, ungekürzte deutsch-lateinische Ausgabe, Bd. 17, hrsg. von der Albertus-Magnus-Akademie Wahlberg bei Köln 1996.
(zit.: Thomas von Aquin, summa theologica (1996), S. …)

Thürer, Daniel:
Der Kosovo-Konflikt im Lichte des Völkerrechts: von drei – echten und scheinbaren – Dilemmata, in: Archiv des Völkerrechts, 2000, Band 38, S. 1–27.
(zit.: Thürer, in: AVR 38/2000, S. …)

Tomuschat, Christian:
Völkerrechtliche Aspekte des Kosovo-Konflikts, in: Die Friedens-Warte, 1999, Band 73, S. 33–37.
(zit.: Tomuschat, in: Die Friedens-Warte 73/1999, S. …)

Totten, Samuel / Markusen, Eric (Hrsg.):
Genocide in Darfur – Investigation to Atrocities in the Sudan, New York 2006.
(zit.: Bearbeiter, in: Totten/ Markusen, Genocide in Darfur, S. …)

Trautwein, Thomas:
Das Internationale Jugoslawien-Tribunal und das Völkerrecht, in: Zeitschrift für Rechtspolitik, 1995, S. 87–88.
(zit.: Trautwein, in ZRP 1995, S. …)

Trummer, Peter I.:
Genozid: Lehren aus dem 20. Jahrhundert und Herausforderungen für das 21. Jahrhundert, in: Zeitschrift Der Bürger im Staat, 2004, Ausgabe 4, hrsg. von der Landeszentrale für politische Bildung Baden–Württemberg, S. 217–222.
(zit.: Trummer, in: Der Bürger im Staat 4/2004, S. …)

Tull, Denis M.:
Die Peacekeeping-Krise der Vereinten Nationen. Ein Überblick über die Debatte, in: Stiftung Wissenschaft und Politik, Deutsches Institut für Internationale Politik und Sicherheit, 2010, Ausgabe 1, S. 1–30.
(zit.: Tull, in: SWP-Aktuell 1/2010, S. …)

Tull, Denis M.:
Sudan after the Naivasha Peace Agreement – no Champagne Yet, in: Stiftung Wissenschaft und Politik, Deutsches Institut für Internationale Politik und Sicherheit, 2005, Ausgabe 3.
(zit.: Tull, in: SWP-Comments, 3/2005, S. …)

Ullrich, Volker / Berié, Eva (Hrsg.):
Der Fischer Weltalmanach aktuell: Afrika, 2. Auflage, Frankfurt am Main 2006.
(zit.: Fischer Weltalmanach, Afrika, S. …)

Ultsch, Christian:
Völkermord in Darfur und die Opportunisten, in: Die Presse, Ausgabe vom 15.07. 2008.
(zit.: Ultsch, „Völkermord in Darfur“, in: Die Presse, 15.07.2008)

Varwick, Johannes:
Die NATO – Vom Verteidigungsbündnis zur Weltpolizei?, München 2008.
(zit.: Varwick, Die NATO, S. …)

Varwick, Johannes:
Der Reformbericht „Eine sicherere Welt“ – Erkenntnisse und Konsequenzen, in: Die Friedens-Warte, 2005, Band 80, S. 131–147.
(zit.: Varwick, in: Die Friedens-Warte 80/2005, S. ...)

Vattel, Emer de:
Le droit des gens ou principes de la loi naturelle, appliqués à la conduite et aus affaires des nations et des souverains, Lausanne 1758.
(zit.: de Vattel, Le droit des gens, Abschnitt ..., Paragraph ...)

Vitzthum, Wolfgang Graf (Hrsg.):
Völkerrecht, 4. Auflage, Frankfurt am Main u. a. 2007.
(zit.: Bearbeiter, in: Vitzthum, Völkerrecht, S. ...)

Volk, Daniel:
Die Begrenzung kriegerischer Konflikte durch das moderne Völkerrecht, Würzburg 2004.
(zit.: Volk, Die Begrenzung kriegerischer Konflikte durch das moderne Völkerrecht, S. ...)

Wadle, Sebastian:
Die African Mission in Sudan – Schlüssel für den Frieden in Darfur, in: Deutsches Institut für Internationale Politik und Sicherheit, 2006, Ausgabe 39.
(zit.: Wadle, in: Deutsches Institut für Internationale Politik und Sicherheit 39/2006, S. ...)

Waal, Alex de:
Eine Kritik am Haftbefehl gegen Omar al-Bashir, in: Zeitschrift Informationsprojekt Naher und Mittlerer Osten – Berichte und Analysen, 2009, Ausgabe 58, S. 29–33.
(zit.: de Waal, in: inamo 58/2009, S. ...)

Waal, Alex de:
War in Darfur – And the Search for peace. Global Equity Initiative, Harvard University Justice Africa 2007.
(zit.: Bearbeiter in: de Waal, War In Darfur, S. ...)

Waal, Alex de:
Die historischen Wurzeln des Darfur-Konflikts: Wie die Fur zu Afrikanern wurden, in: Le Monde diplomatique vom 10.09.2004, Nr. 7458.
(zit.: de Waal, „Wie die Fur zu Afrikanern wurden“, in: Le Monde diplomatique, 10.09.2004)

Walzer, Michael:
Just and Unjust wars: a Moral Argument with Historical Illustrations, 4. Auflage, New York 2006.
(zit.: Walzer, Just and Unjust wars, S. ...)

Walzer, Michael:
Mehr als eine humanitäre Intervention – Menschenrechte in der globalen Gesellschaft, in: Zeitschrift Internationale Politik, 2005, Ausgabe 2, S. 8–20.
(zit.: Walzer, in: IP 2/2005, S. ...)

Walzer, Michael:
Erklärte Kriege – Kriegserklärungen. Essays, Hamburg 2003.
(zit.: Walzer, Erklärte Kriege – Kriegserklärungen, S. …)

Walzer, Michael:
Gibt es den gerechten Krieg?, Stuttgart 1982.
(zit.: Walzer, Gibt es den gerechten Krieg?, S. …)

Weber, Annette:
Der politische Raum im Sudan. Zwischen status quo, Fragmentierung und Bürgerkrieg, in: Stiftung Wissenschaft und Politik, Deutsches Institut für Internationale Politik und Sicherheit, 2010, Ausgabe 20, S. 1–22.
(zit.: Weber, in: SWP-Aktuell 20/2010, S. …)

Weber, Annette:
Machtstrukturen und politische Lager, in: Zeitschrift Informationsprojekt Naher und Mittlerer Osten – Berichte und Analysen, 2009, Ausgabe 58, S. 9–12.
(zit.: Weber, in: inamo 58/2009, S. …)

Weber, Annette:
Machtstrukturen und politische Lager, in: Chiari (Hrsg.), Sudan – Wegweiser zur Geschichte, 2008, S. 75–85.
(zit.: Weber, in: Sudan – Wegweiser zur Geschichte, S. …)

Weber, Annette / Hansen, Annette:
Countdown im Sudan. Zwischen Kompromiss und Krieg – Szenarien bis 2011, in: Stiftung Wissenschaft und Politik. Deutsches Institut für Internationale Politik und Sicherheit, 2010, Ausgabe 3, S. 1–4.
(zit.: Weber/Hansen, in: SWP-Aktuell 3/2010, S. …)

Weber, Annette / Tull, Denis:
Der IStGH und Darfur: Wie störend ist Gerechtigkeit?, in: Zeitschrift Informationsprojekt Naher und Mittlerer Osten – Berichte und Analysen, 2009, Ausgabe 58, S. 26–28.
(zit.: Weber/Tull, in: inamo 58/2009, S. …)

Weber, Annette / Tull, Denis:
Der Internationale Strafgerichtshof und Darfur: Wie hinderlich ist Gerechtigkeit?, in: Stiftung Wissenschaft und Politik, 2008, Nr. 65, Juli 2008.
(zit.: Weber/Tull, in: SWP-Aktuell 65/2008, S. …)

Weiß, Norman:
Der neu geschaffene Menschenrechtsrat der Vereinten Nationen, in: MenschenRechtsMagazin, 2006, Ausgabe 1, S. 80–85.
(zit.: Weiß, in: MRM 1/2006, S. …)

Weiß, Norman:
Bericht über die ersten Sitzungen des Menschenrechtsrates der Vereinten Nationen, in: MenschenRechtsMagazin, 2006, Ausgabe 3, S. 318–322.
(zit.: Weiß, in: MRM 3/2006, S. …)

Weiß, Wolfgang:
Völkerstrafrecht zwischen Weltprinzip und Immunität, in: Juristen Zeitung, 2002, S. 696–703.
(zit.: Weiß, in: JZ 2002, S. ...)

Weiß, Thomas:
Humanitäre Intervention. Lehren aus der Vergangenheit, Konsequenzen für die Zukunft, in: Debiel, Tobias / Nuscheler, Franz (Hrsg.), Der neue Interventionismus. Humanitäre Einmischung zwischen Anspruch und Wirklichkeit, 1996, S. 53–57.
(zit.: Weiß, in: Debiel/Nuscheler, Der neue Interventionismus, S. ...)

Welzer, Harald:
Klimakriege: Wofür im 21. Jahrhundert getötet wird, 1. Auflage, Bundeszentrale für Politische Bildung, Bonn 2008.
(zit.: Welzer, Klimakriege – Wofür im 21. Jh. getötet wird, S. ...)

Werle, Gerhard:
Völkerstrafrecht, 2. Auflage, Berlin 2007.
(zit.: Werle, Völkerstrafrecht, S. ...)

Westerdiek, Claudia:
Humanitäre Intervention und Maßnahmen zum Schutz eigener Staatsangehöriger im Ausland, in: Archiv des Völkerrechts, 1983, Band 21, S. 383–401.
(zit.: Westerdiek, in: AVR 21/1983, S. ...)

Williams, Ian:
Nur das letzte Mittel. Der Bericht der Axqorthy-Kommission zur humanitären Intervention, in: Zeitschrift Vereinte Nationen, 2002, Ausgabe 1, S. 10–16.
(zit.: Williams, in: Vereinte Nationen 1/2002, S. ...)

Wilms, Heinrich:
Der Kosovo-Einsatz und das Völkerrecht, in: Zeitschrift für Rechtspolitik, 1999, Ausgabe 6, S. 227–229.
(zit.: Wilms, in: ZRP 6/1999, S. ...)

Wittig, Peter:
Das Leiden der Anderen – Die UN-Schutzverantwortung im Widerstreit nationaler Interessen, in: Zeitschrift Internationale Politik, 2008, Ausgabe 10, S. 96–99.
(zit.: Wittig, in: IP 10/2008, S. ...)

Wolfrum, Rüdiger (Hrsg.):
Handbuch Vereinte Nationen, 2. Auflage, München 1991.
(zit.: Bearbeiter, in: Wolfrum, Handbuch Vereinte Nationen, S. ...)

Woyke, Wichard (Hrsg.):
Handwörterbuch internationale Politik, 11. Auflage, Bonn 2010.
(zit.: Bearbeiter, in: Woyke, Handwörterbuch internationale Politik, S. ...)

Wright, Quentin:
The Outlawry of War and the Law of War, in: American Journal of International Law, 1953, Band 47, S. 365–376.
(zit.: Wright, in: AJIL 47/1953, S. ...)

Zangl, Bernhard:
Humanitäre Intervention und Responsibility to Protect , in: Ferdowski, Mir (Hrsg.), Sicherheit und Frieden im 21. Jahrhundert, 2004, S. 133–149.
(zit.: Zangl, in: Ferdowski, Sicherheit und Frieden, S. ...)

Zeitverlag Gerd Bucerius GmbH & Co. KG:
Die Zeit – Das Lexikon M. Mit dem Besten aus der Zeit, Band 14 „Spen-Toro".
(zit.: Die Zeit – Das Lexikon, Band 14, S. ...)

Ziegler, Karl-Heinz:
Völkerrechtsgeschichte, 2. Auflage, Hamburg 1994.
(zit.: Ziegler, Völkerrechtsgeschichte, S. ...)

Ziegler, Karl-Heinz:
Zur Entwicklung von Kriegsrecht und Kriegsverhütung im Völkerrecht des 19. und frühen 20. Jahrhunderts, in: Archiv des Völkerrechts, 2004, Band 42, Ausgabe 3, S. 271–293.
(zit.: Ziegler, in: AVR 42/2004, S. ...)

Internetquellen

Einzelne Resolutionen:

- UN-Sicherheitsrat: http://www.un.org/documents/scres.htm (Stand: 01.03.2012).
- UN-Generalversammlung: http://www.un.org/depts/german/gv/fs_gv_res.html (Stand: 01.03.2012).

Einzelne Dokumente:

ICISS-Report

- abgerufen unter: http://www.un.org/news/dh/sudan/com_inq_darfur.pdf (Stand: 02.02.2012).

Report of the High-level Mission on the Situation of Human Rights in Darfur

- Human Rights Council Decision S-4/101, UN Doc. A/HRC/4/80 vom 7.03.2007, abgerufen unter: http://www.securitycouncilreport.org/atf/cf/%7B65BFCF9B-6D27-4E9C-8CD3-CF6E4FF96FF9%7D/Sudan%20AHRC480.pdf (Stand: 22.09.2011).

Uniting for Peace Resolution

- abgerufen unter: http://www.undemocracy.com/A-RES-377(V).pdf (Stand: 03.09.2011).

Found For Peace

- abgerufen unter: http://www.fundforpeace.org/global/?q=fsi-grid2011 (Stand: 09.02. 2012).

Deutscher Bundestag, 16. Wahlperiode

- Humanitäre Katastrophe in Darfur, Drucksache 16/4616 vom 8.03.2007, abgerufen unter: http://dip21.bundestag.de/dip21/btd/16/046/1604616.pdf (Stand: 10.10.2008).
- Fortsetzung des Einsatzes bewaffneter deutscher Streitkräfte zur Unterstützung der Überwachungsmission AMIS der Afrikanischen Union (AU) in der Region Darfur/Sudan [...] Drucksache 16/5436 vom 23.05.2007, abgerufen unter: http://dipbt.bundestag.de/dip21/btd/16/056/1605655.pdf (Stand: 11.08.2011).
- Bericht der Bundesregierung zur Zusammenarbeit zwischen der Bundesrepublik Deutschland und den Vereinten Nationen [...] vom 16.07.2008, abgerufen unter: https://www.auswaertiges-amt.de/cae/servlet/contentblob/382782/publicationFile/3717/VNBericht 0607.pdf (Stand: 30.08.2010).

Weltgipfelkonferenz, Abschlussbericht

- UN-Dok. A/RES/60/1 vom 15.09.2005, Abs. 138 und 139, abgerufen unter: http://www.bmz.de/de/textarchiv/Abschlusserklaerung_dt.pdf (Stand: 03.09.2011).

Zeitungsartikel:

Amnesty International

- „Sudan, Darfur. Rape as a weapon of war. Sexual violence and its Consequences“ Amnesty International vom 18.07.2004, abgerufen unter: www.amnesty.org/en/library/info/AFR 54/076/2004 (Stand 23.05.2011).

Context XXI

- „Darfur: Blinde Solidarität" von Thomas von der Osten-Sacken, Context XXI, 2004, Ausgabe 7, abgerufen unter: http://www.contextxxi.at/context/content/view/35/64/index.html (Stand: 21.08.2010).

Deutsche Welle

- „Sudans Präsident bleibt im Amt“, von Katrin Ogunsade, Deutsche Welle vom 27.04. 2010, abgerufen unter: http://www.dw.de/dw/article/0,,5507370,00.html?maca=de-rss-de-all-1119-rdf_(Stand: 12.05.2010).
- Deutsche Welle: „Sudan entgeht erneut einer Verurteilung im UN- Menschenrechtsrat vom 13.12.2006, abgerufen unter: http://www.dw-world.de/dw/article/0,2144,2271745,00.html (Stand: 22.09.2008).

FAZ.net

- „Opposition boykottiert Wahl in Sudan“ vom 27.04.2010, abgerufen unter: http://www.faz.net/frankfurter-allgemeine-zeitung/politik/opposition-boykottiert-wahl-in-sudan1966 844.html (Stand: 18.02.1011).

- „Darfur-Waffenruhe möglich“ vom 12.01.2007, abgerufen unter: http://businessarchiv. faz.net/intranet/biblio/webcgi?START=A20&DOKM=1210519_FAZ_0&WID=9613308 80148-92106_2 (Stand: 08.10.2008).

FES Sudan

- „Allianzen statt Konfrontation: Politische Parteien im Sudan“ von Anja Dargatz, FES Sudan: Kurzberichte aus der internationalen Entwicklungszusammenarbeit, Naher/Mittlerer Osten und Nordafrika vom 16.09.2008, abgerufen unter: http://library.fes.de/pdf-files/ iez/05727-20081222.pdf (Stand: 11.05.2010).

France Diplomatie

- „Die Darfur- Krise: Sudan stimmt einer Verstärkung der UN-Truppe zu“ vom 17.04.2004, abgerufen unter: http://www.diplomatie.gouv.fr/de/themen_6/krisen-und-konflikte_325/ die-darfurkrise_1295/sudan-stimmt-einer-verstarkung-der-un-truppen-zu-17.4.2007_3559. html (Stand: 08.10.2008).

International Criminal Court

- ICC Prosecutor in New York to meet with United Nations and African Union officials“, abgerufen unter: http://www.icc-cpi.int/home.html&l=en (Stand: 05.10.2010).

Spiegel-Online

- „Gewalt in Darfur - Es herrscht der blanke Überlebenskampf“ vom 31.8.2008, abgerufen unter: http://www.spiegel.de/politik/ausland/0,1518,575236,00.html (Stand: 03.10.2008).
- „Die Uno muss endlich handlungsfähig werden“ von Rupert Neudeck, Spiegel online vom 14.07.2004, abgerufen unter: www.spiegel.de/politik/debatte/0,1518,308230,00.html (Stand 1.07.2010).

Süddeutsche.de

- „Sudanesischer Oppositionsführer festgenommen“, Süddeutsche.de vom 19.01.2011, abgerufen unter: http://www.sueddeutsche.de/politik/politik-kompakt-mit-blick-auf-eu-recht-problematisch-1.1047774_3 (Stand: 15.02.2011).

Tagesschau.de

- „UNO drückt ich vor Verurteilung des Sudan“ vom 24.04.2004, abgerufen unter: http://www.tagesschau.de/ausland/meldung239660.html (Stand: 05.10.2008).

TAZ.net

- „Waffenstillstand in Darfur“ von Marc Engelhardt, TAZ.net vom 25.02.2010, abgerufen unter: http://www.taz.de/1/politik/afrika/artikel/1/waffenstillstand-in-darfur/ (Stand: 02.04.2010).

- „Doch kein Frieden für Darfur“ von Marc Engelhardt, TAZ.net vom 01.04.2010, abgerufen unter: http://www.taz.de/1/politik/afrika/artikel/1/doch-kein-frieden-indarfur/ (Stand: 02.04.2010).
- „Oppositionskandidat tritt nicht an“ von Marc Engelhardt. TAZ.net vom 01.04.2010, abgerufen unter: http://www.taz.de/1/politik/afrika/artikel/1/oppositionskanditat-tritt-nicht-an/ (Stand: 06.04.2010).

The New York Times

- „NATO to Darfur“ von Madeleine Albright u.a. vom 26.05.2005, abgerufen unter: http://www.nytimes.com/2005/05/25/opinion/25iht-edalbright.html (Stand: 18.03.2010).

Zeit-Online

- „China empfängt mutmaßlichen Kriegsverbrecher al-Baschir“ vom 28.06.2011, abgerufen unter: http://www.zeit.de/politik/ausland/2011-06/china-sudan-baschir (Stand: 22.08. 2011).
- „Sudans Präsident soll vor Gericht“ vom 15.07.2008, abgerufen unter: http://www.zeit.de/online/2008/29/darfur-haftbefehl?page=2AWGLiagfi7G (Stand: 08.09.2009).

Anhang 1: Karte Sudan

[abgerufen unter: http://www.un.org/Depts/Cartographic/map/profile/sudan.pdf, Stand: 14.10.2011]

Anhang 2: Karte der zerstörten Orte in der Region Darfur

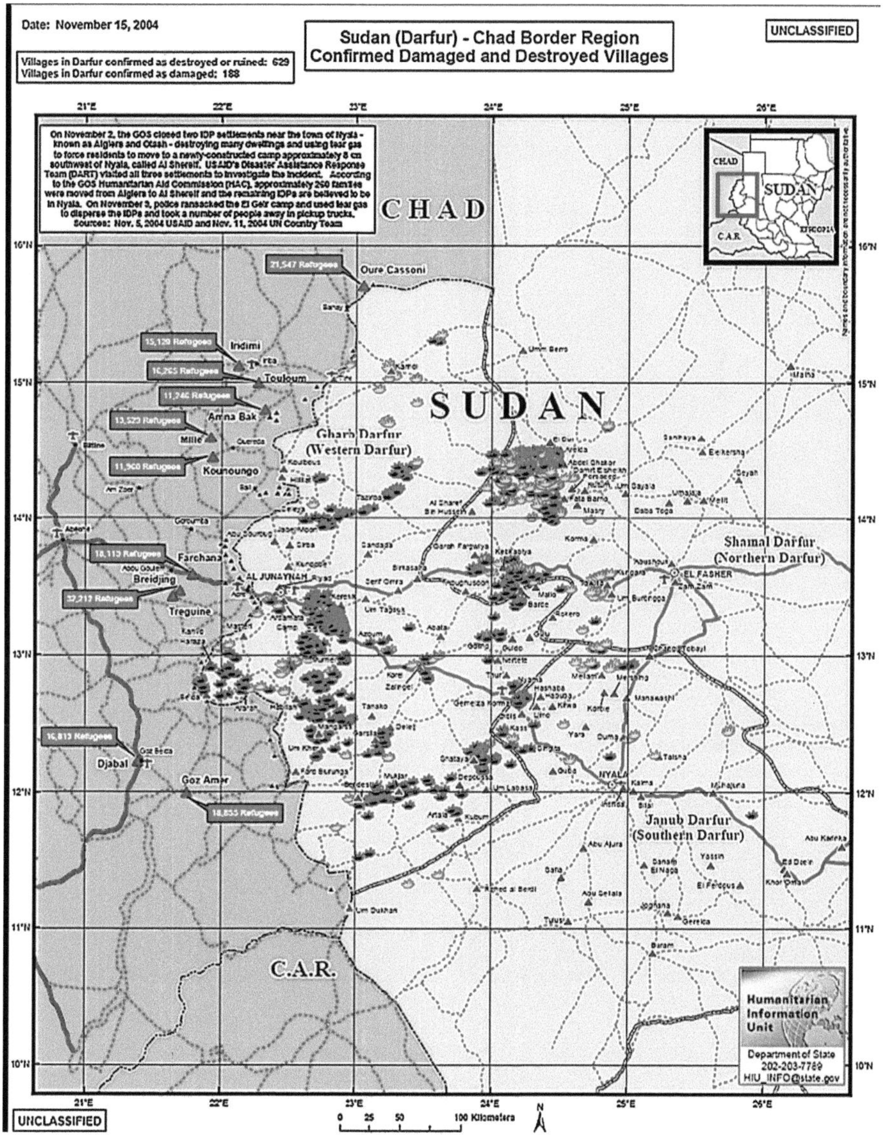

[abgerufen unter: http://www.refliefweb.int/rw/fullMaps_Af.nsf/luFullMap/BBB7C04E9C51 011385256F4E007B00C5/$File/hiu_drfr_sdn151104.pdf?OpenElement, Stand: 03.12.2011]

Schriften zum internationalen und zum öffentlichen Recht

Herausgegeben von Gilbert Gornig

Band 1 Michael Waldstein: Das Asylgrundrecht im europäischen Kontext. Wege einer europäischen Harmonisierung des Asyl- und Flüchtlingsrechts. 1993.

Band 2 Axel Linneweber: Einführung in das US-amerikanische Verwaltungsrecht. Kompetenzen, Funktionen und Strukturen der „Agencies" im US-amerikanischen Verwaltungsrecht. 1994.

Band 3 Tai-Nam Chi: Das Herrschaftssystem Nordkoreas unter besonderer Berücksichtigung der Wiedervereinigungsproblematik. 1994.

Band 4 Jörg Rösing: Beamtenstatut und Europäische Gemeinschaften. Eine Untersuchung zu den gemeinschaftsrechtlichen Anforderungen an die Freizügigkeit der Arbeitnehmer im Bereich des öffentlichen Dienstes. 1994.

Band 5 Wolfgang Wegel: Presse und Rundfunk im Datenschutzrecht. Zur Regelung des journalistischen Umgangs mit personenbezogenen Daten. 1994.

Band 6 Sven Brandt: Eigentumsschutz in europäischen Völkerrechtsvereinbarungen. EMRK, Europäisches Gemeinschaftsrecht, KSZE – unter Berücksichtigung der historischen Entwicklung. 1995.

Band 7 Alejandro Alvarez: Die verfassunggebende Gewalt des Volkes unter besonderer Berücksichtigung des deutschen und chilenischen Grundgesetzes. 1995.

Band 8 Martin Thies: Zur Situation der gemeindlichen Selbstverwaltung im europäischen Einigungsprozeß. Unter besonderer Berücksichtigung der Vorschriften des EG-Vertrages über staatliche Beihilfen und der EG-Umweltpolitik. 1995.

Band 9 Rolf-Oliver Schwemer: Die Bindung des Gemeinschaftsgesetzgebers an die Grundfreiheiten. 1995.

Band 10 Holger Kremser: „Soft Law" der UNESCO und Grundgesetz. Dargestellt am Beispiel der Mediendeklaration. 1996.

Band 11 Michael Silagi: Staatsuntergang und Staatennachfolge: mit besonderer Berücksichtigung des Endes der DDR. 1996.

Band 12 Reinhard Franke: Der gerichtliche Vergleich im Verwaltungsprozeß. Auch ein Beitrag zum verwaltungsrechtlichen Vertrag. 1996.

Band 13 Christoph Eichhorn: Altlasten im Konkurs. 1996.

Band 14 Dietrich Ostertun: Gewohnheitsrecht in der Europäischen Union. Eine Untersuchung der normativen Geltung und der Funktion von Gewohnheitsrecht im Recht der Europäischen Union. 1996.

Band 15 Ulrike Pieper: Neutralität von Staaten. 1997.

Band 16 Harald Endemann: Kollektive Zwangsmaßnahmen zur Durchsetzung humanitärer Normen. Ein Beitrag zum Recht der humanitären Intervention. 1997.

Band 17 Jochen Anweiler: Die Auslegungsmethoden des Gerichtshofs der Europäischen Gemeinschaften. 1997.

Band 18 Henrik Ahlers: Grenzbereich zwischen Gefahrenabwehr und Strafverfolgung. 1998.

Band 19 Heinrich Hahn: Der italienische Verwaltungsakt im Lichte des Verwaltungsverfahrensgesetzes vom 7. August 1990 (Nr. 241/90). Eine rechtsvergleichende Darstellung. 1998.

Band 20 Christoph Deutsch: Elektromagnetische Strahlung und Öffentliches Recht. 1998.

Band 21 Cordula Fitzpatrick: Künstliche Inseln und Anlagen auf See. Der völkerrechtliche Rahmen für die Errichtung und den Betrieb künstlicher Inseln und Anlagen. 1998.

Band 22 Hans-Tjabert Conring: Korporative Religionsfreiheit in Europa. Eine rechtsvergleichende Betrachtung. Zugleich ein Beitrag zu Art. 9 EMRK. 1998.

Band 23 Jörg Karenfort: Die Hilfsorganisation im bewaffneten Konflikt. Rolle und Status unparteiischer humanitärer Organisationen im humanitären Völkerrecht. 1999.

Band 24 Matthias Schote: Die Rundfunkkompetenz des Bundes als Beispiel bundesstaatlicher Kulturkompetenz in der Bundesrepublik Deutschland. Eine Untersuchung unter besonderer Berücksichtigung natürlicher Kompetenzen und der neueren Entwicklung im Recht der Europäischen Union. 1999.

Band 25 Hermann Rothfuchs: Die traditionellen Personenverkehrsfreiheiten des EG-Vertrages und das Aufenthaltsrecht der Unionsbürger. Eine Gegenüberstellung der vertraglichen Gewährleistungen. 1999.

Band 26 Frank Alpert: Zur Beteiligung am Verwaltungsverfahren nach dem Verwaltungsverfahrensgesetz des Bundes. Die Beteiligtenstellung des § 13 Abs. 1 VwVfG. 1999.

Band 27 Matthias Reichart: Umweltschutz durch völkerrechtliches Strafrecht. 1999.

Band 28 Nikolas von Wrangell: Globalisierungstendenzen im internationalen Luftverkehr. Entwicklung der Regulierung und Liberalisierung unter Berücksichtigung strategischer Allianzen und des Code-Sharing. 1999.

Band 29 Marietta Hovehne: Ein demokratisches Verfahren für die Wahlen zum Europäischen Parlament. Legitimation gemeinschaftlicher Entscheidungsstrukturen im europäischen Integrationsprozeß. 1999.

Band 30 Nina Kaden: Der amerikanische Clean Air Act und das deutsche Luftreinhalterecht. Eine rechtsvergleichende Untersuchung. 1999.

Band 31 Brigitte Daum: Grenzverletzungen und Völkerrecht. Eine Untersuchung der Rechtsfolgen von Grenzverletzungen in der Staatenpraxis und Folgerungen für das Projekt der International Law Commission zur Kodifizierung des Rechts der Staatenverantwortlichkeit. 1999.

Band 32 Andreas Fürst: Die bildungspolitischen Kompetenzen der Europäischen Gemeinschaft. Umfang und Entwicklungsmöglichkeiten. 1999.

Band 33 Gilles Despeux: Die Anwendung des völkerrechtlichen Minderheitenrechts in Frankreich. 1999.

Band 34 Michael Reckhard: Die rechtlichen Rahmenbedingungen der Sanktionierung von Beitragsverweigerung im System der Vereinten Nationen. 1999.

Band 35 Carsten Pagels: Schutz- und förderpflichtrechtliche Aspekte der Religionsfreiheit. Zugleich ein Beitrag zur Auslegung eines speziellen Freiheitsrechts. 1999.

Band 36 Bernhard Mehner: Die grenzüberschreitende Wirkung direktempfangbaren Satellitenfernsehens aus völkerrechtlicher Sicht. 2000.

Band 37 Karl-Josef Ulmen: Pharmakologische Manipulationen (Doping) im Leistungssport der DDR. Eine juristische Untersuchung. 2000.

Band 38 Jochen Starke: Die verfassungsgerichtliche Normenkontrolle durch den Conseil constitutionnel. Zum Kompetenztitel des Art. 61 der französischen Verfassung. 2000.

Band 39 Marco Herzog: Rechtliche Probleme einer Inhaltsbeschränkung im Internet. 2000.

Band 40 Gilles Despeux: Droit de la délimitation maritime. Commentaire de quelques décisions plutoniennes. 2000.

Band 41 Christina Hackel: Der Untergang des Landes Braunschweig und der Anspruch auf Restitution nach der Wiedervereinigung Deutschlands. 2000.

Band 42 Peter Aertker: Europäisches Zulassungsrecht für Industrieanlagen. Die Richtlinie über die integrierte Vermeidung und Verminderung der Umweltverschmutzung und ihre Auswirkungen auf das Anlagenzulassungsrecht der Bundesrepublik Deutschland. 2000.

Band 43 Karsten Bertram: Die Gesetzgebung zur Neuregelung des Grundeigentums in der ersten Phase der Französischen Revolution (bis 1793) und deren Bedeutung für die deutsche Eigentumsdogmatik der Gegenwart. 2000.

Band 44 Ulrike Hartmann: Die Entwicklung im internationalen Umwelthaftungsrecht unter besonderer Berücksichtigung von *erga omnes*-Normen. 2000.

Band 45 Thomas Jesch: Die Wirtschaftsverfassung der Sonderverwaltungsregion Hongkong. Eine Darstellung vor dem Hintergrund der Wiedereingliederung in die Souveränität der Volksrepublik China. 2001.

Band 46 Sven Gottschalkson: Der Ausschluß des Zivilrechtsweges bei Eigentumsverlusten an Immobilien in der ehemaligen DDR. 2002.

Band 47 Gilbert Hanno Gornig / Gilles Despeux: Seeabgrenzungsrecht in der Ostsee. Eine Darstellung des völkerrechtlichen Seeabgrenzungsrechts unter besonderer Berücksichtigung der Praxis der Ostseestaaten. 2002.

Band 48 Andreas Zühlsdorff: Rechtsverordnungsersetzende Verträge unter besonderer Berücksichtigung des Umweltrechts. 2003.

Band 49 Katja Schmitz: Durchgriffswirkung von Maßnahmen der UN und ihrer Sonderorganisationen unter besonderer Berücksichtigung von Resolutionen des UN-Sicherheitsrates – Die Entwicklung supranationaler Strukturen. 2003.

Band 50 Stefanie Rothenberger: Die angemessene Nutzung gemeinschaftlicher Ressourcen am Beispiel von Flüssen und speziellen Ökosystemen. Eine vergleichende Betrachtung zum modernen Verständnis eines klassischen völkerrechtlichen Nutzungsprinzips. 2003.

Band 51 Christoph von Burgsdorff: Die Umsetzung der EG-Datenschutzrichtlinie im nicht-öffentlichen Bereich. Möglichkeit einer zukunftsorientierten Konzeption des Datenschutzes in der Privatwirtschaft unter besonderer Berücksichtigung des BDSG. 2003.

Band 52 Frank Reinhardt: Powerline. Verfassungs-, verwaltungs- und telekommunikationsrechtliche Probleme. 2003.

Band 53 Chie Sato: Immunität Internationaler Organisationen. 2004.

Band 54 Johannes Thoma: EU-Recht und Schranken hoheitlicher Staatstätigkeit. 2004.

Band 55 Wolf Peterhoff: Rechtsansprüche enteigneter Volksgruppen und ihre Durchsetzbarkeit. 2004.

Band 56 Do-Hyub Kim: Das deutsche parlamentarische Regierungssystem als mögliches Modell für Korea. 2004.

Band 57 Alexander Koberg: Die Exilregierung im Völkerrecht. Eine Untersuchung ihrer rechtlichen Klassifikation. 2005.

Band 58 Nils Christian Carstensen: Das Verhältnis des Seerechtsübereinkommens der Vereinten Nationen von 1982 zu fischereirechtlichen Übereinkommen und deren Streitbeilegungsvorschriften. 2005.

Band 59 Oliver Franz: Osttimor und das Recht auf Selbstbestimmung. Eine Untersuchung zur Anwendung des Selbstbestimmungsrechts der Völker am Beispiel Osttimors. 2005.

Band 60 Michael Kadgien: Das Habsburgergesetz. 2005.

Band 61 Felix Wolf: Terrorversicherungen und europäisches Wettbewerbsrecht. Verschiedene Modelle staatlicher Beteiligung an einer Terrorversicherung für Wirtschaftsbetriebe und ihre Vereinbarkeit mit dem europäischen Wettbewerbsrecht. 2005.

Band 62 Heiko Bertelmann: Die Europäisierung des Staatshaftungsrechts. Eine Untersuchung zum Einfluss des Europäischen Gemeinschaftsrechts auf das deutsche Staatshaftungsrecht unter besonderer Berücksichtigung der Haftung für judikatives Unrecht. 2005.

Band 63 Cedric Christian Meyer: Konkretisierung unbestimmter Rechtsbegriffe im deutschen und französischen Anlagenzulassungsrecht. 2005.

Band 64 Philippe Gréciano: Die Gerichtsbarkeit der Europäischen Gemeinschaften. Rechtsprechung und Rechtssprache Europas aus französischer Perspektive. Mit einem Vorwort von Theodor Öhlinger. 2007.

Band 65 Anne-Louise Schümer: Die Stellung des Ministerpräsidenten in den Bundesländern im Vergleich. 2006.

Band 66 Helen Ghebrewebet: Identifying Units of Statehood and Determining International Boundaries. A Revised Look at the Doctrine of *Uti Possidetis* and the Principle of Self-Determination. 2006.

Band 67 Arne Hertel: Beihilfen an kleine und mittlere Unternehmen. 2006.

Band 68 Markus Günther: Europol. Rechtsschutzmöglichkeiten und deren Vereinbarkeit mit nationalen und internationalen Anforderungen. 2006.

Band 69 Christian Wicker: The Concepts of Proportionality and State Crimes in International Law. An Analysis of the Scope of Proportionality in the Right of Self-Defence and in the Regime of International Countermeasures and an Evaluation of the Concept of State Crimes. 2006.

Band 70 Hauke Stöwsand: Zyperns Beitritt zur Europäischen Union. Vom Antrag auf Mitgliedschaft bis zum Protokoll der Beitrittsakte. 2007.

Band 71 Natalie Rowohl: Weltbank und Internationaler Währungsfonds: Ihre Mandate und deren Abgrenzung. Stand und Reformvorschläge. 2007.

Band 72 Ru-Huei Liu: Europäisierung des deutschen Umweltrechts. 2008.

Band 73 Katja Lange: Der Status der Aufständischen im modernen humanitären Völkerrecht. 2007.

Band 74 Tarik El-Shabassy: Die Durchsetzung finanzieller Sanktionen der Europäischen Gemeinschaften gegen ihre Mitgliedstaaten. 2008.

Band 75 Karsten Seifert: Das interamerikanische System zum Schutz der Menschenrechte und seine Reformierung. 2008.

Band 76 Nora Graaff: Staatenverantwortlichkeit. Vom „völkerrechtlichen Verbrechen" zur „schwerwiegenden Verletzung einer zwingenden Völkerrechtsnorm" anhand der ILC-Kodifikationsarbeit. 2008.

Band 77 Aldona Szczeponek: Die Umsetzung des Völkerrechts und des europäischen Gemeinschaftsrechts in Polen. Unter Berücksichtigung verfassungsrechtlicher Lösungen anderer europäischer Staaten. 2008.

Band 78 Christian Friedrich Fonk: Europäische Luftqualitätsziele und nationale Erfüllungsverantwortung. 2009.

Band 79 Christina Prinzhorn: Der Grundsatz des öffentlichen Zugangs zu amtlichen Dokumenten aus der Perspektive des internationalen Rechts. Materiell-rechtliche Vorgaben durch das internationale Recht für Informationszugangsrechte in den nationalen Rechtsordnungen Europas. 2009.

Band 80 Steffen Eicker: Der Deutsch-Herero-Krieg und das Völkerrecht. Die völkerrechtliche Haftung der Bundesrepublik Deutschland für das Vorgehen des Deutschen Reiches gegen die Herero in Deutsch-Südwestafrika im Jahre 1904 und ihre Durchsetzung vor einem nationalen Gericht. 2009.

Band 81 Niels Beisinghoff: Corporations and Human Rights. An Analysis of ATCA Litigation against Corporations. 2009.

Band 82 Gesine Wolf-Zimper: Zielgerichtete Sanktionen des Sicherheitsrates der Vereinten Nationen und effektiver Rechtsschutz. 2009.

Band 83 David Bergius: Die offene Frage des Privateigentums der Vertriebenen im deutsch-polnischen Verhältnis. 2009.

Band 84 Axel Rolf Schneider: Petitionen zum Europäischen Parlament mit Berücksichtigung des Bürgerbeauftragten. 2009.

Band 85 Tobias Nord: Rechtsnachfolge bei zwischenstaatlichen Organisationen. 2010.

Band 86 Marcel Bongard: Emissionshandel und effektiver Rechtsschutz: Ein unvereinbarer Gegensatz? Eine Untersuchung zu den Auswirkungen marktwirtschaftlicher Umweltschutzinstrumente auf den Individualrechtsschutz am Beispiel des Emissionshandelssystems. 2010.

Band 87 Armin Huhn: Amtshaftung im bewaffneten Auslandseinsatz. Anwendbarkeit und Leistungsfähigkeit des Amtshaftungsrechts bei Verletzung des *ius in bello*. 2010.

Band 88 Johannes Mosters: Ethische Beschaffung. Sekundärzwecke im Zeitalter der Globalisierung. 2010.

Band 89 Thomas Herntrich: Thüringen. Von den thüringischen Kleinstaaten nach Zerfall des Alten Reiches bis zum Freistaat Thüringen. Eine völkerrechtliche und verfassungsrechtliche Betrachtung. 2010.

Band 90 Marcelo Antonio Villagrán Abarzúa: Verfassungsrechtliche Grundlagen der Gemeindeverwaltung in Chile. Auch ein Beitrag zur Dezentralisierung und Dekonzentration. 2010.

Band 91 Manfred Hechtl: Die offensive Defensive: Das Recht der präventiven Selbstverteidigung? Lösungsansätze für (scheinbare) Bedrohungen durch einzelne Staaten und internationale Terrornetzwerke. 2011.

Band 92 Christian Grüner: Quantität und Qualität der europäischen Rechtsetzung. 2011.

Band 93 Anna Keller: Der neue Rechtsrahmen für den öffentlichen Rundfunk in Frankreich. 2011.

Band 94 Jörn Eschment: Musterprozesse vor dem Europäischen Gerichtshof für Menschenrechte. Probleme und Perspektiven des Piloturteilsverfahrens. 2011.

Band 95 Marija Dietrich: Staatliches Souveränitätsverständnis im Wandel der gesellschaftspolitischen Strukturen. Eine Perspektive der Europäischen Union nach Inkrafttreten des Vertrags von Lissabon. 2011.

Band 96 Philipp Austermann: Die Anrechnungsbestimmungen im Abgeordnetenrecht des Bundes und der Länder. Eine verfassungsrechtliche und verfassungspolitische Untersuchung unter besonderer Berücksichtigung des Abgeordnetenstatus. 2011.

Band 97 Gilbert Gornig (Hrsg.): Krisengebiete der Welt. Völkerrechtliche und politische Aspekte. 2011.

Band 98 Jörg Brackmann: Genehmigung, Anmeldung und Anzeige gentechnischer Arbeiten und Anlagen. Nach den Änderungen des Gentechnikrechts 2002, 2005 und 2008. 2011.

Band 99 Giuseppe de Vergottini / Valeria Piergigli (eds.): Topographical Names and Protection of Linguistic Minorities. 2011.

Band 100 Nevzat Kirkagac: Verdachtsausweisungen im deutschen Rechtsstaat. 2011.

Band 101 Karlheinz Rode: Verfassungsidentität und Ewigkeitsgarantie. Anmerkungen zu einem Mythos der Deutschen Staatsrechtslehre. 2012.

Band 102 Markus Kühnl: Enteignung und Mediation. Ansätze mediativer Konfliktlösung hinsichtlich einer Enteignung zur Realisierung planfeststellungsbedürftiger Großvorhaben. 2012.

Band 103 Max Fischer: Das System konsistenter Entgeltregulierung im deutschen Telekommunikationsrecht. 2012.

Band 104 Jennifer Satish: Nationale Handlungsspielräume beim Anbau von gentechnisch veränderten Organismen (GVO). Europa- und welthandelsrechtliche Implikationen. 2012.

Band 105 Eva Marie Lischka: Völkerrechtliches und nationales Schifffahrtsrecht. 2013.

Band 106 Friederike Maria Posor: Der Darfur-Konflikt und seine Auswirkungen auf die internationale Staatengemeinschaft. Vor dem Hintergrund neuer völkerrechtlicher Rechtsfortbildung. Möglichkeiten und Grenzen der internationalen Friedenskonsolidierung. 2013.

www.peterlang.de